U0113478

白话华严经

洪启嵩　译讲

第六册

上海三联书店

皈命颂

南无大智海毗卢遮那如来

南无大方广佛华严经

南无莲华藏海华严会上佛菩萨

皈命圣不动自性大悲者　　大智海普贤现流清净道

因道果圆满毗卢遮那智　　唯佛与佛究竟大华严经

净信为能入道源功德母　　发心即成堕佛数成正觉

殊胜了义不可思议佛音　　住不退真实随顺如来语

愿佛摄我莲华藏清净海　　性起唯住帝珠正觉道场

相摄相入广大悲智力用　　平等受用寂灭金刚法界

皈命大方广佛常住华严　　随顺华严法流永无退转

目 录

入法界品第三十九

卷第六十七
入法界品第三十九之八

【原典】

尔时，善财童子于不动优婆夷所，得闻法已，专心忆念所有教诲，皆悉信受，思惟观察。

渐渐游行，经历国邑，至都萨罗城，于日没时入彼城中，廛店、邻里、四衢道侧，处处寻觅遍行外道。

城东有山，名曰善德。善财童子于中夜时，见此山顶草树岩巘，光明照耀如日初出。见此事已，生大欢喜，作是念言："我必于此见善知识。"便从城出而登彼山，见此外道于其山上平坦之处，徐步经行，色相圆满，威光照耀，大梵天王所不能及，十千梵众之所围绕，往诣其所，头顶礼足，绕无量匝，于前合掌而作是言："圣者！我已先发阿耨多罗三藐三菩提心，而我未知菩萨云何学菩萨行？云何修菩萨道？我闻圣者善能教诲，愿为我说！"

遍行答言："善哉！善哉！善男子！我已安住至一切处菩萨行，已成就普观世间三昧门，已成就无依无作神通力，已成就普门般若波罗蜜。善男子！我普于世间种种方所、种种形貌、种种行解、种种没生一切诸趣。所谓天趣、龙趣、夜叉趣、乾闼婆、阿修罗、迦楼罗、紧那罗、摩睺罗伽、地狱、畜生、阎罗王界、人非人等，一切诸趣，或住诸见，或信二乘，或复信乐大乘之道。如是一切诸众生中，我以种种方便、种种智门而为利益。

所谓或为演说一切世间种种技艺，令得具足一切巧术陀罗尼智；或为演说四摄方便，令得具足一切智道；或为演说诸波罗蜜，令其回向一切智位；或为称赞大菩提心，令其不失无上道意；或为称赞诸菩萨行，令其满足净佛国土度众生愿；或为演说造诸恶行，受地狱等种种苦报，令于恶业深生厌离；或为演说供养诸佛种诸善根，决定获得一切智果，令其发起欢喜之心；或为赞说一切如来、应、正等觉所有功德，令乐佛身，求一切智；或为赞说诸佛威德，令其愿乐佛不坏身；或为赞说佛自在身，令求如来无能映蔽大威德体。

"又，善男子！此都萨罗城中，一切方所，一切族类，若男若女，诸人众中，我皆以方便示同其形，随其所应而为说法。诸众生等，悉不能知我是何人、从何而至，唯令闻者如实修行。善男子！如于此城利益众生，于阎浮提城邑聚落，所有人众住止之处，悉亦如是而为利益。

"善男子！阎浮提内九十六众，各起异见而生执著，我悉于中方便调伏，令其舍离所有诸见。如阎浮提，余四天下亦复如是。如四天下，三千大千世界亦复如是。如三千大千世界，如是十方无量世界诸众生海，我悉于中随诸众生心之所乐，以种种方便、种种法门，现种种色身，以种种言音而为说法，令得利益。

"善男子！我唯知此至一切处菩萨行。如诸菩萨摩诃萨，身与一切众生数等，得与众生无差别身，以变化身普入诸趣，于一切处皆现受生，普现一切众生之前，清净光明，遍照世间，以无碍愿住一切劫，得如帝网诸无等行，常勤利益一切众生，恒与共居而无所著，普于三世悉皆平等，以无我智周遍照耀，以大悲藏一切观察，而我云何能知能说彼功德行？

"善男子！于此南方，有一国土，名为广大；有鬻香长者，名优钵罗华。汝诣彼问：'菩萨云何学菩萨行、修菩萨道？'"

时，善财童子顶礼其足，绕无量匝，殷勤瞻仰，辞退而去。

尔时，善财童子因善知识教，不顾身命，不著财宝，不乐人众，不耽五欲，不恋眷属，不重王位，唯愿化度一切众生，唯愿严净诸佛国土，唯愿供养一切诸佛，唯愿证知诸法实性，唯愿修集一切菩萨大功德海，唯愿修行一切功德终无退转，唯愿恒于一切劫中以大愿力修菩萨行，唯愿普入一切诸佛众会道场，唯愿入一三昧门普现一切三昧门自在神力，唯愿于佛一毛孔中见一切佛心无厌足，唯愿得一切法智慧光明能持一切诸佛法藏，专求此等一切诸佛菩萨功德。

渐次游行，至广大国，诣长者所，顶礼其足，绕无量匝，合掌而立，白言："圣者！我已先发阿耨多罗三藐三菩提心，欲求一切佛平等智慧，欲满一切佛无量大愿，欲净一切佛最上色身，欲见一切佛清净法身，欲知一切佛广大智身，欲净治一切菩萨诸行，欲照明一切菩萨三昧，欲安住一切菩萨总持，欲除灭一切所有障碍，欲游行一切十方世界，而未知菩萨云何学菩萨行、云何修菩萨道，而能出生一切智智？"

长者告言："善哉！善哉！善男子！汝乃能发阿耨多罗三藐三菩提心。

"善男子！我善别知一切诸香，亦知调合一切香法，所谓一切香、一切烧香、一切涂香、一切末香。亦知如是一切香王所出之处，又善了知天香、龙香、夜叉香，乾闼婆、阿修罗、迦楼罗、紧那罗、摩睺罗伽、人非人等所有诸香。又善别知治诸病香、断诸恶香、生欢喜香、增烦恼香、灭烦恼香、令于有为生乐著香、令于有为生厌离香、舍诸骄逸香、发心念佛香、证解法门香、圣所受用香、一切菩萨差别香、一切菩萨地位香，如是等香形相生起、出现成就、清净安隐、方便境界、威德业用及以根本，如是一切，我皆了达。

"善男子！人间有香，名曰象藏，因龙斗生。若烧一丸，即起大香云弥覆王都，于七日中雨细香雨。若著身者，身则金色；若著衣服、宫殿、楼阁，亦皆金色。若因风吹入宫殿中，众生嗅者，七日七夜欢喜充满，身心快乐，无有诸病，不相侵害，离诸忧苦，不惊不怖，不乱不恚，慈心相向，志意清净。我知是已，而为说法，令其决定发阿耨多罗三藐三菩提心。

"善男子！摩罗耶山出栴檀香，名曰牛头；若以涂身，设入火坑，火不能烧。善男子！海中有香，名无能胜；若以涂鼓及诸螺贝，其声发时，一切敌军皆自退散。善男子！阿那婆达多池边出沉水香，名莲华藏，其香一丸如麻子大；若以烧之，香气普熏阎浮提界，众生闻者，离一切罪，戒品清净。善男子！雪山有香，名阿卢那；若有众生嗅此香者，其心决定离诸染著，我为说法，莫不皆得离垢三昧。善男子！罗刹界中有香，名海藏，其香但为转轮王用；若烧一丸而以熏之，王及四军皆腾虚空。善男子！善法天中有香，名净庄严；若烧一丸而以熏之，普使诸天心念于佛。善男子！须夜摩天有香，名净藏；若烧一丸而以熏之，夜摩天众莫不云集彼天王所而共听法。善男子！兜率天中有香，名先陀婆；于一生所系菩萨座前烧其一丸，兴大香云遍覆法界，普雨一切诸供养具，供养一切诸佛菩萨。善男子！善变化天有香，名曰夺意；若烧一丸，于七日中，普雨一切诸庄严具。

“善男子！我唯知此调和香法。如诸菩萨摩诃萨，远离一切诸恶习气，不染世欲，永断烦恼众魔罥索，超诸有趣，以智慧香而自庄严，于诸世间皆无染著，具足成就无所著戒，净无著智，行无著境，于一切处悉无有著，其心平等，无著无依，而我何能知其妙行？说其功德？显其所有清净戒门？示其所作无过失业？辨其离染身、语、意行？

“善男子！于此南方，有一大城，名曰楼阁；中有船师，名婆施罗。汝诣彼问：‘菩萨云何学菩萨行、修菩萨道？’”

时，善财童子顶礼其足，绕无量匝，殷勤瞻仰，辞退而去。

尔时，善财童子向楼阁城，观察道路。所谓观道高卑，观道夷险，观道净秽，观道曲直。

渐次游行，作是思惟：“我当亲近彼善知识。善知识者，是成就修行诸菩萨道因，是成就修行波罗蜜道因，是成就修行摄众生道因，是成就修行普入法界无障碍道因，是成就修行令一切众生除恶慧道因，是成就修行令一切众生离骄慢道因，是成就修行令一切众生灭烦恼道因，是成就修行令一切众生舍诸见道因，是成就修行令一切众生拔一切恶刺道因，是成就修行令一切众生至一切智城道因。何以故？于善知识处，得一切善法故；依善知识力，得一切智道故。善知识者，难见难遇。”如是思惟，渐次游行，既至彼城，见其船师在城门外海岸上住，百千商人及余无量大众围绕，说大海法，方便开示佛功德海。善财见已，往诣其所，顶礼其足，绕无量匝，于前合掌而作言：“圣者！我已先发阿耨多罗三藐三菩提心，而未知菩萨云何学菩萨行？云何修菩萨道？我闻圣者善能教诲，愿为我说！"

船师告言："善哉！善哉！善男子！汝已能发阿耨多罗三藐三菩提心，今复能问生大智因、断除一切生死苦因、往一切智大宝洲因、成就不坏摩诃衍因、远离二乘怖畏生死住诸寂静三昧旋因、乘大愿车遍一切处行菩萨行无有障碍清净道因、以菩萨行庄严一切无能坏智清净道因、普观一切十方诸法皆无障碍清净道因、速能趣入一切智海清净道因。

"善男子！我在此城海岸路中，净修菩萨大悲幢行。善男子！我观阎浮提内贫穷众生，为饶益故，修诸苦行，随其所愿悉令满足。先以世物，充满其意；复施法财，令其欢喜，令修福行，令生智道，令增善根力，令起菩提心，令净菩提愿，令坚大悲力，令修能灭生死道，令生不厌生死行，令摄一切众生海，令修一切功德海，令照一切诸法海，令见一切诸佛海，令入一切智智海。善男子！我住于此，如是思惟，如是作意，如是利益一切众生。

"善男子！我知海中一切宝洲、一切宝处、一切宝类、一切宝种，我知净一切宝、钻一切宝、出一切宝、作一切宝，我知一切宝器、一切宝用、一切宝境界、一切宝光明，我知一切龙宫处、一切夜叉宫处、一切部多宫处，皆善回避，免其诸难。亦善别知，澓洑浅深，波涛远近，水色好恶，种种不同。亦善别知，日月星宿运行度数，昼夜晨晡，晷漏延促。亦知其船铁木坚脆、机关涩滑，水之大小，风之逆顺。如是一切安危之相无不明了，可行则行，可止则止。善男子！我以成就如是智慧，常能利益一切众生。

"善男子！我以好船运诸商众行安隐道，复为说法令其欢喜，引至宝洲与诸珍宝咸使充足，然后将领还阎浮提。善男子！我将大船如是往来，未始令其一有损坏。若有众生得见我身、闻我法者，令其永不怖生死海，必得入于一切智海，必能消竭诸爱欲海，能以智光照三世海，能尽一切众生苦海，能净一切众生心海，速能严净一切刹海，普能往诣十方大海，普知一切众生根海，普了一切众生行海，普顺一切众生心海。

"善男子！我唯得此大悲幢行。若有见我及以闻我、与我同住、忆念我者，皆悉不空。如诸菩萨摩诃萨，善能游涉生死大海，不染一切诸烦恼海，能舍一切诸妄见海，能观一切诸法性海，能以四摄摄众生海，已善安住一切智海，能灭一切众生著海，能平等住一切时海，能以神通度众生海，能以其时调众生海，而我云何能知能说彼功德行？

"善男子！于此南方，有城名可乐；中有长者，名无上胜。汝诣彼问：'菩萨云何学菩萨行、修菩萨道？'"

时，善财童子顶礼其足，绕无量匝，殷勤瞻仰，悲泣流泪，求善知识心无厌足，辞退而去。

尔时，善财童子起大慈周遍心、大悲润泽心，相续不断，福德、智慧二种庄严，舍离一切烦恼尘垢，证法平等，心无高下，拔不善刺，灭一切障，坚固精进以为墙堑，甚深三昧而作园苑，以慧日光破无明暗，以方便风开智慧华，以无碍愿充满法界，心常现入一切智城，如是而求菩萨之道。

渐次经历，到彼城内。见无上胜在其城东大庄严幢无忧林中，无量商人、百千居士之所围绕，理断人间种种事务。因为说法，令其永拔一切我慢，离我、我所，舍所积聚，灭悭嫉垢，心得清净，无诸秽浊，获净信力，常乐见佛，受持佛法，生菩萨力，起菩萨行，入菩萨三昧，得菩萨智慧，住菩萨正念，增菩萨乐欲。

尔时，善财童子观彼长者为众说法已，以身投地，顶礼其足，良久乃起，白言："圣者！我是善财！我是善财！我专寻求菩萨之行，菩萨云何学菩萨行？菩萨云何修菩萨道？随修学时，常能化度一切众生，常能现见一切诸佛，常得听闻一切佛法，常能住持一切佛法，常能趣入一切法门，入一切刹学菩萨行，住一切劫修菩萨道，能知一切如来神力，能受一切如来护念，能得一切如来智慧？"

时，彼长者告善财言："善哉！善哉！善男子！汝已能发阿耨多罗三藐三菩提心。

"善男子！我成就至一切处菩萨行门无依无作神通之力。善男子！云何为至一切处菩萨行门？善男子！我于此三千大千世界，欲界一切诸众生中，所谓一切三十三天、一切须夜摩天、一切兜率陀天、一切善变化天、一切他化自在天、一切魔天，及余一切天、龙、夜叉、罗刹娑、鸠槃荼❶，乾闼婆、阿修罗、迦楼罗、紧那罗、摩睺罗伽、人与非人，村营、城邑、一切住处诸众生中而为说法，令舍非法，令息诤论，令除斗战，令止忿竞，令破怨结，令解系缚，令出牢狱，令免怖畏，令断杀生乃至邪见一切恶业，不可作事皆令禁止。令其顺行一切善法，令其修学一切技艺，于诸世间而作利益。为其分别种种诸论，令生欢喜，令渐成熟。随顺外道，为说胜智，令断诸见，令入佛法。乃至色界一切梵天，我亦为其说超胜法。如于此三千大千世界，乃至十方十不可说百千亿那由他佛刹微尘数世界中，我皆为说佛法、菩萨法、声闻法、独觉法；说地狱，说地狱众生，说向地狱道；说畜生，说畜生差别，说畜生受苦，说向畜生道；说阎罗王世间，说阎罗王世间苦，说向阎罗王世间道；说天世间，说天世间乐，说向天世间道；说人世间，说人世间苦乐，说向人世间道。为欲开显菩萨功德，为令舍离生死过患，为令知见一切智人诸妙功德，为欲令知诸有趣中迷惑受苦，为令知见无障碍法，为欲显示一切世间生起所因，为欲显示一切世间寂灭为乐，为令众生舍诸想著，为令证得佛无依法，为令永灭诸烦恼轮，为令能转如来法轮，我为众生说如是法。

"善男子！我唯知此至一切处修菩萨行清净法门无依无作神通之力。如诸菩萨摩诃萨，具足一切自在神通，悉能遍往一切佛刹，得普眼地，悉闻一切音声言说，普入诸法智慧自在，无有乖净，勇健无比，以广长舌出平等音，其身妙好，同诸菩萨，与诸如来究竟无二、无有差别，智身广大，普入三世，境界无际，同于虚空。而我云何能知能说彼功德行？

"善男子！于此南方，有一国土，名曰输那；其国有城，名迦陵迦林；有比丘尼，名师子频申。汝诣彼问：'菩萨云何学菩萨行、修菩萨道？'"

时，善财童子顶礼其足，绕无量匝，殷勤瞻仰，辞退而去。

尔时，善财童子渐次游行，至彼国城，周遍推求此比丘尼。有无量人咸告之言："善男子！此比丘尼在胜光王之所舍施日光园中说法利益无量众生。"

时，善财童子即诣彼园，周遍观察。

见其园中有一大树，名为满月，形如楼阁，放大光明，照一由旬；见一叶树，名为普覆，其形如盖，放毗琉璃绀青光明；见一华树，名曰华藏，其形高大，如雪山王，雨众妙华无有穷尽，如忉利天中波利质多罗树。复见有一甘露果树，形如金山，常放光明，种种众果悉皆具足；复见有一摩尼宝树，名毗卢遮那藏，其形无比，心王摩尼宝最在其上，阿僧祇色相摩尼宝周遍庄严。复有衣树，名为清净，种种色衣垂布严饰；复有音乐树，名为欢喜，其音美妙，过诸天乐；复有香树，名普庄严，恒出妙香，普熏十方，无所障碍。

园中复有泉流陂池，一切皆以七宝庄严，黑栴檀泥凝积其中，上妙金沙弥布其底，八功德水具足盈满，优钵罗华、波头摩华、拘物头华、芬陀利华遍覆其上，无量宝树周遍行列。诸宝树下敷师子座，种种妙宝以为庄严，布以天衣，熏诸妙香，垂诸宝缯，施诸宝帐，阎浮金网弥覆其上，宝铎徐摇，出妙音声。或有树下敷莲华藏师子之座，或有树下敷香王摩尼藏师子之座，或有树下敷龙庄严摩尼王藏师子之座，或有树下敷宝师子聚摩尼王藏师子之座，或有树下敷毗卢遮那摩尼王藏师子之座，或有树下敷十方毗卢遮那摩尼王藏师子之座。其一一座各有十万宝师子座周匝围绕，一一皆具无量庄严。

此大园中众宝遍满，犹如大海宝洲之上。迦邻陀衣以布其地，柔软妙好，能生乐触，蹈则没足，举则还复。无量诸鸟出和雅音，宝栴檀林上妙庄严，种种妙华常雨无尽，犹如帝释杂华之园。无比香王普熏一切，犹如帝释善法之堂。诸音乐树、宝多罗树、众宝铃网出妙音声，如自在天善口天女所出歌音。诸如意树，种种妙衣垂布庄严，犹如大海。有无量色百千楼阁，众宝庄严，如忉利天宫善见大城。宝盖遐张，如须弥峰。光明普照，如梵王宫。

尔时，善财童子见此大园无量功德、种种庄严，皆是菩萨业报成就，出世善根之所生起，供养诸佛功德所流，一切世间无与等者，如是皆从师子频申比丘尼了法如幻集广大清净福德善业之所成就。三千大千世界天龙八部、无量众生，皆入此园而不迫窄。何以故？此比丘尼不可思议威神力故。

尔时，善财见师子频申比丘尼遍坐一切诸宝树下大师子座，身相端严，威仪寂静，诸根调顺，如大象王；心无垢浊，如清净池；普济所求，如如意宝；不染世法，犹如莲华；心无所畏，如师子王；护持净戒不可倾动，如须弥山；能令见者心得清凉，如妙香王；能除众生诸烦恼热，如雪山中妙栴檀香；众生见者，诸苦消灭，如善见药王；见者不空，如婆楼那天；能长一切众善根芽，如良沃田。

在一一座，众会不同，所说法门亦各差别。或见处座，净居天众所共围绕，大自在天子而为上首；此比丘尼为说法门，名无尽解脱。或见处座，诸梵天众所共围绕，爱乐梵王而为上首；此比丘尼为说法门，名普门差别清净言音轮。或见处座，他化自在天天子、天女所共围绕，自在天王而为上首；此比丘尼为说法门，名菩萨清净心。或见处座，善变化天天子、天女所共围绕，善化天王而为上首；此比丘尼为说法门，名一切法善庄严。或见处座，兜率陀天天子、天女所共围绕，兜率天王而为上首；此比丘尼为说法门，名心藏旋。或见处座，须夜摩天天子、天女所共围绕，夜摩天王而为上首；此比丘尼为说法门，名无边庄严。或见处座，三十三天天子、天女所共围绕，释提桓因而为上首；此比丘尼为说法门，名厌离门。或见处座，百光明龙王、难陀龙王、优波难陀龙王、摩那斯龙王、伊罗跋难陀龙王、阿那婆达多龙王等龙子、龙女所共围绕，婆伽罗龙王而为上首；此比丘尼为说法门，名佛神通境界光明庄严。或见处座，诸夜叉众所共围绕，毗沙门天王而为上首；此比丘尼为说法门，名救护众生藏。或见处座，乾闼婆众所共围绕，持国乾闼婆王而为上首；此比丘尼为说法门，名无尽喜。或见处座，阿修罗众所共围绕，罗睺阿修罗王而为上首；此比丘尼为说法门，名速疾庄严法界智门。或见处座，迦楼罗众所共围绕，捷持迦楼罗王而为上首；此比丘尼为说法门，名怖动诸有海。或见处座，紧那罗众所共围绕，大树紧那罗王而为上首；此比丘尼为说法门，名佛行光明。或见处座，摩睺罗伽众所共围绕，庵罗林摩睺罗伽王而为上首；此比丘尼为说法门，名生佛欢喜心。或见处座，无量百千男子、女人所共围绕；此比丘尼为说法门，名殊胜行。或见处座，诸罗刹众所共围绕，常夺精气大树罗刹王而为上首；此比丘尼为说法门，名发生悲愍心。或见处座，信乐声闻乘众生所共围绕；此比丘尼为说法门，名胜智光明。或见处座，信乐缘觉乘众生所共围绕；此比丘尼为说法门，名佛功德广大光明。或见处座，信乐大乘众生所共围绕；此比丘尼为说法门，名普门三昧智光明门。或见处座，初发心诸菩萨所共围绕；此比丘尼为说法门，名一切佛愿聚。或见处座，第二地诸菩萨所共围绕；此比丘尼为说法门，名离垢轮。或见处座，第三地诸菩萨所共围绕；此比丘尼为说法门，名寂静庄严。或见处座，第四地诸菩萨所共围绕；此比丘尼为说法门，名生一切智境界。或见处座，第五地诸菩萨所共围绕；此比丘尼为说法门，名妙华藏。或见处座，第六地诸菩萨所共围绕；此比丘尼为说法门，名毗卢遮那藏。或见处座，第七地诸菩萨所共围绕；此比丘尼为说法门，名普庄严地。或见处座，第八地诸菩萨所共围绕；此比丘尼为说法门，名遍法界境界身。或见处座，第九地诸菩萨所共围绕；此比丘尼为说法门，名无所得力庄严。或见处座，第十地诸菩萨所共围绕；此比丘尼为说法门，名无碍轮。或见处座，执金刚神所共围绕；此比丘尼为说法门，名金刚智那罗延庄严。

善财童子见如是等一切诸趣所有众生已成熟者、已调伏者，堪为法器，皆入此园，各于座下围绕而坐。师子频申比丘尼随其欲解胜劣差别而为说法，令于阿耨多罗三藐三菩提得不退转。何以故？此比丘尼入普眼舍得般若波罗蜜门、说一切佛法般若波罗蜜门、法界差别般若波罗蜜门、散坏一切障碍轮般若波罗蜜门、生一切众生善心般若波罗蜜门、殊胜庄严般若波罗蜜门、无碍真实藏般若波罗蜜门、法界圆满般若波罗蜜门、心藏般若波罗蜜门、普出生藏般若波罗蜜门，此十般若波罗蜜门为首，入如是等无数百万般若波罗蜜门。此日光园中所有菩萨及诸众生，皆是师子频申比丘尼初劝发心，受持正法，思惟修习，于阿耨多罗三藐三菩提得不退转。

时，善财童子见师子频申比丘尼如是园林、如是床座、如是经行、如是众会、如是神力、如是辩才，复闻不可思议法门，广大法云润泽其心，便生是念："我当右绕无量百千匝。"

时，比丘尼放大光明，普照其园众会庄严。善财童子即自见身，及园林中所有众树，皆悉右绕此比丘尼，经于无量百千万匝。围绕毕已，善财童子合掌而住，白言："圣者！我已先发阿耨多罗三藐三菩提心，而未知菩萨云何学菩萨行？云何修菩萨道？我闻圣者善能诱诲，愿为我说！"

比丘尼言："善男子！我得解脱，名成就一切智。"

善财言："圣者！何故名为成就一切智？"

比丘尼言："善男子！此智光明，于一念中普照三世一切诸法。"

善财白言："圣者！此智光明境界云何？"

比丘尼言："善男子！我入此智光明门，得出生一切法三昧王。以此三昧故，得意生身，往十方一切世界兜率天宫一生所系菩萨所，一一菩萨前现不可说佛刹微尘数身，一一身作不可说佛刹微尘数供养。所谓现天王身，乃至人王身，执持华云，执持鬘云，烧香、涂香及以末香，衣服、璎珞、幢幡、缯盖、宝网、宝帐、宝藏、宝灯，如是一切诸庄严具，我皆执持而以供养。如于住兜率宫菩萨所，如是于住胎、出胎、在家、出家、往诣道场、成等正觉、转正法轮、入于涅槃，如是中间，或住天宫，或住龙宫，乃至或复住于人宫，于彼一一诸如来所，我皆如是而为供养。若有众生，知我如是供养佛者，皆于阿耨多罗三藐三菩提得不退转；若有众生来至我所，我即为说般若波罗蜜。

"善男子！我见一切众生，不分别众生相，智眼明见故；听一切语言，不分别语言相，心无所著故；见一切如来，不分别如来相，了达法身故；住持一切法轮，不分别法轮相，悟法自性故；一念遍知一切法，不分别诸法相，知法如幻故。

"善男子！我唯知此成就一切智解脱。如诸菩萨摩诃萨，心无分别，普知诸法，一身端坐，充满法界，于自身中现一切刹，一念悉诣一切佛所，于自身内普现一切诸佛神力，一毛遍举不可言说诸佛世界，于其自身一毛孔中现不可说世界成坏，于一念中与不可说不可说众生同住，于一念中入不可说不可说一切诸劫，而我云何能知能说彼功德行？

"善男子！于此南方，有一国土，名曰险难；此国有城，名宝庄严；中有女人，名婆须蜜多。汝诣彼问：'菩萨云何学菩萨行、修菩萨道？'"

时，善财童子顶礼其足，绕无数匝，殷勤瞻仰，辞退而去。

注释

❶ "茶"，大正本原乍"茶"，今依宫本改之。

【白话语译】

这时，善财童子在不动优婆夷那里听闻这个法门之后，就专心忆念善知识所有的教诲，全部信解受持，思惟观察。他又渐渐游行，经历各国城都，在日落时，进入都萨罗城。在街上的店铺、邻里、四边通达的路道旁，到处寻觅外道的踪迹。

城东有座名为善德的山。善财童子深夜时，看见这座山的山顶草树岩石险峻，光明照耀，如同日出。他看见之后，心中大生欢喜而说："我一定可以在这里找着善知识。"

于是他就走出城里，登上善德山，看见这位外道在山上平坦的地方，缓步慢行。他的色相圆满，威光照耀，大梵天王都不及他的一半。他身边还有十千梵天大众围绕着。善财童子走到外道跟前顶礼其足，绕行无数圈之后，向前合掌说："圣者啊！我已经发起无上正等正觉之心，但我还不知道菩萨应如何修学菩萨行、修习菩萨道。我听说圣者善于教诲众生，希望您能为我解说。"

遍行回答他："善哉！善哉！善男子啊！我已经安住至一切处菩萨行；已经成就普观世间三昧的法门；已经成就无依无作的神通力；已经成就普门般若波罗蜜。善男子啊！所以我能在世间各个地方、种种形貌、种种行解、种种死后受生一切生趣，像所谓的：天趣、龙趣、夜叉趣、乾闼婆、阿修罗、迦楼罗、紧那罗、摩睺罗伽、地狱、畜生、阎罗王界、人非人等一切生趣。不管他们安住何种见地，或信乐二乘，或信乐大乘之道等，我都能以种种方便：种种智慧法门而利益他们。就是所谓的、或是为他们演说世间的种种技艺，使他们都能具足所有巧妙技术的陀罗尼智慧；或为他们演说四摄方便，使他们都能具足一切的智慧道；或为他们演说各种波罗蜜的法门，使他们都能回向一切智位；或为他们称赞大菩提心，使他们都不退失无上道的心意；或为他们称赞各种菩萨行，使他们都能满足在清净国土度化众生的愿望；或为他们演说造作各种恶行会受到那些地狱的种种苦报，使他们都深深厌离恶业；或为他们演说供养诸佛会种怎样的善根，决定获得一切智慧果，使他们都能心生欢喜；或为他们赞叹演说诸佛的所有功德，使他们都乐于见到佛身，求取一切智慧；或为他们赞叹演说诸佛的威德，使他们都愿乐见诸佛的不坏身形；或为他们赞叹演说诸佛的自在身，使他们都能求取如来无能映蔽的大威德体。

"善男子啊！都萨罗城中一切方所、一切族类，不管是男、是女、各种人，我都以方便示现和他们同样的形体，随顺相应的因缘而为他们说法。所有的众生都不知道我是谁，从那里来，我只有令听闻者如实修行。善男子啊！就如同在这个城中利益众生一般，我在一切阎浮提的城邑、聚落，凡是有人众居住安止的地方，我也都如此地利益众生。

"善男子啊！阎浮提内有九十六种外道，各自生起外道的邪异见地而心生执着。但我都能方便调伏他们，使他们舍弃远离所有的邪见。就如同我在阎浮提调伏外道般，我在其余的四天下也是如此。如同四天下，三千大千世界也是如此。如同二千大千世界，如此十方无量世界诸众生海，我都能随顺众生的心意欲乐，而以种种方便、种种法门，示现种种色身。并以种种言辞声音为他们说法，使他们都能得到利益。

"善男子啊！我又知道这种至一切处的菩萨行。如果是如同诸位菩萨摩诃萨等同所有众生数量身，等同众生没有差别身，以变化身普遍进入各种生趣，在任何地方都能示现受生。或普遍示现众生面前，清净光明，遍照世间。以无碍的誓愿安住一切的时劫，而得到如同帝释天王摩尼珠网的种种无等行，恒常勤于利益众生，恒与众生共同居住毫无所执着，三世平等。以无我智周遍照耀，以大悲藏观察一切的功德行，这些根本不是我能够了知、宣说的了。

"善男子啊！从这里向南方去，有一个名为广大的国家。有一位名为优钵罗华的卖香长者。你去参访他，并请问他：'菩萨应和何修学菩萨行、修习菩萨道？'"

于是，善财童子顶礼他的双足，围绕了无数圈之后，殷勤瞻仰他的面容，然后辞退离去。

这时，善财童子因为得到善知识的教诲，誓愿不顾身体性命、不执着财宝、不乐人众、不耽着五欲、不贪恋眷属、不重视王位，只愿度化众生；只愿庄严清净诸佛国土；只愿供养诸佛；只愿证知诸法实性；只愿修集一切菩萨的大功德海；只愿修行功德永不退转；只愿经历一切的时劫都能以大愿力修习菩萨行；只愿普遍趣入诸佛的众会道场；只愿趣入一个三昧法门，而普现一切三昧法门的自在神通力，只愿在一佛的一毛孔中，面见所有的佛陀，心无厌足；只愿证得所有的法智慧光明，住持诸佛的法藏，专心求取诸佛功德。

他又渐次游行，来到广大国，拜见长者。他顶礼长者的双足，围绕无量圈之后，合掌站立。对长者说："圣者啊！我已经发起无上正等正觉心。所以，我想求取诸佛的平等智慧，想满足诸佛的无量大愿，想清净诸佛的最上色身，想面见诸佛的清净法身，想知道诸佛的广大智身，想清净治理所有菩萨的种种行持，想照明所有菩萨的三昧，想安住所有菩萨的总持，想除灭所有的障碍，想游行十方世界。但却不知道菩萨应如何修学菩萨行、修习菩萨道，才能出生一切的智慧？"

长者告诉他："善哉！善哉！善男子啊！你能发起无上正等正觉心，真是太不容易了啊。善男子啊！我善于分别了知种种的香，也知道调配各种香的方法。就是所谓的：一切熏香、一切烧香、一切涂香、一切末香。也知道这种种一切香王出生的地方，又非常清楚天香、龙香、夜叉香、乾闼婆、阿修罗、迦楼罗、紧那罗、摩睺罗伽、人非人等的各种香。又清楚知道治病的香、所除诸恶的香、生欢喜的香、增加烦恼的香、灭除烦恼的香、会使人乐着有为法的香、会使人厌离有为法的香、能使人舍弃一切骄傲放逸的香、发心念佛香、证解法门香、圣者受用的香、一切菩萨的差别香、一切菩萨的地位香。如此等等香的形相、生起的地方，如何出现成就，怎样使人清净安稳，来它们造成的方便境界及威德业用，及以根本等，我都完全通达了解。

"善男子啊！人间有种名为象藏的香，这是因为龙族互相争斗而产生的。如果有人一焚烧象藏香丸，虚空就会生起大香云，弥漫覆盖整个王都，在七日中降下细香雨。如果有人一沾到这香雨，身体就会变成金色；如果衣服、宫殿、楼阁沾到，也会变成金色。如果微风将这香雨吹入宫中，凡是嗅到的众生，七日七夜都会欢喜不已，身心快乐。还能除去各种疾病，人人都不相侵害，并且远离各种忧苦，不惊慌、不恐怖、不散乱、不嗔恚。都慈心相向，志意清净。我知道之后，就为他们说法，使他们都能决定发起无上正等正觉。

"善男子啊！摩罗耶❶山出产一种名为牛头的栴檀香。如果有人用它来涂抹身体，推入火坑，大火也不能烧伤他。

"善男子啊！海中有种名为无能胜的香。如果有人能拿它涂抹大鼓及各种螺贝，那么这些东西一发出声音的时候，所有的敌军都自动退散。

"善男子啊！阿那婆达多池边，出产一种名为莲华藏的沉水香，这种香丸如芝麻般大。如果有人熏烧这种香，香气就会普遍熏满整个阎浮提界，凡是闻到的众生，都会远离所有的罪恶，戒品清净。

"善男子啊！雪山有种名为阿卢那的香。凡是嗅到这种香的众生，都能发起决定的心意，远离各种染着。然后我就能为他们说法，使他们都能证得到离垢三昧的境界。

"善男子啊！罗刹界中有种名为海藏的香。这种香是转轮圣王专用的，他只要熏烧一个香丸，转轮圣王及他的四军就都会飞腾虚空。

"善男子啊！善法天中有种名为净庄严的香。只要有人一烧这个香丸，诸天就都会一齐念佛。

"善男子啊！须夜摩天有种名为净藏的香。只要有人一烧这个香丸，夜摩天众没有不云集天王面前，共同听闻佛法的。

"善男子啊！兜率天中有种名为先陀婆❷的香。如果有人能在一生所系即将成佛的最后身菩萨宝座前，熏烧这个香丸，虚空就会兴起大香云，遍布覆盖法界，普遍雨下种种的供养器具，供养所有的诸佛菩萨。

"善男子啊！善变化天有种名为夺意的香。如果有人一烧这个香丸，七日内就会普遍雨下种种的庄严器具。

"善男子啊！我只知道这种调和熏香的法门，如果是像诸大菩萨远离种种恶的习气；不染着世间欲乐；永远断绝烦恼众魔的罥索；超越各种存有的生趣；能以智慧香庄严自身，不染着所有的世间；具足成就无所着的戒律；清净无着的智慧；普遍修行无着的境界；不执着任何地方、心念平等，既无执着也无所依的种种功德行，根本不是我能够了知、宣说的。更何况是示现菩萨所有的清净戒门，示现他无过失的作业，或分辨他永远断离染着的身、语、意行？

"善男子啊！从这里向南去，有一座楼阁城，里面有位名为婆施罗❸的船师，你去拜见他，并请问他：'菩萨应如何修学菩萨行、修习菩萨道？'"

这时，善财童子顶礼长者的双足，围绕他无数圈之后，更殷勤瞻仰他的容貌，然后辞退而去。

这时，善财童子观察前往楼阁城的道路。他观察道路的高低，观察道路的平坦险峻，观察道路的干净污秽，观察道路的曲直与否。

然后慢慢游行，他心里想着："我应当亲近善知识。善知识是成就修行菩萨道的根本；是成就修行波罗蜜的根本；是成就修行摄受众生的根本；是成就修行普入法界、无障碍道的根本；是成就修行，使众生除去邪恶聪慧的根本；是成就修行，使众生远离骄慢的根本；是成就修行，使众生消灭烦恼的根本；是成就修行，使众生舍弃种种邪见的根本；是成就修行，使众生拔除一切恶刺的根本；是成就修行，使众生至一切智城的根本。为什么呢？因为菩萨能从善知识那里，得到所有的善法；菩萨能依善知识的力量，证得一切智道。所以说，善知识是一般人很难看见与遭遇的。"

善财童子如此思惟之后，就慢慢地游行，到了楼阁城时，看见那位船师正安坐在城门外的海边。他的周围有百千位商人及无量大众的围绕，听他演说大海法门、开示诸佛的功德海。善财看了之后，就快步向前，顶礼船师的双足，围绕他无数圈之后，合掌说："圣者啊！我已经发起无上正等正觉之心，但是却不知道菩萨应该如何修学菩萨行？如何修习菩萨道？我听说圣者善于教诲众生，希望您能为我解说。"

船师告诉他："善哉！善哉！善男子啊！你已经能发起无上平等正觉，真是不容易。现在你又能请问如何才能产生大智的因缘，断除一切生死苦难；如何才能前往一切智的大宝洲；如何才能成就不坏的摩诃衍；如何才能远离二乘的怖畏生死；如何才能安住一切寂静的三昧旋❹；如何才能乘着大愿的车乘普遍前往任何地方实践菩萨行；如何才能证得没有障碍的清净；如何才能以菩萨行庄严一切无能坏的清净智；如何才能无碍清净地普遍观察十方种种法门；如何才能立刻趣入一切清净智。

"善男子啊！我曾在这座城的海边道路，清净修习菩萨的大悲幢行，并且仔细观察阎浮提内的贫穷众生。我为了饶益他们，而修习所有的苦行，使他们的愿望都能满足。我先以世间的物品，让他们心满意足；又施法财，使他们欢喜；又让他们修习福德，使他们都能生出智慧，增加善根的力量。生起菩提心，清净菩提愿力，坚定大悲力量。使他们虽然修行灭除生死的道法，但却不厌弃生死，而能摄受其他的众生。并修行所有的功德海，明照所有的种种法海，使他们都能彻见诸佛海，趣入一切的智慧海。善男子啊！我安住在这里的时候，就是如此思惟，如此意想，如此利益一切众生。

"善男子啊！我了知海中一切宝洲的位置、一切宝物的所在之处、一切宝物的类别、一切宝物的种性。我也知道如何清净、钻取、取出、制作所有的宝物。我也了知所有宝物的容量、功用、境界、光明。我也知道龙宫、夜叉宫、部多❺宫的位置，而巧妙地回避，幸免各种灾难。我也清楚了知漩澓的浅深、波涛的远近、水色的好恶种种不同。也清楚了知日、月、星宿的运行度数，昼夜、早晨、下午，晷漏❻的快慢。也知道船身铁木坚脆的程度、机关涩滑的情形，海浪的大小、风的逆顺，如此一切安危现象，都明白了知。可航行才航行，得停止出航就停止出航。善男子啊！因为我已经成就如此的智慧，所以能利益所有的众生。

"善男子啊！我能以上好的船只走安稳的水路，载运所有的商众。又能为他们说法，使他们欢喜。引领他们至宝洲，并给予他们所有的珍宝，使他们无不满足。然后再领他们回到阎浮提。善男子啊！我虽然让大船这样地开来开去，但始终却不曾有任何的损坏。凡是得见我身体或听闻我说法的众生，都能永远不怖畏生死大海。因为他们已经能够消灭所有的爱欲大海，趣入一切智慧的大海；并且能够以智光照耀三世海、穷尽众生的苦海、清净众生的心海，还能立刻庄严清净一切刹海；并且普遍前往十方大海，了知众生根器的大海，了悟一切众生的行海，到达普顺众生的心海。

"善男子啊！我只证得这个大悲幢行，凡是看见我或听闻我说法，或与我同住、忆念我的人，都不会空过。就好像诸位大菩萨能游涉生死大海，而不染任何烦恼的海水；并能舍弃妄见海，观察所有的法性海；并且能以四摄法摄受众生海，安住一切智海，消灭一切众生执着海，平等安住一切时劫海；并能以神通度众生海，能在适当时机调伏众生海。像这些功德行，根本不是我能够了知、宣说的。

"善男子啊！在这里的南方，有座名为可乐的大城，其中有位无上胜长者，你可以前去问他：'菩萨应如何修学菩萨行、修习菩萨道？'"

这时，善财童子顶礼船师的双足，围绕他无数圈之后，更殷勤瞻仰他的容颜，悲泣流泪，勤求善知识毫不厌足，就辞退离去。

这时，善财童子发起大慈周遍心、大悲润泽心，相续不断。福德、智慧二种庄严，舍弃远离所有的烦恼尘垢，证得法平等，心没有高下分别，拔除不善的毒刺，灭除所有的障碍，以坚固精进作墙堑，甚深三昧作园苑。用智慧的日光破无明昏暗，用方便的微风催开智慧的华朵。用无碍的誓愿充满法界，心常示现进入一切智城。如此地勤求菩萨之道。

他慢慢游历到城里时，看见城东的大庄严幢无忧林内，难以计数的商人、百千位居士正围绕着无上胜长者，调理决断人间的种种事务。

长者的说法，能使大众永远拔除我慢。远离我、我所，舍弃积聚的恶业。消灭悭恨嫉妒，心意清净，没有任何污秽混浊。获得清净信力，常乐于见到诸佛。受持佛法，产生菩萨的力量，起而实行菩萨道，证入菩萨三昧。得到菩萨的智慧，安住菩萨正念，增长菩萨的欲乐。

善财童子等长者为大众说法完毕后，就以身投地，顶礼他的双足，很久才起来。对长者说："圣者啊！我是善财！我是善财！我一心寻求菩萨行，想知道菩萨应如何修学菩萨行？如何修习菩萨道？如何才能随顺修学，化度众生？如何才能现见诸佛，听闻佛法？如何才能住持佛法？如何才能趣入一切法门？如何才能趣入一切刹，学菩萨行？如何才能安住一切的时劫，修菩萨道？如何才能了知如来的神力？如何才能受诸佛护念？如何才能证得如来的智慧？"

那位长者告诉善财说："善哉！善哉！善男子，你能发起无上正等正觉之心，真是太难得了呀！善男子啊！我已成就至一切处的菩萨行法门，所以证得无依、无造作的神通。善男子啊！什么是至一切处的菩萨行法门？善男子啊！我在此三千大千世界，乃至欲界的所有众生，就是所谓的三十三天、须夜摩天、兜率陀天、善变化天、他化自在天、魔天，及其余一切天、龙、夜叉、罗刹婆、鸠槃荼、乾闼婆、阿修罗、迦楼罗、紧那罗、摩睺罗伽，人与非人，村营、城邑一切住处的众生，我都能为他们说法。使他们舍弃非法，使他们平息诤论，使他们除去战斗，使他们停止忿怒竞争，使他们消除怨结，使他们解除系解束缚，使他们出离牢狱，使他们免于恐怖畏惧，使他们断绝杀生，乃至于邪见等一切恶业。凡是不可做的事，都令他们止息。更使他们勤行一切善法，使他们修学种种的技艺，利益世间。我又为他们分别种种经论，使他们都能心生起欢喜，渐渐成熟。我也能随顺外道，为他们宣说殊胜的智慧，使他们都断绝各种邪见，趣入佛法；乃至色界的梵天，我也为他们说超胜难得的佛法。

"就如同在这个三千大千世界一般，乃至十方十不可说百千亿那由他佛国刹土微尘数的世界，我都能为其中的众生宣说佛法、菩萨法、声闻法、独觉法，或宣说地狱、地狱的种种众生、怎样的情形会使人堕入地狱，或宣说畜生、畜生的差别、畜生受苦的情形、怎样会堕入畜生道，或宣说阎罗王的世界、阎罗王世界的种种痛苦、怎样会落入阎罗王的世界，或宣说天界、天界的悦乐、怎样的情形会使人升向天界，或宣说人间、人间的种种苦乐、怎样的情形会受生人间。或为了开显菩萨的功德，或为了使众生舍离生死过患，或为了使众生了知所有大智慧的人的各种上妙功德，或为了使众生了知各种生趣迷惑受苦的情形，或为了使众生了知无障碍法，或为了要示现世间生起的原因，或为了要示现世间寂灭为乐，或为了使众生舍弃所有的意想执着，或为了使众生证得诸佛的无依法，或为了使众生灭绝所有的烦恼轮，或为了使众生转动如来的法轮等，我都为众生如此宣说。

"善男子啊！我只知道这个'至一切处修菩萨行的清净法门无依无作神通力'。如果是像菩萨摩诃萨具足的自在神通，能普遍前往所有的佛国刹土，最后得证普眼地；能听闻一切声音言辞说法，普遍趣入诸法的自在智慧，没有乖误诤论，勇健无比；又能以广长舌发出平等的妙音，身相妙好。所有的菩萨都与诸佛究竟无二，没有差别。他的智慧身形广大，能普遍趣入三世，境界无边，等同虚空。这种种功德行哪里是我能了知、宣说的呢？

"善男子啊！在这个城的南方，有一个输那❼国，这国有座迦陵迦林❽城。城中有一位师子频申比丘尼，你去拜见，并且请问她：'菩萨应如何学菩萨行、修菩萨道？'"

这时，善财童子顶礼长者的双足，围绕无数圈之后，更殷勤瞻仰他的容颜，才辞退离去。

这时，善财童子慢慢游行，到了输那国的迦陵迦林城，四处寻找师子频申比丘尼。大家都告诉他："善男子啊！这位比丘尼，正在胜光王布施的日光园中说法，利益无量众生。"

善财童子立刻前往那里，周遍观察。到了日光园后，他看见园中有一棵名为满月的大树，形状如同楼阁，放出广大的光明，照耀一由旬之远。又看见一棵枝叶茂密，形状如同宝盖，放出毗琉璃绀青色的光明。又看见一棵形状高大得如雪山王的华藏树，这树不断降下众多微妙的华雨，如同忉利天宫的波利质多罗树。又看见有一棵常放光明、状如金山的甘露果树，这树具足各种果实。又有一毗卢遮那藏的摩尼宝树，它的形状无有等比者。心王摩尼宝在最上方，阿僧祇色相的摩尼宝更周遍庄严。只有名为清净的衣树、种种色衣都垂布严饰。又有名为欢喜的音乐树，这树的声音美妙，超过天乐。又有名为普庄严的香树，恒常出现妙香，普熏十方，没有障碍。

园中又有以七宝庄严的泉流其中，黑栴檀泥凝积其中，上妙金沙弥布池底。池井更具足盈满八功德水，优钵罗华、波头摩华、拘物头华、芬陀利华也遍布覆盖水面，无量的宝树更是周遍行列。每一宝树下都敷设师子座，这些宝座都以种种妙宝庄严，遍布天衣，熏烧妙香。还垂下种种宝绘、宝帐，阎浮金网更弥覆上方。宝铎也徐徐摇动，发出美妙声音。有的树下布设莲华藏的师子座，有的树下则铺陈香王摩尼藏的师子之座，有的树下敷设龙庄严摩尼王藏的师子座，有的树下敷设宝师子聚摩尼王藏的师子之座，也有的树下敷设毗卢遮那摩尼王藏的师子之座，还有树下敷设十方毗卢遮那摩尼王藏的师子之座。每一张宝座都各有十万张宝师子座围绕，每一张宝师子座都非常庄严。

这个大园遍满众宝，就好像在大宝洲上面，以柔软妙好、能生起喜乐触感的迦邻陀衣❾遍布地上。人踏地的时候会包敷住双足，一举起脚后，就又复原。无数的鸟儿也出来唱和雅音，宝栴檀林更是上妙庄严，种种妙华常落下，没有穷尽，如同帝释天王的杂华之园。无比的香王普熏一切，如同帝释天王的善法堂。各种音乐树、宝多罗树，众宝铃网也发出美妙的声音，如同自在天、善见天女所发出的声音。所有的如意树，种种的妙衣都垂布庄严，如同大海有无量色的百千楼阁。众宝庄严得如同忉利天宫的善见大城，宝盖扩张得如须弥峰，普照的光明如同梵宫。

这时，善财童子看见这园中的无量功德、种种庄严，都是菩萨业报成就，出世的善根所生起，供养诸佛功德所流注，世间都没有能有这同等而论的。这些都是因为师子频申比丘尼已了悟诸法如幻，才能兴作这种广大的清净福德善业。三千大千世界，天龙八部、无量的众生即使都进入这个花园，也不会觉得紧迫狭窄。为什么呢？这都是因比丘尼不可思议的威神力造成的呀！

这时，善财童子看见师子频申比丘尼遍坐在一切诸宝树下大师子座，身相端严，威仪寂静，诸根调顺，如同大象王；心中没有丝毫的污垢混浊，如同清净池；并且能普遍救济众生所有的欲求，如同如意宝；他从不染着世间法，如同莲华；心没有畏惧，如同师子王；能坚固地护持清净戒，如同须弥山无人能够倾动；又如妙香王，凡见到她的人身心无不清凉；她又如雪山中的妙栴檀香，能灭除众生所有的恼热；她又如善见药王，凡见到她的众生，无不灭除所有的苦；她又如同婆楼那天，见到她的人都不会空过；她如同肥沃的良地，能长出一切众善根芽。在每一张宝座上来参与法会的人都不一样，比丘尼就为他们各别说法，完全没有相同重复的。

有时众生或看见处于宝座，被净居天众围绕，以大自在天子作为上首，比丘尼就为他们宣说名为无尽解脱的法门。众生有时或看见她处于宝座，被所有的梵天围绕，以爱乐梵王作为上首，比丘尼就为他们宣说名为普门差别清净言辞声音法轮的法门。或是看见她处于宝座上，被他化自在天天子、天女围绕，以自在天王作为上首，比丘尼就为他们宣说名为菩萨清净心的法门。

众生或看见以善化天王为上首的善变化天天子、天女围绕比丘尼，这位比丘尼就为他们演说名叫一切法善庄严的法门。或有众生看见以兜率天王为上首的兜率陀天天子、天女围绕比丘尼，比丘尼就为他们演说名为心藏旋的法门。或是有众生看见，以夜摩天王为上首的摩须夜摩天天子、天女围绕比丘尼，比丘尼就为他们宣说名叫无边庄严的法门。或是众生看见，以释提桓因而为上首的三十三天天子、天女围绕比丘尼，比丘尼就为他们宣说名为厌离的法门。或是有众生看见以娑伽罗龙王为上首的百光明龙王、难陀龙王、优波难陀龙王、摩那斯龙王、伊罗跋难陀龙王、阿那婆达多龙王等龙子、龙女围绕比丘尼，她就为他们演说名为佛神通境界光明庄严的法门。或是有人看见以毗沙门天王为上首的夜叉围绕比丘尼。她就为他们演说名为救护众生藏的法门。或是有人看见以持国乾闼婆王为上首的乾闼婆围绕比丘尼，她就为他们演说名为无尽的法门喜。或是有人看到，以罗睺阿修罗王作为上首的阿修罗众围绕比丘尼。她就为他们演说名为立刻庄严法界智慧的法门。或是有人看见以捷持迦楼罗王为上首的迦楼罗众围绕比丘尼，她就为他们演说名为怖动诸有的法门海。或是有人看见以大树紧那罗王为上首的紧那罗围绕比丘尼，她就为他们演说名为佛行光明的法门。或是有人看见以庵罗林摩睺罗伽王为上首的摩睺罗伽围绕着比丘尼，她就为他们演说名为生起佛欢喜的法门心。或是有人看见无量百千男、女围绕着比丘尼，她就为他们演说名为殊胜的法门行。或是有人看见以常夺精气大树罗王为上首的所有罗刹大众围绕比丘尼，她就为他们演说名叫发生悲悯心的法门。或是有人看见信乐声闻乘的众生围绕比丘尼，她就为他们演说名叫佛功德广大光明的法门。或是有人看见信乐大乘的众生围绕比丘尼，她就为他们演说名为普门三昧智光明的法门。或是有人看见所有初发心的菩萨都围绕比丘尼，她就为他们演说名为一切佛愿聚的法门。或是有人看见二地的菩萨都围绕比丘尼，她就为他们演说名为离垢轮的法门。或是有人看见所有三地的菩萨都围绕比丘尼，她就为他们演说名叫寂静庄严的法门。或是有人看见所有四地的菩萨围绕比丘尼，她就为他们演说名为一切智境界的法门。或是有人看见所有五地的菩萨都围绕比丘尼，她就为他们演说名为妙华藏的法门。或是有人看见所有六地的菩萨都围绕比丘尼，她就为他们演说名为毗卢遮那藏的法门。或是有人看见所有七地的菩萨都围绕比丘尼，她就为他们演说名叫普庄严地的法门。或是有人看见所有八地的菩萨都围绕比丘尼，她就为他们宣说名叫遍法界境界身的法门。或是有人看见所有九地的菩萨都围绕比丘尼，她就为他们演说名叫无所得力庄严的法门。或是有人看见所有十地的菩萨都围绕比丘尼，她就为他们演说名为无碍轮的法门。或是有人看见执金刚神共同围绕比丘尼，她就为他们演说名为金刚智那罗延庄严的法门。

善财童子看见一切生趣的众生不管是善根、已成熟的、已调伏的、凡足以作为法器的，都进入这个园林，各自在比丘尼的宝座下围绕而坐。师子频申比丘尼，随顺他们志欲信解的殊胜、低劣之差别，分别为他们说法，使他们都能证得不退转的无上正等正觉。为什么呢？因为这位比丘尼已经证入普眼舍得般若波罗蜜的法门、说一切佛法的波罗蜜法门、法界差别的般若波罗蜜法门、散坏一切障碍轮的般若波罗蜜法门、生起众生善心的般若波罗蜜法门、殊胜庄严的般若波罗蜜法门、无碍真实藏的般若波罗蜜法门、圆满法界的般若波罗蜜法门、心藏的般若波罗蜜法门、普出生藏的般若波罗蜜法门。她以此十个般若波罗蜜法门为首，就能趣入无数等百万的般若波罗蜜法门。

师子频申比丘尼都先劝在日光园中的所有菩萨及众生发心、受持正法、思惟修习、证得不退转的无上正等正觉。

这时，善财童子看见师子频申比丘尼的园林、床座、经行、众会、神力、辩才，又听闻不可思议的法门，使他如同被广大的法云，降下法雨润泽自心。于是善财便生起一念："我应当右绕比丘尼无量百千圈。"

这时，比丘尼放出大光明，普照她园林众会的大众。善财童子立刻看见自己以及园林中所有的树木，都右绕这位比丘尼无量百千万圈。绕完之后，善财童子合掌对她说："圣者啊！我已发起无上正等正觉之心，但还不知道菩萨如何修学菩萨行、修习菩萨道？我听说圣者善于诱导教诲，希望您能为我说法。"

比丘尼回答他："善男子啊！我已得到名为成就一切智慧的解脱法门。"

善财问她："圣者啊！为何称为成就一切智慧的法门？"

比丘尼回答他："善男子啊！我以这种智慧光明在一念之间，普遍照耀三世诸法。"

善财又问："圣者啊！这种智慧光明境界如何？"

比丘尼回答他："善男子啊！我因为证入这种智慧光明法门，所以得证出生一切法的三昧王。又因为这种三昧，证得意生身，因此能前往十方世界兜率天宫一生所系的菩萨那里。在每一菩萨面前，示现不可说佛国刹土微尘数的身形，每一身形，都作不可说佛国刹土微尘数的供养。所谓示现天王身，乃至人王身。执持华云、鬘云、烧香、涂香以及末香、衣服、璎珞、幢幡、缯盖、宝网、宝帐、宝藏、宝灯，如此一切庄严的器具，我都执持供养。如同安住兜率宫菩萨的处所一般，在于住胎、出胎、在家、出家、前往拜见道场、成就正等正觉、转正法轮、入涅槃。在这过程中，有时住在天宫，有时住在龙宫，乃至于住在人宫，在每一位如来那里，我都如此供养。凡是知道我如此供养的众生，都能证得不退转的无上正等正觉；凡是来我这里的众生，我都会为他宣说般若波罗蜜。

"善男子啊！我虽然看待众生，却不会分别众生相，因为我的智眼能明见一切；我虽耳听所有的语言，却不会分别语言相，因为我的心没有染着；我虽看见诸佛，却不会分别如来相，因为我已了解通达所有的法身；我虽住持种种法轮，却不会分别法轮相，因为我已了悟法自性；我虽然在一念之间就能了知一切法，但却不会分别种种法相，因为我了知诸法都如幻化。

"善男子啊！我只知道这种成就一切智慧解脱法门。如果是像诸位菩萨摩诃萨没有分别的心，普遍了知所有法；一身端坐就能充满法界，在自身中就能示现一切刹土；一念之间就能前往一切佛土，在自身内就能普现诸佛神力；能以一根汗毛遍举不可说的诸佛世界；在其自身一个毛孔中，就能示现不可说世界的成、住、坏、空；一念之间就能与不可说不可说的众生同住；在一念之间，就能趣入不可说不可说的时劫。像这种种功德行根本不是我能了知、宣说的？

"善男子啊！在这城的南方，有一个险难国，国土内有座庄严城，里面有一位婆须蜜多❿女，你去问她：'菩萨如何学菩萨行、修菩萨道？'"

这时，善财童子顶礼师子频申尼的双足，绕了无数圈之后，更殷勤地瞻仰她的面容，然后辞退离去。

【注释】

❶ 摩罗耶：梵语 Malaya，山名，位于南天竺境内。此山出产白檀木。

❷ 先陀婆：梵语 saindhava，译意多种，用于普通比喻中，乃表示盐、水、器、马四种物品，然在这里表示香名。

❸ 婆施罗：梵语 Vairocana，译作"船师"、"自在海师"，晋经译作"自在"。

❹ 三昧旋：旋指水之洄澓沉滞而不流动，表示二乘湛寂而沉。

❺ 部多："自生"的意思，指化生的有情。

❻ 晷漏：测定时间的仪器。

❼ 输那：译作"勇猛"，晋经作"难忍"。

❽ 迦陵迦林：意译作"诤斗时"。

❾ 迦邻陀衣：梵语 kācalindika，全名为"迦遮邻底迦"或"迦遮邻地"，译作"细软轻妙"，乃是鸟名，指以此鸟毛织成的上好衣服。

❿ 婆须蜜多：梵语 Vasumitrā，译作"世支"或"天支"。

卷第六十八
入法界品第三十九之九

【原典】

尔时，善财童子，大智光明照启其心，思惟观察，见诸法性，得了知一切言音陀罗尼门，得受持一切法轮陀罗尼门，得与一切众生作所归依大悲力，得观察一切法义理光明门，得充满法界清净愿，得普照十方一切法智光明，得遍庄严一切世界自在力，得普发起一切菩萨业圆满愿。

渐次游行，至险难国宝庄严城，处处寻觅婆须蜜多女。

城中有人不知此女功德智慧，作如是念："今此童子，诸根寂静，智慧明了，不迷不乱，谛视一寻，无有疲懈，无所取著，目视不瞬，心无所动，甚深宽广，犹如大海，不应于此婆须蜜女，有贪爱心，有颠倒心，生于净想，生于欲想，不应为此女色所摄。

"此童子者，不行魔行，不入魔境，不没欲泥，不被魔缚，不应作处已能不作，有何等意而求此女？"

其中有人先知此女有智慧者，告善财言："善哉！善哉！善男子！汝今乃能推求寻觅婆须蜜女，汝已获得广大善利。善男子！汝应决定求佛果位，决定欲为一切众生作所依怙，决定欲拔一切众生贪爱毒箭，决定欲破一切众生于女色中所有净想。

"善男子！婆须蜜女于此城内市廛之北自宅中住。"

时，善财童子闻是语已，欢喜踊跃，往诣其门。见其住宅广博严丽，宝墙、宝树及以宝堑，一一皆有十重围绕。其宝堑中，香水盈满，金沙布地，诸天宝华、优钵罗华、波头摩华、拘物头华、芬陀利华遍覆水上。宫殿、楼阁处处分布，门闼、窗牖相望间列，咸施网铎，悉置幡幢，无量珍奇以为严饰。琉璃为地，众宝间错，烧诸沉水，涂以栴檀，悬众宝铃，风动成音，散诸天华遍布其地。种种严丽不可称说，诸珍宝藏其数百千，十大园林以为庄严。

尔时，善财见此女人颜貌端严，色相圆满，皮肤金色，目发绀青，不长不短，不粗不细，欲界人、天无能与比，音声美妙，超诸梵世，一切众生差别言音，悉皆具足，无不解了，深达字义，善巧谈说，得如幻智，入方便门，众宝璎珞及诸严具庄严其身，如意摩尼以为宝冠而冠其首。复有无量眷属围绕，皆共善根同一行愿，福德大藏具足无尽。时，婆须蜜多女从其身出广大光明，普照宅中一切宫殿；遇斯光者，身得清凉。

尔时，善财前诣其所，顶礼其足，合掌而住，白言：“圣者！我已先发阿耨多罗三藐三菩提心，而未知菩萨云何学菩萨行？云何修菩萨道？我闻圣者善能教诲，愿为我说！”

彼即告言：“善男子！我得菩萨解脱，名离贪欲际，随其欲乐而为现身。若天见我，我为天女，形貌、光明殊胜无比。如是乃至人非人等而见我者，我即为现人非人女，随其乐欲皆令得见。

“若有众生欲意所缠来诣我所，我为说法，彼闻法已，则离贪欲，得菩萨无著境界三昧；若有众生暂见于我，则离贪欲，得菩萨欢喜三昧；若有众生暂与我语，则离贪欲，得菩萨无碍音声三昧；若有众生暂执我手，则离贪欲，得菩萨遍往一切佛刹三昧；若有众生暂升我座，则离贪欲，得菩萨解脱光明三昧；若有众生暂观于我，则离贪欲，得菩萨寂静庄严三昧；若有众生见我频申，则离贪欲，得菩萨摧伏外道三昧；若有众生见我目瞬，则离贪欲，得菩萨佛境界光明三昧；若有众生抱持于我，则离贪欲，得菩萨摄一切众生恒不舍离三昧；若有众生唼我唇吻，则离贪欲，得菩萨增长一切众生福德藏三昧。凡有众生亲近于我，一切皆得住离贪际，入菩萨一切智地现前无碍解脱。”

善财白言："圣者种何善根、修何福业，而得成就如是自在？"

答言："善男子！我念过去，有佛出世，名为高行；其王都城，名曰妙门。善男子！彼高行如来哀愍众生，入于王城蹈彼门阃，其城一切悉皆震动，忽然广博，众宝庄严，无量光明递相映彻，种种宝华散布其地，诸天音乐同时俱奏，一切诸天充满虚空。善男子！我于彼时，为长者妻，名曰善慧；见佛神力，心生觉悟，则与其夫往诣佛所，以一宝钱而为供养。是时，文殊师利童子为佛侍者，为我说法，令发阿耨多罗三藐三菩提心。

"善男子！我唯知此菩萨离贪际解脱。如诸菩萨摩诃萨，成就无边巧方便智，其藏广大，境界无比，而我云何能知能说彼功德行？

"善男子！于此南方有城，名善度；中有居士，名鞞瑟胝罗，彼常供养栴檀座佛塔。汝诣彼问：'菩萨云何学菩萨行、修菩萨道？'"

时，善财童子顶礼其足，绕无量匝，殷勤瞻仰，辞退而去。

尔时，善财童子渐次游行，至善度城，诣居士宅，顶礼其足，合掌而立，白言："圣者！我已先发阿耨多罗三藐三菩提心，而未知菩萨云何学菩萨行？云何修菩萨道？我闻圣者善能诱诲，愿为我说！"

居士告言："善男子！我得菩萨解脱，名不般涅槃际。善男子！我不生心言：'如是如来已般涅槃，如是如来现般涅槃，如是如来当般涅槃。'我知十方一切世界诸佛如来，毕竟无有般涅槃者，唯除为欲调伏众生而示现耳。

"善男子！我开栴檀座如来塔门时，得三昧，名佛种无尽。善男子！我念念中入此三昧，念念得知一切无量殊胜之事。"

善财白言："此三昧者，境界云何？"

居士答言："善男子！我入此三昧，随其次第，见此世界一切诸佛，所谓迦叶佛、拘那含牟尼佛、拘留孙佛、尸弃佛、毗婆尸佛、提舍佛、弗沙佛、无上胜佛、无上莲华佛，如是等而为上首，于一念顷，得见百佛，得见千佛，得见百千佛，得见亿佛、千亿佛、百千亿佛、阿庾多亿佛、那由他亿佛，乃至不可说不可说世界微尘数佛，如是一切，次第皆见。亦见彼佛，初始发心，种诸善根，获胜神通，成就大愿，修行妙行，具波罗蜜，入菩萨地，得清净忍，摧伏魔军，成正等觉，国土清净，众会围绕，放大光明，转妙法轮，神通变现，种种差别，我悉能持，我悉能忆，悉能观察，分别显示。未来弥勒佛等一切诸佛，现在毗卢遮那佛等一切诸佛，悉亦如是。如此世界，十方世界所有三世一切诸佛、声闻、独觉、诸菩萨众，悉亦如是。

"善男子！我唯得此菩萨所得不般涅槃际解脱。如诸菩萨摩诃萨，以一念智普知三世，一念遍入一切三昧，如来智日恒照其心，于一切法无有分别，了一切佛悉皆平等、如来及我一切众生等无有二，知一切法自性清净，无有思虑，无有动转，而能普入一切世间，离诸分别，住佛法印，悉能开悟法界众生，而我云何能知能说彼功德行？

"善男子！于此南方有山，名补怛洛迦；彼有菩萨，名观自在。汝诣彼问：'菩萨云何学菩萨行、修菩萨道？'"

即说颂曰：

海上有山多圣贤，众宝所成极清净，华果树林皆遍满，泉流池沼悉具足。

勇猛丈夫观自在，为利众生住此山；汝应往问诸功德，彼当示汝大方便。

时，善财童子顶礼其足，绕无量匝已，殷勤瞻仰，辞退而去。

尔时，善财童子一心思惟彼居士教，入彼菩萨解脱之藏，得彼菩萨能随念力，忆彼诸佛出现次第，念彼诸佛相续次第，持彼诸佛名号次第，观彼诸佛所说妙法，知彼诸佛具足庄严，见彼诸佛成正等觉，了彼诸佛不思议业。

渐次游行，至于彼山，处处求觅此大菩萨。见其西面岩谷之中，泉流萦映，树林蓊郁，香草柔软，右旋布地。观自在菩萨于金刚宝石上结跏趺坐，无量菩萨皆坐宝石恭敬围绕，而为宣说大慈悲法，令其摄受一切众生。

善财见已，欢喜踊跃，合掌谛观，目不暂瞬，作如是念："善知识者，则是如来；善知识者，一切法云；善知识者，诸功德藏；善知识者，难可值遇；善知识者，十力宝因；善知识者，无尽智炬；善知识者，福德根芽；善知识者，一切智门；善知识者，智海导师；善知识者，至一切智助道之具。"便即往诣大菩萨所。

尔时，观自在菩萨遥见善财，告言："善来！汝发大乘意，普摄众生，起正直心，专求佛法，大悲深重救护一切，普贤妙行相续现前，大愿深心圆满清净，勤求佛法悉能领受，积集善根恒无厌足，顺善知识不违其教；从文殊师利功德智慧大海所生，其心成熟，得佛势力。已获广大三昧光明，专意希求甚深妙法，常见诸佛，生大欢喜，智慧清净犹如虚空，既自明了，复为他说，安住如来智慧光明。"

尔时，善财童子顶礼观自在菩萨足，绕无数匝，合掌而住，白言："圣者！我已先发阿耨多罗三藐三菩提心，而未知菩萨云何学菩萨行？云何修菩萨道？我闻圣者善能教诲，愿为我说！"

菩萨告言："善哉！善哉！善男子！汝已能发阿耨多罗三藐三菩提心。

"善男子！我已成就菩萨大悲行解脱门。善男子！我以此菩萨大悲行门，平等教化一切众生，相续不断。

"善男子！我住此大悲行门，常在一切诸如来所，普现一切众生之前。或以布施，摄取众生；或以爱语，或以利行，或以同事，摄取众生；或现色身，摄取众生；或现种种不思议色净光明网，摄取众生；或以音声，或以威仪，或为说法，或现神变，令其心悟而得成熟；或为化现同类之形，与其共居而成熟之。

"善男子！我修行此大悲行门，愿常救护一切众生，愿一切众生离险道怖，离热恼怖，离迷惑怖，离系缚怖，离杀害怖，离贫穷怖，离不活怖，离恶名怖，离于死怖，离大众怖，离恶趣怖，离黑暗怖，离迁移怖，离爱别怖，离怨会怖，离逼迫身怖，离逼迫心怖，离忧悲怖。复作是愿：'愿诸众生，若念于我，若称我名，若见我身，皆得免离一切怖畏。'善男子！我以此方便，令诸众生离怖畏已，复教令发阿耨多罗三藐三菩提心，永不退转。

"善男子！我唯得此菩萨大悲行门。如诸菩萨摩诃萨，已净普贤一切愿，已住普贤一切行，常行一切诸善法，常入一切诸三昧，常住一切无边劫，常知一切三世法，常诣一切无边刹，常息一切众生恶，常长一切众生善，常绝众生生死流，而我云何能知能说彼功德行？”

尔时，东方有一菩萨，名曰正趣，从空中来，至娑婆世界轮围山顶，以足按地，其娑婆世界六种震动，一切皆以众宝庄严。正趣菩萨放身光明，映蔽一切日、月、星、电，天龙八部、释、梵、护世所有光明，皆如聚墨。其光普照一切地狱、畜生、饿鬼、阎罗王处，令诸恶趣，众苦皆灭，烦恼不起，忧悲悉离。又于一切诸佛国土，普雨一切华香、璎珞、衣服、幢盖，如是所有诸庄严具，供养于佛。复随众生心之所乐，普于一切诸宫殿中而现其身，令其见者皆悉欢喜，然后来诣观自在所。

时，观自在菩萨告善财言：“善男子！汝见正趣菩萨来此会不？”

白言：“已见。”

告言：“善男子！汝可往问：‘菩萨云何学菩萨行、修菩萨道？’”

尔时，善财童子敬承其教，遽即往诣彼菩萨所，顶礼其足，合掌而立，白言：“圣者！我已先发阿耨多罗三藐三菩提心，而未知菩萨云何学菩萨行？云何修菩萨道？我闻圣者善能教诲，愿为我说！”

正趣菩萨言：“善男子！我得菩萨解脱，名普门速疾行。”

善财言：“圣者！于何佛所得此法门？所从来刹，去此几何？发来久如？”

告言：“善男子！此事难知，一切世间天、人、阿修罗、沙门、婆罗门等所不能了，唯勇猛精进无退无怯诸菩萨众，已为一切善友所摄、诸佛所念，善根具足，志乐清净，得菩萨根，有智慧眼，能闻能持，能解能说。”

善财言：“圣者！我承佛神力、善知识力，能信能受，愿为我说！”

正趣菩萨言：“善男子！我从东方妙藏世界普胜生佛所而来此土，于彼佛所得此法门，从彼发来已经不可说不可说佛刹微尘数劫，一一念中举不可说不可说佛刹微尘数步，一一步过不可说不可说世界微尘数佛刹。一一佛刹，我皆遍入，至其佛所，以妙供具而为供养。此诸供具，皆是无上心所成，无作法所印，诸如来所忍，诸菩萨所叹。善男子！我又普见彼世界中一切众生，悉知其心，悉知其根，随其欲解，现身说法，或放光明，或施财宝，种种方便，教化调伏，无有休息。如从东方，南、西、北方，四维、上、下，亦复如是。

"善男子！我唯得此菩萨普疾行解脱，能疾周遍到一切处。如诸菩萨摩诃萨，普于十方无所不至，智慧境界等无差别，善布其身悉遍法界，至一切道，入一切刹，知一切法，到一切世，平等演说一切法门，同时照耀一切众生，于诸佛所不生分别，于一切处无有障碍，而我云何能知能说彼功德行？

"善男子！于此南方有城，名堕罗钵底；其中有神，名曰大天。汝诣彼问：'菩萨云何学菩萨行、修菩萨道？'"

时，善财童子顶礼其足，绕无数匝，殷勤瞻仰，辞退而去。

尔时，善财童子入菩萨广大行，求菩萨智慧境，见菩萨神通事，念菩萨胜功德，生菩萨大欢喜，起菩萨坚精进，入菩萨不思议自在解脱，行菩萨功德地，观菩萨三昧地，住菩萨总持地，入菩萨大愿地，得菩萨辩才地，成菩萨诸力地。

渐次游行，至于彼城，推问大天今在何所？人咸告言："在此城内，现广大身，为众说法。"

尔时，善财至大天所，顶礼其足，于前合掌而作是言："圣者！我已先发阿耨多罗三藐三菩提心，而未知菩萨云何学菩萨行？云何修菩萨道？我闻圣者善能教诲，愿为我说！"

尔时，大天长舒四手，取四大海水自洗其面，持诸金华以散善财，而告之言："善男子！一切菩萨，难可得见，难可得闻，希出世间，于众生中最为第一，是诸人中芬陀利华，为众生归，为众生救，为诸世间作安隐处，为诸世间作大光明，示迷惑者安隐正道；为大导师，引诸众生入佛法门；为大法将，善能守护一切智城。菩萨如是难可值遇，唯身、语、意无过失者，然后乃得见其形像、闻其辩才，于一切时常现在前。

"善男子！我已成就菩萨解脱，名为云网。"

善财言："圣者！云网解脱境界云何？"

尔时，大天于善财前，示现金聚、银聚、琉璃聚、玻璃聚、砗磲聚、玛瑙聚、大焰宝聚、离垢藏宝聚、大光明宝聚、普现十方宝聚、宝冠聚、宝印聚、宝璎珞聚、宝珰聚、宝钏聚、宝锁聚、珠网聚、种种摩尼宝聚、一切庄严具聚、如意摩尼聚，皆如大山。又复示现一切华、一切鬘、一切香、一切烧香、一切涂香、一切衣服、一切幢幡、一切音乐、一切五欲娱乐之具，皆如山积，及现无数百千万亿诸童女众。而彼大天告善财言："善男子！可取此物，供养如来，修诸福德，并施一切，摄取众生，令其修学檀波罗蜜，能舍难舍。善男子！如我为汝，示现此物，教汝行施，为一切众生悉亦如是，皆令以此善根熏习，于三宝所、善知识所，恭敬供养，增长善法，发于无上菩提之意。

"善男子！若有众生贪著五欲，自放逸者，为其示现不净境界；若有众生嗔恚、骄慢、多诤竞者，为其示现极可怖形，如罗刹等饮血啖肉，令其见已，惊恐惶惧，心意调柔，舍离怨结。若有众生惛沉、懒惰，为其示现王、贼、水、火及诸重疾，令其见已，心生惶怖，知有忧苦而自勉策。以如是等种种方便，令舍一切诸不善行，修行善法；令除一切波罗蜜障，具波罗蜜；令超一切障碍险道，到无障处。

"善男子！我唯知此云网解脱。如诸菩萨摩诃萨，犹如帝释，已能摧伏一切烦恼阿修罗军；犹如大水，普能消灭一切众生诸烦恼火；犹如猛火，普能干竭一切众生诸爱欲水；犹如大风，普能吹倒一切众生诸见取幢；犹如金刚，悉能摧破一切众生诸我见山。而我云何能知能说彼功德行？

"善男子！此阎浮提摩竭提国菩提场中，有主地神，其名安住。汝诣彼问：'菩萨云何学菩萨行、修菩萨道？'"

时，善财童子礼大天足，绕无数匝，辞退而去。

尔时，善财童子渐次游行，趣摩竭提国菩提[1]场内安住神所，百万地神同在其中，更相谓言："此来童子即是佛藏，必当普为一切众生作所依处，必当普坏一切众生无明壳藏。此人已生法王种中，当以离垢无碍法缯而冠其首，当开智慧大珍宝藏，摧伏一切邪论异道。"

时，安住等百万地神，放大光明，遍照三千大千世界，普令大地同时震吼，种种宝物处处庄严，影洁光流，递相鉴彻，一切叶树俱时生长，一切华树咸共开敷，一切果树靡不成熟，一切河流递相灌注，一切池沼悉皆盈满。雨细香雨，遍洒其地，风来吹华，普散其上，无数音乐一时俱奏，天庄严具咸出美音，牛王、象王、师子王等，皆生欢喜，踊跃、哮吼，犹如大山相击出声，百千伏藏自然涌现。

时，安住地神告善财言："善来！童子！汝于此地曾种善根，我为汝现，汝欲见不？"

尔时，善财礼地神足，绕无数匝，合掌而立，白言："圣者！唯然！欲见。"

时，安住地神以足按地，百千亿阿僧祇宝藏自然涌出，告言："善男子！今此宝藏随逐于汝，是汝往昔善根果报，是汝福力之所摄受，汝应随意自在受用。

"善男子！我得菩萨解脱，名不可坏智慧藏，常以此法成就众生。

"善男子！我忆自从然灯佛来，常随菩萨，恭敬守护，观察菩萨所有心行、智慧境界、一切誓愿、诸清净行、一切三昧、广大神通、大自在力、无能坏法，遍往一切诸佛国土，普受❷一切诸如来记，转于一切诸佛法轮，广说一切修多罗门，大法光明普皆照耀，教化调伏一切众生，示现一切诸佛神变，我皆能领受、皆能忆持。

"善男子！乃往古世，过须弥山微尘数劫，有劫名庄严，世界名月幢，佛号妙眼，于彼佛所得此法门。善男子！我于此法门，若入若出，修习增长，常见诸佛未曾舍离，始从初得，乃至贤劫，于其中间，值遇不可说不可说佛刹微尘数如来、应、正等觉，悉皆承事，恭敬供养，亦见彼佛诣菩提座，现大神力，亦见彼佛所有一切功德善根。

"善男子！我唯知此不可坏智慧藏法门。如诸菩萨摩诃萨常随诸佛，能持一切诸佛所说，入一切佛甚深智慧，念念充遍一切法界，等如来身，生诸佛心，具诸佛法，作诸佛事，而我云何能知能说彼功德行？

"善男子！此阎浮提摩竭提国迦毗罗城，有主夜神，名婆珊婆演底。汝诣彼问：'菩萨云何学菩萨行、修菩萨道？'"

时，善财童子礼地神足，绕无数匝，殷勤瞻仰，辞退而去。

尔时，善财童子一心思惟安住神教，忆持菩萨不可沮坏智藏解脱，修其三昧，学其轨则，观其游戏，入其微妙，得其智慧，达其平等，知其无边，测其甚深。

渐次游行，至于彼城，从东门入，伫立未久，便见日没。心念随顺诸菩萨教，渴仰欲见彼主夜神，于善知识生如来想，复作是念："由善知识得周遍眼，普能明见十方境界；由善知识得广大解，普能了达一切所缘；由善知识得三昧眼，普能观察一切法门；由善知识得智慧眼，普能明照十方刹海。"

作是念时，见彼夜神于虚空中，处宝楼阁香莲华藏师子之座，身真金色，目发绀青，形貌端严，见者欢喜，众宝璎珞以为严饰，身服朱衣，首戴梵冠，一切星宿炳然在体。于其身上一一毛孔，皆现化度无量无数恶道众生，令其免离险难之像。是诸众生，或生人中，或生天上，或有趣向二乘菩提，或有修行一切智道。又彼一一诸毛孔中，示现种种教化方便，或为现身，或为说法，或为示现声闻乘道，或为示现独觉乘道，或为示现诸菩萨行、菩萨勇猛、菩萨三昧、菩萨自在、菩萨住处、菩萨观察、菩萨师子频申、菩萨解脱游戏，如是种种成熟众生。

善财童子见闻此已，心大欢喜，以身投地，礼夜神足，绕无数匝，于前合掌而作是言："圣者！我已先发阿耨多罗三藐三菩提心，我心冀望依善知识，获诸如来功德法藏。唯愿示我一切智道，我行于中，至十力地！"

时，彼夜神告善财言："善哉！善哉！善男子！汝能深心敬善知识，乐闻其语，修行其教，以修行故，决定当得阿耨多罗三藐三菩提。

"善男子！我得菩萨破一切众生痴暗法光明解脱。善男子！我于恶慧众生，起大慈心；于不善业众生，起大悲心；于作善业众生，起于喜心；于善恶二行众生，起不二心；于杂染众生，起令生清净心；于邪道众生，起令生正行心；于劣解众生，起令兴大解心；于乐生死众生，起令舍轮转心；于住二乘道众生，起令住一切智心。善男子！我以得此解脱故，常与如是心共相应。

"善男子！我于夜暗人静，鬼、神、盗贼、诸恶众生所游行时，密云重雾、恶风暴雨、日月星宿并皆昏蔽不见色时，见诸众生，若入于海，若行于陆，山林、旷野、诸险难处，或遭盗贼，或乏资粮，或迷惑方隅，或忘失道路，惮惶忧怖，不能自出，我时即以种种方便而救济之。

"为海难者，示作船师、鱼王、马王、龟王、象王、阿修罗王，及以海神，为彼众生，止恶风雨，息大波浪，引其道路，示其洲岸，令免怖畏，悉得安隐。复作是念：'以此善根，回施众生，愿令舍离一切诸苦。'

"为在陆地一切众生于夜暗中遭恐怖者，现作日月及诸星宿、晨霞、夕电种种光明，或作屋宅，或为人众，令其得免恐怖之厄。复作是念：'以此善根，回施众生，悉令除灭诸烦恼暗。'一切众生，有惜寿命，有爱名闻，有贪财宝，有重官位，有著男女，有恋妻妾，未称所求，多生忧怖，我皆救济，令其离苦。

"为行山险而留难者，为作善神，现形亲近；为作好鸟，发音慰悦；为作灵药，舒光照耀；示其果树，示其泉井，示正直道，示平坦地，令其免离一切忧厄。

"为行旷野、稠林、险道，藤萝所冒、云雾所暗而恐怖者，示其正道，令得出离。作是念言：'愿一切众生，伐见稠林，截爱罗网，出生死野，灭烦恼暗，入一切智平坦正道，到无畏处，毕竟安乐。'

"善男子！若有众生乐著国土而忧苦者，我以方便，令生厌离。作是念言：'愿一切众生不著诸蕴，住一切佛萨婆若境。'

"善男子！若有众生乐著聚落，贪爱宅舍，常处黑暗，受诸苦者，我为说法，令生厌离，令法满足，令依法住。作是念言：'愿一切众生，悉不贪乐六处聚落，速得出离生死境界，究竟安住一切智城。'

"善男子！若有众生行暗夜中，迷惑十方，于平坦路生险难想，于险难道起平坦想，以高为下，以下为高，其心迷惑，生大苦恼。我以方便舒光照及，若欲出者，示其门户；若欲行者，示其道路；欲度沟洫，示其桥梁；欲涉河海，与其船筏；乐观方者，示其险易安危之处；欲休息者，示其城邑、水、树之所。作是念言：'如我于此照除夜暗，令诸世事悉得宣叙，愿我普于一切众生生死长夜、无明暗处，以智慧光普皆照了。是诸众生无有智眼，想心见倒之所覆翳，无常常想，无乐乐想，无我我想，不净净想，坚固执著我人众生、蕴界处法，迷惑因果，不识善恶，杀害众生，乃至邪见，不孝父母，不敬沙门及婆罗门，不知恶人，不识善人，贪著恶事，安住邪法，毁谤如来，坏正法轮，于诸菩萨呰辱伤害，轻大乘道，断菩提心，于有恩人反加杀害，于无恩处常怀怨结，毁谤贤圣，亲近恶伴，盗塔寺物，作五逆罪，不久当堕三恶道处。愿我速以大智光明，破彼众生无明黑暗，令其疾发阿耨多罗三藐三菩提心。'既发心已，示普贤乘，开十力道，亦示如来法王境界，亦示诸佛一切智城、诸佛所行、诸佛自在、诸佛成就、诸佛总持、一切诸佛共同一身、一切诸佛平等之处，令其安住。

"善男子！一切众生，或病所缠，或老所侵，或苦贫穷，或遭祸难，或犯王法，临当受刑，无所依怙，生大怖畏，我皆救济，使得安隐。复作是念：'愿我以法普摄众生，令其解脱一切烦恼、生老病死、忧悲苦患，近善知识，常行法施，勤行善业，速得如来清净法身，住于究竟无变易处。'

"善男子！一切众生入见稠林，住于邪道，于诸境界起邪分别，常行不善身、语、意业，妄作种种诸邪苦行，于非正觉生正觉想，于正觉所非正觉想，为恶知识之所摄受，以起恶见，将堕恶道，我以种种诸方便门而为救护，令住正见，生人天中。复作是念：'如我救此将坠恶道诸众生等，愿我普救一切众生，悉令解脱一切诸苦，住波罗蜜出世圣道，于一切智得不退转，具普贤愿，近一切智，而不舍离诸菩萨行，常勤教化一切众生。'"

尔时，婆珊婆演底主夜神欲重宣此解脱义，承佛神力，观察十方，为善财童子而说颂曰：

我此解脱门，生净法光明，能破愚痴暗，待时而演说。

我昔无边劫，勤行广大慈，普覆诸世间，佛子应修学。

寂静大悲海，出生三世佛，能灭众生苦，汝应入此门。

能生世间乐，亦生出世乐，令我心欢喜，汝应入此门。

既舍有为患，亦远声闻果，净修诸佛力，汝应入此门。

我目甚清净，普见十方刹，亦见其中佛，菩提树下坐，

相好庄严身，无量众围绕，一一毛孔内，种种光明出；

见诸群生类，死此而生彼，轮回五趣中，常受无量苦。

我耳甚清净，听之无不及，一切语言海，悉闻能忆持；

诸佛转法轮，其声妙无比，所有诸文字，悉皆能忆持。

我鼻甚清净，于法无所碍，一切皆自在，汝应入此门。

我舌甚广大，净好能言说，随应演妙法，汝应入此门。

我身甚清净，三世等如如，随诸众生心，一切悉皆现。

我心净无碍，如空含万像，普念诸如来，而亦不分别。

了知无量刹，一切诸心海，诸根及欲乐，而亦不分别。

我以大神通，震动无量刹，其身悉遍往，调彼难调众。

我福甚广大，如空无有尽，供养诸如来，饶益一切众。

我智广清净，了知诸法海，除灭众生惑，汝应入此门。

我知三世佛，及以一切法，亦了彼方便，此门遍无等。

一一尘中见，三世一切刹，亦见彼诸佛，此是普门力。

十方刹尘内，悉见卢舍那，菩提树下坐，成道演妙法。

尔时，善财童子白夜神言："汝发阿耨多罗三藐三菩提心为几时耶？得此解脱其已久如，乃能如是饶益众生？"

其神答言："善男子！乃往古世，过如须弥山微尘数劫，有劫名寂静光，世界名出生妙宝，有五亿佛于中出现。彼世界中有四天下，名宝月灯光，有城名莲华光，王名善法度，以法施化，成就七宝，王四天下。王有夫人，名法慧月，夜久眠寐。时，彼城东有一大林，名为寂住，林中有一大菩提树，名一切光摩尼王庄严身出生一切佛神力光明。尔时，有佛名一切法雷音王，于此树下成等正觉，放无量色广大光明，遍照出生妙宝世界。莲华光城内有主夜神，名为净月，诣王夫人法慧月所，动身璎珞以觉夫人，而告之言：'夫人当知，一切法雷音王如来，于寂住林成无上觉，及广为说诸佛功德自在神力、普贤菩萨所有行愿。'令王夫人发阿耨多罗三藐三菩提

意，供养彼佛及诸菩萨、声闻、僧众。

"善男子！时王夫人法慧月者，岂异人乎？我身是也！

"我于彼佛所发菩提心种善根故，于须弥山微尘数劫，不生地狱、饿鬼、畜生诸恶趣中，亦不生于下贱之家，诸根具足，无有众苦，于天人中福德殊胜，不生恶世，恒不离佛及诸菩萨、大善知识，常于其所种植善根，经八十须弥山微尘数劫常受安乐，而未满足菩萨诸根。

"过此劫已，复过万劫，于贤劫前，有劫名无忧遍照，世界名离垢妙光。其世界中净秽相杂，有五百佛于中出现。其第一佛，名须弥幢寂静妙眼如来、应、正等觉，我为名称长者，女名妙慧光明，端正殊妙。彼净月夜神，以愿力故，于离垢世界一四天下妙幢王城中生，作主夜神，名清净眼。我于一时，在父母边，夜久眠息。彼清净眼来诣我所，震动我宅，放大光明，出现其身，赞佛功德言：'妙眼如来坐菩提座，始成正觉。'劝喻于我及以父母并诸眷属，令速见佛，自为前导，引至佛所，广兴供养。

"我才见佛，即得三昧，名出生见佛调伏众生三世智光明轮。获此三昧故，能忆念须弥山微尘数劫，亦见其中诸佛出现，于彼佛所听闻妙法。以闻法故，即得此破一切众生暗法光明解脱。得此解脱已，即见其身遍往佛刹微尘数世界，亦见彼世界所有诸佛，又见自身在其佛所，亦见彼世界一切众生，解其言音，识其根性，知其往昔曾为善友之所摄受，随其所乐而为现身，令生欢喜。

"我时于彼所得解脱，念念增长，此心无间；又见自身遍往百佛刹微尘数世界，此心无间；又见自身遍往千佛刹微尘数世界，此心无间；又见自身遍往百千佛刹微尘数世界。如是，念念乃至不可说不可说佛刹微尘数世界，亦见彼世界中一切如来，亦自见身在彼佛所，听闻妙法，受持忆念，观察决了，亦知彼佛诸本事海、诸大愿海，彼诸如来严净佛刹，我亦严净，亦见彼世界一切众生，随其所应而为现身，教化调伏。此解脱门，念念增长，如是乃至充满法界。

"善男子！我唯知此菩萨破一切众生暗法光明解脱。如诸菩萨摩诃萨，成就普贤无边行愿，普入一切诸法界海，得诸菩萨金刚智幢自在三昧，出生大愿，住持佛种。于念念中，成满一切大功德海，严净一切广大世界；以自在智，教化成熟一切众生；以智慧日，灭除一切世间暗障；以勇猛智，觉悟一切众生惛睡；以智慧月，决了一切众生疑惑；以清净音，断除一切诸有执著；于一切法界一一尘中，示现一切自在神力，智眼明净，等见三世。而我何能知其妙行、说其功德、入其境界、示其自在？

"善男子！此阎浮提摩竭提国菩提场内，有主夜神，名普德净光。我本从其发阿耨多罗三藐三菩提心，常以妙法开悟于我。汝诣彼问：'菩萨云何学菩萨行、修菩萨道？'"

尔时，善财童子向婆珊婆演底神而说颂曰：

> 见汝清净身，相好超世间，如文殊师利，亦如宝山王。
> 汝法身清净，三世悉平等，世界悉入中，成坏无所碍。
> 我观一切趣，悉见汝形像，一一毛孔中，星月各分布。
> 汝心极广大，如空遍十方，诸佛悉入中，清净无分别。
> 一一毛孔内，悉放无数光，十方诸佛所，普雨庄严具。
> 一一毛孔内，各现无数身，十方诸国土，方便度众生。
> 一一毛孔内，示现无量刹，随诸众生欲，种种令清净。
> 若有诸众生，闻名及见身，悉获功德利，成就菩提道。
> 多劫在恶趣，始得见闻汝，亦应欢喜受，以灭烦恼故。
> 千刹微尘劫，叹汝一毛德，劫数犹可穷，功德终无尽。

时，善财童子说此颂已，顶礼其足，绕无量匝，殷勤瞻仰，辞退而去。

注释

❶ "提"，大正本原作"萨"，今依宫本改之。

❷ "受"，大正本原作"授"，今依三本及宫本改之。

【白话语译】

这时，伟大的智慧光明照耀着善财童子，他思惟观察，彻见诸法的体性，证得了知一切言语音声的陀罗尼法门，又证得受持一切法轮的陀罗尼法门，证得作众生归依的大悲力，证得观察一切法义理光明的法门，证得充满法界的清净誓愿，证得普照十方一切法的智慧光明，证得了遍布庄严一切世界的自在力，证得了普遍发起一切菩萨业的圆满誓愿。他又慢慢向前行，到达险难国宝庄严城。到处寻觅婆须蜜多女。城里面有些人，不知这位女子的功德智慧，而这样想："现在这位童子诸根寂静，智慧明白了知，不迷惑、不混乱，仔细的默视眼前六尺至八尺处，一点儿也没有倦容，也没有任何贪取执着，眼神不会飘忽不定，心地非常宽大广博，就像大海一样。应该不会对于这个婆须蜜女心生贪爱，或种种颠倒的念头；也不会心生净想、或生起种种欲望；也应该不会被此女色吸引。这个童子，不会做诸魔的行为，不进入魔的境界，不沉没欲望的淤泥，也不会受诸魔缠缚，不作不应该作处的事，他为什么要寻求这位女子？"

其中有人早就知道这个有智慧的女子，就告诉善财说："太好了！太好了！善男子啊！你能推求寻觅婆须蜜女时，就已经获得了广大的利益。善男子啊！你应该决定求取诸佛果位，决定成为众生的依怙者，决定拔除众生的贪爱毒箭，决定破除众生对于女色所有的清净想象。

"善男子啊！婆须蜜女就住在城市内的鄽肆北边自己的家宅。"

这时，善财童子听了他的话之后，欢喜踊跃，就前往诣见婆须蜜女。他看见她的住宅广博庄严华丽非凡，宝墙、宝树及以宝物所成的深沟，每一道深堑都有十重的宝墙和宝树围绕。深沟之中盈满香水，更有金沙铺地，诸天宝华，如优钵罗华、波头摩华、拘物头华、芬陀利华，都遍布水面。处处都是宫殿、楼阁，门户和窗子皆可相互遥望，井井有条、间隔有序，上面还设有网铎和幡幢。这些东西都以无量的珍奇宝物装饰。宫殿又以琉璃为地，众多宝物间错其中。燃各种沉水香氤氲四周，涂着栴檀。悬挂着众宝的铃，风一吹动时，就发出各种音乐。还有各种天华散下，遍布地面，种种庄严华丽真是宣说不尽。还有数百千种的珍奇宝藏和有十大园林以为庄严。

这时，善财看见这个女子，容貌端正庄严、色相圆满，皮肤呈现金色，眼睛头发都是绀青色的。不会太高或太矮，不会太胖也不会太瘦。欲界的人或天人根本没人能够与她相比的。她的音声美妙，超诸梵世，具足、了解众生不同的言语音声。她又深深通达文字义理，因此能善巧地与人谈天说话。她已经证得如幻的智慧，因此能趣入方便门。她又以众多珍宝璎珞各种庄严器具庄严自身，又以如意摩尼为宝冠戴在头上。她身边又有无量的眷属围绕，这些人和她都有着共同的善根和行愿，她的福德藏广大无尽。这时，婆须蜜多女从身上发出广大的光明普照她宅院里所有的宫殿，凡是遇到这个光明的众生，身心都得以清凉。

这时，善财向前顶礼婆须蜜多女的双足，就合掌站住，向她说："圣者啊！我已发起无上正等正觉之心，但是还不知道菩萨应该如何修学菩萨行、修习菩萨道？我听说圣者善能教诲众生，希望您为我解说。"

婆须蜜多女就告诉善财："善男子啊！我已经证得离贪欲际解脱法门，因此能随着众生的欲望喜乐而为他们示现身形。如果诸天一见我，我就化为天女，形体面貌光明，殊胜无比。如果有人或非人等众生看见我的，我就为他们化现女人、非人女，随着他们的喜乐欲望，使他们无不看见。

"如果有被欲意纠缠的众生来我这儿，我就为他说法，他一听闻我说的法之后，就能远离贪欲，证得菩萨无着的境界三昧。凡是一见到我的众生，都能远离贪欲，证得菩萨的欢喜三昧。只要听我说话的众生，都能远离贪欲，证得菩萨的无碍音声三昧。凡要握过我手的众生，都能远离贪欲，证得菩萨遍往一切佛国刹土的三昧。凡是坐过我宝座的众生，都能远离贪欲，证得菩萨解脱光明的三昧。凡是看过我频申的众生，都能远离贪欲，证得菩萨摧伏外道的三昧。只要看到我眼睛转动的众生，都能远离贪欲，证得菩萨佛境界光明的三昧。凡是拥抱过我的众生，都能远离贪欲，证得菩萨摄受众生恒不舍离的三昧。凡是曾与我接吻的众生，都能远离贪欲，证得菩萨增长众生福德藏的三昧。凡是亲近我的众生，都能安住离贪际，趣入菩萨一切智地现前无碍的解脱。"

善财又问："圣者啊！您是修什么善根、修什么福业才成就这样的自在？"

婆须蜜多女回答说："善男子啊！我忆念过去，有高行佛出世。他的王都名叫妙门。善男子啊！因为高行如来哀悯众生，他一进入王城，踏着城门的时候，城里的一切莫不震动。接着变得非常广博，有众宝庄严，无量的光明都递相映彻。种种宝华也散布地上，诸天都同时演奏美妙的音乐，梵天更是充满虚空。

"善男子啊！那时我叫善慧，是一名长者的妻子。我见到诸佛的神力，就心生觉悟，立刻与我的丈夫拜见高行佛，供养他一宝钱。这时，高行佛前的侍者是文殊师利童子，他就为我说法，使我们发起无上正等正觉。

"善男子啊！我只知道菩萨离贪际解脱法门。如果是像诸位菩萨摩诃萨，成就无边善巧方便智，宝藏广大无比的境界，我如何能了知、宣说？

"善男子啊！这里的南方有一座善度城。城中有位鞞瑟胝罗❶居士，他常常供养栴檀座佛塔。你去拜见他，并问他：'菩萨应该如何修习菩萨行、修习菩萨道？'"

善财童子听了之后就顶礼婆须蜜多女的双足，绕了无数量圈，殷勤地瞻仰她的面容之后，就辞退离去。

这时，善财童子渐渐南行，到了善度城，来到居士的屋宅，顶礼居士的双足，合掌站在一边说："圣者啊！我已经发起无上正等正觉之心，但还不知道菩萨应如何修学菩萨行、修习菩萨道。我听说圣者善能诱导教诲众生，愿您能为我解说。"

居士告诉善财："善男子啊！我已证得菩萨不般涅槃际的解脱法门。善男子啊！我不会有'如来已经般涅槃、如来现在般涅槃、如来未来一定会般涅槃'等念头，因为我知十方世界的诸佛如来，根本没有所谓的般涅槃，他们只是为了调伏众生而示现般涅槃罢了。

"善男子啊！我一打开栴檀座如来塔门时，就证得名叫佛种无尽的三昧。善男子啊！所以现在我念念都能进入这个三昧，念念都能得知无量殊胜的事情。"

善财又问他："这个三昧的境界是怎样的情形呢？"

居士回答："善男子啊！我一进入这个三昧的时候，就依随它的次第，看见了这个世界的所有佛陀，像迦叶佛、拘那含牟尼佛、拘留孙佛、尸弃佛、毗婆尸佛、提舍佛、弗沙佛、无上胜佛、无上莲华佛，如是等而为上首。于一念顷得见百佛，得见千佛，得见百千佛，得见亿佛、千亿佛、百千亿佛、阿庾多亿佛、那由他亿佛，乃至不可说不可说世界微尘数佛。如是一切，都依次看见。同时也看见诸佛从初发心，种植各种善根，乃至获得殊胜的神通。成就广大的誓愿，修持种种妙行。具足波罗蜜，趣入菩萨境地。证清净法忍，摧伏魔军，成就正等觉。国土清净，大众聚会围绕，放出广大的光明，转妙法轮，神通变现等种种差别。我都能总持、忆念、观察，并且分别显示。即使未来弥勒佛等所有的佛陀，现在毗卢遮那佛等所有的佛陀，也都是如此。就像这个世界一般，十方世界、所有三世一切诸佛、声闻、独觉、诸菩萨大众，我也都是如此照见。

"善男子啊！我只证得这种菩萨所得不般涅槃际的解脱法门。如果是像诸位菩萨摩诃萨以一念智普知三世，以一念遍入所有的三昧。如来智慧日恒常照耀众生心意，从来不会分别一切法，了知诸佛平等无二，如来及我众生都没有分别。了知众生的法自性清净，没有思虑，也没有动转，而能普遍趣入所有的世间，远离一切分别安住佛法印，开放顿悟法界众生的种种功德行，就不是我能了知、宣说的了。

"善男子啊！这城的南方，有一座补怛洛迦②山，那里有位观自在菩萨，你去见他，并且请问他：'菩萨应该如何修学菩萨行、菩萨道？'"

居士就说了如下的偈：

> 海上有山多圣贤，众宝所成极清净，
> 华果树林皆遍满，泉流池沼悉具足。
> 勇猛丈夫观自在，为利众生住此山，

汝应往问诸功德，彼当示汝大方便。

这时，善财童子顶礼居士的双足，绕了无数量圈之后，更殷勤瞻仰他的面容，就辞退离去。

这时，善财童子，一心思惟他的教诲，趣入他的菩萨解脱藏，证得他的菩萨能随念力。忆念诸佛出现次第，忆念诸佛的相续次第，诵持那些佛陀的名号次第，观察那些佛陀所说的妙法，了知诸佛具足的庄严，亲见那些佛陀成正等觉，了知那些佛陀不可思议业。

他渐次向南游行，到了补怛洛迦山后，就处处寻找那位大菩萨。他看见西面的岩谷，泉流萦映，树林蓊郁，香草柔软，右旋地布在地面。无量的菩萨皆坐在金刚宝石上，围绕结跏趺坐的观自在菩萨。大菩萨则为大众宣说大慈悲法，使他们都能摄受众生。

善财看了之后，欢喜踊跃，合掌谛观，目不转睛地专心聆听。他心里想："善知识可说是如来，善知识就是所有的法云，善知识是一切功德的宝藏，善知识是很难遇到的，善知识能使我获得佛陀十力的宝藏，善知识是无尽的智慧火炬，善知识是福德的根芽，只有善知识，能开启一切智慧之门，善知识可说是智慧海的导师，善知识可说是帮助众生，到达一切智、到彼岸的助道之具。"

于是他就前往拜观自在菩萨。

这时，观自在菩萨远远地看见善财，就说："你来得太好了！你已经能发起大乘的思想、志愿，普遍摄受众生；发起正直心专求佛法；发起大悲深重的心，救护众生。普贤妙行相续现前，大愿深心圆满清净。凡是精勤求取的佛法，都能领受，并且聚集各种善根，从来没有厌足。还能随顺善知识，不违背他的教诲。你是从文殊师利的功德智慧大海出生的，心已成熟，又能得到诸佛的势力，获得广大的三昧光明。专意希求甚深的妙法，恒常谒见诸佛，生起大欢喜心。你的智慧清净，犹如虚空，不但自证明了，又能为他人解说，使他人都能安住如来的智慧光明。"

这时，善财童子顶礼观自在菩萨的双足，绕了无数圈之后，合掌站住说："圣者啊！我已经发起无上正等正觉之心，但却还不知道菩萨应该如何修学菩萨行、修习菩萨道？我听说圣者善能教诲众生，愿您能为我解说。"

菩萨告诉他："善哉！善哉！善男子啊！你已经能发起无上正等正觉之心了！善男子啊！我已经成就菩萨大悲行的解脱法门。善男子啊！所以我能以这种大悲行门，平等教化众生，相续不断。

"善男子啊！我一直安住这个大悲行门，又安住在所有如来那里，能普遍示现众生的面前。或是以布施摄受众生；或是以爱语，或是以利行，或是以同事摄受众生；或是示现色身摄受众生；或是示现种种不可思议的色清净光明网摄受众生；或是以音声，或是以威仪为他们说法；或是示现神通变化，使他们都能成熟开悟；或为他们化现同类的外表，与他们共同居住而成熟他们。

"善男子啊！因为我修行这种大悲行门，誓愿救护众生，愿众生都能远离艰险道路的恐惧，远离燥热烦恼的恐惧，远离迷惑的恐惧，远离被系缚的恐惧，远离被杀害的恐惧，远离贫穷的恐惧，远离不能活命的恐惧，远离得到恶名的恐惧，远离死亡的恐惧，远离大众的恐惧，远离投生恶趣的恐惧，远离黑暗的恐惧，远离迁移的恐惧，远离与亲爱眷属别离的恐惧，远离与怨敌相会的恐惧，远离疾病逼迫身形的恐惧，远离逼迫心的恐惧，远离忧愁悲伤的恐惧。于是我又发愿：'凡是忆念我、称诵我名字，或者见到我身相的众生，都能免除所有的恐惧。'

"善男子啊！我以这个方便法门，能使众生远离种种恐惧，并且教他们发起无上正等正觉之心，永不退转。

"善男子啊！我只有证得这个的大悲行门。如果是像诸位的菩萨摩诃萨，已经清净的普贤大愿，已经安住的普贤行持，常修行的诸善法，常常趣入的各种三昧，常安住所有无边的时劫，恒常了知所有三世的法门，恒常诣见的无边佛国刹土，恒常平息众生的恶业，恒常增长众生善根、断绝众生生死流的种种功德行，就不是我能了知、能宣说的了。"

这时，东方有一位正趣菩萨，从空中来到娑婆世界的轮围山顶，脚踏在地上。娑婆世界就产生动、涌、起、震、吼、击六种震动，一切地方都变成以众宝庄严的世界。正趣菩萨身上一放出身光明，所有日、月、星、电、天龙八部、释、梵、护世所有光明都如同黑墨一般，变得暗淡无光。他的光明更照地狱、畜生、饿鬼、阎罗王等地方，消灭了恶趣众生所有的痛苦。不起烦恼，远离种种忧愁悲伤。他又在诸佛国土，普遍降下种种华香、璎珞、衣服、幢盖，用如此等等的庄严器具供养诸佛。他又随着众生心中的喜爱欲乐，在各个宫殿示现身相，看见的人无不欢喜莫名，然后都前来诣见观自在菩萨。

这时观自在菩萨告诉善财："善男子啊！你看到正趣菩萨来这个会场了吗？"

善财回答："看见了。"

观自在菩萨又告诉他："善男子啊！你可以问他：'菩萨应该如何修学菩萨行、修习菩萨道？'"

这时，善财童子恭敬地承受菩萨教诲，然后来到正趣菩萨面前顶礼他的双足，合掌站立，然后说："圣者啊！我已经发起无上正等正觉之心，但是还不知道菩萨应该如何修习菩萨行、修习菩萨道。我听说圣者长于教诲众生，希望您能为我解说。"

正趣菩萨说："我已证得菩萨普门速疾行的解脱境界。"

善财说："圣者啊！您是在哪一位佛陀的刹土证得这个法门的？那个佛国刹土离这里有多远？您出发前来这里花了多久的时间？"

正趣菩萨说："善男子啊！这些事是很难了知的，一切世间天人、阿修罗、沙门、婆罗门等都不能了知。只有那些勇猛精进、无退失、无畏怯的菩萨，善友都摄受的菩萨，诸佛都护念的菩萨，善根具足、志乐清净、得到菩萨根、具有智慧眼的菩萨，才能听闻、受持、信解、宣说。"

善财说："圣者啊！我已承受佛陀的神力，已具足知识的力量，已能信解、受持法门，希望您为我解说。"

正趣菩萨便说："善男子啊！我从东方妙藏世界普胜生佛那里来到这里，在那个佛陀的处所证得了这个法门。从出发以来，已经历了不可说不可说佛国刹土微尘数的时劫，念念都能举起不可说不可说佛国刹土微尘数量的步伐，步步都是不可说不可说佛国刹土微尘数佛国刹土。而且我都能遍入每一佛国刹土，到佛陀的处所，用上妙的供养器具供养佛陀。这些供佛的器具，都是由无上的心意成就的、无造作的法所相印、诸如来所住的安忍的境界，所有的菩萨都赞叹不已。

"善男子啊！我普见那个世界中的所有众生，并且完全了知他们的心意与根器。因此我能随他们的心欲知解，现身说法。或是放出光明，或是施舍财宝，以种种方便教化调伏，从不休息。如同从东方一般，南、西、北方，四维上下，也都是如此。

"善男子啊！我只证得这个菩萨普门速疾行解脱法门，因此能立刻周遍到达任何地方。如果是像诸位菩萨摩诃萨能普遍在十方，无所不至。智慧境界平等而无差别，善于遍布身形，周遍法界。到达种种道趣，进入所有的刹土，了知一切的正法，到达三世时间，平等演说所有的法门，同时照耀众生。在诸佛道场不会心生分别，在任何地方都没有障碍的种种功德行，根本就不是我能了知、宣说的了。

"善男子啊！在南方，有一座堕罗钵底❸城，其中有位大天神。你去见他，并请问他：'菩萨应该如何修学菩萨行、修习菩萨道？'"

善财童子顶礼正趣菩萨的双足之后，绕无数匝，殷勤地瞻仰他的面容，就辞退离去。

此时善财童子便证入菩萨的广大行愿，求取菩萨的智慧境界，亲见菩萨的神通本事，忆念菩萨的殊胜功德，生起菩萨的大欢喜心，发起菩萨的精进心，证入菩萨不可思议的自在解脱，实行菩萨的功德境界，观察菩萨的三昧境地，安住菩萨的总持地，趣入菩萨的大愿地，证得菩萨的辩才地，成就菩萨的诸力地。

他渐渐地向南游行，到了堕罗钵底城，问别人大天在哪里。大家都告诉他："大天正在城内，显现广大的身形，为众生说法。"

这时，善财到了大天那里，就顶礼大天的双足，上前合掌并说："圣者啊！我已经发起无上正等正觉之心，但是还不知菩萨如何修学菩萨行、修习菩萨道？我听说圣者善能教诲众生，希望您能为我解说。"

这时，大天伸展他的四只手，取回四大海的水，洗净自己的脸。又拿着各种金华散在善财身上，告诉他说："善男子啊！所有的菩萨都是很难看见、很难听闻的，世间少有，可说是众生中最为第一的人！可说是人中的芬陀利华，是众生的依归，是众生的救护，是一切世间的安稳处所，能为世间大放光明，指示迷惑者回归安稳正道；是众生的伟大导师，能引导众生进入法门；是众生的大法将，能守护所有的智城。菩萨是这么地难得遭遇，只有身、语、意无过失的人，才能看见他的形象，听闻他的辩才，一切时劫无不现在眼前。

"善男子啊！我已经成就菩萨云网解脱境地。"

善财问："圣者啊！我要怎样才能到达云网的解脱境界呢？"

这时，大天就在善财面前，聚集金、银子、琉璃、玻璃、砗磲、玛瑙、大焰宝、离垢藏宝、大光明宝，普现十方宝、宝冠、宝印、宝璎珞、宝珰、宝钏、宝锁、珠网、种种摩尼宝、一切庄严器具、如意摩尼，种种财宝都像大山一般。他又示现种种香华、宝鬘、熏香、香、涂香、衣服、幢幡、音乐，及各种五欲娱乐的器具，都堆得像山一般高。他又示现无数百千万亿的童女。

大天告诉善财："善男子啊！你可以拿这些东西供养如来，修集福德。并且布施这一切，来摄受众生，使他们都能修学布施波罗蜜，能舍难舍。善男子啊！如同我为你示现这些东西，教你布施，我对任何众生也都是如此，都教他们以熏习这种善根，恭敬供养三宝和善知识，以增长善法，发起无上菩提。

"善男子啊！如果有众生贪着五欲，自身放逸的，我就为他们示现身心不净的境界。如果有众生嗔恚、骄慢、多所纷争竞争，我就为他们示现极可怖的外形，像罗刹等饮血、吃肉。使他们看了之后，心惊胆跳、戒慎恐惧，然后调柔心念，舍离怨恨纠结。如果有惛沉、懒惰的众生，就为他们示现恶王、盗贼、水灾、火灾以及各种重疾，使他们看了之后，心生惶怖，知道忧苦而自勉鞭策。所以我能以如此的种种方便，使众生舍弃种种不善的行为，修行善法，除去各种波罗蜜的障碍。具足波罗蜜，使他们超越所有的障碍险道，到达无障碍处。

"善男子啊！我只知道这个云网的解脱境界。如果是像诸位菩萨摩诃萨一般，犹如帝释，已经能摧伏所有的烦恼阿修罗大军；犹如大水，能消灭众生的烦恼大火；犹如猛火，能干竭众生诸爱欲水；犹如大风，能吹倒众生的各种邪见我执大幢；犹如金刚一般，能摧破众生诸我见高山。像这种种功德，根本不是我能了知、宣说的。

"善男子啊！这个阎浮提摩竭提国菩提场中，有名叫安住的主地神，你去请问他：'菩萨应该如何修学菩萨行、修习菩萨道？'"

这时，善财童子顶礼大天的双足，绕无数匝之后，就辞退离去。

善财童子渐次向南游行，到达摩竭提国菩萨场内安住神的道场。那时，有百万地神都在一起，相互地说着："现在来的童子就是佛藏，将来必当作为所有众生的皈依，必当毁坏众生无明的壳藏。这个人已经生在法王种性中，所以能够用离垢无碍的法缯戴在他头上，他一定会开启智慧的广大珍宝藏，摧伏所有的邪论异道。"

这时，安住神等百万位地神，都大放光明，照遍三千大千世界。大地都同时震吼，各种宝物都显现出菩萨的景象，影像洁净，光明流摄，递相鉴印照彻。一切树叶无不生长，一切的花、树也都绽放开敷。所有的果树没有不成熟的，所有的河流都相互灌注，各个池塘沼泽也都流注盈满了。天上雨下细香雨，洒满地面。风把华朵吹得满地都是，无数的音乐更同时响起，发出美妙、庄严的音乐。这时，牛王、象王、师子王等都心生欢喜，踊跃不已。哮吼的声音好像大山相互撞击，百千的地下宝藏更自然涌现。

这时，安住地神告诉善财童子说："你来得正好啊！你曾经在这里种下善根，我现在就为你示现，你想要看看吗？"

这时，善财童子顶礼地神的双足，绕了无数圈，合掌站立，对安住地神说："圣者啊！我当然想要看啊！"

这时，安住地神一用脚踏地面，百千亿阿僧祇宝藏立刻自然涌出。

他告诉善财童子："善男子啊！现在这些宝藏都会跟随你，这是你以前种下的善根果报，这是你摄受的福报业力，你可以随意自在地受用。善男子啊！我已证得菩萨名为不可坏智慧藏的解脱境地，我恒常用这个法门成就众生。

"善男子啊！我忆念自己从燃灯佛以来，恒常跟随、恭敬守护菩萨，观察菩萨所有的心行、智慧境界。他们的一切誓愿、各种清净行、种种三昧、广大的神通、大自在的力量、无能破坏的法门，普遍前往各个佛国刹土；普遍接受各位如来的授记，转动诸佛法轮，演说广大的修多罗法门；普遍照耀大法光明，教化调伏众生，示现诸佛的神通变化等一切，我都能领受、忆念受持。

"善男子啊！须弥山微尘数劫以前，有一个时劫，名叫庄严劫。有一个月幢世界，这个世界的佛号是妙眼佛，我就是在他那里证得了这个法门。善男子啊！我有时入定、有时出定，修习日渐增长，恒常见到诸佛，不曾舍弃远离。从最初证得此法门，一直到贤劫之间，不管有多少不可说不可说佛国刹土微尘数的如来，我都能承事供养、恭敬供养。我也看见佛陀坐在菩提座上，见佛示现广大的神力，也见到佛陀的所有功德善根。

"善男子啊！我只知道这种不可坏的智慧藏法门。如果是像诸位菩萨摩诃萨恒常跟随诸佛，奉持诸佛所说的教法，深入诸佛的甚深智慧，念念充遍法界，等同如来身形，生出种种佛心，具足各个佛法，造作种种佛事的功德行，根本就不是我能够完全了知，演说的！

"善男子啊！这阎浮提摩竭提国的迦毗罗城，有主夜神，名叫婆珊婆演底神，你前往拜见他并问他：'菩萨如何修学菩萨行、修习菩萨道？'"

善财童子顶礼地神的双足，绕了无数圈，殷勤地瞻仰，就辞退离去。

这时，善财童子一心思惟安住神的教诲，忆念受持菩萨不可破坏的智藏解脱，修习菩萨的三昧，学习菩萨所行的轨则，观看菩萨自在的游戏人间，深入了解他的微妙，得到他的智慧，达到他的平等，了知他的无边，探测他甚深的义理。

他慢慢向前行走，到达了迦毗罗城。他从东门进入之后，环伺四方，不久，就看见太阳下山了。善财童子始终顺随菩萨的教诲，渴望仰慕地希望能够看见婆珊婆演底主夜神，视善知识如佛陀。他这么想："由于我在善知识那里证得周遍眼，所以能普遍明见十方的境界；由于我在善知识那里证得广大的信解，所以能普遍了解一切所缘；由于我在善知识那里证得三昧眼，所以能观察一切法门；由于我在善知识那里证得智慧眼，所以能普遍明照十方刹海。"

他这样想的时候，看到夜神在虚空中，坐在空楼阁香莲华藏师子座上，坐在宝楼阁香莲华藏师子座，身体呈现金色，眼睛和头发是绀青色。形体面貌端正庄严，看见的人无不心生欢喜。他又以众多的宝璎珞装饰，身穿朱色的衣服，头戴梵冠，所有的星宿都炳然显现在他的身上。他身上所有的毛孔，都示现他度化无量无数恶道众生远离险难的影像。使他们或投生在人道之间，或转生于天上，或趣向二乘菩提，或修行一切智道。夜神的每一个毛孔中，又示现种种教化方便，或为众生现身，或为众生说法。或为他们示现声闻乘，或为他们示现独觉乘。或为他们示现各种菩萨行、菩萨的勇猛、菩萨的三昧、菩萨的自在、菩萨的住处、菩萨的观察、菩萨的师子频申，菩萨的解脱游戏，如此种种，成熟众生。

善财童子听闻这个法门以后，心生欢喜，以身投地，顶礼夜神的双足，绕了无数圈之后，合掌对夜神而说："圣者啊！我已经发起无上正等正觉之心。我希望能依止善知识而获得如来的所有功德法藏，希望夜神能指示我一切智慧之道，使我能够依教奉行，到达十力的境界。"

这时，夜神对善财说："太好了！太好了！善男子啊！你能深心敬爱善知识，乐于听闻菩萨的言语，修行菩萨的教法，真是太难得了。因为你精进修行，所以必定证得无上正等正觉。

"善男子啊！我已证得菩萨破众生痴暗法光明的解脱法门。善男子啊！所以我对邪恶的众生都心生大慈；对于作不善业的众生，心生大悲；对于为善的众生，心生欢喜；对于善恶都作的众生，不会心生分别；对于杂染的众生，令他们生起清净的心；对于邪道的众生，发起端正他们行为的心；对于信解低劣的众生，令他们兴起广大胜解的心；对于乐于生死的众生，发起舍弃生死轮转之心；对于安住二乘道的众生，发起安住他们在一切智的心意。善男子啊！我用这个法门证得解脱，常与以上这种种心共相呼应。

"善男子啊！我在夜暗人静时，鬼、神、盗贼、各种邪恶众生游行的时候，有密云、重雾、恶风、暴雨，而使日月星宿都昏暗遮蔽，看不见光色的时候。倘若看到众生在海上，或是在陆上、山林、旷野，各种险难的境界时，或是遭遇盗贼，或是缺乏资粮，或是迷失方向，或是忘失道路，张皇、忧虑、恐怖而不能安全地自己走出迷障时，我都能及时以种种方便来救济他们；或为遭受海难者示现船师、鱼王、马王、龟王、象王、阿修罗王，以及海神。为众生停止暴风雨，平息汹涌波涛，指引道路，示现洲岸。使他们免于恐怖畏惧，都得以到达安稳的境界。我是心里这样想：'愿以此善根回向众生，希望他们都能远离一切痛苦。'

"又为害怕走夜路的众生，示现日、月及各种星宿，早晨、彩霞、夕阳、雷电等各种光明。或现作房屋住宅，或变为人道众生，使众生都能免于恐怖危险。我心里想：'我愿以此善根回向众生，希望他们都能灭除各种烦恼黑暗。'

"凡是珍惜寿命，或喜爱名声，或贪爱财宝，或重视官位，或执着男女，或贪恋妻妾的众生，或者都因为不能称其心意而心生忧虑恐怖的众生，我都能加以救济，使他们远离各种痛苦。

"又为行走险恶山中而遇难的众生，现作善神亲近他们；或现作好鸟，发出悦音安慰他们；或现作灵药，发出光明照耀他们；或指示分界的树木，使他们了解方向；或指示甘泉井水，指示他们正直的道路；或指示平坦的地面，使众生都能免除远离各种忧虑险厄的地方；或为在旷野、稠密森林、危险道路行走而被藤萝羁绊、云雾遮蔽、心生恐怖的众生，指示正确的道路，使他们都能逃离危险。我这样想：'希望凡是砍倒邪见稠林、截断爱欲罗网、出离生死旷野的众生，都能消灭烦恼和黑暗，进入各种智慧平坦的正道。都能到达无畏的地方，得到毕竟安乐。'

"善男子啊！倘若有乐着国土而心生忧苦的众生，我就用各种方便，使众生厌离国土。这时，我这样想：'希望所有的众生，都能不执着五蕴身，而能安住在一切佛萨婆若之境。'善男子啊！如果有众生，乐于执着聚落，贪爱屋宅房舍，常在黑暗中受各种痛苦，我就为他们说法，使他们厌离宅舍，使他们都能满足，并依法安住。这时，我这样想：'愿众生都不贪着眼、耳、鼻、舌、身、意六处聚落，都能迅速地出离生死境界，究竟安住一切涅槃城。'

"善男子啊！倘若有众生走夜路，迷失方向，或把平坦的路，以为危险困难，对危险困难的道路以为是平坦的，把高的认为是低的，低的认作是高的，迷惑心性而心生苦恼的，我都能用方便舒放光明照耀他们。倘若众生想要逃出，就指示他们门户；倘若有想要行路的众生，就指示他们道路；或有想渡过沟洫的人，就为他们指示桥梁；或有想涉过河海的人，就给他船筏；喜乐观看方位的，就指示他们哪里是平安简易的，哪里是艰险困难的；或有想休息的人，就指示他们哪里有城邑、泉水、树木。

"这时，我心里想：'希望我在这里能够照耀众生，除去暗夜，宣畅叙说各种世事。希望我能用智慧的光明普遍照耀处在生死长夜、无明暗处的众生。如果众生没有智慧的眼目，被妄想心、颠倒见覆盖遮蔽，对无常生起永常想；对无乐之事做乐想；本来无我却做有我想；对不净的生起净想；坚固执着四相、五蕴、十八界、十二处，迷惑因果，不能辨识善恶；杀害众生，乃至于邪见、不孝顺父母、不尊敬沙门及婆罗门；不能辨识善人、恶人，贪恋执着邪恶之事，安住邪法。毁谤如来，破坏正法轮，侮辱伤害诸位菩萨，轻视大乘道；断菩提心，杀害有恩的人，而对自己无恩之人也常怀恨结怨；毁谤贤圣，亲近邪恶的同伴；盗取佛塔寺庙的物品，作五逆重罪❹，不久当堕落三恶道处的，愿我都能立刻用大智慧的光明，破除这些众生的无明黑暗，并使他们立刻发起无上正等正觉。'他们发菩提心以后，我就指示众生普贤乘，开示十力之道，示现如来法王的境界，又示现诸佛的一切智城、诸佛所行、诸佛的自在、诸佛的成就、诸佛的总持。一切都与诸佛共同一身，一切都与诸佛平等，令众生安住其中。

"善男子啊！凡是为疾病纠缠，或因年老所害，或为贫穷所苦，或蒙受祸难，或者是侵犯王法而受刑，没有可以依怙的心中生起恐怖畏惧，我都能救济他们，使他们得到安稳。这时，我心里这样想：'希望我能用法普摄众生，使他们都能解脱所有的烦恼，所有的生、老、病、死、忧、悲、苦、

患；也能亲近善知识，经常修行法的布施，勤勉行善，迅速证得如来清净法身，安住究竟涅槃城。'

"善男子啊！如果有众生进入知见的稠密森林，安住邪道，对于各种境界心生邪恶分别，常行不善的身、语、意三业。虚妄地修习种种邪恶的苦行，视非正觉为正觉，视正觉为非正觉。被恶知识所摄受，因为起邪恶的见解，而将堕入恶道时。这时，我就用种种方便法门救护他们，使他们都能安住正见，生于人天善道。我这样想：'就如同我救护这些将要坠入恶道的众生一般，愿我也能普救众生，使他们都能解脱所有的痛苦，安住波罗蜜的出世圣道，得以不退转一切智，具足普贤大愿。亲近一切智，从不舍离各种菩萨行，精勤教化众生。'"

这时，婆珊婆演底主夜神，为了重新宣说这个解脱义理，所以承受诸佛神力，观察十方，为善财童子说出如下的偈颂：

> 我此解脱法门，出生净法光明，
> 能破愚迷痴暗，待时而为演说。
> 我昔无边时劫，勤行广大慈心，
> 普覆一切世间，佛子应当修学。
> 寂静广大悲海，出生三世诸佛，
> 能灭众生苦恼，汝应入此法门。
> 能生世间喜乐，亦生出世间乐，
> 令我心生欢喜，汝应入此法门。
> 既舍有为苦患，亦远声闻小果，
> 净修诸佛大力，汝应入此法门。
> 我目甚为清净，普见十方刹土，
> 亦见其中诸佛，菩提树下安坐。
> 相好庄严其身，无量大众围绕，
> 一一毛孔之内，种种光明发出。
> 见诸群生之类，死此而生于彼，

轮回五趣之中，常受无量苦痛。

我耳甚为清净，听之无不及者，
一切语言大海，悉闻皆能忆持。

诸佛转大法轮，其声胜妙无比，
所有一切文字，悉皆能忆受持。

我鼻甚为清净，于法无所障碍，
一切皆得自在，汝应入此法门。

我舌甚为广大，清净好能言说，
随应而演妙法，汝应入此法门。

我身甚为清净，三世平等如如，
随诸众生心念，一切悉皆现前。

我心清净无碍，如空能含万像，
普念诸佛如来，而亦不曾分别。

了知无量刹土，一切所有心海，
诸根以及欲乐，而亦不曾分别。

我以大神通力，震动无量刹土，
其身皆悉遍往，调彼难调大众。

我福甚为广大，如空无有穷尽，
供养诸佛如来，饶益一切众生。

我智广大清净，了知诸佛法海，
除灭众生迷惑，汝应入此法门。

我知三世诸佛，及以众生法要，
亦了彼等方便，此门周遍无等。

一一尘中所见，三世一切刹土，
亦见彼等诸佛，此是普门威力。

十方刹尘之内，悉见卢舍那佛，
菩提树下端坐，成道畅演妙法。

这时，善财童子问夜神："您发起无上正等正觉、证得这解脱法门之后要经过多久，才能这般饶益众生？"

夜神回答他："善男子啊！如须弥山微尘数的时劫以前，有一个名叫寂静光的时劫，那时有一个出生妙宝世界，这个世界有五亿个佛陀出现。那个世界有四天下。其中有一个宝月灯光国，那国有一座莲华光城，这个城的国王名叫善法度王，他能用法布施教化众生，他成就七宝，统治四天下。善法度王有一位法慧月夫人。宝月灯光城的东边，有一片名叫寂住的大树林。林中有一棵名叫一切光的大菩提树，是由摩尼王的庄严身出生，具足诸佛的神力光明。有一天夜里，法慧月夫人睡着，有一切法雷音王佛在一切光树下成就等正觉，放出无量色的广大光明，遍布照耀摩尼王的出生妙宝世界。

"莲华光城有一位名叫净月的主夜神，立即拜见法慧月夫人，他摇动夫人身上的璎珞惊醒夫人，并告诉她：'夫人你知道吗？一切法雷音王如来？他现在于寂住林内成就了无上正等正觉！'夜神又广为夫人宣说诸佛的功德及自在神力，以及普贤菩萨的所有行愿，使夫人能发起无上正等正觉，供养一切法雷音王如来及一切菩萨、声闻行者和僧众。

"善男子啊！那时的法慧月夫人就是我的前身！因为我曾在一切法雷音王如来那里发起菩提心，种下善根。所以即使经过须弥山微尘数的时劫，也不会生在地狱、饿鬼、畜生等各种恶趣，也不会生在下贱的家庭。我具足六根，没有众多苦恼，是天人中福德很殊胜的。我不会生在恶世，更不会舍离诸佛菩萨、大善知识，并常在他们那里种植善根，历经八十须弥山微尘数的时劫，都受用安乐不断，可是尚未圆满菩萨应具足的诸根。

"经过八十须弥山微尘数时劫以后，又经过万劫，在贤劫之前，有一个名叫无忧遍照的时劫，那个时劫里有一个离垢妙光世界。这个世界，清净污秽互相掺杂，有五百尊佛出现在这个世界。其中第一位佛陀是须弥幢寂静妙眼如来，我是名称长者的女儿，名叫妙慧光明。我的相貌端正，殊胜美妙。那位净月夜神，因为往昔的愿力，出生在离垢世界的一处四天下妙幢王的城中，作清净眼主夜神。我那时住在父母身边，有一夜正睡眠休息时，那位清净眼夜神来找我，震动我的屋宅，放出大光明，并示现身形，赞颂佛陀的功德。他说：'妙眼如来刚在菩提座上成就正觉。'他又劝告我和我的父母，以及所有的眷属，快去请见妙眼如来，于是他就在前面引导我们到达妙眼如来那里，广兴供养妙眼如来。

"我才见到佛陀，就立即证得出生见佛调伏众生三世的智光明轮三昧。因为获得这个三昧，我才能忆起须弥山微尘数劫之前的事，也能见到诸佛出现，以及在听闻诸佛的妙法。又因为听闻妙法，而证得破一切众生暗法光明的解脱的境界。我证得这解脱境界以后，就看见自身遍往佛国刹土微尘数的世界，并且看见那些世界的所有诸佛。又看见自身在诸佛那里，也看见那些世界中的所有众生，我不单能了解他们的言语声音，还能辨识他的根性。往昔善友曾经摄受他们，我就随着众生的喜乐而现身，使众生心生欢喜。

"我那时在佛陀那里得到解脱，所以念念增长，无有间断；又看见自身前往百个佛国刹土微尘数的世界，心无间断；又看见自身前往千个佛国刹土微尘数世界，心无间断；又看见自身前往百千个佛国刹土微尘数的世界。如是，念念都心无间断，乃至到不可说不可说佛国刹土微尘数的世界，也看见那些世界的所有如来，并看见自身在诸佛那里，听闻妙法，受持忆念，观察、决定明了。我也了知诸佛的各种本生事大海、诸大愿海。那些如来庄严清净佛国刹土，我也庄严清净佛国刹土。我又看见那些世界中的所有众生，并且能随着他们相应的因缘而示现自身，教化调伏众生。这解脱门，念念增长，如是乃至充满法界。

"善男子啊！我只知道这种菩萨破一切众生暗法的光明解脱。如果是像诸位菩萨摩诃萨，成就普贤无边行愿，普入一切法界海，证得菩萨金刚智幢自在三昧。出生大愿，住持佛种。在每一念中都能成就圆满一切大功德海，庄严清净一切广大世界。能智慧自在地教化调伏众生，能用智慧的光芒消灭拔除世间的黑暗障碍，能用勇猛的智慧觉悟惛睡的众生，能用智慧的明月决定了知众生的疑惑，能用清净妙音断除众生对存有的执着，能在一切法界的每一微尘中示现各种自在神力，智慧眼目光明清净，平等彻见过去、再在、未来三世，这种种功德行哪里是我能够了知、宣说的呢？更别提深入诸位菩萨的境界，或示现诸位菩萨的自在了。

"善男子啊！阎浮提摩竭提国菩提场有一位普德净光主夜神，我本来就在他那儿发起无上正等正觉菩提心的。他常用妙法开悟我。你去见他，并请问他：'菩萨应该如何修学菩萨行、修习菩萨道？'"

这时，善财童子向婆珊婆演底神说了如下的偈颂：

> 见汝清净妙身，相好超于世间，
> 宛如文殊师利，亦如同宝山王。
> 汝现法身清净，三世悉皆平等，
> 世界悉入其中，成坏无所障碍。
> 我观一切诸趣，悉见汝示形象，
> 一一毛孔之中，星月各各分布。
> 汝心极为广大，如空遍满十方，
> 诸佛悉入其中，清净无有分别。
> 一一毛孔之内，悉放无数光明，
> 十方诸佛所在，普雨庄严宝具。
> 一一毛孔之内，各现无数妙身，
> 十方诸佛国土，方便普度众生。
> 一一毛孔之内，示现无量刹土，
> 随诸众生意欲，种种令得清净。
> 若有诸众生等，闻名以及见身，
> 悉获功德利益，成就大菩提道。
> 多劫在恶趣中，始得见闻于汝，
> 亦应欢喜信受，以除灭烦恼故。
> 千刹微尘时劫，叹汝一毛孔德，
> 劫数犹可穷尽，功德终无尽时。

这时，善财童子称颂之后，顶礼婆珊婆演底神的双足，绕了无数量圈后，殷勤地瞻仰，就告辞离去。

【注释】

❶ 鞞瑟胝罗：梵语 veṣṭhila，译作"缠裹"，"显包摄"之意。

❷ 补怛洛迦：梵语 Potalaka，译作"明山"或"海岛山"等，印度南海岸的山。

❸ 堕罗钵底：梵语 Dvārapati，译作"门主"或"有门"。

❹ 五逆重罪：五种极逆于天理的罪，即杀父、杀母、杀阿罗汉、出佛身血、破坏僧团的和合。

卷第六十九
入法界品第三十九之十

【原典】

尔时，善财童子了知彼婆珊婆演底夜神初发菩提心所生菩萨藏、所发菩萨愿、所净菩萨度、所入菩萨地、所修菩萨行、所行出离道、一切智光海、普救众生心、普遍大悲云、于一切佛刹尽未来际常能出生普贤行愿。

渐次游行，至普德净光夜神所，顶礼其足，绕无数匝，于前合掌而作是言："圣者！我已先发阿耨多罗三藐三菩提心，而我未知菩萨云何修行菩萨地？云何出生菩萨地？云何成就菩萨地？"

夜神答言："善哉！善哉！善男子！汝已能发阿耨多罗三藐三菩提心，今复问于菩萨地修行、出生及以成就。

"善男子！菩萨成就十法，能圆满菩萨行。何者为十？一者，得清净三昧，常见一切佛；二者，得清净眼，常观一切佛相好庄严；三者，知一切如来无量无边功德大海；四者，知等法界无量诸佛法光明海；五者，知一切如来，一一毛孔放等众生数大光明海，利益无量一切众生；六者，见一切如来，一一毛孔出一切宝色光明焰海；七者，于念念中出现一切佛变化海充满法界，究竟一切诸佛境界，调伏众生；八者，得佛音声同一切众生言音海，转三世一切佛法轮；九者，知一切佛无边名号海；十者，知一切佛调伏众生不思议自在力。善男子！菩萨成就此十种法，则能圆满菩萨诸行。

"善男子！我得菩萨解脱，名寂静禅定乐普游步。普见三世一切诸佛，亦见彼佛清净国土、道场、众会、神通、名号、说法、寿命、言音、身相，种种不同，悉皆明睹而无取著。何以故？知诸如来非去，世趣永灭故；非来，体性无生故；非生，法身平等故；非灭，无有生相故；非实，住如幻法故；非妄，利益众生故；非迁，超过生死故；非坏，性常不变故；一相，言语悉离故；无相，性相本空故。

"善男子！我如是了知一切如来时，于菩萨寂静禅定乐普游步解脱门，分明了达，成就增长，思惟观察，坚固庄严，不起一切妄想分别，大悲救护一切众生。一心不动，修习初禅，息一切意业，摄一切众生，智力勇猛，喜心悦豫；修第二禅，思惟一切众生自性，厌离生死；修第三禅，悉能息灭一切众生众苦热恼；修第四禅，增长圆满一切智愿，出生一切诸三昧海，入诸菩萨解脱海门，游戏一切神通，成就一切变化，以清净智普入法界。

"善男子！我修此解脱时，以种种方便成就众生。所谓于在家放逸众生，令生不净想、可厌想、疲劳想、逼迫想、系缚想、罗刹想、无常想、苦想、无我想、空想、无生想、不自在想、老病死想。自于五欲不生乐著，亦劝众生不著欲乐，唯住法乐，出离于家，入于非家。若有众生住于空闲，我为止息诸恶音声，于静夜时为说深法，与顺行缘，开出家门，示正道路，为作光明，除其暗障，灭其怖畏，赞出家业，叹佛、法、僧及善知识，具诸功德，亦叹亲近善知识行。

"复次，善男子！我修解脱时，令诸众生，不生非法贪，不起邪分别，不作诸罪业。若已作者，皆令止息；若未生善法，未修波罗蜜行，未求一切智，未起大慈悲，未造人天业，皆令其生；若已生者，令其增长。我与如是顺道因缘，乃至令成一切智智。

"善男子！我唯得此菩萨寂静禅定乐普游步解脱门。如诸菩萨摩诃萨，具足普贤所有行愿，了达一切无边法界，常能增长一切善根，照见一切如来十力，住于一切如来境界，恒处生死，心无障碍，疾能满足一切智愿，普能往诣一切世界，悉能观见一切诸佛，遍能听受一切佛法，能破一切众生痴暗，能于生死大夜之中出生一切智慧光明，而我云何能知能说彼功德行？

"善男子！去此不远，于菩提场右边，有一夜神，名喜目观察众生。汝诣彼问：'菩萨云何学菩萨行、修菩萨道？'"

尔时，普德净光夜神欲重宣此解脱义，为善财童子而说颂曰：

若有信解心，尽见三世佛；彼人眼清净，能入诸佛海。

汝观诸佛身，清净相庄严，一念神通力，法界悉充满。

卢舍那如来，道场成正觉，一切法界中，转于净法轮。

如来知法性，寂灭无有二，清净相严身，遍示诸世间。

佛身不思议，法界悉充满，普现一切刹，一切无不见。

佛身常光明，一切刹尘等，种种清净色，念念遍法界。

如来一毛孔，放不思议光，普照诸群生，令其烦恼灭。

如来一毛孔，出生无尽化，充遍于法界，除灭众生苦。

佛演一妙音，随类皆令解，普雨广大法，使发菩提意。

佛昔修诸行，已曾摄受我，故得见如来，普现一切刹。

诸佛出世间，量等众生数，种种解脱境，非我所能知。

一切诸菩萨，入佛一毛孔，如是妙解脱，非我所能知。

此近有夜神，名喜目观察，汝应往诣彼，问修菩萨行。

时，善财童子顶礼其足，绕无数匝，殷勤瞻仰，辞退而去。

尔时，善财童子敬善知识教，行善知识语，作如是念："善知识者，难见难遇。见善知识，令心不散乱；见善知识，破障碍山；见善知识，入大悲海救护众生；见善知识，得智慧光普照法界；见善知识，悉能修行一切智道；见善知识，普能睹见十方佛海；见善知识，得见诸佛转于法轮忆持不忘。"作是念已，发意欲诣喜目观察众生夜神所。

时，喜目神加善财童子，令知亲近善知识，能生诸善根，增长成熟。所谓令知亲近善知识，能修助道具；令知亲近善知识，能起勇猛心；令知亲近善知识，能作难坏业；令知亲近善知识，能得难伏力；令知亲近善知识，能入无边方；令知亲近善知识，能久远修行；令知亲近善知识，能办[●]无边业；令知亲近善知识，能行无量道；令知亲近善知识，能得速疾力普诣诸刹；令知亲近善知识，能不离本处遍至十方。

时，善财童子遽发是念："由亲近善知识，能勇猛勤修一切智道；由亲近善知识，能速疾出生诸大愿海；由亲近善知识，能为一切众生尽未来劫受无边苦；由亲近善知识，能被大精进甲，于一微尘中说法声遍法界；由亲近善知识，能速往诣一切方海；由亲近善知识，于一毛道尽未来劫修菩萨行；由亲近善知识，于念念中行菩萨行，究竟安住一切智地；由亲近善知识，能入三世一切如来自在神力诸庄严道；由亲近善知识，能常遍入诸法界门；由亲近善知识，常缘法界未曾动出，而能遍往十方国土。"

尔时，善财童子发是念已，即诣喜目观察众生夜神所。

见彼夜神在于如来众会道场，坐莲华藏师子之座，入大势力普喜幢解脱，于其身上一一毛孔，出无量种变化身云，随其所应，以妙言音而为说法，普摄无量一切众生，皆令欢喜而得利益。所谓出无量化身云，充满十方一切世界，说诸菩萨行檀波罗蜜，于一切事皆无恋著，于一切众生普皆施与，其心平等，无有轻慢，内外悉施，难舍能舍。又出等众生数无量化身云，充满法界，普现一切众生之前，说持净戒无有缺犯，修诸苦行皆悉具足，于诸世间无有所依，于诸境界无所爱著，说在生死轮回往返，说诸人天盛衰苦乐，说诸境界皆是不净，说一切法皆是无常，说一切行悉苦无味，令诸世间舍离颠倒，住诸佛境持如来戒。如是演说种种戒行，戒香普熏，令诸众生悉得成熟。又出等众生数种种身云，说能忍受一切众苦，所谓割截、捶楚、诃骂、欺辱，其心泰然，不动不乱。于一切行不卑不高，于诸众生不起我慢，于诸法性安住忍受。说菩提心无有穷尽，心无尽故，智亦无尽，普断一切众生烦恼。说诸众生卑贱丑陋不具足身，令生厌离；赞诸如来清净妙色无上之身，令生欣乐。如是方便，成熟众生。又出等众生界种种身云，随诸众生心之所乐，说勇猛精进，修一切智助道之法。勇猛精进，降伏魔怨；勇猛精进，发菩提心，不动不退；勇猛精进，度一切众生，出生死海；勇猛精进，除灭一切恶道诸难；勇猛精进，坏无智山；勇猛精进，供养一切诸佛如来不生疲厌；勇猛精进，受持一切诸佛法轮；勇猛精进，坏散一切诸障碍山；勇猛精进，教化成熟一切众生；勇猛精进，严净一切诸佛国土。如是方便，成熟众生。又出种种无量身云，以种种方便，令诸众生，心生欢喜，舍离恶意，厌一切欲。为说惭愧，令诸众生藏护诸根；为说无上清净梵行；为说欲界是魔境界，令生恐怖；为现不乐世间欲乐，住于法乐，随其次第，入诸禅定诸三昧乐，令思惟观察，除灭一切所有烦恼；又为演说一切菩萨诸三昧海神力变现自在游戏，令诸众生欢喜适悦，离诸忧怖，其心清净，诸根猛利，爱重于法，修习增长。又出等众生界种种身云，为说往诣十方国土，供养诸佛，及以师长、真善知识，受持一切诸佛法轮，精勤不懈。又为演说、称赞一切诸如来海，观察一切诸法门海，显示一切诸法性相，开阐一切诸三昧门，开智慧境界，竭一切众生疑海；示智慧金刚，坏一切众生见山；升智慧日轮，破一切众生痴暗。皆令欢喜，成一切智。又出等众生界种种身云，普诣一切众生之前，随其所应，以种种言辞而为说法。或说世间神通福力；或说三界皆是可怖，令其不作世间业行，离三界处，出见稠林；或为称赞一切智道，令其超越二乘之地；或为演说不住生死、不住涅槃，令其不著有为、无为；或为演说住于天宫乃至道场，令其欣乐，发菩提意。如是方便，教化众生，皆令究竟得一切智。又出一切世界微尘数身云，普诣一切众生之前，念念中，示普贤菩萨一切行愿；念念中，示清净大愿充满法界；念念中，示严净一切世界海；念念中，示供养一切如来海；念念中，示入一切法门海；念念中，示入一切世界海、微尘数世界海；念念中，示于一切刹尽未来劫清净修行一切智道；念念中，示入如来力；念念中，示入一切三世方便海；念念中，示往一切刹现种种神通变化；念念中，示诸菩萨一切行愿，令一切众生住一切智。如是所作，恒无休息。又出等一切众生心数身云，普诣一切众生之前，说诸菩萨集一切智助道之法无边际力、求一切智不破坏力、无穷尽力、修无上行不退转力、无间断力、于生死法无染著力、能破一切诸魔众力、远离一切烦恼垢力、能破一切业障山力、住一切劫修大悲行无疲倦力、震动一切诸佛国土令一切众生生欢喜力、能破一切诸外道力、普于世间转法轮力。以如是等方便成熟，令诸众生至一切智。又出等一切众生心数无量变化色身云，普诣十方无量世界，随众生心，演说一切菩萨智行。所谓说入一切众生界海智，说入一切众生心海智，说入一切众生根海智，说入一切众生行海智，说度一切众生未曾失时智，说出一切法界音声智，说念念遍一切法界海智，说念念知一切世界海坏智，说念念知一切世界海成住庄严差别智，说念念自在亲近供养一切如来听受法轮智。示现如是智波罗蜜，令诸众生，皆大欢喜，调畅适悦，其心清净，生决定解，求一切智无有退转。如说菩萨诸波罗蜜成熟众生，如是宣说一切菩萨种种行法而为利益。复于一一诸毛孔中，出无量种众生身云。所谓出与色究竟天、善现天、善见天、无热天、无烦天相似身云，出少广、广果、福生、无云天相似身云，出遍净、无量净、少净天相似身云，出光音、无量光、少光天相似身云，出大梵、梵辅、梵众天相似身云，出自在天、化乐天、兜率陀天、须夜摩天、忉利天及其采女、诸天子众相似身云，出提头赖吒、乾闼婆王、乾闼婆子、乾闼婆女相似身云，出毗楼勒叉、鸠槃荼❷王、鸠槃荼*子、鸠槃荼*女相似身云，出毗楼博叉龙王、龙子、龙女相似身云，出毗沙门夜叉王、夜叉子、夜叉女相似身云，出大树紧那罗王、善慧摩睺罗伽王、大速疾力迦楼罗王、罗睺阿修罗王、阎罗法王及其子、其女相似身云，出诸人王❸及其子、其女相似身云，出声闻、独觉及诸佛众相似身云，出地神、水神、火神、风神、河神、海神、山神、树神乃至昼、夜、主方神等相似身云，周遍十方，充满法界。于彼一切众生之前，现种种声。所谓风轮声、水轮声、火焰声、海潮声、地震声、大山相击声、天城震动声、摩尼相击声、天王声、龙王声、夜叉王声、乾闼婆王声、阿修罗王声、迦楼罗王声、紧那罗王声、摩睺罗伽王声、人王声、梵王声、天女歌咏声、诸天音乐声、摩尼宝王声。以如是等种种音声，说喜目观察众生夜神从初发心所集功德。所谓承事一切诸善知识，亲近诸佛，修行善法。行檀波罗蜜，难舍能舍；行尸波罗蜜，弃舍王位、宫殿、眷属，出家学道；行羼提波罗蜜，能忍世间一切苦事，及以菩萨所修苦行、所持正法，皆悉坚固，其心不动，亦能忍受一切众生于己身心恶作恶说，忍一切业皆不失坏，忍一切法生决定解，忍诸法性能谛思惟；行精进波罗蜜，起一切智行，成一切佛法；行禅波罗蜜，其禅波罗蜜所有资具、所有修习、所有成就、所有清净、所有起三昧神通、所有入三昧海门，皆悉显示；行般若波罗蜜，其般若波罗蜜所有资具，所有清净、大智慧日、大智慧云、大智慧藏、大智慧门，皆悉显示；行方便波罗蜜，其方便波罗蜜所有资具、所有修行、所有体性、所有理趣、所有清净、所有相应事，皆悉显示；行愿波罗蜜，其愿波罗蜜所有体性、所有成就、所有修习、所有相应事，皆悉显示；行力波罗蜜，其力波罗蜜所有资具、所有因缘、所有理趣、所有演说、所有相应事，皆悉显示；行智波罗蜜，其智波罗蜜所有资具、所有体性、所有成就、所有清净、所有处所、所有增长、所有深入、所有光明、所有显示、所有理趣、所有相应事、所有简择、所有行相、所有相应法，所有所摄法、所知法、所知业、所知刹、所知劫、所知世、所知佛出现、所知佛、所知菩萨，所知菩萨心、菩萨位、菩萨资具、菩萨发趣、菩萨回向、菩萨大愿、菩萨法轮、菩萨简择法、菩萨法海、菩萨法门海、菩萨法旋流、菩萨法理趣，如是等智波罗蜜相应境界，皆悉显示，成熟众生。又说此神从初发心所集功德相续次第，所习善根相续次第，所修无量诸波罗蜜相续次第，死此生彼及其名号相续次第。亲近善友，承事诸佛，受持正法，修菩萨行，入诸三昧，以三昧力，普见诸佛，普见诸刹，普知诸劫，深入法界，观察众生，入法界海，知诸众生死此生彼，得净天耳，闻一切声，得净天眼，见一切色，得他心智，知众生心，得宿住智，知前际事，得无依无作神足智通，自在游行遍十方刹，如是所有相续次第。得菩萨解脱，入菩萨解脱海，得菩萨自在，得菩萨勇猛，得菩萨游步，住菩萨想，入菩萨道，如是一切所有功德相续次第。皆悉演说，分别显示，成熟众生。

如是说时，于念念中，十方各严净不可说不可说诸佛国土，度脱无量恶趣众生，令无量众生生天人中，富贵自在，令无量众生出生死海，令无量众生安住声闻、辟支佛地，令无量众生住如来地。

尔时，善财童子见闻如上所现一切诸希有事，念念观察，思惟解了，深入安住，承佛威力及解脱力，则得菩萨不思议大势力普喜幢自在力解脱。

何以故？与喜目夜神于往昔时同修行故，如来神力所加持故，不思议善根所佑助故，得菩萨诸根故，生如来种中故，得善友力所摄受故，受诸如来所护念故，毗卢遮那如来曾所化故，彼分善根已成熟故，堪修普贤菩萨行故。

尔时，善财童子得此解脱已，心生欢喜，合掌向喜目观察众生夜神，以偈赞曰：

> 无量无数劫，学佛甚深法，随其所应化，显现妙色身。
> 了知诸众生，沉迷婴妄想，种种身皆现，随应悉调伏。
> 法身恒寂静，清净无二相，为化众生故，示现种种形。
> 于诸蕴界处，未曾有所著，示行及色身，调伏一切众。
> 不著内外法，已度生死海，而现种种身，住于诸有界。
> 远离诸分别，戏论所不动，为著妄想者，弘宣十力法。
> 一心住三昧，无量劫不动，毛孔出化云，供养十方佛。
> 得佛方便力，念念无边际，示现种种身，普摄诸群生。
> 了知诸有海，种种业庄严，为说无碍法，令其悉清净。
> 色身妙无比，清净如普贤，随诸众生心，示现世间相。

尔时，善财童子说此颂已，白言："天神！汝发阿耨多罗三藐三菩提心，为几时耶？得此解脱，身已久如？"

尔时，喜目观察众生主夜神以颂答曰：

> 我念过去世，过于刹尘劫，刹号摩尼光，劫名寂静音。
> 百万那由他，俱胝四天下，其王数亦尔，各各自临驭。
> 中有一王都，号曰香幢宝，庄严最殊妙，见者皆欣悦。
> 中有转轮王，其身甚微妙，三十二种相，随好以庄严；
> 莲华中化生，金色光明身，腾空照远近，普及阎浮界。
> 其王有千子，勇猛身端正；臣佐满一亿，智慧善方便；

嫔御有十亿，　颜容状天女，　利益调柔意，　慈心给侍王。

其王以法化，　普及四天下，　轮围大地中，　一切皆丰盛。

我时为宝女，　具足梵音声，　身出金色光，　照及千由旬。

日光既已没，　音乐咸寂然，　大王及侍御，　一切皆安寝。

彼时德海佛，　出兴于世间，　显现神通力，　充满十方界；

放大光明海，　一切刹尘数，　种种自在身，　遍满于十方。

地震出妙音，　普告佛兴世；　天人龙神众，　一切皆欢喜。

一一毛孔中，　出佛化身海，　十方皆遍满，　随应说妙法。

我时于梦中，　见佛诸神变，　亦闻深妙法，　心生大欢喜。

一万主夜神，　共在空中住，　赞叹佛兴世，　同时觉悟我：

贤慧汝应起，　佛已现汝国，　劫海难值遇，　见者得清净。

我时便寤寐，　即睹清净光。　观此从何来？　见佛树王下，

诸相庄严体，　犹如宝山王；　一切毛孔中，　放大光明海。

见已心欢喜，　便生此念言；　愿我得如佛，　广大神通力。

我时寻觉寤，　大王并眷属，　令见佛光明，　一切皆欣庆。

我时与大王，　骑从千万亿，　众生亦无量，　俱行诣佛所。

我于二万岁，　供养彼如来，　七宝四天下，　一切皆奉施。

时彼如来说，　功德普云经，　普应群生心，　庄严诸愿海。

夜神觉悟我，　令我得利益，　我愿作是身，　觉诸放逸者。

我从此初发，　最上菩提愿，　往来诸有中，　其心无忘失。

从此后供养，　十亿那由佛，　恒受人天乐，　饶益诸群生。

初佛功德海，　第二功德灯，　第三妙宝幢，　第四虚空智，

第五莲华藏，　第六无碍慧，　第七法月王，　第八智灯轮，

第九两足尊，　宝焰山灯王，　第十调御师，　三世华光音。

如是等诸佛，　我悉曾供养，　然未得慧眼，　入于解脱海。

从此次第有，　一切宝光刹，　其劫名天胜，　五百佛兴世。

最初月光轮，　第二名日灯，　第三名光幢，　第四宝须弥，

第五名华焰，　第六号灯海，　第七炽然佛，　第八天藏佛，

九光明王幢，十普智光王。如是等诸佛，我悉曾供养，
尚于诸法中，无而计为有。

从此复有劫，名曰梵光明；世界莲华灯，庄严极殊妙。
彼有无量佛，一一无量众，我悉曾供养，尊重听闻法。
初宝须弥佛，二功德海佛，三法界音佛，四法震雷佛，
五名法幢佛，六名地光佛，七名法力光，八名虚空觉，
第九须弥光，第十功德云。如是等如来，我悉曾供养，
未能明了法，而入诸佛海。

次后复有劫，名为功德月；尔时有世界，其名功德幢。
彼中有诸佛，八十那由他，我皆以妙供，深心而敬奉。
初乾闼婆王，二名大树王，三功德须弥，第四宝眼佛，
第五卢舍那，第六光庄严，第七法海佛，第八光胜佛，
九名贤胜佛，第十法王佛。如是等诸佛，我悉曾供养，
然未得深智，入于诸法海。

此后复有劫，名为寂静慧，刹号金刚宝，庄严悉殊妙。
于中有千佛，次第而出兴，众生少烦恼，众会悉清净。
初金刚脐佛，二无碍力佛，三名法界影，四号十方灯，
第五名悲光，第六名戒海，第七忍灯轮，第八法轮光，
九名光庄严，十名寂静光。如是等诸佛，我悉曾供养，
犹未能深悟，如空清净法。游行一切刹，于彼修诸行。

次第复有劫，名为善出现，刹号香灯云，净秽所共成。
亿佛于中现，庄严刹及劫，所说种种法，我皆能忆持。
初名广称佛，次名法海佛，三名自在王，四名功德云，
第五法胜佛，第六天冠佛，第七智焰佛，第八虚空音，
第九两足尊，名普生殊胜，第十无上士，眉间胜光明。
如是一切佛，我悉曾供养，然犹未能净，离诸障碍道。

次第复有劫，名集坚固王，刹号宝幢王，一切善分布。
有五百诸佛，于中而出现；我恭敬供养，求无碍解脱。

最初功德轮，其次寂静音，次名功德海，次名日光王，

第五功德王，第六须弥相，次名法自在，次佛功德王，

第九福须弥，第十光明王。如是等诸佛，我悉曾供养，

所有清净道，普入尽无余，然于所入门，未能成就忍。

次第复有劫，名为妙胜主，刹号寂静音，众生烦恼薄。

于中有佛现，八十那由他；我悉曾供养，修行最胜道。

初佛名华聚，次佛名海藏，次名功德生，次号天王髻，

第五摩尼藏，第六真金山，第七宝聚尊，第八法幢佛，

第九名胜财，第十名智慧。此十为上首，供养无不尽。

次第复有劫，名曰千功德；尔时有世界，号善化幢灯；

六十亿那由，诸佛兴于世。最初寂静幢，其次奢摩他，

第三百灯王，第四寂静光；

第五云密阴，第六日大明，七号法灯光，八名殊胜焰，

九名天胜藏，十名大吼音。如是等诸佛，我悉常供养，

未得清净忍，深入诸法海。

次第复有劫，名无著庄严；尔时有世界，名曰无边光；

中有三十六，那由他佛现。初功德须弥，第二虚空心，

第三具庄严，第四法雷音；

第五法界声，第六妙音云，第七照十方，第八法海音，

第九功德海，第十功德幢。如是等诸佛，我悉曾供养。

次有佛出现，名为功德幢；我为月面天，供养人中主。

时佛为我说，无依妙法门；我闻专念持，出生诸愿海。

我得清净眼，寂灭定总持，能于念念中，悉见诸佛海。

我得大悲藏，普明方便眼，增长菩提心，成就如来力。

见众生颠倒，执常乐我净，愚痴暗所覆，妄想起烦恼。

行止见稠林，往来贪欲海，集于诸恶趣，无量种种业。

一切诸趣中，随业而受身，生老死众患，无量苦逼迫。

为彼众生故，我发无上心，愿得如十方，一切十力尊。

缘佛及众生，起于大愿云，从是修功德，趣入方便道。

愿云悉弥覆，普入一切道，具足波罗蜜，充满于法界。

速入于诸地，三世方便海，一念修诸佛，一切无碍行。

佛子我尔时，得入普贤道，了知十法界，一切差别门。

"善男子！于汝意云何，彼时转轮圣王，名十方主，能绍隆佛种者，岂异人乎？文殊师利童子是也！尔时夜神觉悟我者，普贤菩萨之所化耳！我于尔时为王宝女，蒙彼夜神觉悟于我，令我见佛，发阿耨多罗三藐三菩提心。自从是来，经佛刹微尘数劫，不堕恶趣，常生人、天，于一切处常见诸佛，乃至于妙灯功德幢佛所，得此大势力普喜幢菩萨解脱，以此解脱如是利益一切众生。

"善男子！我唯得此大势力普喜幢解脱门。如诸菩萨摩诃萨，于念念中，普诣一切诸如来所，疾能趣入一切智海；于念念中，以发趣门，入于一切诸大愿海；于念念中，以愿海门，尽未来劫，念念出生一切诸行。一一行中出生一切刹微尘数身，一一身普入一切法界门；一一法界门，一切佛刹中，随众生心说诸妙行。一切刹一一尘中，悉见无边诸如来海；一一如来所，悉见遍法界诸佛神通；一一如来所，悉见往劫修菩萨行；一一如来所，受持守护所有法轮；一一如来所，悉见三世一切如来诸神变海。而我云何能知能说彼功德行？

"善男子！此众会中，有一夜神，名普救众生妙德。汝诣彼问：'菩萨云何入菩萨行、净菩萨道？'"

时，善财童子顶礼其足，绕无数匝，殷勤瞻仰，辞退而去。

注释

❶ "办"，大正本原作"辨"，今依三本及宫本史之。

❷ "荼"（＊），大正本原作"茶"，今依宫本改之。

❸ "王"，大正本原作"主"，今依明、宫本改之。

【白话语译】

这时，善财童子已经完全了知婆珊婆演底夜神初发菩提心所生出的菩萨藏，所发的菩萨大愿，所清净的菩萨六度万行，所证入的菩萨地，所修的菩萨行门，所行出离三界道的一切智光海，普救众生的心愿，普遍的大悲法云。在一切诸佛刹土，穷尽未来的时劫，都能不断出生普贤行愿。

他慢慢地向南游行，见到普德净光夜神之后，就顶礼夜神的双足，绕了无数圈之后，合掌说："圣者啊！我已经发起无上正等正觉之心，但是我尚未详知要如何修行菩萨地？如何出生菩萨地？如何成就菩萨地？"

夜神回答说："太好了！太好了！善男子啊！你已经能够发起无上正等正觉心，真是太难得了，现在又能诣问菩萨地的修行、出生和成就。

"善男子啊！菩萨能成就十种法，用这十种圆满所有的菩萨行。是哪十种呢？一，证得清净三昧，恒常看见诸佛；二，证得清净眼，恒常观察诸佛美好庄严的相貌；三，了知诸佛无量无边的功德大海；四，了知法界无量诸佛法的光明海；五，了知诸佛都能在每一毛孔中放出等同众生数的大光明海，无量利益众生；六，能看见一切如来在每一毛孔现出一切宝色光明焰海；七，念念都能出现一切诸佛变化海，充满法界。究竟诸佛的境界，调伏众生；八，证得佛音声等同一切众生言音海，转三世诸佛法轮；九，了知诸佛无边的名号海；十，了知诸佛调伏众生，不可思议的自在力。

"善男子啊！菩萨能成就这十种法圆满菩萨行。

"善男子啊！我已证得菩萨寂静禅定乐普游步的解脱法门。所以能见到三世诸佛，也能看见那些佛陀的清净国土、道场、众会、神通、名号、说法、寿命、言音、身相等种种不同，而我也都明白目睹而没有任何贪取执着。为什么呢？因为我知道一切佛无所从来，亦无所去，因为世间的诸趣现象是永远寂灭、诸法的体性无生无灭；也没有所谓的生起，因为法身平等；也没有所谓的毁灭，因为世间本无生相；也没有所谓的实在，因为法门如幻；也没有所谓的虚妄，因为我能利益众生，毫不空过；也没有所谓的迁流变化，因为超过生死；也没有所谓的坏灭，因为自性恒常不变；也没有所谓的一相，因为完全远离言语；也没有所谓的无相，因为自性实相本来就空。

"善男子啊！我安住这菩萨寂静禅定乐普游步解脱门时，能知一切如来，分明了达，成就增长。也能思惟观察，坚固庄严，不心生一切妄想分别。又能以大悲心救护众生，一心不动地修习初禅。止息一切意业，摄受众生。我的智力勇猛，喜心愉悦。修习二禅，思惟众生自性，厌离生死。修习三禅，完全息灭众生的痛苦热恼。修习四禅，增长圆满众生的一切智愿，出生一切三昧大海，证入各种菩萨解脱海门。游戏一切神通，成就一切变化，用清净智慧普入法界。

"善男子啊！我修习这个解脱法门时，能用种种方便成就众生。像所谓的：使放逸在家的众生，视世间不净、可厌、疲劳、逼迫、系缚、罗刹、无常、苦、无我、空、无生、不自在、老、病、死，这样众生自然不会乐着五欲。我也劝请众生不要执着欲乐，只有常住法乐，出离家庭，进入非家，才是出离的要道。凡是安住于空闲寂静处的众生，我都会为他们止息各种厌恶的音声，在静夜时为他们宣说甚深微妙法。随顺各人因缘，开启出家之门。指示正道的路途，作为众生的光明。消除他们的黑暗障碍，灭除他们的怖畏。赞叹出家的功德，赞叹佛、法、僧和善知识的功德具足，也赞叹亲近善知识的行为。

"善男子啊！我修习解脱法门时，能够使众生不心生非法贪爱，不起邪念分别，也不会造作各种罪业。即使有人造作罪业，我也能使他们立刻停止。倘若众生没能生起善法，还没能够修行波罗蜜行，还没能够求取一切智，还没能够发起大悲心，还没能够修习人天善业，我都能使他们勤加修习。倘若已经修习的众生，我就使他们更加精进。所以，我能够用这种种的随顺正道的因缘，成就众生的一切智智。

"善男子啊！我只证得这种菩萨寂静禅定乐普游步解脱法门。如果是像诸位菩萨摩诃萨，具足普贤所有行愿，了达无边法界；恒常增长一切善根，照见如来十力；安住一切如来境界，恒常处于生死，心无障碍；能立刻地满足一切智慧愿力，普遍往谙一切世界；观见诸佛，听受一切佛法；破除众生的愚痴黑暗，在生死大夜中，出生一切智慧光明的种种功德行，根本就不是我能够了知、宣说的了。

"善男子啊！距离这不远的地方，菩提场右边有一位喜目观察众生夜神，你去见他，并请问他：'菩萨应该如何修学菩萨行、修习菩萨道？'"

这时，普德净光夜神，为了要重新宣说这个解脱义理，而为善财童子宣说如下的偈颂：

> 若有大信解心，尽见三世诸佛，
> 彼人妙眼清净，能入诸佛大海。
> 汝观诸佛妙身，清净妙相庄严，
> 一念神通威力，法界悉皆充满。
> 此卢舍那如来，道场圆成正觉，
> 一切法界之中，转于清净法轮。
> 如来了知法性，寂灭本无有二，
> 清净相庄严身，遍示现诸世间。
> 佛身不可思议，法界悉皆充满，
> 普现一切刹土，一切无不见者。
> 佛身常现光明，一切刹微尘等，
> 种种清净妙色，念念遍周法界。
> 如来一毛孔中，放不思议光明，
> 普照一切群生，令其烦恼永灭。
> 如来一毛孔中，出生无尽幻化，
> 充遍达于法界，除灭众生苦恼。
> 佛演一妙音声，随类皆令解了，
> 普雨广大妙法，使发大菩提意。
> 佛昔修习诸行，已曾摄受我等，
> 故得见于如来，普现一切刹土。

诸佛出于世间，量等众生之数，

种种解脱境界，非我所能了知。

一切诸菩萨众，入佛一毛孔中，

如是胜妙解脱，非我所能了知。

此近有主夜神，名为喜目观察，

汝应往参诣彼，讯问修菩萨行。

这时，善财童子顶礼普德净光夜神的双足，绕了无数圈，殷勤地瞻仰之后，就辞退离去。

这时，善财童子恭敬信奉善知识的教诲，奉行善知识所说，心里这样想："善知识真是太难遇到了。因为善知识，我的心才不散乱；因为善知识，我才能破除障碍高山；因为善知识，我才能趣入大悲海救护众生；因为善知识，我才能得到智慧的光明普照法界；因为善知识，我才能修行一切智道；因为善知识，我才能睹见十方佛海；因为善知识，我才能见到诸佛转法轮，忆念受持从不忘失。"

他这样想后，就决定拜见喜目观察众生夜神。

这时，喜目神就加持善财童子，使他了知亲近善知识能生起诸善根，并且逐渐增长成熟。像所谓的使他了知亲近善知识能修习助道具之功德；使他了知亲近善知识能发起勇猛精进心；使他了知亲近善知识能兴作难以毁坏的业；使他了知亲近善知识能得难以调伏法力；使他了知亲近善知识能深入无边方所；使他了知亲近善知识能久远地修行；使他了知亲近善知识能成办无边的道业；使他了知亲近善知识能行持无量的道法；使他了知亲近善知识能证得速疾成佛的力量，普遍到达诸佛刹土；使他了知亲近善知识能不离本处，遍至十方。

这时，善财童子这样想："由于亲近善知识，我才能勇猛地勤修一切智道；由于亲近善知识，我才能立刻出生诸大愿海；由于亲近善知识，我才能为众生穷尽未来劫，受无边的苦；由于亲近善知识，我才能披着大精进的盔甲，在每一微尘中，遍布法界地说法无尽；由于亲近善知识，我才能立刻前往任何地方或大海；由于亲近善知识，我才能在一个毛孔的孔道，穷尽未来的时劫修习菩萨行；由于亲近善知识，我才念念都能修行菩萨行，究竟安住一切智慧之地；由于亲近善知识，我才能深入三世诸佛自在神力的各种庄严之道；由于亲近善知识，我才能常常普遍深入各个法界门；由于亲近善知识，我才能在本位未曾动出，常至法界一切处，普遍前往十方国土。"

善财童子这样想以后，就去拜见喜目观察众生夜神。他看到夜神坐在如来众会道场的莲华藏师子座上，进入大势力普喜幢的解脱境界。他身上的每一毛孔，都现出无量的变化身云，随顺众生相应的因缘，能用美妙的言语音声为众生说法。普遍摄受无量的众生，使众生都心生欢喜而得利益。像所谓的：现出无量化身云，充满十方世界。宣说诸位菩萨如何行布施波罗蜜，不贪恋执着任何事物，能普遍施与众生。心量平等，对任何人不会轻视傲慢，无论是身内或身外之物都能布施，能够舍下所有的难舍。又，出生无量众生的变化身云，充满法界。普遍示现众生面前，宣说没有缺失损犯的总持清净戒。具足修行各种苦行，不会依止任何世间，也不会贪爱执任何境界。又，宣说生死轮回往返，宣说人天道的兴盛衰败、痛苦和快乐。宣说一切境界都是不清净的；宣说一切法都是无常的；宣说一切行都是苦而无趣的，使世间众生都能舍离颠倒妄见，安住诸佛境地，总持如来的戒律。他如此演说种种戒行时，戒香普熏大众，成熟圆满所有听闻法要的众生。

又，化现出各种众生数种种身云，宣说菩萨能够忍受的所有苦，像是刀割锯截、捶打呵骂种种侮辱，菩萨面对这些处境时，心境都能泰然不动、不乱。对于一切行为都不卑不亢、也不高傲，对于众生不生起我慢的骄傲心，也能安忍所有的法性。他宣说菩提心没有穷尽，因此，所以智慧也无穷尽，能断除一切众生的烦恼。他又宣说众生的卑贱丑陋，不具足各种相好身，使众生都能心生厌离心；赞叹诸佛无上妙色的清净身，使众生都能心生欣乐，并且成熟众生。他又示现等同众生界的种种身云，因此能顺随众生心所喜乐的，宣说勇猛精进，修行一切智慧助道的法门。用勇猛精进降伏魔怨；勇猛精进地发菩提心，不动转不退失；勇猛精进地变化众生，出离生死海；勇猛精进地除灭一切的恶道苦难；勇猛精进地毁坏无智高山；勇猛精进地供养诸佛而不心生疲惓厌倦；勇猛精进地摄受总持诸佛法轮；勇猛精进地破坏散除种种障碍高山；勇猛精进地教化成熟众生；勇猛精进地庄严清净诸佛国土。夜神用如此种种的方便成熟众生。

喜目观察众生夜神又出现种种无量身云，用种种方便，使众生心生欢喜，舍离邪恶的意念，厌离各种欲望。他又为众生宣说生惭愧心的法，使众生都能护佑善根。又为众生宣说无上清净的梵行；又为众生宣说欲界是魔境界，而使他们恐怖畏惧；又为众生示现不乐世间的五欲快乐，使他们都能安住法乐，随顺次第，证入各种禅定的三昧至乐。思惟观念，除灭所有的烦恼。又为众生演说一切菩萨三昧海神力变现，自在游戏，使众生都能欢喜适悦，远离各种忧愁恐怖。心性清净，诸根猛利，爱乐重视法，修行学习日渐增长。夜神又示现等同众生界的种种身云，为众生宣说如何前往诣见十方国土，供养诸佛及以师长、大善知识，摄受总持诸佛法论，精进勤劳而不懈怠。他又为众生演说、称赞一切诸如来海，观察一切法门海。显示一切法的自性实相，开示阐扬一切三昧门。开示智慧境界，竭尽众生所有的疑虑。示现智慧金刚，破坏众生的邪见高山。升起智慧日轮，破除众生的愚痴黑暗，使众生欢喜，成就一切智。

喜目夜神又化现无量种变化身云，普遍示现众生面前，随着相应的众生，用各种言辞，而为他们说法。或是宣说世间的神通福德力，或是宣说欲界、色界、无色界三界都是令人可怖的，而使众生能不造作世间业行，远离三界的境地，出离邪知邪见的稠林。或是为众生称赞一切智之道，使他们都能超越声闻、缘觉二乘的境地。或是为众生演说不安住生死、不安住涅槃的法门，使他们都能不执着有为、无为。或是为众生演说安住天宫乃至于道场，使他们欣乐地发起菩提心。就是用这些方便法门教化调伏众生，使他们证得究竟的一切智。

喜目夜神又示现一切世界微尘数的身云，普遍示现众生面前，念念都能示现普贤菩萨的所有行愿；念念都能示现清净的大愿，充满法界；念念都能庄严清净一切世界海；念念都能供养一切如来海；念念都能深入一切法门海；念念都能深入一切世界海、微尘的世界海；念念都能在一切刹土，穷尽未来的时劫，清净修行一切智道；念念都能深入如来的十力；念念都能趣入一切三世的方便海；念念都能前往一切刹土，现出各种神通变化；念念都能示现诸位菩萨的一切行愿，使众生安住一切智，像夜神示现这些作为，从来没有休息。

喜目夜神又示现如众生心数量的身云，普遍示现在一切众生的面前，宣说诸位菩萨聚集一切智助道法无边际的力量；寻求一切智不坏的力量；无穷尽力；修行无上行不退转的力量；无间断力；不染着生死法的力量；能破除一切诸魔大众的力量；远离一切烦恼尘垢的力量；能破除一切业障山的力量，安住于一切时劫，以修大悲无疲倦的力量；震动所有的诸佛国土，使众生心生欢喜的力量；破除一切外道的力量；普遍示现于世间转法轮的力量等。夜神能用如此种种方便法门成熟众生，使他们都到达一切智慧的境界。

喜目夜神又化现出众生心无量变化色的身云，普遍前往十方无量世界，随顺着众生的心性，演说菩萨的智慧妙行。这些菩萨智行就是所谓的演说深入众生界海的智慧；演说深入众生心海的智慧；演说深入众生根海的智慧；演说深入众生行海的智慧；演说度化众生还从未错失时机的智慧；演说出离一切法界音声的智慧；演说念念都能遍入一切法界海的智慧；演说念念都能了知一切世界海坏智；演说念念都能了知一切世界海生成；安住庄严的种种差别智慧；演说念念都能自在、亲近供养诸佛、听闻受持法轮的智慧。夜神示现如是的智波罗蜜，使所有的众生都大生欢喜，调伏畅快，舒适愉悦。又使众生心性清净，出生决定的信解，寻求一切智，从不退转。夜神用这种方法宣说菩萨的各种波罗蜜成熟众生，如此次第地宣说菩萨种种行法利益众生。

喜目夜神又在每一毛孔中，出现无量种众生身云，这些身云就是示现与色究竟天、善现天、善见天、无热天、无烦天的相似身云；示现与少广、广果、福生、无云天相似的身云；示现与遍净、无量净、少净天相似的身云；示现与光音、无量光、少光天相似的身云；示现与大梵、梵辅、梵众天相似的身云；示现与自在天、化乐天、兜率陀天、须夜摩天、忉利天及其采女等诸位天子相似的身云；示现与提头赖吒❶、乾闼婆王❷、乾闼婆子、乾闼婆女相似的身云；示现与毗楼勒叉❸、鸠槃荼❹王、鸠槃荼子、鸠槃荼女相似的身云；示现与毗楼博叉❺、龙王、龙子、龙女相似的身云；示现与毗沙门夜叉王、夜叉子、夜叉女相似的身云；示现与大树紧那罗王、善慧摩睺罗伽王、大速疾力迦楼罗王、罗睺阿修罗王、阎罗法王和其子、其女相似的身云；示现与一切人王及其子、其女相似的身云；示现与声闻、独觉及诸佛大众相似的身云；示现与地神、水神、火神、风神、河神、海神、山神、树神，乃至于昼夜主方神等相似的身云，周遍十方，充满法界。

夜神又在众生面前，示现各种声音，这些声音就是所谓的风轮的声音、水轮的声音、火焰的声音、海潮的声音、地震的声音、大山相撞击的声音、天城震动的声音、摩尼相撞击的声音、天王的声音、龙王的声音、夜叉王的声音、乾闼婆王的声音、阿修罗王的声音、迦楼罗王的声音、紧那罗王的声音、摩睺罗伽王的声音、人王的声音、梵王的声音、天女歌咏的声音、诸天音乐的声音、摩尼宝王的声音。

喜目观察众生夜神用如此种种音声宣说自己从初发心开始所聚集的功德。像所谓的：承事各位善知识，亲近诸佛，修行善法。行布施波罗蜜，对难舍之物都能舍弃；行持戒波罗蜜，舍弃王住、宫殿、眷属而出家学道；行忍波罗蜜，忍受世间一切的苦事；固守菩萨所修的苦行、所坚持的正法，心不动摇。他也能忍受众生加害自己的恶行、恶意的言说，安忍一切业果报，完全不坏失。安忍一切法，生起决定的信解，安忍法性，如实思惟。修行精进波罗蜜，生起一切智行，成就一切佛法。行禅波罗蜜，并显示一切修习禅波罗蜜的资粮器具、修行学习，起三昧神通，证入三昧海法门。他修行般若波罗蜜，示现般若波罗蜜的所有资具、清净、大智慧之日、大智慧云、大智慧宝藏、大智慧门。他又修行方便波罗蜜，示现所有方便波罗蜜的资具、修行、体性、理趣、清净、相应之事。他又修行力波罗蜜，示现力波罗蜜的所有资具、因缘、理趣、演说、相应之事。他又修行智波罗蜜，示现智波罗蜜的所有资具、体性、成就、清净、处所、增长、深入、光明、显示、理趣、相应之事、拣择、行相、相应之法、所摄受之法、所了知的法、所了知的业、所了知的刹土、所了知的时劫、所了知的三世、所了知的佛出现、所了知的佛陀、所了知的菩萨、所了知的菩萨心、菩萨的阶位、菩萨的资具、菩萨的发心趣向、菩萨的回向、菩萨的大愿、菩萨的法轮、菩萨所拣择的法、菩萨的法海、菩萨的法门海、菩萨法的旋流、菩萨法的理趣等智波罗蜜相应的境界，以成熟众生。

又，宣说这个夜神从最初发心所聚集功德，相续次第所学习的善根；相续次第所修行无量诸波罗蜜；相续次第从何处死亡，何处出生，和他的名号；相续次第地亲近的善友，承事诸佛，受持正法，修菩萨行，趣入的三昧。又如何用这三昧力普遍见到诸佛，普遍见到诸佛国刹土，普遍了知所有的时劫。深入法界，观察众生，深入法界海，了知诸众生在何处死，出生何处。证得清净的天耳，听闻一切声。证得清净天眼，得见一切色。证得他心智，了知所有众生的心。证得宿命智，了知前际之事。证得无依无作的神足智通，自在地游行，遍及十方刹土。如此依次而证得菩萨解脱法海，深入菩萨解脱海。证得菩萨自在法门；证得菩萨的勇猛；证得菩萨的游行，安住菩萨所有的心想，深入菩萨道。这些所有的功德，都依次相续，完全演说，分别示现成熟众生。

他正说着时，念念都庄严清净了十方不可说不可说的诸佛国土，度化解脱无数的恶趣众生。使这些众生都投生天人，得到富贵自在。使无量众生都出离了生死大海，使无量的众生都安住声闻辟支佛地，或安住如来地。

这时，善财童子看见、听闻以上夜神示现的一切稀有之事后，自己念念观察，思惟了知，深入安住，承受佛威力及解脱力。证得了菩萨不可思议的伟大势力、普喜幢自在力解脱。为什么呢？因为善财童子和喜目夜神在以前曾经共同修行；因为他已受如来神力加持；因为他受不可思议的善根所护佑帮助；因为他已证得诸位菩萨的诸根；因为他生于如来种性；因为他得到善友力量的摄受；因为他受到诸佛的护念；因为他曾受毗卢遮那如来度化；因为善财童子善根已经成熟，可以修行普贤菩萨行。

这时，善财童子证得这解脱法门以后，心生欢喜，合掌向喜目观察众生夜神称赞，并作了如下的偈颂：

无量无数时劫，学佛甚深妙法，
随其所应教化，显现微妙色身。
了知一切众生，沉迷婴行妄想，
种种身皆示现，随应悉皆调伏。
法身恒住寂静，清净无有二相，
为教化众生故，示现种种形状。
于诸蕴界处中，未曾有所执着，
示现行及色身，调伏一切众生。
不着内外诸法，已度生死大海，
而现种种身相，住于诸有境界。
远离一切分别，戏论所不动摇，
为着妄想之人，弘宣十力大法。
一心住于三昧，无量时劫不动，
毛孔演出化云，供养十方诸佛。
得佛方便威力，念念无有边际，
示现种种妙身，普摄一切群生。
了知诸有大海，种种净业庄严，
为说无碍之法，令其悉皆清净。
色身胜妙无比，清净宛如普贤，
随诸众生心念，示现世间相貌。

这时，善财童子称说此颂以后，向喜目夜神说："天神啊！你发起无上正等正觉有多久了？你证得这解脱法门已经多久了？"

这时，喜目观察众生主夜神用偈颂回答他：

我念过去世中，过于刹尘时劫，

刹土号摩尼光，时劫名寂静音。

百万那由他数❻，俱胝之四天下。

其王数量亦尔，各各自临驾驭。

中有一王都城，号曰香幢宝者，

庄严最为殊妙，见者悉皆欣悦。

中有转轮圣王，其身甚为微妙，

具三十二种相，随好以为庄严。

于莲华中化生，金色光明色身，

腾空能照远近，普及阎浮界中。

其王拥有千子，勇猛身皆端正，

臣佐满于一亿，智慧善巧方便。

嫔御数有十亿，颜容状若天女，

利益调柔心意，慈心给侍大王。

其王以法教化，普及于四天下，

轮围大地之中，一切悉皆丰盛。

我时为其宝女，具足大梵音声，

身出金色光明，照耀及千由旬。

日光既已沉没❼，音乐咸皆寂然，

大王及其侍御，一切皆已安寝。

彼时德海佛陀，出兴于世间中，

显现大神通力，充满十方世界。

放射大光明海，一切刹尘数量，

种种自在之身，遍满于十方界。

地震演出妙音，普告佛兴于世，

天人龙神大众，一切咸皆欢喜。

一一毛孔之中，出佛化身大海，

十方悉皆遍满，随应宣说妙法。

我时于梦之中，见佛诸种神变，

亦闻甚深妙法，心生广大欢喜。

一万主夜神众，共在空中安住，

赞叹佛兴于世，同时觉悟我等：

"贤慧汝应当起，佛已现于汝国，

劫海难可值遇，见者咸得清净。"

我是时便寐寤，即睹清净妙光，

观此从何而来，见佛树王之下。

诸相庄严妙体，犹如大宝山王，

一切毛孔之中，广放大光明海。

见已心生欢喜❽，便生起此念言：

"愿我得如佛陀，广大神通威力。"

我时寻即觉寤❾，大王并诸眷属，

令见佛陀光明，一切咸皆欣庆。

我时与大王俱，骑从千万亿数，

众生亦无限量，俱行往诣佛所。

我于二万岁中，供养彼佛如来，

七宝及四天下，一切悉皆奉施。

时彼如来宣说，功德普云经等，

普应群生心念，庄严一切愿海。

夜神觉悟我等，令我能得利益，

我愿作此妙身，觉悟诸放逸者。

我从此初发心，最上菩提胜愿，

往来诸有之中，其心无有忘失。

从此之后供养，十亿那由他佛❿，

恒受人天之乐，饶益诸群生等。

初佛名功德海，第二佛功德灯，

第三佛妙宝幢，第四佛虚空智，

第五佛莲华藏，第六佛无碍慧，

第七佛法月王，第八佛智灯轮，

第九两足至尊，宝焰山灯王佛，

第十调御大师，三世华光音佛。

如是等诸佛陀，我皆悉曾供养，

然未证得慧眼⓫，入于解脱大海。

从此次第而有⓬，一切宝光刹土，

其劫名为天胜，五百佛陀兴世。

最初佛月光轮，第二佛名日灯，

第三佛名光幢，第四佛宝须弥，

第五佛名华焰，第六佛号灯海，

第七为炽然佛，第八为天藏佛，

九光明王幢佛，十普智光王佛，

如是等诸佛陀，我皆悉曾供养。

尚于诸法之中⓭，无而妄计为有，

从此复有时劫⓮，名曰梵光明劫。

世界名莲华灯，庄严极为殊妙，

彼有无量佛陀，一一有无量众。

我皆悉曾供养，尊重听闻受法。

初名宝须弥佛，二名功德海佛，

三为法界音佛，四名法震雷佛，

第五名法幢佛，第六名地光佛，

七名法力光佛，八名虚空觉佛，

第九须弥光佛，第十功德云佛，

如是等诸如来，我皆悉曾供养，

未能明了诸法⓯，而入诸佛大海。

次后复有时劫⓰，其名为功德月，

尔时复有世界，其名为功德幢，

彼中有诸佛陀，八十那由他数，

我时皆以妙供，深心而为敬奉。

初佛乾闼婆王，二佛名大树王，

三佛功德须弥，第四为宝眼佛，

第五卢舍那佛，第六光庄严佛，

第七名法海佛，第八名光胜佛，

第九名贤胜佛，第十名法王佛，

如是等诸佛陀，我悉皆曾供养，

然未得深智慧，入于诸法海中。

此后复有时劫❶，其名为寂静慧，

刹土号金刚宝，庄严悉皆殊妙。

于中复有千佛，次第而出兴世，

众生少有烦恼，众会悉皆清净。

初为金刚脐佛，二为无碍力佛。

三佛名法界影，四佛号十方灯，

第五佛名悲光，第六佛名戒海，

第七佛忍灯轮，第八法轮光佛，

九名光庄严佛，十名寂静光佛。

如是等诸佛陀，我悉皆曾供养，

犹未能深了悟，如空清净妙法。

游行一切刹土，于彼勤修诸行，

次第复有时劫❶，其名为善出现，

刹土号香灯云，净秽所共成就。

亿佛于中出现，庄严刹及时劫，

所说种种妙法，我悉皆能忆持。

初名为广称佛，次名为法海佛，

三名自在王佛，四名功德云佛。

第五为法胜佛，第六乃天冠佛，

第七名智焰佛，第八佛虚空音，

第九两足至尊，佛名普生殊胜，
第十佛无上士，眉间胜光明佛。
如是一切佛陀，我悉皆曾供养，
然犹未能清净❿，远离诸障碍道。
次第复有时劫❿，名为集坚固王，
刹土号宝幢王，一切善巧分布。
时有五百诸佛，于其中而出现，
我皆恭敬供养，求证无碍解脱。
最初佛功德轮，其次佛寂静音，
次名功德海佛，次佛名日光王，
第五功德王佛，第六须弥相佛，
次名法自在佛，次佛名功德王，
第九佛福须弥，第十光明王佛，
如是等诸佛陀，我悉皆曾供养。
所有清净妙道，普入穷尽无余，
然于所入法门㉑，未能成就忍地。
次第复有时劫㉒，其名为妙胜主，
刹土号寂静音，众生烦恼淡薄。
于中有佛出现，八十那由他数，
我悉皆曾供养，修行最胜妙道。
初佛名为华聚，次佛名为海藏，
次名功德生佛，次佛号天王髻，
第五摩尼藏佛，第六佛真金山，
第七宝聚尊佛，第八名法幢佛，
第九名胜财佛，第十名智慧佛，
此十佛为上首，供养无不穷尽。
次第复有时劫㉓，其名曰千功德，
尔时复有世界，号为善化幢灯，

六十亿那由他，诸佛出兴于世。
最初佛寂静幢，其次佛奢摩他，
第三百灯王佛，第四寂静光佛，
第五云密阴佛，第六日大明佛，
七佛号法灯光，八佛名殊胜焰，
九名天胜藏佛，十名大吼音佛，
如是等诸佛陀，我悉皆常供养，
未得清净忍地㉔，深入于诸法海。
次第复有时劫㉕，名为无着庄严，
尔时复有世界，名曰无边光明，
其中有三十六，那由他佛出现。
初佛功德须弥，第二虚空心佛，
第三佛具庄严，第四佛法雷音，
第五佛法界声，第六佛妙音云，
第七佛照十方，第八佛法海音，
第九功德海佛，第十佛功德幢，
如是等诸佛陀，我悉皆曾供养。
次有佛陀出现㉖，名为功德幢佛，
我时为月面天，供养人中之主。
时佛为我宣说，无依微妙法门，
我闻专念忆持，出生诸愿大海。
我得清净法眼，寂灭禅定总持，
能于念念之中，悉见诸佛大海。
我得广大悲藏，普明方便妙眼，
增长大菩提心，成就如来威力。
见诸众生颠倒㉗，执着常乐我净，
愚痴黑暗所覆，妄想生起烦恼。
行止邪见稠林，往来欲念之海，

集于种种恶趣，无量种种业力。

一切诸趣之中，随业而往受身，

生老病死众患，无量苦恼逼迫。

为彼众生之故，我发无上大心，

愿得证如十方，一切佛十力尊。

缘佛及诸众生，起于广大愿云。

从是勤修功德，趣入方便之道。

愿云悉皆弥覆，普入一切道中，

具足诸波罗蜜，充满于全法界。

速入于一切地，三世方便之海，

一念勤修诸佛，一切无碍妙行。

佛子我于尔时，得入普贤之道，

了知十方法界，一切众差别门。

　　"善男子啊！你认为如何呢？那时，那位名叫十方主、能够继承佛种的转轮圣王，哪里是别人呢？就是文殊师利童子啊！那时，夜神觉悟我，使我见佛，并且发起无上正等正觉心。从那时候起，我经过佛国刹土微尘数的时劫，就不堕落恶趣，常生人天之中，在任何地方都经常见到诸佛，乃至于在妙灯功德幢佛处所，证得这个大势力普喜幢菩萨解脱三昧法门，以此解脱法门利益一切的众生。

　　"善男子啊！我只证得这大势力普喜幢解脱门。如果是像诸位菩萨摩诃萨，念念都能普遍诣见一切如来，立刻趣入一切智海；念念都能发心趣向菩提门，深入诸大愿海；念念都能以愿海门，穷尽未来的时劫；念念都能出生诸行，一一的修行，又能出生一切刹微尘数的身形；一一身又能普入一切法界门；一一法界门又能趣入一切佛国刹土，顺随众生的心念宣说各种微妙修行法门；在一切的刹土、每一微尘中，都能见到无边诸如来海；在每一位如来处所都能见到遍布法界的诸佛神通；每一位如来处所，都能见到以前时劫修菩萨行的经过；在每一位如来处所，都能受持守护所有法轮；在每一位如来处所，都能见到三世如来的各种神通变化海，这种种的功德行，哪里是我能够完全知道、宣说的呢？

"善男子啊！这个会场中，有一位普救众生妙德夜神，你去见他并且请问他：'菩萨应如何进入菩萨行门、清净菩萨道？'"

这时，善财童子顶礼喜目夜神的双足，绕了无数圈，殷勤地瞻仰喜目夜神的容貌后，就告辞退下。

【注释】

❶ 提头赖吒：梵语 Dhṛtarāṣṭra，汉译为"持国天"，此天王护持国土、安抚众生、故称"持国天"，是四天王之一。

❷ 乾闼婆王：梵语 gandharva，为司奏雅乐之神，是天龙八部之一，不食酒肉，以香气为食。

❸ 毗楼勒叉：梵语 Virūḍhaka，汉译为"增长天"，常观察阎浮提众生，能折伏邪恶，增长善根，为护法善神。

❹ 鸠槃茶：梵语 kumbhāṇda，属于增长天的二部鬼类之一。此鬼啖人精气、迅疾如风，诸鬼众。

❺ 毗楼博叉：即"毗楼博叉毗沙门"，属千手观音的廿八部众之一。

❻ 次八偈说其本生。

❼ 次十偈颂发心之本事。

❽ 次一偈正显发心。

❾ 次六偈颂发心以后之德。

❿ 次五偈明转还余佛。

⓫ 此句述未得十解之正慧眼。

⓬ 次四偈半颂天胜劫。

⓭ 此句意指未得即心自性。

⓮ 次颂梵光明劫。

⓯ 此句意指未了第十行真实行之法。

⓰ 次颂功德月劫。

⓱ 次颂寂静慧劫。

⓲ 次颂善出现劫。

⓳ 此句明未能离修道障得清净之意。

⓴ 次颂集坚固王劫。

㉑ 此句述未得六地缘生深顺之忍。

㉒ 次颂妙胜六劫。

㉓ 次颂千功德劫。

㉔ 此句意指未得八地清净无生忍。

㉕ 次颂无着庄严劫。

㉖ 次颂功德幢劫。

㉗ 后八偈结普贤之行位。

卷第七十
入法界品第三十九之十一

【原典】

尔时，善财童子于喜目观察众生夜神所，闻普喜幢解脱门，信解趣入，了知随顺，思惟修习，念善知识所有教诲，心无暂舍，诸根不散，一心愿得见善知识，普于十方勤求匪懈，愿常亲近生诸功德，与善知识同一善根，得善知识巧方便行，依善知识入精进海，于无量劫常不远离。作是愿已，往诣普救众生妙德夜神所。

时，彼夜神为善财童子示现菩萨调伏众生解脱神力，以诸相好庄严其身，于两眉间放大光明，名智灯普照清净幢，无量光明以为眷属，其光普照一切世间。照世间已，入善财顶，充满其身。善财尔时即得究竟清净轮三昧。

得此三昧已，悉见二神两处中间，所有一切地尘、水尘及以火尘，金刚摩尼众宝微尘，华香、璎珞、诸庄严具，如是一切所有微尘，一一尘中各见佛刹微尘数世界成坏。及见一切地、水、火、风诸大积聚。亦见一切世界接连，皆以地轮任持而住。种种山海、种种河池、种种树林、种种宫殿，所谓天宫殿、龙宫殿、夜叉宫殿，乃至摩睺罗伽、人非人等宫殿屋宅，地狱、畜生、阎罗王界一切住处，诸趣轮转，生死往来，随业受报，各各差别，靡不悉见。

又见一切世界差别。所谓或有世界杂秽，或有世界清净，或有世界趣杂秽，或有世界趣清净，或有世界杂秽清净，或有世界清净杂秽，或有世界一向清净，或有世界其形平正，或有覆住，或有侧住。如是等一切世界一切趣中，悉见此普救众生夜神，于一切时一切处，随诸众生形貌、言辞、行解差别，以方便力普现其前，随宜化度，令地狱众生免诸苦毒，令畜生众生不相食啖，令饿鬼众生无有饥渴，令诸龙等离一切怖，令欲界众生离欲界苦，令人趣众生离暗夜怖、毁呰怖、恶名怖、大众怖、不活怖、死怖、恶道怖、断善根怖、退菩提心怖、遇恶知识怖、离善知识怖、堕二乘地怖、种种生死怖、异类众生同住怖、恶时受生怖、恶种族中受生怖、造恶业怖、业烦恼障怖、执著诸想系缚怖，如是等怖，悉令舍离。

又见一切众生，卵生、胎生、湿生、化生，有色、无色，有想、无想，非有想、非无想，普现其前，常勤救护，为成就菩萨大愿力故，深入菩萨三昧力故，坚固菩萨神通力故，出生普贤行愿力故，增广菩萨大悲海故，得普覆众生无碍大慈故，得普与众生无量喜乐故，得普摄一切众生智慧方便故，得菩萨广大解脱自在神通故，严净一切佛刹故，觉了一切诸法故，供养一切诸佛故，受持一切佛教故，积集一切善根修一切妙行故，入一切众生心海而无障碍故，知一切众生诸根教化成熟故，净一切众生信解除其恶障故，破一切众生无知黑暗故，令得一切智清净光明故。

时，善财童子见此夜神如是神力不可思议甚深境界，普现调伏一切众生菩萨解脱已，欢喜无量，头面作礼，一心瞻仰。时，彼夜神即舍菩萨庄严之相，还复本形，而不舍其自在神力。

尔时，善财童子恭敬合掌，却住一面，以偈赞曰：

我善财得见，如是大神力，其心生欢喜，说偈而赞叹。
我见尊妙身，众相以庄严；譬如空中星，一切悉严净。
所放殊胜光，无量刹尘数；种种微妙色，普照于十方。
一一毛孔放，众生心数光；一一光明端，皆出宝莲华；
华中出化身，能灭众生苦；光中出妙香，普熏于众生；
复雨种种华，供养一切佛。

两眉放妙光，量与须弥等，普触诸含识，令灭愚痴暗。

口放清净光，譬如无量日，普照于广大，毗卢舍那境。

眼放清净光，譬如无量月，普照十方刹，悉灭世痴翳。

现化种种身，相状等众生，充满十方界，度脱三有海。

妙身遍十方，普现众生前，灭除水火贼，王等一切怖。

我承喜目教，今得诣尊所，见尊眉间相，放大清净光，

普照十方海，悉灭一切暗，显现神通力，而来入我身。

我遇圆满光，心生大欢喜，得总持三昧，普见十方佛。

我于所经处，悉见诸微尘，一一微尘中，各见尘数刹。

或有无量刹，一切咸浊秽，众生受诸苦，常悲叹号泣。

或有染净刹，少乐多忧苦；示现三乘像，往彼而救度。

或有净染刹，众生所乐见，菩萨常充满，住持诸佛法。

一一微尘中，无量净刹海；毗卢遮那佛，往劫所严净。

佛于一切刹，悉坐菩提树，成道转法轮，度脱诸群生。

我见普救天，于彼无量刹，一切诸佛所，普皆往供养。

尔时，善财童子说此颂已，白普救众生妙德夜神言："天神！今此解脱甚深希有！其名何等？得此解脱其已久如？修何等行而得清净？"

夜神言："善男子！是处难知，诸天及人、一切二乘所不能测。何以故？此是住普贤菩萨行者境界故，住大悲藏者境界故，救护一切众生者境界故，能净一切三恶八难者境界故，能于一切佛刹中绍隆佛种不断者境界故，能住持一切佛法者境界故，能于一切劫修菩萨行成满大愿海者境界故，能于一切法界海以清净智光灭无明暗障者境界故，能以一念智慧光明普照一切三世方便海者境界故。我承佛力，今为汝说。

"善男子！乃往古世，过佛刹微尘数劫，尔时有劫，名圆满清净，世界名毗卢遮那大威德，有须弥山微尘数如来于中出现。其佛世界，以一切香王摩尼宝为体，众宝庄严，住无垢光明摩尼王海上。其形正圆，净秽合成，一切严具帐云而覆其上，一切庄严摩尼轮山千匝围绕。有十万亿那由

他四天下皆妙庄严，或有四天下恶业众生于中止住，或有四天下杂业众生于中止住，或有四天下善根众生于中止住，或有四天下一向清净诸大菩萨之所止住。

"此界东际轮围山侧，有四天下，名宝灯华幢。国界清净，饮食丰足，不藉耕耘而生稻梁，宫殿楼阁悉皆奇妙。诸如意树处处行列，种种香树恒出香云，种种鬘树恒出鬘云，种种华树常雨妙华。种种宝树出诸奇宝，无量色光周匝照耀。诸音乐树出诸音乐，随风吹动，演妙音声。日月光明摩尼宝王普照一切，昼夜受乐，无时间断。

"此四天下有百万亿那由他诸王国土，一一国土有千大河周匝围绕，一一皆以妙华覆上，随流漂动，出天乐音，一切宝树列植其岸，种种珍奇以为严饰，舟船来往，称情戏乐。一一河间有百万亿城，一一城有百万亿那由他聚落。如是一切城邑、聚落，各有无量百千亿那由他宫殿园林周匝围绕。

"此四天下阎浮提内，有一国土，名宝华灯，安隐丰乐，人民炽盛，其中众生，具行十善。有转轮王于中出现，名毗卢遮那妙宝莲华髻，于莲华中忽然化生，三十二相以为严好，七宝具足，王四天下，恒以正法教导群生。王有千子，端正勇健，能伏怨敌。百万亿那由他宫人、采女，皆悉与王同种善根，同修诸行，同时诞生，端正姝妙，犹如天女，身真金色，常放光明，诸毛孔中恒出妙香。良臣、猛将，具足十亿。王有正妃，名圆满面，是王女宝，端正殊特，皮肤金色，目发绀青，言同梵音，身有天香，常放光明，照千由旬。其有一女，名普智焰妙德眼，形体端严，色相殊美，众生见者，情无厌足。尔时，众生寿命无量，或有不定而中天者，种种形色、种种音声、种种名字、种种族姓，愚、智、勇、怯、贫、富、苦、乐，无量品类，皆悉不同。时，或有人语余人言：'我身端正，汝形鄙陋。'作是语已，递相毁辱，集不善业。以是业故，寿命、色力、一切乐事悉皆损减。

"时，彼城北有菩提树，名普光法云音幢，以念念出现一切如来道场庄严，坚固摩尼王而为其根，一切摩尼以为其干，众杂妙宝以为其叶，次第分布，并相称可，四方上下，圆满庄严，放宝光明，出妙音声，说一切如来甚深境界。于彼树前，有一香池，名宝华光明，演法雷音，妙宝为岸，百万亿那由他宝树围绕，一一树形如菩提树，众宝璎珞周匝垂下，无量楼阁皆宝所成，周遍道场以为严饰。彼香池内出大莲华，名普现三世一切如来庄严境界云，须弥山微尘数佛于中出现。其第一佛，名普智宝焰妙德幢，于此华上，最初得阿耨多罗三藐三菩提，无量千岁演说正法，成熟众生。

"其彼如来未成佛时，十千年前，此大莲华放净光明，名现诸神通成熟众生，若有众生遇斯光者，心自开悟，无所不了，知十千年后佛当出现。九千年前，放净光明，名一切众生离垢灯，若有众生遇斯光者，得清净眼，见一切色，知九千年后佛当出现。八千年前，放大光明，名一切众生业果音；若有众生遇斯光者，悉得自知诸业果报，知八千年后佛当出现。七千年前，放大光明，名生一切善根音，若有众生遇斯光者，一切诸根悉得圆满，知七千年后佛当出现。六千年前，放大光明，名佛不思议境界音，若有众生遇斯光者，其心广大，普得自在，知六千年后佛当出现。五千年前，放大光明，名严净一切佛刹音，若有众生遇斯光者，悉见一切清净佛土，知五千年后佛当出现。四千年前，放大光明，名一切如来境界无差别灯，若有众生遇斯光者，悉能往觐一切诸佛，知四千年后佛当出现。三千年前，放大光明，名三世明灯，若有众生遇斯光者，悉能现见一切如来诸本事海，知三千年后佛当出现。二千年前，放大光明，名如来离翳智慧灯，若有众生遇斯光者，则得普眼见一切如来神变、一切诸佛国土、一切世界众生，知二千年后佛当出现。一千年前，放大光明，名令一切众生见佛集诸善根，若有众生遇斯光者，则得成就见佛三昧，知一千年后佛当出现。次七日前，放大光明，名一切众生欢喜音，若有众生遇斯光者，得普见诸佛生大欢喜，知七日后佛当出现。满七日已，一切世界悉皆震动，纯净无染，念念普现十方一切清净佛刹，亦现彼刹种种庄严，若有众生根性淳熟应见佛者，咸诣道场。

"尔时，彼世界中一切轮围、一切须弥、一切诸山、一切大海、一切地、一切城、一切垣墙、一切宫殿、一切音乐、一切语言，皆出音声，赞说一切诸佛如来神力境界。又出一切香云、一切烧香云、一切末香云、一切香摩尼形像云、一切宝焰云、一切焰藏云、一切摩尼衣云、一切璎珞云、一切妙华云、一切如来光明云、一切如来圆光云、一切音乐云、一切如来愿声云、一切如来言音海云、一切如来相好云，显示如来出现世间不思议相。

"善男子！此普照三世一切如来庄严境界大宝莲华王，有十佛刹微尘数莲华周匝围绕，诸莲华内悉有摩尼宝藏师子之座，一一座上皆有菩萨结跏趺坐。

"善男子！彼普智宝焰妙德幢王如来，于此成阿耨多罗三藐三菩提时，即于十方一切世界中成阿耨多罗三藐三菩提。随众生心，悉现其前。为转法轮。于一一世界，令无量众生离恶道苦，令无量众生得生天中，令无量众生住于声闻、辟支佛地，令无量众生成就出离菩提之行，令无量众生成就勇猛幢菩提之行，令无量众生成就法光明菩提之行，令无量众生成就清净根菩提之行，令无量众生成就平等力菩提之行，令无量众生成就入法城菩提之行，令无量众生成就遍至一切处不可坏神通力菩提之行，令无量众生入普门方便道菩提之行，令无量众生安住三昧门菩提之行，令无量众生成就缘一切清净境界菩提之行，令无量众生发菩提心，令无量众生住菩萨道，令无量众生安住清净波罗蜜道，令无量众生住菩萨初地，令无量众生住菩萨二地乃至十地，令无量众生入于菩萨殊胜行愿，令无量众生安住普贤清净行愿。

"善男子！彼普智宝焰妙德幢如来，现如是不思议自在神力转法轮时，于彼一一诸世界中，随其所应，念念调伏无量众生。

"时，普贤菩萨知宝华灯王城中众生，自恃色貌及诸境界，而生骄慢，陵蔑他人，化现妙身，端正殊特，往诣彼城，放大光明，普照一切，令彼圣王及诸妙宝、日月星宿、众生身等一切光明，悉皆不现，譬如日出，众景夺曜，亦如聚墨对阎浮金。时，诸众生咸作是言：'此为是谁？为天？为梵？今放此光，令我等身所有光色皆不显现。'种种思惟，无能解了。

"尔时，普贤菩萨在彼轮王宝宫殿上虚空中住，而告之言：'大王当知，今汝国中，有佛兴世，在普光明法云音幢菩提树下。'时，圣王女莲华妙眼，见普贤菩萨所现色身光明自在，及闻身上诸庄严具所出妙音，心生欢喜，作如是念：'愿我所有一切善根，得如是身、如是庄严、如是相好、如是威仪、如是自在。今此大圣，能于众生生死长夜黑暗之中放大光明，开示如来出兴于世，愿令于我亦得如是，为诸众生作智光明，破彼所有无知黑暗。愿我所在受生之处，常得不离此善知识。'

"善男子！时，转轮王与其宝女、千子、眷属、大臣、辅佐、四种兵众，及其城内无量人民，前后围绕，以王神力，俱升虚空，高一由旬，放大光明，照四天下，普使一切咸得瞻仰，欲令众生俱往见佛，以偈赞曰：

> 如来出世间，普救诸群生，汝等应速起，往诣导师所。
> 无量无数劫，乃有佛兴世，演说深妙法，饶益一切众。
> 佛观诸世间，颠倒常痴惑，轮回生死苦，而起大悲心。
> 无数亿千劫，修习菩提行，为欲度众生，斯由大悲力。
> 头目手足等，一切悉能舍，为求菩提故，如是无量劫。
> 无量亿千劫，导师难可遇；见闻若承事，一切无空过。
> 今当共汝等，往观调御尊，坐于如来座，降魔成正觉。
> 瞻仰如来身，放演无量光，种种微妙色，除灭一切暗。
> 一一毛孔中，放光不思议，普照诸群生，咸令大欢喜。
> 汝等咸应发，广大精进心，诣彼如来所，恭敬而供养。

"尔时，转轮圣王说偈赞佛，开悟一切众生已，从轮王善根，出十千种大供养云，往诣道场，向如来所。所谓一切宝盖云、一切华帐云、一切宝衣云、一切宝铃网云、一切香海云、一切宝座云、一切宝幢云、一切宫殿云、一切妙华云、一切诸庄严具云，于虚空中周遍严饰。到已，顶礼普智宝焰妙德幢王如来足，绕无量百千匝，即于佛前坐普照十方宝莲华座。

"时，转轮王女普智焰妙德眼即解身上诸庄严具，持以散佛。时，庄严具于虚空中变成宝盖，宝网垂下，龙王执持，一切宫殿于中间列，十种宝盖周匝围绕，形如楼阁，内外清净，诸璎珞云及诸宝树、香海摩尼以为庄严。于此盖中，有菩提树，枝叶荣茂，普覆法界，念念示现无量庄严。

毗卢遮那如来坐此树下，有不可说佛刹微尘数菩萨前后围绕，皆从普贤行愿出生，住诸菩萨无差别住。亦见有一切诸世间主，亦见如来自在神力，又见一切诸劫次第世界成坏，又亦见彼一切世界一切诸佛出兴次第，又亦见彼一切世界一一皆有普贤菩萨供养于佛、调伏众生，又亦见彼一切菩萨莫不皆在普贤身中，亦见自身在其身内，亦见其身在一切如来前、一切普贤前、一切菩萨前、一切众生前，又亦见彼一切世界一一各有佛刹微尘数世界种种际畔、种种任持、种种形状、种种体性、种种安布、种种庄严、种种清净、种种庄严云而覆其上、种种劫名、种种佛兴、种种三世、种种方处、种种住法界、种种入法界、种种住虚空、种种如来菩提场、种种如来神通力、种种如来师子座、种种如来大众海、种种如来众差别、种种如来巧方便、种种如来转法轮、种种如来妙音声、种种如来言说海、种种如来契经云。既见是已，其心清净，生大欢喜。普智宝焰妙德幢王如来为说修多罗，名一切如来转法轮，十佛刹微尘数修多罗而为眷属。

"时，彼女人闻此经已，则得成就十千三昧门，其心柔软，无有粗强，如初受胎，如始诞生，如娑罗树初始生芽。彼三昧心亦复如是，所谓现见一切佛三昧，普照一切刹三昧，入一切三世门三昧，说一切佛法轮三昧，知一切佛愿海三昧，开悟一切众生令出生死苦三昧，常愿破一切众生暗三昧，常愿灭一切众生苦三昧，常愿生一切众生乐三昧，教化一切众生不生疲厌三昧，一切菩萨无障碍幢三昧、普诣一切清净佛刹三昧。得如是等十千三昧已，复得妙定心、不动心、欢喜心、安慰心、广大心、顺善知识心、缘甚深一切智心、住广大方便海心、舍离一切执著心、不住一切世间境界心、入如来境界心、普照一切色海心、无恼害心，无高倨心、无疲倦心、无退转心、无懈怠心、思惟诸法自性心、安住一切法门海心、观察一切法门海心、了知一切众生海心、救护一切众生海心、普照一切世界海心、普生一切佛愿海心、悉破一切障山心、积集福德助道心、现见诸佛十力心、普照菩萨境界心、增长菩萨助道心、遍缘一切方海心。一心思惟普贤大愿，发一切如来十佛刹微尘数愿海：愿严净一切佛国，愿调伏一切众生，愿遍知一切法界，愿普入一切法界海，愿于一切佛刹尽未来际劫修菩萨行，愿尽未来际劫不舍一切菩萨行，愿得亲近一切如来，愿得承事一切善友，愿得供养一切诸佛，愿于念念中修菩萨行增一切智无有间断。发如是等十佛刹微尘数愿海，成就普贤所有大愿。

"时，彼如来复为其女开示演说发心已来所集善根、所修妙行、所得大果，令其开悟成就如来所有愿海，一心趣向一切智位。

"善男子！复于此前，过十大劫，有世界，名日轮光摩尼，佛号因陀罗幢妙相。此妙眼女，于彼如来遗法之中，普贤菩萨劝其修补莲华座上故坏佛像，既修补已，而复彩画，既彩画已，复宝庄严，发阿耨多罗三藐三菩提心。

"善男子！我念过去，由普贤菩萨善知识故，种此善根。从是已来，不堕恶趣，常于一切天王、人王种族中生，端正可喜，众相圆满，令人乐见，常见于佛，常得亲近普贤菩萨，乃至于今，示导开悟，成熟于我，令生欢喜。

"善男子！于意云何？尔时毗卢遮那藏妙宝莲华髻转轮圣王者，岂异人乎？今弥勒菩萨是。时王妃圆满面者，寂静音海夜神是，今所住处去此不远。时妙德眼童女者，即我身是。我于彼时，身为童女，普贤菩萨劝我修补莲华座像，以为无上菩提因缘，令我发于阿耨多罗三藐三菩提心。我于彼时，初始发心，次复引导，令我得见妙德幢佛，解身璎珞，散佛供养，见佛神力，闻佛说法，即得菩萨普现一切世间调伏众生解脱门。于念念中，见须弥山微尘数佛，亦见彼佛道场、众会、清净国土，我皆尊重，恭敬供养，听闻说法，依教修行。

"善男子！过彼毗卢遮那大威德世界圆满清净劫已，次有世界，名宝轮妙庄严，劫名大光，有五百佛于中出现，我皆承事恭敬供养。其最初佛，名大悲幢，初出家时，我为夜神，恭敬供养。次有佛出，名金刚那罗延幢，我为转轮王，恭敬供养。其佛为我说修多罗，名一切佛出现，十佛刹微尘数修多罗以为眷属。次有佛出，名金刚无碍德，我于彼时为转轮王，恭敬供养。其佛为我说修多罗，名普照一切众生根，须弥山微尘数修多罗而为眷属，我皆受持。次有佛出，名火焰山妙庄严；我于彼时为长者女。其佛为我说修多罗，名普照三世藏，阎浮提微尘数修多罗而为眷属，我皆听闻，如法受持。次有佛出，名一切法海高胜王，我为阿修罗王，恭敬供养。其佛为我说修多罗，名分别一切法界，五百修多罗而为眷属，我皆听闻，如法受持。次有佛出，名海岳法光明，我为龙王女，雨如意摩尼宝云而为供养。其佛为我说修多罗，名增长欢喜海，百万亿修多罗而为眷属，我皆听闻，如法受持。次有佛出，名宝焰山灯，我为海神，雨宝莲华云，恭敬供养。其佛为我说修多罗，名法界方便海光明，佛刹微尘数修多罗而为眷属，我皆听闻，如法受持。次有佛出，名功德海光明轮，我于彼时为五通仙，现大神通，六万诸仙前后围绕，雨香华云而为供养。其佛为我说修多罗，名无著法灯，六万修多罗而为眷属，我皆听闻，如法受持。次有佛出，名毗卢遮那功德藏，我于彼时，为主地神，名出生平等义，与无量地神俱，雨一切宝树、一切摩尼藏、一切宝璎珞云而为供养。其佛为我说修多罗，名出生一切如来智藏，无量修多罗而为眷属，我皆听闻，受持不忘。善男子！如是次第，其最后佛，名充满虚空法界妙德灯，我为妓女，名曰美颜，见佛入城，歌舞供养，承佛神力，踊在空中，以千偈颂赞叹于佛。佛为于我，放眉间光，名庄严法界大光明，遍触我身。我蒙光已，即得解脱门，名法界方便不退藏。

"善男子！此世界中，有如是等佛刹微尘数劫，一切如来于中出现，我皆承事，恭敬供养。彼诸如来所说正法，我皆忆念，乃至不忘一文一句。于彼一一诸如来所，称扬赞叹一切佛法，为无量众生广作利益；于彼一一诸如来所，得一切智光明，现三世法界海，入一切普贤行。

"善男子！我依一切智光明故，于念念中见无量佛。既见佛已，先所未得、先所未见普贤诸行，悉得成满。何以故？以得一切智光明故。"

尔时，普救众生夜神欲重明此解脱义，承佛神力，为善财童子而说颂言：

善财听我说，甚深难见法，普照于三世，一切差别门。
如我初发心，专求佛功德，所入诸解脱，汝今应谛听。
我念过去世，过刹微尘劫，次前有一劫，名圆满清净。

是时有世界，名为遍照灯，须弥尘数佛，于中出兴世：初佛名智焰，次佛名法幢，第三法须弥，第四德师子，第五寂静王，第六灭诸见，第七高名称，第八大功德，第九名胜日，第十名月面。于此十佛所，最初悟法门。

从此后次第，复有十佛出：初名虚空处，第二名普光，三名住诸方，四名正念海，五名高胜光，六名须弥云，七名法焰佛，八名山胜佛，九名大悲华，十名法界华。此十出现时，第二悟法门。

从此后次第，复有十佛出：第一光幢佛，第二智慧佛，第三心义佛，第四德主佛，第五天慧佛，第六慧王佛，第七胜智佛，第八光王佛，第九勇猛佛，第十莲华佛。于此十佛所，第三悟法门。

从此后次第，复有十佛出：第一宝焰山，第二功德海，第三法光明，第四莲华藏，第五众生眼，第六香光宝，七须弥功德，八乾闼婆王，第九摩尼藏，第十寂静色。

从此后次第，复有十佛出：初佛广大智，次佛宝光明，第三虚空云，第四殊胜相，第五圆满戒，第六那罗延，第七须弥德，第八功德轮，第九无胜幢，第十大树山。

从此后次第，复有十佛出：第一娑罗藏，第二世主身，第三高显光，第四金刚照，第五地威力，第六甚深法，第七法慧音，第八须弥幢，第九胜光明，第十妙宝光。

从此后次第，复有十佛出：第一梵光明，第二虚空音，第三法界身，第四光明轮，第五智慧幢，第六虚空灯，第七微妙德，第八遍照光，第九胜福光，第十大悲云。

从此后次第，复有十佛出：第一力光慧，第二普现前，第三高显光，第四光明身，第五法起佛，第六宝相佛，第七速疾风，第八勇猛幢，第九妙宝盖，第十照三世。

从此后次第，复有十佛出：第一愿海光，第二金刚身，

第三须弥德，第四念幢王，第五功德慧，第六智慧灯，

第七光明幢，第八广大智，第九法界智，第十法海智。

从此后次第，复有十佛出：初名布施法，次名功德轮，

三名胜妙云，四名忍智灯，五名寂静音，六名寂静幢，

七名世间灯，八名深大愿，九名无胜幢，十名智焰海。

从此后次第，复有十佛出：初佛法自在，二佛无碍慧，

三名意海慧，四名众妙音，五名自在施，六名普现前，

七名随乐身，八名住胜德，第九本性佛，第十贤德佛。

须弥尘数劫，此中所有佛，普作世间灯，我悉曾供养。

佛刹微尘劫，所有佛出现，我皆曾供养，入此解脱门。

我于无量劫，修行得此道：汝若能修行，不久亦当得。

"善男子！我唯知此菩萨普现一切世间调伏众生解脱。如诸菩萨摩诃萨，集无边行，生种种解，现种种身，具种种根，满种种愿，入种种三昧，起种种神变，能种种观察法，入种种智慧门，得种种法光明，而我云何能知能说彼功德行？

"善男子！去此不远，有主夜神，名寂静音海，坐摩尼光幢庄严莲华座，百万阿僧祇主夜神前后围绕。汝诣彼问：'菩萨云何学菩萨行、修菩萨道？'"

时，善财童子顶礼其足，绕无数匝，殷勤瞻仰，辞退而去。

【白话语译】

这时，善财童子在喜目观察众生夜神安住的处所，听闻了普喜幢的解脱法门，信解趣入，了知随顺。他自己思惟自己修行和学习的一切，片刻不离善知识的教诲，他的六根没有散乱，一心只想得以见到善知识。他游行十方，努力寻求善知识毫不懈怠，希望能恒常亲近善知识，生起所有的功德。和善知识同种善根，证得善知识的善巧方便行，依止善知识而深入精进海，即使经过不可数的时劫也都不远离善知识。当善财童子发起如此的誓愿后，就前往诣见普遍救度众生的妙德夜神。

这时，妙德夜神为善财童子示现菩萨调伏众生解脱的神力，用各种相好庄严他的身体，两眉之间放出智灯普照清净幢，广大的光明。这光明又有无量的光明眷属，普遍照耀着一切世间。这光明照耀世间之后，就从善财童子的头顶灌入并且充满他的全身。这时，善财童子立刻证得了究竟清净轮三昧。他证得了这三昧以后，就能见到在两位神中间的所有地尘、水尘及火尘，金刚摩尼众宝微尘，华香、璎珞和各种庄严器具。如此所有的微尘，在每一微尘中，见到佛国刹土微尘数世界的生成与毁坏，还有积聚的地、水、火、风，也看到所有的世界都接连在一起，并且依着地轮住持安住，种种山海、种种河池、树林、宫殿……这些宫殿是天宫殿、龙宫殿、夜叉宫殿，乃至于摩睺罗伽、人及非人等宫殿、屋宅、地狱、畜生、阎罗王世界一切住处，各种生趣的轮转，生死往来，随业力受报的种种差别，这一切妙德夜神没有不清楚明见的。

善财童子又看见了各个世界的差别，这些世界就是：杂秽的世界、清净的世界、趣向杂秽的世界、趣向清净的世界。杂秽中有清净的世界，或是清净中有杂秽的世界，或一向清净的世界，或外形平正的世界，或倒覆安住的世界，或侧而安住的世界。如此各种世界及身处其中的所有生趣，都能见到这个普度众生的普救众生妙德夜神在任何时劫、任何地方，随顺众生的形态面貌、言辞、行解差别，方便普遍示现众生面前，随顺适宜的因缘度化众生，免除地狱众生的各种痛苦毒害。使畜生道的众生不互相食啖，使饿鬼的众生免除饥渴的痛苦，使诸龙远离一切热沙畏怖，使欲界的众生远离欲界的贪嗔痴种种痛苦，使身处人道的众生远离对暗夜的恐怖、被毁谤辱骂的畏怖、恶名远播的畏怖。或畏怖大众威德，或害怕不能生存，或害怕死亡、恶道、断绝善根、退失菩提心、遇到恶知识、远离善知识、堕入声闻、缘觉二乘，或害怕种种生死，或害怕和异类共同安住，或害怕受生在不好的时辰，或害怕出生在恶种族中，或害怕造作恶业，或害怕造烦恼的业障，或害怕执着种种妄想，夜神完全令五道众生远离如此种种的畏惧恐怖。

不管众生是卵生、胎生、湿生、化生，有色、无色，有想、无想，非有想、非无想，善财童子都看见夜神普遍示现在他们面前，并从不间断地救护他们，令其离苦得乐。因为他要成就菩萨的大愿力，深入菩萨三昧力，坚固菩萨的神通力，生出普贤的十大行愿力，增广菩萨的大悲海法门，证得普遍覆盖众生的无碍大慈心，证得普遍给予众生无量的喜乐，证得普遍摄受众生智慧的方便，证得菩萨广大解脱自在的神通。庄严清净一切佛国刹土，察觉了知所有的法门。供养诸佛，受持诸佛教法，积集所有的善根，修习所有的妙行。深入众生心海毫无障碍，了知众生的根性，并教化成熟他们。清净众生的信解，以除去他们的恶障。破除众生的无知黑暗，使他们都能证得一切智的清净光明。

这时，善财童子见到夜神大威神力境界甚深、不可思议。见到夜神普遍示现、调伏教化众生的菩萨解脱法门以后，欢喜无量，就以头面作礼，一心瞻仰着普度众生的妙德夜神容貌。

这时，妙德夜神就舍去菩萨庄严的相貌，还复本来形貌，但是并未舍去他自在大威神力。

这时，善财童子恭敬地合掌，退下安住一边，用偈颂赞叹：

　　我善财今得见，如是广大神力，
　　其心生大欢喜，说偈而深赞叹。

我见尊妙之身，众相以为庄严，
譬如空中明星，一切悉皆严净。
所放殊胜光明，无量刹微尘数，
种种微妙之色，普照于十方界。
一一毛孔出放，众生心数光明，
一一光明之端，皆生出宝莲华。
华中现出化身，能灭众生苦恼，
光中渗出妙香，普熏于诸众生。
复雨种种宝华，供养一切佛陀，
两眉放妙光明，量与须弥山等。
普触一切含识，令灭愚痴黑暗，
口放清净光明，譬如无量大日。
普遍照于广大，毗卢舍那境界，
眼放清净光明，譬如无量明月。
普照十方刹土，悉灭世间痴翳，
示现化种种身，相状等诸众生。
充满十方世界，度脱三界有海，
妙身遍于十方，普现众生之前。
能灭除水、火、贼、王等一切怖畏，
我承喜目教化，今得诣于尊所。
见尊眉间妙相，放大清净光明，
普照十方大海，悉灭一切黑暗。
显现大神通力，而来入于我身，
我遇圆满光明，心生广大欢喜。
得证总持三昧，普见十方佛陀，
我于所经之处，悉见所有微尘。
一一微尘之中，各见尘数刹土，
或有无量刹土，一切咸皆浊秽，

众生受诸苦恼，心常悲叹号泣。

或有染净刹土，少乐多忧苦恼，

示现三乘之像，往彼而救度之。

或有净染刹土，众生之所乐见，

菩萨皆常充满，住持诸佛法要。

一一微尘之中，无量清净刹海，

毗卢遮那佛陀，往劫之所严净。

佛于一切刹土，悉坐菩提树下，

成道转大法轮，度脱一切群生。

我见普救天等，于彼无量刹土，

一切诸佛之所，普皆往诣供养。

　　这时，善财童子说完这个偈颂以后，问普救众生妙德夜神："天神啊！你能证得这种解脱法门，真是太稀有了！这是哪一种解脱境界呢？你得证这个解脱法门有多久了？你是怎样修行而证得清净的呢？"

　　夜神说："善男子啊！这是一般人很难了知的啊！诸天和人、一切声闻缘觉二乘都不能测知的啊！为什么呢？因为我已安住普贤菩萨行的境界，安住大悲藏的境界，救护众生从不舍离。所以，我能清净所有的三恶道、八难❶者的境界，在一切佛国刹土继承兴隆佛种从不间断。又因为我已安住诸佛的境界，所以能够在一切的时劫修行菩萨行成就圆满大愿海；所以我能够在任何法界海；用清净智慧光灭除无明暗障；所以我能用一念的智慧光明，普照一切三世的方便海，这都是我承受诸佛的神力，才能为你宣说的啊。

　　"善男子啊！向前推回古世界，无数佛国刹土微尘数的时劫之前，那时有个名叫圆满清净的时劫，那儿有个毗卢遮那大威德世界，其中有须弥山微尘数的如来出现。那位佛陀的世界，是用所有的香王摩尼宝为主体，庄严众多的宝物，安住在无垢的光明摩尼王海上。那个世界的形体是正圆的，由清净和污秽和合而作，上面覆盖着各种庄严器具帐云，四周更围绕着千匝的庄严摩尼轮山。十万亿的那由他四天下都美妙庄严不已，也有四天下的恶业众生安止居住其中，也有四天下的杂业众生安止居住其中，也有四天下的善根众生安止居住其中，也有四天下一向清净的诸位的大菩萨安止居住其中。

"毗卢遮那大威德世界东边轮围山侧，又有名叫宝灯华幢的四天下，这个世界国界清净，饮食丰足，不必耕耘就有稻粱。那儿的宫殿、楼阁都奇特美妙，到处都行列着如意树，种种香树都生出香云。各种鬘树都出生鬘云，各种华树常下雨妙华，各种宝树也现出各种奇珍异宝。无量的色光周匝地照耀。各种音乐树也奏出种种音乐，树木都随着微风吹动，演奏美妙的音声。日月光明摩尼宝王更普照一切人民，昼夜喜悦娱乐，没有一时间断。

"这四天下，还有百万亿那由他的诸王国土。每一国土更有千条大河周匝围绕，每一条大河上面都覆盖妙华，随着河流的漂动，奏出天乐。两岸更栽植各种宝树，有各种奇珍异宝庄饰，来往的舟船，无不尽情地嬉戏游乐。每一条河流又有百万亿座城，在每一座城又有百万亿那由他的聚落。每一座城邑聚落，又有无量百千亿那由他的宫殿园林围绕四周。

"这四天下阎浮提内，有一个宝华灯国土。这国土的人民都过得安稳丰乐，人民炽盛，大家都奉行十善❷。这国中有一位毗卢遮那妙宝莲华髻转轮王。他是在莲华座中忽然化生，具足三十二相庄严，也具足轮王七宝❸。他常用正法教导群生，统治四天下。这个国王有千个儿子，各个都形貌端正，勇猛矫健，因此能够调伏教化怨敌。百万亿那由他宫人、采女，因为过去都曾与这个国王同种善根，共同修习善行，因此能在同一时间诞生。她们的形貌端正姝美，像天女一般。真金色的身体，恒常放出光明。每一个毛孔，也恒常发出美妙的熏香。

"轮王身边还有十亿之多的良臣、猛将。那个轮王有一个名叫圆满面的王妃，她是玉女宝。她形貌端正殊胜奇特，皮肤金色，眼睛和头发都是绀青色，她发出的音声美妙如梵音，身体还有天香，更常常放出光明，照遍千由旬的世界。那王妃有一个名叫普智焰妙德眼的女儿，形体端正庄严，色相殊胜美妙，凡是看见的众生都恋慕不已。

"这个时代，众生的寿命没有一定，有的在中途就夭折的。另外，他们有各种形色、各种音声、各种名字、各种族姓，他们愚笨、智慧、勇敢、怯弱、贫穷、富有、痛苦、快乐等都不尽相同。这时，或者有人告诉其他人说："我身态端正，而你形体鄙陋。"他这么说之后，大家都互相毁谤侮辱，集聚不善的业力；因为这不善的业力使得他们损坏减少了原有的寿命、色身的力量、一切福乐事。

"这时，在这城的北方有一棵名叫普光法云音幢的菩提树，念念都出现以诸佛道场庄严坚固摩尼王作树根，用一切摩尼为树干，用众多相杂多的美妙宝物作叶子，依次分布，相互衬托。这树的四方上下，也都圆满庄严。另外，这树又放出宝光明，奏出美妙的音声，宣说诸佛的甚深境界。在那棵树的前面，有一个名叫宝华光明的香池，宣演法雷之音。池岸是用奇妙的宝物做成，百万亿那由他的宝树更围绕在这香池周围，每一棵树的形状都好像是菩提树，树上有各种宝物璎珞周匝垂下。宝物形成的无量楼阁，庄严地围绕道场。香池里又有普现三世一切如来庄严境界云的大莲华，须弥山微尘数的诸佛都出现在这莲华里。无量的时劫前，第一位在这朵莲华上证得无上正等正觉的是普智宝焰妙德幢如来，他恒常演说正法成熟众生。

"普智宝焰妙德幢如来十千年前未成佛时，这大莲华自然放出现诸神通成熟众生的清净光明，凡是遇到这光的众生，都会自然开悟，了知的所有的事情，当然也知道十千年后会有佛陀出现。又在九千年前，那朵大莲华放出一切众生离垢灯的光明，凡是遇到这光的众生，无不证得清净的眼目，看见所有色相的生灭，而且也知道九千年后会有佛陀出现。八千年前，这莲华放出一切众生业果音的光明，凡是遇到这光的众生，都能明白自己所有的行业、果报，也知道八千年后会有佛陀出现。七千年前，这朵大莲华放出生一切善根音的大光明，凡是遇到这光明的众生，一切诸根无不圆满，也知道七千年后会有佛陀出现。六千年前，这朵莲华放出佛不思议境界音的大光明，凡是遇到这光的众生，心量无不变得广大，完全自在，并且知道六千年后会有佛陀出现。五千年前，这莲华放出严净一切佛国刹土音的清净光明，凡是遇到这光的众生，都可以看见所有的清净佛土，并且知道五千年后会有佛陀出现。四千年前，这朵莲华放出一切如来境界无差别灯的大光明，凡是遇到这光明的众生，都能前往觐见诸佛，并且知道四千年后会有佛陀出现。三千年前，这朵莲华放出三世明灯的光明，凡是遇到这光明的众生，都能见到诸佛的各种本事大海，并且知道三千年后会有佛陀出现。两千年前，这朵莲华放出如来离翳智慧灯的光明，凡是遇到这光明的众生，都能证得普眼，而看见诸佛的神通变化及诸佛国土、还有各个世界的众生，并且知道两千年后会有佛陀出现。一千年前，这朵莲华放出令一切众生见佛集诸善根的光明，凡是遇到这光明的众生，都能成就见佛三昧，并且知道一千年后会有佛陀出现。七日前，这朵莲华放出一切众生欢喜的光明；凡是遇到这光明的众生，都能普遍见到诸佛，心生欢喜，知七日后会有佛陀出现。现在七日已过，所有的世界都震动不已，纯净无染，念念都普遍示现十方一切清净佛国刹土，也现出那些佛国刹土的种种庄严；凡是根性纯熟、应该得见诸佛的众生，都能前往普光法云音幢菩提树下的道场诣见如来。

"这时，那个世界中的所有轮围、须弥、山脉、大海、土地、城邑、垣墙、宫殿、音乐、语言，都发出赞说诸佛神力境界的音声。又现出一切香云、一切烧香云、一切末香云、一切香摩尼形象云、一切宝焰云、一切焰藏云、一切摩尼衣云、一切璎珞云、一切妙华云、一切如来光明云、一切如来圆光云、一切音乐云、一切如来愿声云、一切如来言音海云、一切如来相好云等，示现如来出现世间的不可思议相。

"善男子啊！在这普照三世一切如来庄严境界大宝莲华王的周围，还有十佛国刹土微尘数的莲华围绕，每一朵莲华内都有摩尼宝藏师子宝座；在每一个师子座都有菩萨结跏趺坐。

"善男子啊！那普智宝焰妙德幢王如来，不仅在此处成就无上正等正觉，同时也在十方一切世界成就无上正等正觉；随着众生喜乐，他都一一为他们示现面前，为他们转动妙法轮。他又使每一世界的众生远离痛苦的恶道，使众生都可以出生天道。或安住声闻、辟支佛的境地；或成就出离三界的菩提行；或成就勇猛幢的菩提行；或成就法光明的菩提行；或成就清净根的菩提行；或成就平等力的菩提行；或成就进入法城的菩提行；或成就遍至一切处不可坏神通力的菩提行；或深入普门方便道的菩提行；或安住三昧门的菩提行；或成就缘一切清净境界的菩提行；或使众生都发起菩提心，安住菩萨道；或使他们安住在清净的波罗蜜道；或安住在菩萨初地、菩萨二地乃至十地；或使众生，都能深入菩萨的殊胜行愿；或安住普贤的清净行愿。

"善男子啊！普智宝焰妙德幢如来示现如此不可思议的自在神力大转妙法轮时，念念都能调伏每一世界与他随顺相应的众生。这时，普贤菩萨知道宝华灯王城中的众生，有的仗恃才貌出色和各种境界而心生骄慢、蔑视他人，于是普贤菩萨就化现形貌端正殊胜的妙身，前往宝华灯王城，放出普照一切的大光明，使圣王和一切妙宝、日、月、星、众生身等的光明，完全隐没不现。好像日出而使其他东西都黯然失色，也好像黑暗聚墨面对阎浮檀金。这时，众生都这样赞叹：'这是谁啊？是天人？还是梵天？他现在放出这光明，使我们原有的形色黯然无光。'他们再怎么想，也不了解这到底是怎么一回事。

"这时，普贤菩萨安住在轮王宝宫殿上的虚空，告诉国王说：'大王，你应当知道你的国家现在有佛陀出兴世间，就在普光明法云音幢菩提树下。'

"这时，圣王之女莲华妙眼童女，看见普贤菩萨所示现的色身光明自在，又听到他身上各庄严宝器发出的妙音而欢喜不已，心想：'愿我所有的善根，都能证如此的身形、如此的庄严、如此的相好、如此的威仪、如此的自在。现在这位伟大的圣者，能在众生生死长夜黑暗中放出清净的光明，开示众生如来出兴世界，愿我也证得这样的法门，作众生的智慧光明，以破他们的无知黑暗。希望我未来不管受生何处，都永远不离开这位善知识。'"

"善男子啊！那时，转轮圣王和他的宝女、千子、眷属、大臣、辅佐、四种兵众❹，和他城内无量人民，前后围绕菩萨。因为转轮圣王的神力，他们都升入虚空，在离地面一由旬（八十里）的空中，放出普照四天下的广大光明，使众生都能瞻仰、前往诣见佛陀。于是，转轮圣王就用偈颂赞叹：

> 如来出现世间，普救一切群生，
> 汝等时应速起，往诣导师之所。
> 无量无数时劫，乃有佛陀兴世，
> 演说甚深妙法，饶益一切众生。
> 佛观一切世间，颠倒常住痴惑，
> 轮回生死苦恼，而起大悲之心。
> 无数亿千时劫，修习菩提妙行，
> 为欲救度众生，斯由大悲威力。
> 头目与手足等，一切悉皆能舍，
> 为求菩提之故，如是无量时劫。
> 无量亿千时劫，导师难可值遇，
> 见闻若承奉事，一切无有空过。
> 今当共与汝等，往观调御至尊，
> 坐于如来宝座，降魔现成正觉。
> 瞻仰如来妙身，放演无量光明，
> 种种微妙之色，除灭一切痴暗。
> 一一毛孔之中，放光不可思议，
> 普照一切群生，咸令生大欢喜。
> 汝等咸应发起，广大精进之心，
> 诣彼如来所在，恭敬而深供养。

"这时，转轮圣王说完偈颂赞叹佛陀，开悟众生以后，从轮王出生的善根，现出十千种的大供养云，前往诣见如来的道场。这些供养就是：一切宝盖云、一切华帐云、一切宝衣云、一切宝铃网云、一切香海云、一切宝座云、一切宝幢云、一切宫殿云、一切妙华云、一切庄严具云，这些云周遍地装饰虚空。转轮圣王到了佛的道场以后，就向普智宝焰妙德幢王如来顶礼，围绕如来无量百千圈后，就坐在佛陀面前的普照十方莲华座上。

"这时，转轮圣王的女儿普智焰妙德眼童女，就把自己身上的各种庄严器具，散布在佛陀四周。这时，这些庄严器具，都在虚空中变成垂下的宝盖、宝网，由龙王执持着，列于宫殿中间，十种宝盖更围绕宫殿排成楼阁，内外都非常清净，并用各种璎珞云和宝树；香海摩尼庄严校饰。这宝盖中还有枝叶繁荣茂密的菩提树，普遍覆盖法界，念念都示现无量的庄严。毗卢遮那如来坐在这菩提树下时，周围还围绕着不可说佛国刹土微尘数的菩萨，这些菩萨都是从普贤行愿中出生，安住在一切菩萨无差别住的法门，普智焰妙德眼童女亦看见所有世间主；也能看见如来自在的神力；又能看见一切时劫中次第世界的生成损坏；又能见到任何世界佛陀出兴的次第；又能见到所有的世界，都有普贤菩萨供养佛陀，调伏众生；又能看见那一切菩萨都含摄在普贤菩萨的法身中；也看见自身在普贤法身内；也看见自身示现在诸佛的面前，在一切普贤面前，在一切菩萨面前，在一切众生的面前。又看见每一个世界，都有佛国刹土微尘数的世界；有各种的边际涯畔、各种安住的方法、各种形状。各种体性、各种安布次第、各种庄严、各种清净、各种庄严云覆盖。种种时劫的名称、种种诸佛出兴、种种三世、种种方向处所、种种安住法界、种种趣入法界、种种安住虚空、种种如来菩提场、种种如来神通力、种种如来师子座、种种如来大东海、种种如来大众差别、种种如来的善巧方便、种种如来转法轮、种种如来的妙音声、种种如来的言说海、种种如来契经云。

"转轮王女看见这些之后，内心清净欢喜。普智宝焰妙德幢王如来，就为转轮王女宣说名叫一切如来转法轮修多罗法，有十个佛国刹土微尘数量的修多罗作为这个法轮的眷属。

"这时，转轮王女听闻这经典以后，就成就了十千个三昧法门，心性变得非常柔软，一点儿不具粗野横暴习气，好像才刚受胎诞生时，或像是才刚发芽的婆罗树。那三昧心也是如此，这些三昧分别是：现前亲见诸佛三昧、普照一切刹土三昧、深入一切三世门三昧、宣说诸佛法轮三昧、了知诸佛愿海三昧、开悟众生，使他们都能出离生死着的三昧、常愿破除众生黑暗的三昧、常愿灭除众生苦的三昧、常愿生出众生欲乐的三昧、教化众生从不厌倦的三昧、一切菩萨无障碍幢的三昧，普遍诣见所有清净佛国刹土的三昧。她证得如此的十千三昧以后，又证得妙定心、不动心、欢喜心、安慰心、广大心、随顺善知识心、缘甚深一切智心、安住广大方便海心、舍离一切执着心、不住一切世间境界心、趣入如来境界心、普照一切色海心、无恼害心、无高倨心、无疲倦心、无退转心、无懈怠心、思惟诸法自性心、安住法门海心、观察法门海心、了知众生海心、救护众生海心、普照世界海心、普生佛愿海心、完全摧破一切障碍大山心、积集福德助道心、立刻亲见诸佛十力心、普照菩萨境界心、增长菩萨助道心、遍缘一切方海心。

"转轮王女一心思惟普贤菩萨的大愿，于是发起十个佛国刹土微尘数的愿，她发愿：'庄严清净所有的佛国；教化调伏所有的众生；普遍了知所有的法界；普遍趣入所有法界海；穷尽未来的时劫在一切佛国刹土修习菩萨行；穷尽未来的时劫都不舍离所有的菩萨行；证得亲近诸佛的法门；能承事所有的善友；供养一切诸佛；念念都能修习菩萨行，增广智慧从不间断。'转轮王女发起如此等十佛国刹土微尘数的愿海，成就普贤的所有大愿。

"这时，普智宝焰妙德幢王如来又再为转轮王女开示演说她从发心以来聚集的善根、修习的妙行、证得的大果，使她开悟成就如来所有愿海，一心趣向一切智位。

"善男子啊！又在这之前，曾经历过十大时劫，那时有一个日轮光摩尼世界，这个世界的如来名号是因陀罗幢妙相佛。这妙眼童女，在如来遗下的教法中，普贤菩萨曾劝她修补莲华座上已经老旧毁坏的佛像。修补之后，她又涂上颜色，更用众宝庄严佛像，并且发起无上正等正觉之心。

"善男子啊？我忆念过去，因为普贤菩萨这位善知识，才能使我种下了这个善根，从那以后，我就不曾堕入恶趣，并且都受生在天王、人王的种族，形貌端正可喜，众相圆满。每个人都乐于见到我，而我也能恒常亲见诸佛，亲近普贤菩萨。一直到现在，普贤菩萨仍然开示导引，使我成熟，使我心生欢喜。善男子啊！你知道吗？那个时候，毗卢遮那藏妙宝莲华髻转轮圣王哪里是别人呢？就是现在的弥勒菩萨啊！那时，圆满面王妃就是寂静音海夜神啊！现今她就住在离这儿不远的地方。那时的妙德眼童女就是我的前身啊！

"那时，普贤菩萨劝身为妙德眼童女的我修补莲华座像，作为发无上菩提心的因缘，使我能够发起无上正等正觉之心。我在那时，初发起菩提心念，普贤菩萨又引导我，使我看见妙德幢佛。我解开身上的璎珞，散布供养诸佛，使我能够见到诸佛的神力，听闻佛陀宣说佛法，证得菩萨普现世间调伏众生的解脱法门。我在念念中，看见须弥山微尘数量的诸佛，也看见诸佛道场聚会清净国土，我都尊重恭敬地供养，听闻说法，依照诸佛教理修行。

"善男子啊！我经历过那毗卢遮那大威德世界圆满清净时劫以后，又有世界，名叫宝轮妙庄严的世界，有一个大光明劫，那时有五百位佛陀出现在这个时劫，我都能恭敬地承事供养。这五百位佛陀的第一位佛陀是大悲幢佛，他刚开始出家的时候，我还是夜神，并且曾经恭敬地供养。然后，又有佛名为金刚那罗延幢佛，那时我曾以转轮王的身份，恭敬供养佛陀；那位佛陀就为我宣说，名叫诸佛出现的修多罗法门，这个法门有十个佛国刹土微尘数的修多罗法作为眷属。再接下来有金刚无碍德佛，那时我曾以转轮圣王的身份，恭敬供养佛陀；金刚无碍德佛就为我宣说普照一切众生根的修多罗法。这时，有须弥山微尘数的修多罗都来做它的眷属，这不可数的修多罗，我都能受持忆念，从不忘失。再接下来有位火焰山妙庄严佛出兴于世，那时我是长者的女儿，火焰山妙庄严佛为我宣说普照三世藏的修多罗法，这法有阎浮提微尘数的修多罗做它的眷属，这多得不可尽数的法，我都能听闻，并如法受持。后来又有位一切法海高胜王佛，那时我曾以阿修罗王的身份，恭敬供养诸佛，法海高胜王佛就为我宣说分别一切法界的修多罗，这法有五百修多罗做它的眷属，这么多不可尽数的法，我都能听闻，并且如法受持。后来又有位海岳法光明佛，那时身为龙王女的我，曾降下如意摩尼宝云供养佛陀；海岳法光明佛就为我宣说增长欢喜海的修多罗法，这法还有百万亿修多罗做它的眷属，这些不可尽数的法门我都能听闻，并且如法受持。接下来又有位宝焰山灯佛，那时身为海神的我，曾降下宝莲华云恭敬供养佛陀；宝焰山灯佛就为我宣说法界方便海的修多罗，这法有佛国刹土微尘数的修多罗做它的眷属，像这么多的法门我都能听闻，并且如法受持。又有位功德海光明轮佛，那时身为五通仙人的我，曾现出大神通，示现六万个仙人，前后围绕，雨下着香华云供养佛陀；于是功德海光明轮佛就为我宣说无着法灯的修多罗，有六万修多罗法做它的眷属，像这么多的法，我都能听闻，并且如法受持。接下来又有位毗卢遮那功德藏佛出兴于世，那时我叫出生平等义地神，曾与无量地神一起降下各种宝树，各种摩尼宝藏、宝璎珞云供养佛陀，于是毗卢遮那功德藏佛就为我宣说出生一切如来智藏的修多罗法，这法有无量修多罗做它的眷属，这么多的法，我都能听闻，并且受持不忘。

"善男子啊！依照这次第顺序，最后一位是充满虚空法界妙德灯佛，那时我是一个名叫美颜的妓女，我一看见佛陀进入城内，就用歌舞供养佛陀。那时，我受佛陀威神力的加持，跃上空中，用千首偈语歌颂赞叹佛陀；佛陀就为我放出名叫庄严法界光明的眉光，这光明一触及我的身体，我就证得了法界方便不退藏的解脱法门。

"善男子啊！这个世界中，有这么多佛国刹土微尘数的时劫，出现其中的如来，我都能恭敬地承事供养；诸位如来宣说的正法，我也都能忆念，甚至连一字、一句都不会忘失。因为我曾在诸佛道场，称扬赞叹佛法，为众生广作利益；所以我在诸佛道场，证得了一切的智慧光明，示现三世法界海，深入一切普贤行。

"善男子啊！我因智慧光明，所以念念都能得见无量的佛陀。看见佛陀以后，先前还没证得的普贤诸行，都能成就圆满。为什么呢？因为我已经证得了一切智慧的光明。"

这时，普救众生夜神，为了重新说明解脱义理，就承受佛陀神力的加持，为善财童子宣说以下的偈颂：

善财听我说明，甚深难见之法，
普照于三世中，一切差别法门。
如我初发心时，专求诸佛功德，
所入各种解脱，汝今皆应谛听。
我念过去世时，过于刹微尘劫，
次前又有一劫，名为圆满清净。
是时有一世界，其名为遍照灯，
须弥尘数佛陀，于中出兴于世；
初佛名为智焰，次佛名为法幢，
第三佛法须弥，第四德师子佛，
第五寂静王佛，第六灭诸见佛，
第七高名称佛，第八大功德佛，
第九名胜口佛，第十名月面佛，
于此十佛之所，最初了悟法门。
从此后之次第，复有十佛出世：
初佛名虚空处，第二佛名普光，
三名住诸方佛，四名正念海佛，
五名高胜光佛，六佛名须弥云，
七名为法焰佛，第八名山胜佛，
九名大悲华佛，十名法界华佛，
此十佛出现时，第二了悟法门。
从此之后次第，复有十佛出世：
第一名光幢佛，第二名智慧佛，
第三名心义佛，第四名德主佛，
第五名天慧佛，第六名慧王佛，
第七为胜智佛，第八名光王佛，

第九为勇猛佛，第十名莲华佛，

于此十佛之所，第三了悟法门。

从此之后次第，复有十佛出世：

第一佛宝焰山，第二佛功德海，

第三佛法光明，第四佛莲华藏，

第五众生眼佛，第六佛香光宝，

七须弥功德佛，八乾闼婆王佛，

第九摩尼藏佛，第十寂静色佛。

从此之后次第，复有十佛出世：

初佛名广大智，次佛名宝光明，

第三虚空云佛，第四殊胜相佛，

第五圆满戒佛，第六那罗延佛，

第七须弥德佛，第八功德轮佛，

第九佛无胜幢，第十佛大树山。

从此之后次第，复有十佛出世：

第一娑罗藏佛，第二世主身佛，

第三高显光佛，第四金刚照佛，

第五地威力佛，第六甚深法佛，

第七佛法慧音，第八须弥幢佛，

第九胜光明佛，第十妙宝光佛。

从此之后次第，复有十佛出世：

第一佛梵光明，第二佛虚空音，

第三佛法界身，第四佛光明轮，

第五佛智慧幢，第六佛虚空灯，

第七佛微妙德，第八佛遍照光，

第九佛胜福光，第十大悲云佛。

从此之后次第，复有十佛出世：

第一力光慧佛，第二普现前佛，

第三高显光佛，第四光明身佛，

第五名法起佛，第六名实相佛，

第七速疾风佛，第八勇猛幢佛，

第九妙宝盖佛，第十照三世佛。

从此之后次第，复有十佛出世：

第一愿海光佛，第二金刚身佛，

第三须弥德佛，第四念幢王佛，

第五功德慧佛，第六智慧灯佛，

第七光明幢佛，第八广大智佛，

第九法界智佛，第十法海智佛。

从此之后次第，复有十佛出世：

初佛名布施法，次佛名功德轮，

三佛名胜妙云，四佛名忍智灯，

五佛名寂静音，六佛名寂静幢，

七佛名世间灯，八佛名深大愿，

九佛名无胜幢，十名智焰海佛。

从此之后次第，复有十佛出世：

初佛名法自在，二佛名无碍慧，

三名意海慧佛，四名众妙音佛，

五名自在施佛，六名普现前佛，

七名随乐身佛，八名住胜德佛，

第九名本性佛，第十名贤德佛。

须弥尘数时劫，此中所有诸佛，

普作世间灯明，我皆悉曾供养。

佛刹微尘时劫，所有诸佛出现，

我悉皆曾供养，入此解脱妙门。

我于无量时劫，修行证得此道，

汝若能勤修行，不久亦当得证。

"善男子啊！我只知道这种菩萨普现一切世间调伏众生的解脱法门。如果是像诸位菩萨摩诃萨聚集的无边修行，生起的种种信解，现出的各种身形，具足的种种诸根，圆满的各种行愿，深入的各种三昧，发起的各种变化，种种的观察法门，深入的种种智慧法门，证得的种种法光明等功德行，就根本不是我能够了知、宣说得尽的了！

"善男子啊！在距离这里不远的地方，有一位寂静音海夜神，他坐在摩尼光幢庄严莲华座上，有百万阿僧祇主夜神围绕着他，你去诣见他并且请问他：'菩萨如何修学菩萨行、修习菩萨道？'"

这时，善财童子向普救众生夜神顶礼，绕了无数圈，殷勤瞻仰夜神容貌后，就告辞退下。

【注释】

❶ 八难：有八种情形，难以学佛，即出生在地狱道、饿鬼道、畜生道、北俱卢洲、无想天者，以及世智辩聪者，盲聋喑哑者，出生在佛之前、佛之后的众生。其中前三恶道因为业障太重，难以听闻受持佛法。北俱卢洲的众生，福分很大，但不晓佛法。无想天是外道所生的地方。世智辩聪的人，心多傲慢，不肯虚心修习。患了盲聋喑哑者在修习上也比一般人困难许多。一般人生在佛出世前、涅槃后，就不如佛在世时那样，可以亲闻佛陀说法。

❷ 十善：十种善业，就是不杀生、不偷盗、不邪淫、不妄语、不两舌、不恶口、不绮语、不贪、不嗔、不痴。

❸ 轮王七宝：指轮宝、象宝、马宝、珠宝、玉女宝、居士宝、主兵臣宝。

❹ 四种兵众：即象兵、马兵、车兵、步兵。

卷第七十一

入法界品第三十九之十二

【原典】

尔时，善财童子于普救众生妙德夜神所，闻菩萨普现一切世间调伏众生解脱门，了知信解，自在安住，而往寂静音海夜神所，顶礼其足，绕无数匝，于前合掌而作是言："圣者！我已先发阿耨多罗三藐三菩提心，我欲依善知识，学菩萨行，入菩萨行，修菩萨行，住善萨行。唯愿慈哀，为我宣说：'菩萨云何学菩萨行？云何修菩萨道？'"

时，彼夜神告善财言："善哉！善哉！善男子！汝能依善知识求菩萨行。善男子！我得菩萨念念出生广大喜庄严解脱门。"

善财言："大圣！此解脱门为何事业？行何境界？起何方便？作何观察？"

夜神言："善男子！我发起清净平等乐欲心，我发起离一切世间尘垢清净坚固庄严不可坏乐欲心，我发起攀缘不退转位永不退转心，我发起庄严功德宝山不动心，我发起无住处心，我发起普现一切众生前救护心，我发起见一切佛海无厌足心，我发起求一切菩萨清净愿力心，我发起住大智光明海心，我发起令一切众生超过忧恼旷野心，我发起令一切众生舍离愁忧苦恼心，我发起令一切众生舍离不可意色、声、香、味、触、法心，我发起令一切众生舍离爱别离苦、怨憎会苦心，我发起令一切众生舍离恶缘、愚痴等苦心，我发起与一切险难众生作依怙心，我发起令一切众生出生死苦处心，我发起令一切众生舍离生、老、病、死等苦心，我发起令一切众生成就如来无上法乐心，我发起令一切众生皆受喜乐心。

"发是心已，复为说法，令其渐至一切智地。所谓若见众生乐著所住宫殿、屋宅，我为说法，令其了达诸法自性，离诸执著；若见众生恋著父母、兄弟、姊妹，我为说法，令其得预诸佛菩萨清净众会；若见众生恋著妻子，我为说法，令其舍离生死爱染，起大悲心，于一切众生平等无二；若见众生住于王宫，采女侍奉，我为说法，令其得与众圣集会，入如来教；若见众生染著境界，我为说法，令其得入如来境界；若见众生多嗔恚者，我为说法，令住如来忍波罗蜜；若见众生其心懈怠，我为说法，令得清净精进波罗蜜；若见众生其心散乱，我为说法，令得如来禅波罗蜜；若见众生入见稠林无明暗障，我为说法，令得出离稠林黑暗；若见众生无智慧者，我为说法，令得般若波罗蜜；若见众生染著三界，我为说法，令出生死；若见众生志意下劣，我为说法，令其圆满佛菩提愿；若见众生住自利行，我为说法，令其发起利益一切诸众生愿；若见众生志力微弱，我为说法，令得菩萨力波罗蜜；若见众生愚痴暗心，我为说法，令得菩萨智波罗蜜；若见众生色相不具，我为说法，令得如来清净色身；若见众生形容丑陋，我为说法，令得无上清净法身；若见众生色相路粗恶，我为说法，令得如来微妙色身；若见众生情多忧恼，我为说法，令得如来毕竟安乐；若见众生贫穷所苦，我为说法，令得菩萨功德宝藏；若见众生住止园林，我为说法，令彼勤求佛法因缘；若见众生行于道路，我为说法，令其趣向一切智道；若见众生在聚落中，我为说法，令出三界；若见众生住止人间，我为说法，令其超越二乘之道，住如来地；若见众生居住城郭，我为说法，令其得住法王城中；若见众生住于四隅，我为说法，令得三世平等智慧；若见众生住于诸方，我为说法，令得智慧见一切法；若见众生贪行多者，我为彼说不净观门，令其舍离生死爱染；若见众生嗔行多者，我为彼说大慈观门，令其得入勤加修习；若见众生痴行多者，我为说法，令得明智观诸法海；若见众生等分行者，我为说法，令其得入诸乘愿海；若见众生乐生死乐，我为说法，令其厌离；若见众生厌生死苦，应为如来所化度者，我为说法，令能方便示现受生；若见众生爱著五蕴，我为说法，令其得住无依境界；若见众生其心下劣，我为显示胜庄严道；若见众生心生骄慢，我为其说平等法忍；若见众生其心谄曲，我为其说菩萨直心。善男子！我以此等无量法施摄诸众生，种种方便教化调伏，令离恶道，受人天乐，脱三界缚，住一切智。我时便得广大欢喜法光明海，其心怡畅，安隐适悦。

　　"复次，善男子！我常观察一切菩萨道场众会，修种种愿行，现种种净身，有种种常光，放种种光明。以种种方便，入一切智门，入种种三昧，现种种神变，出种种音声海，具种种庄严身，入种种如来门，诣种种国土海，见种种诸佛海，得种种辩才海，照种种解脱境，得种种智光海，入种种三昧海，游戏种种诸解脱门，以种种门趣一切智，种种庄严虚空法界，以种种庄严云遍覆虚空，观察种种道场众会，集种种世界，入种种佛刹，诣种种方海，受种种如来命，从种种如来所，与种种菩萨俱，雨种种庄严云，入如来种种方便，观如来种种法海，入种种智慧海，坐种种庄严座。善男子！我观察此道场众会，知佛神力无量无边，生大欢喜。

　　"善男子！我观毗卢遮那如来，念念出现不可思议清净色身，既见是已，生大欢喜。又观如来于念念中，放大光明充满法界，既见是已，生大欢喜。又见如来一一毛孔，念念出现无量佛刹微尘数光明海，一一光明以无量佛刹微尘数光明而为眷属，一一周遍一切法界，消灭一切诸众生苦，既见是已，生大欢喜。又，善男子！我观如来顶及两肩，念念出现一切佛刹微尘数宝焰山云，充满十方一切法界，既见是已，生大欢喜。又，善男子！我观如来一一毛孔，于念念中，出一切佛刹微尘数香光明云，充满十方一切佛刹，既见是已，生大欢喜。又，善男子！我观如来一一相，念念出一切佛刹微尘数诸相庄严如来身云，遍往十方一切世界，既见是已，生大欢喜。又，善男子！我观如来一一毛孔，于念念中，出不可说佛刹微尘数佛变化云，示现如来从初发心、修波罗蜜、具庄严道、入菩萨地，既见是已，生大欢喜。又，善男子！我观如来一一毛孔，念念出现不可说不可说佛刹微尘数天王身云，及以天王自在神变，充遍一切十方法界，应以天王身而得度者，即现其前而为说法，既见是已，生大欢喜。如天王身云，其龙王、夜叉王、乾闼婆王、阿修罗王、迦楼罗王、紧那罗王、摩睺罗伽王、人王、梵王身云，莫不皆于一一毛孔如是出现，如是说法。我见是已，于念念中，生大欢喜，生大信乐，量与法界萨婆若等。昔所未得而今始得，昔所未证而今始证，昔所未入而今始入，昔所未满而今始满，昔所未见而今始见，昔所未闻而今始闻。何以故？以能了知法界相故，知一切法唯一相故，能平等入三世道故，能说一切无边法故。

"善男子！我入此菩萨念念出生广大喜庄严解脱光明海。又，善男子！此解脱无边，普入一切法界门故；此解脱无尽，等发一切智性心故；此解脱无际，入无际畔一切众生心想中故；此解脱甚深，寂静智慧所知境故；此解脱广大，周遍一切如来境故；此解脱无坏，菩萨智眼之所知故；此解脱无底，尽于法界之源底故。此解脱者即是普门，于一事中普见一切诸神变故；此解脱者终不可取，一切法身等无二故；此解脱者终无有生，以能了知如幻法故；此解脱者犹如影像，一切智愿光所生故；此解脱者犹如变化，化生菩萨诸胜行故；此解脱者犹如大地，为一切众生所依处故；此解脱者犹如大水，能以大悲润一切故；此解脱者犹如大火，干竭众生贪爱水故；此解脱者犹如大风，令诸众生速疾趣于一切智故；此解脱者犹如大海，种种功德庄严一切诸众生故；此解脱者如须弥山，出一切智法宝海故；此解脱者如大城郭，一切妙法所庄严故；此解脱者犹如虚空，普容三世佛神力故；此解脱者犹如大云，普为众生雨法雨故；此解脱者犹如净日，能破众生无知暗故；此解脱者犹如满月，满足广大福德海故；此解脱者犹如真如，悉能周遍一切处故；此解脱者犹如自影，从自善业所化出故；此解脱者犹如呼响，随其所应为说法故；此解脱者犹如影像，随众生心而照现故；此解脱者如大树王，开敷一切神通华故；此解脱者犹如金刚，从本已来不可坏故；此解脱者如如意珠，出生无量自在力故；此解脱者如离垢藏，摩尼宝王示现一切三世如来诸神力故；此解脱者如喜幢摩尼宝，能平等出一切诸佛法轮声故。善男子！我今为汝说此譬喻，汝应思惟，随顺悟入。"

尔时，善财童子白寂静音海夜神言："大圣！云何修行，得此解脱？"

夜神言："善男子！菩萨修行十大法藏，得此解脱。何等为十？一修布施广大法藏，随众生心悉令满足；二修净戒广大法藏，普入一切佛功德海；三修堪忍广大法藏，能遍思惟一切法性；四修精进广大法藏，趣一切智恒不退转；五修禅定广大法藏，能灭一切众生热恼；六修般若广大法藏，能遍了知一切法海；七修方便广大法藏，能遍成熟诸众生海；八修诸愿广大法藏，遍一切佛刹、一切诸众生海，尽未来劫修菩萨行；九修诸力广大法藏，念念现于一切法界海、一切佛国土，成等正觉常不休息；十修净智广大法藏，得如来智，遍知三世一切诸法，无有障碍。善男子！若诸菩萨安住如是十大法藏，则能获得如是解脱，清净增长，积集坚固，安住圆满。"

善财童子言："圣者！汝发阿耨多罗三藐三菩提心，其已久如？"

夜神言："善男子！此华藏庄严世界海东，过十世界海，有世界海，名一切净光宝。此世界海中，有世界种，名一切如来愿光明音。中有世界，名清净光金庄严，一切香金刚摩尼王为体，形如楼阁，众妙宝云以为其际，住于一切宝璎珞海，妙宫殿云而覆其上，净秽相杂。

"此世界中，乃往古世，有劫名普光幢，国名普满妙藏，道场名一切宝藏妙月光明，有佛名不退转法界音，于此成阿耨多罗三藐三菩提。我于尔时，作菩提树神，名具足福德灯光明幢，守护道场。我见彼佛成等正觉、示现神力、发阿耨多罗三藐三菩提心，即于此时，获得三昧，名普照如来功德海。此道场中，次有如来出兴于世，名法树威德山。我时命终，还生此中，为道场主夜神，名殊妙福智光，见彼如来转正法轮、现大神通，即得三昧，名普照一切离贪境界。次有如来出兴于世，名一切法海音声王。我于彼时，身为夜神，因得见佛承事供养，即获三昧，名生长一切善法地。次有如来出兴于世，名宝光明灯幢王。我于彼时，身为夜神，因得见佛承事供养，即获三昧，名普现神通光明云。次有如来，出兴于世，名功德须弥光。我于彼时，身为夜神，因得见佛承事供养，即获三昧，名普照诸佛海。次有如来出兴于世，名法云音声王。我于彼时，身为夜神，因得见佛承事供养，即获三昧，名一切法海灯。次有如来出兴于世，名智灯照耀王。我于彼时，身为夜神，因得见佛承事供养，即获三昧，名灭一切众生苦清净光明灯。次有如来出兴于世，名法勇妙德幢。我于彼时，身为夜神，因得见佛承事供养，即获三昧，名三世如来光明藏。次有如来出兴于世，名师子勇猛法智灯。我于彼时，身为夜神，因得见佛承事供养，即获三昧，名一切世间无障碍智慧轮。次有如来出兴于世，名智力山王。我于彼时，身为夜神，因得见佛承事供养，即获三昧，名普照三世众生诸根行。

"善男子！清净光金庄严世界普光明幢劫中，有如是等佛刹微尘数如来出兴于世。我于彼时，或为天王，或为龙王，或为夜叉王，或为乾闼婆王，或为阿修罗王，或为迦楼罗王，或为紧那罗王，或为摩睺罗伽王，或为人王，或为梵王，或为天身，或为人身，或为男子身，或为女人身，或为童男身，或为童女身，悉以种种诸供养具，供养于彼一切如来，亦闻其佛所说诸法。从此命终，还即于此世界中生，经佛刹微尘数劫修菩萨行；然后命终，生此华藏庄严世界海娑婆世界，值迦罗鸠孙驮如来，承事供养，得三昧，名离一切尘垢光明。次值拘那含牟尼如来，承事供养，得三昧，名普现一切诸刹海。次值迦叶如来，承事供养，得三昧，名演一切众生言音海。次值毗卢遮那如来，于此道场成正等觉，念念示现大神通力，我时得见，即获此念念出生广大喜庄严解脱。

"得此解脱已，能入十不可说不可说佛刹微尘数法界安立海，见彼一切法界安立海一切佛刹所有微尘，一一尘中有十不可说不可说佛刹微尘数佛国土。一一佛土皆有毗卢遮那如来坐于道场，于念念中，成正等觉，现诸神变。所现神变，一一皆遍一切法界海。亦见自身在彼一切诸如来所，又亦闻其所说妙法。又亦见彼一切诸佛一一毛孔，出变化海，现神通力，于一切法界海、一切世界海、一切世界种、一切世界中，随众生心，转正法轮。我得速疾陀罗尼力，受持思惟一切文义。以明了智，普入一切清净法藏；以自在智，普游一切甚深法海；以周遍智，普知三世诸广大义；以平等智，普达诸佛无差别法。如是悟解一切法门；一一法门中，悟解一切修多罗云；一一修多罗云中，悟解一切法海；一一法海中，悟解一切法品；一一法品中，悟解一切法云；一一法云中，悟解一切法流；一一法流中，出生一切大喜海；一一大喜海，出生一切地；一一地，出生一切三昧海；一一三昧海，得一切见佛海；一一见佛海，得一切智光海；一一智光海，普照三世，遍入十方。

"知无量如来往昔诸行海；知无量如来所有本事海；知无量如来难舍能施海；知无量如来清净戒轮海；知无量如来清净堪忍海；知无量如来广大精进海；知无量如来甚深禅定海；知无量如来般若波罗蜜海；知无量如来方便波罗蜜海；知无量如来愿波罗蜜海；知无量如来力波罗蜜海；知无量如来智波罗蜜海；知无量如来往昔超菩萨地；知无量如来往昔住菩萨地无量劫海，现神通力；知无量如来往昔入菩萨地；知无量如来往昔修菩萨地；知无量如来往昔治菩萨地；知无量如来往昔观菩萨地；知无量如来昔为菩萨时，常见诸佛；知无量如来昔为菩萨时，尽见佛海、劫海同住；知无量如来昔为菩萨时，以无量身遍生刹海；知无量如来昔为菩萨时，周遍法界修广大行；知无量如来昔为菩萨时，示现种种诸方便门，调伏成熟一切众生；知无量如来放大光明，普照十方一切刹海；知无量如来现大神力，普现一切诸众生前；知无量如来广大智地；知无量如来转正法轮；知无量如来示现相海；知无量如来示现身海；知无量如来广大力海。彼诸如来，从初发心，乃至法灭，我于念念，悉得知见。

"善男子！汝问我言：'汝发心来，其已久如？'善男子！我于往昔，过二佛刹微尘数劫，如上所说，于清净光金庄严世界中，为菩提树神，闻不退转法界音如来说法，发阿耨多罗三藐三菩提心。于二佛刹微尘数劫中修菩萨行，然后乃生此娑婆世界贤劫之中。从迦罗鸠孙驮佛至释迦牟尼佛，及此劫中未来所有一切诸佛，我皆如是亲近供养。如于此世界贤劫之中，供养未来一切诸佛，一切世界一切劫中，所有未来一切诸佛，悉亦如是亲近供养。善男子！彼清净光金庄严世界，今犹现在，诸佛出现相续不断。汝当一心修此菩萨大勇猛门。"

尔时，寂静音海主夜神欲重宣此解脱义，为善财童子而说颂言：

善财听我说，清净解脱门，闻已生欢喜，勤修令究竟。
我昔于劫海，生大信乐心，清净如虚空，常观一切智。
我于三世佛，皆生信乐心；并及其众会，悉愿常亲近。

我昔曾见佛，为众生供养，得闻清净法，其心大欢喜。

常尊重父母，恭敬而供养；如是无休懈，入此解脱门。

老病贫穷人，诸根不具足；一切皆愍济，令其得安隐。

水火及王贼，海中诸恐怖；我昔修诸行，为救彼众生。

烦恼恒炽然，业障所缠覆，堕于诸险道，我救彼众生。

一切诸恶趣，无量楚毒苦，生老病死等，我当悉除灭。

愿尽未来劫，普为诸群生，灭除生死苦，得佛究竟乐。

"善男子！我唯知此念念生广大喜庄严解脱。如诸菩萨摩诃萨深入一切法界海，悉知一切诸劫数，普见一切刹成坏，而我云何能知能说彼功德行？

"善男子！此菩提场如来会中，有主夜神，名守护一切城增长威力。汝诣彼问：'菩萨云何学菩萨行、修菩萨道？'"

尔时，善财童子一心观察寂静音海主夜神身，而说颂言：

我因善友教，来诣天神所，见神处宝座，身量无有边。

非是著色相，计有于诸法，劣智浅识人，能知尊境界。

世间天及人，无量劫观察，亦不能测度，色相无边故。

远离于五蕴，亦不住于处，永断世间疑，显现自在力。

不取内外法，无动无所碍，清净智慧眼，见佛神通力。

身为正法藏，心是无碍智，既得智光照，复照诸群生。

心集无边业，庄严诸世间，了世皆是心，现身等众生。

知世悉如梦，一切佛如影，诸法皆如响，令众无所著。

为三世众生，念念示现身，而心无所住，十方遍说法。

无边诸刹海，佛海众生海，悉在一尘中，此尊解脱力。

时，善财童子说此偈已，顶礼其足，绕无量匝，殷勤瞻仰，辞退而去。

尔时，善财童子随顺寂静音海夜神教，思惟观察所说法门，一一文句皆无忘失，于无量深心、无量法性、一切方便神通智慧，忆念思择，相续不断，其心广大，证入安住。

行诣守护一切城夜神所，见彼夜神坐一切宝光明摩尼王师子之座，无数夜神所共围绕，现一切众生色相身，现普对一切众生身，现不染一切世间身，现一切众生身数身，现超过一切世间身，现成熟一切众生身，现速往一切十方身，现遍摄一切十方身，现究竟如来体性身，现究竟调伏众生身。

善财见已，欢喜踊跃，顶礼其足，绕无量匝，于前合掌而作是言："圣者！我已先发阿耨多罗三藐三菩提心，而未知菩萨修菩萨行时，云何饶益众生？云何以无上摄而摄众生？云何顺诸佛教？云何近法王位？唯愿慈哀，为我宣说！"

时，彼夜神告善财言："善男子！汝为救护一切众生故，汝为严净一切佛刹故，汝为供养一切如来故，汝欲住一切劫救众生故，汝欲守护一切佛种性故，汝欲普入十方修诸行故，汝欲普入一切法门海故，汝欲以平等心遍一切故，汝欲普受一切佛法轮故，汝欲普随一切众生心之所乐雨法雨故，问诸菩萨所修行门。

"善男子！我得菩萨甚深自在妙音解脱，为大法师，无所挂碍，善能开示诸佛法藏故；具大誓愿、大慈悲力，令一切众生住菩提心故；能作一切利众生事，积集善根无有休息故；为一切众生调御之师，令一切众生住萨婆若道故；为一切世间清净法日，普照世间，令生善根故；于一切世间其心平等，普令众生增长善法故；于诸境界其心清净，除灭一切诸不善业故；誓愿利益一切众生，身恒普现一切国土故；示现一切本事因缘，令诸众生安住善行故；恒事一切诸善知识，为令众生安住佛教故。

"佛子！我以此等法施众生，令生白法，求一切智，其心坚固犹如金刚那罗延藏，善能观察佛力、魔力，常得亲近诸善知识，摧破一切业惑障山，集一切智助道之法，心恒不舍一切智地。

"善男子！我以如是净法光明饶益一切众生，集善根助道法时，作十种观察法界。何者为十？所谓我知法界无量，获得广大智光明故；我知法界无边，见一切佛所知见故；我知法界无限，普入一切诸佛国土，恭敬供养诸如来故；我知法界无畔，普于一切法界海中，示现修行菩萨行故；我知法界无断，入于如来不断智故；我知法界一性，如来一音，一切众生无不了故；我知法界性净，了如来愿普度一切诸众生故；我知法界遍众生，普贤妙行悉周遍故；我知法界一庄严，普贤妙行善庄严故；我知法界不可坏，一切智善根充满法界不可坏故。善男子！我作此十种观察法界，集诸善根办助道法，了知诸佛广大威德，深入如来难思境界。

"又，善男子！我如是正念思惟，得如来十种大威德陀罗尼轮。何者为十？所谓普入一切法陀罗尼轮、普持一切法陀罗尼轮、普说一切法陀罗尼轮、普念十方一切佛陀罗尼轮、普说一切佛名号陀罗尼轮、普入三世诸佛愿海陀罗尼轮、普入一切诸乘海陀罗尼轮、普入一切众生业海陀罗尼轮、疾转一切业陀罗尼轮、疾生一切智陀罗尼轮。善男子！此十陀罗尼轮，以十千陀罗尼轮而为眷属，恒为众生演说妙法。

"善男子！我或为众生说闻慧法，或为众生说思慧法，或为众生说修慧法，或为众生说一有法，或为众生说一切有法，或为说一如来名海法，或为说一切如来名海法，或为说一世界海法，或为说一切世界海法，或为说一佛授记海法，或为说一切佛授记海法，或为说一如来众会道场海法，或为说一切如来众会道场海法，或为说一如来法轮海法，或为说一切如来法轮海法，或为说一如来修多罗法，或为说一切如来修多罗法，或为说一如来集会法，或为说一切如来集会法，或为说一萨婆若心海法，或为说一切萨婆若心海法，或为说一乘出离法，或为说一切乘出离法。善男子！我以如是等不可说法门，为众生说。

"善男子！我入如来无差别法界门海，说无上法，普摄众生，尽未来劫，住普贤行。善男子！我成就此甚深自在妙音解脱，于念念中增长一切诸解脱门，念念充满一切法界。"

时，善财童子白夜神言："奇哉！天神！此解脱门如是希有！圣者证得，其已久如？"

夜神言："善男子！乃往古世，过世界转微尘数劫，有劫名离垢光明，有世界名法界功德云，以现一切众生业摩尼王海为体，形如莲华，住四天下微尘数香摩尼须弥山网中，以出一切如来本愿音莲华而为庄严，须弥山微尘数莲华而为眷属，须弥山微尘数香摩尼以为间错，有须弥山微尘数四天下，一一四天下有百千亿那由他不可说不可说城。

"善男子！彼世界中，有四天下，名为妙幢，中有王都，名普宝华光，去此不远，有菩提场，名普显现法王宫殿。须弥山微尘数如来于中出现，其最初佛，名法海雷音光明王。彼佛出时，有转轮王，名清净日光明面，于其佛所，受持一切法海旋修多罗。佛涅槃后，其王出家，护持正法。法欲灭时，有千部异众❶千种说法。近于末劫，业惑障重。诸恶比丘多有斗诤，乐著境界，不求功德，乐说王论、贼论、女论、国论、海论，及以一切世间之论。

"时，王比丘而语之言：'奇哉！苦哉！佛于无量诸大劫海集此法炬，云何汝等而共毁灭？'作是说已，上升虚空，高七多罗树，身出无量诸色焰云，放种种色大光明网，令无量众生除烦恼热，令无量众生发菩提心。以是因缘，彼如来教，复于六万五千岁中而得兴盛。

"时，有比丘尼，名法轮化光，是此王女，百千比丘尼而为眷属，闻父王语及见神力，发菩提心，永不退转，得三昧，名一切佛教灯，又得此甚深自在妙音解脱。得已，身心柔软，即得现见法海雷音光明王如来一切神力。

"善男子！于汝意云何？彼时转轮圣王随于如来转正法轮，佛涅槃后兴隆末法者，岂异人乎？今普贤菩萨是。其法轮化光比丘尼，即我身是。我于彼时，守护佛法，令十万比丘尼于阿耨多罗三藐三菩提得不退转，又令得现见一切佛三昧，又令得一切佛法轮金刚光明陀罗尼，又令得普入一切法门海般若波罗蜜。

"次有佛兴，名离垢法光明；次有佛兴，名法轮光明髻；次有佛兴，名法日功德云；次有佛兴，名法海妙音王；次有佛兴，名法日智慧灯；次有佛兴，名法华幢云；次有佛兴，名法焰山幢王；次有佛兴，名甚深法功德月；次有佛兴，名法智普光藏；次有佛兴，名开示普智藏；次有佛兴，名功德藏山王；次有佛兴，名普门须弥贤；次有佛兴，名一切法精进幢；次有佛兴，名法宝华功德云；次有佛兴，名寂静光明髻；次有佛兴，名法光明慈悲月；次有佛兴，名功德焰海；次有佛兴，名智日普光明；次有佛兴，名普贤圆满智；次有佛兴，名神通智光王；次有佛兴，名福德华光灯；次有佛兴，名智师子幢王；次有佛兴，名日光普照王；次有佛兴，名须弥宝庄严相；次有佛兴，名日光普照；次有佛兴，名法王功德月；次有佛兴，名开敷莲华妙音云；次有佛兴，名日光明相；次有佛兴，名普光明妙法音；次有佛兴，名师子金刚那罗延无畏；次有佛兴，名普智勇猛幢；次有佛兴，名普开法莲华身；次有佛兴，名功德妙华海；次有佛兴，名道场功德月；次有佛兴，名法炬炽然月；次有佛兴，名普光明髻；次有佛兴，名法幢灯；次有佛兴，名金刚海幢云；次有佛兴，名名称山功德云；次有佛兴，名栴檀妙月；次有佛兴，名普妙光明华；次有佛兴，名照一切众生光明王；次有佛兴，名功德莲华藏；次有佛兴，名香焰光明王；次有佛兴，名波头摩华因；次有佛兴，名众相山普光明；次有佛兴，名普名称幢；次有佛兴，名须弥普门光；次有佛兴，名功德法城光；次有佛兴，名大树山光明；次有佛兴，名普德光明幢；次有佛兴，名功德吉祥相；次有佛兴，名勇猛法力幢；次有佛兴，名法轮光明音；次有佛兴，名功德山智慧光；次有佛兴，名无上妙法月；次有佛兴，名法莲华净光幢；次有佛兴，名宝莲华光明藏；次有佛兴，名光焰云山灯；次有佛兴，名普觉华；次有佛兴，名种种功德焰须弥藏；次有佛兴，名圆满光山王；次有佛兴，名福德云庄严；次有佛兴，名法山云幢；次有佛兴，名功德山光明；次有佛兴，名法日云灯王；次有佛兴，名法云名称王；次有佛兴，名法轮云；次有佛兴，名开悟菩提智光幢；次有佛兴，名普照法轮月；次有佛兴，名宝山威德贤；次有佛兴，名贤德广大光；次有佛兴，名普智云；次有佛兴，名法力功德山；次有佛兴，名功德香焰王；次有佛兴，名金色摩尼山妙音声；次有佛兴，名顶髻出一切法光明云；次有佛兴，名法轮炽盛光；次有佛兴，名无上功德山；次有佛兴，名精进炬光明云；次有佛兴，名三昧印广大光明冠；次有佛兴，名宝光明功德王；次有佛兴，名法炬宝盖音；次有佛兴，名普照虚空界无畏法光明；次有佛兴，名月相庄严幢；次有佛兴，名光明焰山云；次有佛兴，名照无障碍法虚空；次有佛兴，名开显智光身；次有佛兴，名世主德光明音；次有佛兴，名一切法三昧光明音；次有佛兴，名法音功德藏；次有佛兴，名炽然焰法海云；次有佛兴，名普照三世相大光明；次有佛兴，名普照法轮山；次有佛兴，名法界师子光；次有佛兴，名须弥华光明；次有佛兴，名一切三昧海师子焰；次有佛兴，名普智光明灯。

"善男子！如是等须弥山微尘数如来，其最后佛，名法界城智慧灯，并于离垢光明劫中出兴于世。我皆尊重，亲近供养，听闻受持所说妙法，亦于彼一切诸如来所，出家学道，护持法教，入此菩萨甚深自在妙音解脱，种种方便教化成熟无量众生。从是已来，于佛刹微尘数劫，所有诸佛出兴于世，我皆供养，修行其法。

"善男子！我从是来，于生死夜无明昏寐诸众生中而独觉悟，令诸众生，守护心城，舍三界城，住一切智无上法城。

"善男子！我唯知此甚深自在妙音解脱，令诸世间，离戏论语，不作二语，常真实语，恒清净语。如诸菩萨摩诃萨，能知一切语言自性，于念念中自在开悟一切众生，入一切众生言音海，于一切言辞悉皆辨了，明见一切诸法门海，于普摄一切法陀罗尼已得自在，随诸众生心之所疑而为说法，究竟调伏一切众生，能普摄受一切众生，巧修菩萨诸无上业，深入菩萨诸微细智，能善观察诸菩萨藏，能自在说诸菩萨法。何以故？已得成就一切法轮陀罗尼故。而我云何能知能说彼功德行？

"善男子！此佛会中，有主夜神，名开敷一切树华。汝诣彼问：'菩萨云何学一切智？云何安立一切众生住一切智？'"

尔时，守护一切城主夜神，欲重宣此解脱义，为善财童子而说颂言：

菩萨解脱深难见，虚空如如平等相，普见无边法界内，一切三世诸如来。

出生无量胜功德，证入难思真法性，增长一切自在智，开通三世解脱道。

过于刹转微尘劫，尔时有劫名净光，世界名为法焰云，其城号曰宝华光。

其中诸佛兴于世，量与须弥尘数等；有佛名为法海音，于此劫中先出现；

乃至其中最后佛，名为法界焰灯王；如是一切诸如来，我皆供养听受法。

我见法海雷音佛，其身普作真金色，诸相庄严如宝山，发心愿得成如来。

我暂见彼如来身，即发菩提广大心，誓愿勤求一切智，性与法界虚空等。

由斯普见三世佛，及以一切菩萨众；亦见国土❷众生海，而普攀缘起大悲。

随诸众生心所乐，示现种种无量身，普遍十方诸国土，动地舒光悟含识。

见第二佛而亲近，亦见十方刹海佛，乃至最后佛出兴，如是须弥尘数等。

于诸刹转微尘劫，所有如来照世灯；我皆亲近而瞻奉，令此解脱得清净。

尔时，善财童子得入此菩萨甚深自在妙音解脱故，入无边三昧海，入广大总持海，得菩萨大神通，获菩萨大辩才，心大欢喜，观察守护一切城主夜神，以偈赞曰：

已行广大妙慧海，已度无边诸有海，长寿无患智藏身，威德光明住此众。

了达法性如虚空，普入三世皆无碍；念念攀缘一切境，心心永断诸分别。

了达众生无有性，而于众生起大悲；深入如来解脱门，广度群迷无量众。

观察思惟一切法，了知证入诸法性；如是修行佛智慧，普化众生令解脱。

天是众生调御师，开示如来智慧道，普为法界诸含识，说离世间众怖行。

已住如来诸愿道，已受菩提广大教，已修一切遍行力，已见十方佛自在。

天神心净如虚空，普离一切诸烦恼，了知三世无量刹，诸佛菩萨及众生。

天神一念悉了知，昼夜日月年劫海；亦知一切众生类，种种名相各差别。

十方众生生死处，有色无色想无想，随顺世俗悉了知，引导使入菩提路。

已生如来誓愿家，已入诸佛功德海，法身清净心无碍，随众生乐现众色。

时，善财童子说此颂已，礼夜神足，绕无量匝，殷勤瞻仰，辞退而去。

注释

❶"众"，大正本原无，今依元、明、宫本增之。
❷"土"，大正本原作"王"，今依宫本及明本注改之。

【白话语译】

这时，善财童子在普救众生妙德夜神的处所，听闻菩萨普遍示现世间调伏众生的解脱法门，了知信解，自在安住。于是就前往寂静音海夜神的处所，顶礼他的双足，绕无数圈，然后在他面前合掌说："圣者啊！我已经发起了无上正等正觉之心，我想依止善知识，学习菩萨行，趣入菩萨行，修习菩萨行，安住菩萨行。但愿您慈悲哀悯，为我宣说：'菩萨如何修学菩萨行、修习菩萨道？'"

夜神告诉善财："善哉！善哉！善男子啊！你能依止善知识求取菩萨行，真是太难得了。善男子啊！我已证得菩萨念念出生广大喜庄严的解脱法门。"

善财又问："大圣者啊！要成就这种解脱法门必须要做怎样的净德事业？境界如何？有什么方便？我们要怎样才能观察这个法门？"

夜神说："善男子啊！我已发起清净平等的乐欲心；我已发起远离世间尘垢，此一清净坚固庄严不可坏的乐欲心；我已发起攀缘不退转的果位，此一永不退转的心；我已发起庄严功德宝山此一不动的心；我已发起不执着住处的心；我已发起普遍示现于一切众生面前加以救护的心；我已发起面见一切佛海，毫无厌足的心；我已发起求取菩萨所有清净愿力的心；我已发起安住大智光明海的心；我已发起使众生超过忧恼旷野的心；我已发起使众生舍离忧愁苦恼的心；我已发起使众生舍离令人不悦的色、声、香、味、触、法的心；我已发起使众生舍离与所爱别离的痛苦，与所怨恨憎恶者相会而苦恼的心；我已发起使众生舍离恶缘、愚痴等痛苦的心；我已发起与一切险难众生作依怙的心；我已发起使众生出离生死苦处的心；我已发起使众生舍离生、老、病、死等苦的心；我已发起使众生成就如来无上法乐的心；我已发起使众生皆受喜乐的心。

"我发起这些心之后，再为他们说法，使他们都能渐渐到达一切智的境地。就是所谓的：如果有众生喜乐执着自己所住的宫殿、屋宅，我就为他们说法，使他们都能明了通达诸法的自性，远离种种执着。如果有众生眷恋执着父母、兄弟、姊妹，我就为他们说法，使他们都能预入诸佛菩萨清净的大众海会。如果有众生眷恋执着妻子，我就为他们说法，使他们都能舍离生死爱染的大海，发起大悲心，平等无二地对待众生。凡是安住王宫，采女围绕侍奉的众生，我都为他们说法，使他们都能与众多圣者集会，趣入如来的遗教。如果有染着境界的众生，我就为他们说法，使他们都能得以证入如来的境界。如果有个性嗔恚的众生，我就为他们说法，使他们都能安住在如来的忍波罗蜜。如果有众生心生懈怠，我就为他们说法，使他们都能证得清净的精进波罗蜜。如果有众生心中散乱，我就为他们说法，使他们都能得到如来的禅波罗蜜。如果有众生进入无明黑暗障碍的稠林，我就为他们说法，使他们都得以出离黑暗的稠林。如果有众生愚痴而没有智慧，我就为他们说法，使他们都能得证般若波罗蜜。如果有众生染着欲界、色界、无色界三界，我就为他们说法，使他们都能出离生死。如果有众生心志意向下劣，我就为他们说法，使他们都能圆满诸佛的菩提大愿。如果有众生自私自利，我就为他们说法，使他们都能发起利益众生的大愿。如果有众生志愿软弱、力量微弱，我就为他们说法，使他们都能得到菩萨的力波罗蜜。如果有众生愚痴心暗，我就为他们说法，使他们都能得证菩萨智波罗蜜。如果有众生不具足完满的色相，我就为他们说法，使他们都能证得如来的清净色身。如果有众生形貌容颜丑陋，我就为他们说法，使他们都能得到无上的清净法身。如果有众生色相粗恶，我就为他们说法，使他们都能得到如来的微妙色身。如果有众生为了情爱而忧愁烦恼，我就为他们说法，使他们都能得到如来的毕竟安乐。如果有众生受贫穷所苦，我就为他们说法，使他们都能得到菩萨的功德宝藏。如果有众生安止园林贪着寂静，我就为他们说法，使他们都能勤求佛法的因缘。如果有众生在道路行走，我就为他们说法，使他们都能趣向一切智道。凡是身处聚落的众生，我都会为他们说法，使他们能够出离三界。如果有众生安住人间，我就为他们说法，使他们都能超越声闻、缘觉二乘，安住如来境地。如果有众生住在城郭，我就为他们说法，使他们都能安住在法王城中。如果有安住边境的众生，我就为他们说法，使他们都能得到过去、未来、现在三世的平等智慧。

"如果有众生安住在十方一切处，我就为他们说法，使他们都能得到智慧，彻见一切法。如果有众生个性贪婪❶，我就为他们演说修不净观的法门，使他们都能舍离生死爱染。如果有众生易于嗔怒，我就为他们说大慈观法门，使他们都能得以证入慈悲观，勤加修习。如果有众生愚痴顽冥，我就为他们说法，使他们都能得到明了的智慧，观察一切法海。如果有众生贪、嗔、痴三行都有的，我就为他们说法，使他们都能趣入诸乘愿海。如果有乐于生死的众生，我就为他们说法，使他们都能厌离生死。如果有厌离生死苦恼、应受如来度化的众生，我就为他们说法，使他们都能于生死中得种种方便，虽然受生，也很自在。如果有众生贪爱执着五蕴，我就为他们说法，使他们都能安住无依止境界。如果有众生心量卑下低劣，我就为他们显示殊胜的庄严大道。如果有众生心生骄慢，我就为他们说诸法平等的平等法忍。如果有众生谄媚邪曲，我就为他们宣说菩萨的直心。

"善男子啊！❷所以我能用这些无量的法施，摄受众生，并以种种方便，教化调伏他们，使他们都能远离恶道，享受人道的快乐，解脱三界的束缚，安住一切智智。这就是我证得的广大欢喜法光明海，所以我的心中始终怡畅安稳、舒适快乐。

"善男子啊！我常观察所有菩萨的道场聚会，修习种种愿行，示现种种清净的身形，并以种种常光❸，放出种种光明。更以种种方便，趣入一切智门。或趣入种种三昧；示现种种神通变化；发出种种音声海；具足种种庄严的身形；趣入种种如来的法门；前往种种国土海；亲见种种诸佛大海；证得种种辩才海；照耀种种解脱境界；证得种种智光海；趣入种种三昧海；游戏种种解脱门：以种种门趣入一切智；种种庄严的虚空法界；以种种的庄严云遍布覆盖虚空；观察种种的道场聚会；聚集种种世界；进入种种佛国刹土；前往种种方所大海；受持种种如来的教命；在种种如来所修学，与种种的菩萨一起；雨下种种庄严云；趣入如来的种种方便；观察如来的种种法海；趣入种种的智慧海；安坐种种的庄严宝座。善男子啊！我观察这些道场聚会，了知诸佛的威神力无量无边，而心生欢喜。

"善男子啊！我看见毗卢遮那如来，念念都出现不可思议的清净色身，我看见之后，心中欢喜不已。我又看见如来念念都放出广大的光明充满法界，我看见之后，心中非常欢喜。我又看见如来的每一毛孔，念念都出现无量佛国刹土微尘数的光明海。每一道光明，都有无量佛国刹土微尘数的光明作为眷属，一一周布遍满一切法界，消灭所有众生的苦恼。我见到之后，心中欢喜不已。善男子啊！我看见如来的头顶及两肩，念念都出现一切佛国刹土微尘数的宝焰山云，这些宝焰山云充满十方法界。我看见之后，心中欢喜不已。

"善男子啊！我看见如来的每一毛孔，念念都出现一切佛国刹土微尘数的香光明云，充满十方佛国刹土。我一看见这幅景象，心生欢喜不已。善男子啊！我看见如来的每一相，念念都出现一切佛国刹土微尘数诸相庄严的如来身云，遍满十方一切世界。我看见之后，心中欢喜不已。善男子啊！我看见如来的每一毛孔，念念都出现不可说佛国刹土微尘数的变化云，示现如来从初发心、修波罗蜜行、具足庄严道、证入菩萨地等。我看见之后，心中欢喜不已。善男子啊！我看见如来的每一毛孔，念念都出现不可说不可说佛国刹土微尘数的天王身云，并且以天王的自在神通变化，充满遍布十方法界，凡是应以天王身而得度的众生，天王就出现面前为他们说法。我看到这境界之后，心中欢喜不已。

"如天王身云一般，龙王、夜叉王、乾闼婆王、阿修罗王、迦楼罗王、紧那罗王、摩睺罗伽王、人王、梵王身云等的每一毛孔都是如来示现，如是说法。我看见这些景象之后，念念都心生欢喜，心生等同法界萨婆若的大信乐。凡是往昔未证得的，此刻都得到；凡是往昔未得证者，现在都能得证；凡是往昔未趣入的，现在都得以趣入；凡是往昔未圆满的，现在都能得以圆满；凡是往昔未面见的，现在都得以面见；凡是往昔未听闻的，现在都能听闻。为什么呢？因为我已了知法界的种种相貌，了知所有的法都是同一相貌，因而能平等进入过去、未来、现在三世，并且能宣说无边的法门。

"善男子啊！我趣入的这个菩萨念念出生广大喜庄严解脱门，可说是解脱无边，因为我能从此普遍趣入一切法界门；解脱无尽，因为这个解脱门等同发起一切智性的心；解脱无际，因为我能借此趣入无量众生心中所想；解脱甚深，因为只有寂静智慧才能了知这个境界；解脱广大，因为这个解脱门周遍一切如来的境界。这种解脱无有坏失，因为只有菩萨的智慧眼能够了知。这种解脱无底，因为它能穷尽法界的根源。这种解脱门就是普门，因为它能从一件事物中普遍看见一切的神通变化。这种解脱门了不可取，因为一切法身本来都是平等无二。这种解脱门没有任何生起可言，因为一切的法宛如幻化。这种解脱门犹如影像，因为它能光照一切的智愿。这种解脱门犹如变化，因为能化生菩萨的种种殊胜行持。这种解脱门犹如大地，能作为所有众生的依止。这种解脱门犹如大水，能以大悲滋润所有的事物。这种解脱门犹如大火，能干竭众生的贪爱河水。这种解脱门犹如大风，能使众生迅速趣入一切智。这种解脱门犹如大海，能用种种功德庄严众生。这种解脱门犹如须弥山，能出生一切智法的宝海。

"这种解脱门犹如大城郭，一切妙法无不庄严。这种解脱门犹如虚空，能容纳三世佛陀的神力。这种解脱门犹如大云，能为众生普遍雨下法雨。这种解脱门犹如净日，能破除众生的无知晦暗。这种解脱门犹如满月，能满足无边的福德大海。这种解脱门犹如真如，能完全周遍一切处所。这种解脱门犹如自己的影子，因为它完全是从自己善业变化出现。这种解脱门犹如山谷中的回响，所以凡是与我相应的众生，我都能为他们说法。这种解脱门犹如影像，凡是众生心中所想的，无不映照示现。这种解脱门犹如大树王，开出众生神通的花果。这种解脱门犹如金刚，从来都无人能够毁坏。这种解脱门犹如宝珠如意，能出生无量的自在力、遂心如意。这种解脱门如离垢藏摩尼宝王，能示现三世如来的各种神力。这种解脱门如喜幢摩尼宝，能平等发出诸佛的法轮声音。

"善男子啊！我现在为你宣说的这些譬喻，你应当善加观察思惟，随顺地悟入。"

这时，善财童子告诉寂静音海夜神说："伟大的圣者啊！我要怎样才能修行得证这种解脱呢？"

夜神说："善男子啊！菩萨得修行十种广大的法藏，才能得证这种解脱。是哪十种呢？一，修布施的广大法藏，随顺众生的心意，完全满足他们；二，修净戒的广大法藏，普遍证入诸佛的功德海；三，修堪忍的广大法藏，普遍思惟一切法性；四，修精进的广大法藏，趣入一切智恒不退转；五，修禅定的广大法藏，以消灭众生的热恼；六，修般若的广大法藏，以普遍了知一切法海；七，修方便的广大法藏，以普遍成熟一切众生海；八，修种种愿的广大法藏，遍布一切佛国刹土、一切众生海，穷尽未来的时劫修菩萨行；九，修习诸力的广大法藏，念念示现一切的法海，及诸佛国土，成就正等正觉，恒常不休息；十，修习清净智慧的广大法藏，得证如来智，普遍地了知三世一切诸法，无有障碍。

"善男子啊！如果诸位菩萨能安住这十大法藏，就能获得解脱清净的智慧，福德增长，积集善根使其坚固不坏，安住菩提，令其圆满。"

善财童子说："圣者！你发起无上正等正觉有多久了？"

夜神说："善男子啊！这个华藏庄严世界海东边的十个世界海，有一个一切净光宝世界海。这个世界海，又有一个一切如来愿光明音世界种，其中又有世界名为清净光金庄严的世界。这个世界是以一切香金刚摩尼王为体，形状如楼阁，以众多妙宝云作边际。安住在一切宝璎珞海中，上面覆盖种种妙宫殿云，清净污秽相互间杂。这个世界若再往前推的话，还有一个时劫名叫普光幢时劫，这个时劫的国名普满妙藏国，有一个一切宝藏妙月光明道场，那时出世的如来是不退转法界音佛，在此净秽相杂的世界成就无上正等正觉。

"那时，我曾化作名为具足福德灯光明幢的菩提树神，守护大树王的道场。我看见不退转法界音佛成就正等正觉，示现神通力量，发起无上正等正觉之心；而立刻证得名为普照如来功德海的三昧。

"在一切宝藏妙月光明道场内，又有名为法树威德山如来出兴于世间。

我寿命终了了之后，出生在他那里，做道场的主夜神，名为殊妙福智光主夜神。那时，我看见如来转正法轮，示现大神通，就立刻证得名为普照一切离贪境界的三昧。又有名为一切法海音声王佛出兴世间。那时身为夜神的我，因得见佛，承事供养，而立刻证得名为生长一切善法地的三昧。然后又有如来名为宝光明灯幢王佛出兴世间。那时身为夜神的我，因得见佛，承事供养，就立刻证得名为普现神通光明云三昧。又有名为功德须弥光佛出兴世间。那时身为夜神的我，因得见佛，承事供养，就立刻证得名为普照诸佛海的三昧。又有名为法云音声王如来出兴世间。那时身为夜神的我，因得见佛，承事供养，当下立刻证得名为一切法海灯的三昧。又有名为智灯照耀王佛出兴世间。那时身为夜神的我，因得见佛，承事供养，当下证得名为灭一切众苦清净光明灯的三昧。

"又有名为法勇妙德幢佛出兴世间。那时身为夜神的我，因为得以面见，并承事供养佛陀，立刻证得名为三世如来光明藏的三昧。又有名为师子勇猛法智灯佛出兴世间。那时身为夜神的我，因为得以面见，并承事供养佛陀，当下立刻证得名为一切世间无障碍智慧轮的三昧。又有名为智力山王佛出兴世间。那时身为夜神的我，因得以面见，并承事供养佛陀，立刻证得名为普照三世众生诸根行的三昧。

"善男子啊！清净光金庄严世界的普光明幢时劫中，有如此等佛国刹土微尘数的如来出兴世间。那时我是化现天王，或是龙王，或是夜叉王，或是乾闼婆王，或是阿修罗王，或是迦楼罗王，或是紧那罗王，或是摩睺罗伽王，或是人王，或是梵王，或是天身，或是人身，或是男子身，或是女人身，或是童男身，或是童女身等，我都以种种供养具，供养那时所有的如来，也听闻那些佛陀所演说的种种法门。我从此命终之后，就投生在另一个世界，经过佛国刹土微尘数的时劫修持菩萨行。然后命终，生在这个华藏庄严世界海的娑婆世界时，遇到迦罗鸠孙驮❺如来，我恭敬地承事供养他，就证得三昧名为离一切尘垢光明三昧。

"然后就又遇到拘那含牟尼如来，承事供养，又证得名为普现一切诸刹海的三昧。又，我遇到迦叶如来，我也如是承事供养，证得名为演一切众生言音海的三昧。又，我遇到毗卢遮那如来，在这个道场中成就正等正觉，念念都不断示现大神通力，我（寂静音海夜神）一看见这景象，就证得这种念念出生广大喜庄严解脱法门。

"我证得这种解脱法门之后，能入十种不可说不可说佛国刹土微尘数的法界安立海安住，并看见所有法界安立海一切佛国刹土的所有微尘。每一微尘中，又有十种不可说不可说佛国刹土微尘数的佛国刹土。每个佛土中，都有毗卢遮那如来安坐道场，念念示现中皆成就正等正觉，及种种神通变化。他们示现的神通变化，一一遍布所有的法界海。我又看见自身出现在每一位如来道场中，听闻他们所说的妙法。又看见诸佛的一一毛孔，都出现变化海，示现神通力。所以，在所有的法界海，所有的世界海，所有的世界种，一切世界中，都能随着众生的心意，转动正法轮。

"又，我已证得速疾陀罗尼力，因此能受持思惟所有的文字义理。以明了的智慧，普遍趣入一切清净法藏。以自在智普遍游历一切甚深法海；以周遍的智慧，普遍了知三世种种的广大义理；以平等的智慧，完全了达诸佛的无差别妙法。如此悟解所有的法门。又，从每一法门悟解所有的修多罗云；又，从每一修多罗云中，悟解一切的法海；又，从每一法海悟解一切的法品；又，从每一法品悟解一切的法云；又，从每一法云，悟解一切的法流；又，从每一法流，出生一切的大喜海；又，从每一大喜海，出生所有的大地；又，从每一块土地，出生所有的三昧海；在每一三昧海，得证所有见佛海；在每一见佛海，又，得证一切智光海；每一智光海，普照三世，遍入十方世界。

"我了知无量如来往昔的种种行海；了知无量如来所有的本事海；了知无量如来对难舍之物都能布施的大海；了知无量如来清净戒轮的大海；了知无量如来清净堪忍的大海；了知无量如来无边精进的大海；了知无量如来甚深禅定的大海；了知无量如来般若波罗蜜的大海；了知无量如来方便波罗蜜的大海；了知无量如来愿波罗蜜的大海；了知无量如来力波罗蜜的大海；了知无量如来智波罗蜜的大海；了知无量如来的往昔超菩萨地；了知

无量如来的往昔住菩萨地，在无量劫海，示现神通力。

"我也了知无量如来往昔趣入菩萨地；了知无量如来往昔所修的菩萨地；了知无量如来往昔治理的菩萨地；了知无量如来往昔观照的菩萨地。了知无量如来往昔为菩萨时，常常看见的诸佛；了知无量如来往昔为菩萨时，彻见一切佛海并穷尽劫海共同安住；了知无量如来往昔为菩萨时，如何以无量身遍生佛国刹土海；了知无量如来往昔为菩萨时，如何周遍法界修广大行；了知无量如来往昔为菩萨时，如何示现种种方便，调伏成熟众生。了知无量如来如何放出大光明，普照十方一切佛国刹土海；了知无量如来如何示现大威神力，普现一切众生前；了知无量如来智地广大；了知无量如来如何转正法轮；了知无量如来的示现相海；了知无量如来的示现身海；了知无量如来的广大力海。我念念都能完全了知彻见那些如来从初发心，乃至于最后法灭时的一切过程。

"善男子，你问我发心有多久了？

"善男子！我在往昔二个佛国刹土微尘数的时劫之前，如上面所说的，在清净光金庄严世界做菩提树神时，曾听闻不退转法音如来说法，而发起无上正等正觉。二个佛国刹土微尘数量的时劫中，不断地修菩萨行，然后才投生在这个娑婆世界的贤劫之中，从迦罗鸠孙驮佛，到释迦牟尼佛，及这个时劫中未来所有的诸佛，我都如此亲近供养。又，如同在这个世界的贤劫中亲近供养未来的一切诸佛一般；我在一切世界、一切时劫，都是如此亲近供养所有未来的一切诸佛。

"善男子啊！现在诸佛仍然相续不断出现在清净光金庄严世界。所以，你应当一心修习这个大勇猛解脱法门。"

这时，寂静音海主夜神为了重新宣说这种解脱义理，就为善财童子宣说下面的偈颂：

善财听我说明，清净解脱妙门，
闻已心生欢喜，勤修令得究竟。

我昔于劫海时，出生大信乐心，

清净如同虚空，常观一切智慧。
我于三世诸佛，皆生大信乐心，
并及其众大会，悉愿常得亲近。
我昔曾见佛陀，为诸众生供养，
得闻清净妙法，其心生大欢喜。
恒常尊重父母，恭敬而供养之，
如是无有休懈，入此解脱之门。
老病贫穷之人，诸根不得具足，
一切悉皆悯济，令其咸得安稳。
水火以及王贼，海中诸神恐怖，
我昔勤修诸行，为救彼等众生。
烦恼恒皆炽然，业障之所缠覆，
堕于诸险道中，我救彼等众生。
一切诸恶趣中，无量楚毒苦恼，
生老病死等苦，我当悉皆除灭。
愿尽未来时劫，普为一切群生，
灭除生死众苦，得佛究竟安乐。

"善男子啊！我只知道这种念念出生广大喜庄严的解脱法门。如果是像诸位菩萨摩诃萨深入一切法界海，完全了知一切诸劫数，完全见到一切佛国刹土的生成与毁坏的种种功德行，就不是我能完全了知与宣说的了。

"善男子啊！这个菩提道场的如来聚会中，有一位守护一切城增长威力主夜神，你去拜见他，并请问他：'菩萨如何修学菩萨行、修习菩萨道？'"

这时，善财童子一心观察寂静音海主夜神，而宣说下面的偈颂：

我因善友教之，来诣天神之所，
见神安处宝座，身量无有边际。

非是贪着色相，妄计有于诸法，

劣智浅识之人，何能知尊境界？

世间诸天及人，无量时劫观察，

亦皆不能测度，色相无边际故。

远离于五蕴中，亦不住于诸处，

永断世间疑惑，显现大自在力。

不取内外诸法，无动无所障碍，

清净智慧眼目，见佛大神通力。

身为正法宝藏，心是无碍智慧，

既得智光照耀，复照一切群生。

心集无边净业，庄严一切世间，

了世皆是心造，现身与众生等。

知世悉如梦幻，一切佛如影现，

诸法皆如谷响，令众无所执着。

为诸三世众生，念念示现妙身，

而心无所止住，十方遍说妙法。

无边诸刹土海，佛海众生大海，

悉在一尘之中，此尊大解脱力。

　　善财童子说完这个偈颂之后，顶礼夜神的双足，绕了无数圈之后，更殷勤地瞻仰他的容颜，然后辞退而去。

　　这时，善财童子随顺寂静音海夜神的教导，思惟观察他所说的法门，从不忘失任何文句。以无量的深心、无量的法性、一切的方便神通智慧，相续不断地忆念思惟拣择。他的心量广大，证入安住，前去拜见守护一切城夜神所在之处。他看见这位夜神安坐在一切宝光明摩尼王师子座上，身旁有无数的夜神围绕。他不仅示现众生色相的身形，也示现普遍面对众生的身形，也示现所有不染世间的身形，也示现所有众生身数量的身形，也示现超过所有世间的身形，也示现成熟所有众生的身形，也示现立刻前往所有十方的身形，也示现普遍摄受十方的身形，也示现究竟如来体性的身形，也示现究竟调伏众生的身形。

善财见了这种种不可思议的境界之后，欢喜踊跃，顶礼守护一切城夜神的双足，绕了无数圈之后，在夜神面前合掌而说："圣者！我先前已经发起无上正等正觉之心，但不知道菩萨如何修饶益众生的菩萨行？如何以无上摄来摄受众生？如何随顺诸佛教法？如何亲近法王位？希望您慈悲哀悯，为我宣说。"

这时，夜神告诉善财："善男子！你为了救护众生；你为了庄严清净一切佛国刹土；你为了供养一切如来；你为了安住所有的劫而救度众生；你为了守护诸佛种性；你为了要普遍证入十方，勤修种种行持；你为普遍趣入一切法门海；你为了以平等心遍布一切；你为了要完全受持诸佛法轮；你为了要普遍随顺众生心所喜乐，雨下法雨，而来请问一切菩萨修行的法门。

"善男子！我已经证得菩萨甚深自在妙音解脱法门。过去我是大法师，所以能无所挂碍地开示诸佛法藏。我又具大誓愿、大慈悲力，所以能使众生都安住菩提心。又，我积集善根，从不休息，所以能作一切利益众生的事业。又，我是众生的调御导师，所以能使众生都能安住萨婆若道。又，我是世间的清净法日，所以我能普照世间，使众生都生起善根。又，我在世间，心量平等，所以能使众生增长善法。又，我已除灭种种不善业，所以对于任何境界，都心中清净，没有染着。又，我誓愿利益众生，所以能在任何国土普现身形。又，我能示现所有的本事因缘，使众生安住善行。又，我能恒常事奉所有的善知识，使众生都安住诸佛教法。

"佛子啊！我以这些法布施众生，使他们生起洁白清净之法，求取一切智，心志坚固，犹如金刚那罗延藏。能够仔细观察佛力、魔力，常常得以亲近种种善知识，摧破一切的业障、惑障大山，聚集一切智为助道之法，心恒常不舍一切智的境地。

"善男子！我以如此的清净法光明，饶益所有的众生，积集善根助道法时，观察法界的十种相貌。是哪十种？一，我了知法界无量，因为我已获得广大的智光明；二，我了知法界无边，因为我已了知一切诸佛所有的知见；三，我了知法界无限，因为我能普遍趣入所有的诸佛国土，恭敬供养如来；四，我了知法界无涯畔，因为我能普遍在一切的法界海中，示现修习菩萨行；五，我了知法界无间断，因为我能趣入如来的不断智；六，我了知法界是一种体性、如来一种音声，任何众生随类无不各得其解；七，我了知法界体性清净，因为我了知如来普度一切众生的心愿；八，我了知法界遍满众生，因为普贤妙行完全周遍；九，我了知法界一庄严，因为普贤妙行善于庄严的缘故；十，我了知法界不可毁坏，因为所有的智慧善根都充满法界，不可毁坏。

"善男子！这就是我观察法界的十种相貌，积集一切善根成办辅助佛道之法门，而了知诸佛威德广大，如来的境界难可思议。

"善男子！我如此正念思惟时，得到如来十种大威德陀罗尼的法轮。是哪十种呢？就是：普遍趣入一切法的陀罗尼轮，普遍受持一切法的陀罗尼轮，普遍演说一切法的陀罗尼轮，普遍忆念十方诸佛的陀罗尼轮，普遍宣说诸佛名号的陀罗尼轮，普遍进入三世诸佛愿海的陀罗尼轮，普遍趣入一切诸乘海的陀罗尼轮，普遍进入一切众生业海的陀罗尼轮，疾速转动一切业报的陀罗尼轮，疾速生起一切智的陀罗尼轮。善男子！这十种陀罗尼轮，有十千种陀罗尼轮做它的眷属，恒常为众生演说妙法。

"善男子！我或是为众生演说听闻智慧法门，或是为众生演说思惟智慧的法门，或是为众生演说修行智慧的法门，或是为众生演说一个妙有法，或为众生说一切妙有之法，或是为众生演说一位如来名称海的法门，或是为众生演说一切如来名称海的法门，或是为众生演说一个世界海的法门，或是为众生演说一切世界海的法门，或是为众生演说一佛授记海的法门，或是为众生演说诸佛授记海的法门，或是为众生演说一位如来聚会道场海的法门，或是为众生演说一切如来聚会道场海的法门，或是为众生演说一位如来法轮海的法门，或是为众生演说一切如来法轮海的法门，或是为众生演说一位如来修多罗的法门，或是为众生演说所有如来修多罗的法门，或是为众生演说一如来集会的法门，或是为众生演说所有如来的集会法门，或是为众生演说诸佛萨婆若心海法门，或是为众生演说一切诸佛萨婆若心海法门，或为众生演说一乘出离的法门，或为众生演说一切乘出离的法门。善男子！我以此不可说的法门，为众生们宣说。

"善男子！因为我能进入如来无差别的法界门海，演说无上的妙法，普遍摄受众生，穷尽未来的时劫都安住普贤门。善男子！因为我已成就这种甚深自在的妙音解脱，所以念念都能增长种种解脱法门；念念都能充满一切法界。"

这时，善财童子告诉夜神说："太奇妙了！天神！这个解脱门真是非常稀有！您证得这个法门有多久了？"

夜神说："善男子！往昔经过世界转微尘数的时劫之前，有一个离垢光明劫，那个时劫有一个法界功德云世界。这个世界是以示现众生业摩尼王海为本体，形状如莲华，安住在四天下微尘数香摩尼须弥山的网中。用生出一切如来本愿音的莲华庄严，有须弥山微尘数的莲华做眷属，须弥山微尘数的香摩尼更相间错杂其中。有须弥山微尘数的四天下，每一个四天下都有百千亿那由他不可说不可说座城。

"善男子！那个世界有名叫妙幢的四天下，其中有一名为普宝华光城的王都。离王都不远的地方，有一名为普遍显现法王宫殿的菩提道场，有须弥山微尘数的如来出现其中。最早出现在那儿的佛陀，是法海雷音光明王如来。那一位佛陀出现时，有名为清净日光明面的转轮王，在佛的道场，受持所有法海旋修多罗。佛陀涅槃之后，转轮王就出家护持正法。到了正法快要灭失时，有上千个部派，上千种不同的说法。到了末劫，众生的业障深重，许多邪恶的比丘斗诤不休，乐于执着境界，不求功德，喜好论说王事、贼事、女众事、国事，各种的浮泛之事，以及一切世间的论议。

"这时，圣王比丘告诉他们：'太奇怪了，真是令人痛苦啊！佛陀在无量广大的时劫海聚集的法炬，怎么能毁在你们的手里呢？'他说完之后，升到虚空中，有七多罗树之高，身上发出无量的色焰云，放出种种色的大光明网，灭除无量众生的烦恼热毒，使无量众生都发起菩提心。因为这个因缘，那位如来的教法，又兴盛了六万五千年。

"这时，有一位名为法轮化光比丘尼，她本是圣王之女，有百千位比丘尼做她的眷属。她听闻父王的话，又看见他的神力，所以发起永不退转的菩提心，证得三昧名为一切佛教灯三昧，又证得甚深自在的妙音解脱法门。证得之后，身心柔软，立刻现前亲见法海雷音光明王如来的一切神力。

"善男子！你怎么想呢？那时追随如来转正法轮，佛涅槃之后，又兴隆末法的转轮圣王，哪里是别人？就是现今的普贤菩萨。而法轮化光比丘尼就是我。我在那时，曾守护佛法，使十万比丘尼都获得不退转的无上正等正觉，又使她们得以现见一切诸佛的三昧，又使他们得证一切佛法轮金刚光明陀罗尼，又使她们得以普遍摄入一切法门海般若波罗蜜。

"接着，又有名为离垢法光明如来出兴世间；再来，又有法轮光明髻佛出兴世间；再来，又有法日功德云佛出兴世间；再来，又有法海妙音王佛出兴世间；再来，又有法日智慧灯佛出兴世间；再来，又有法华幢云佛出兴世间；再来，又有法焰山幢王佛出兴世间：再来，又有甚深法功德月佛出兴世间；再来，又有法智普光藏佛出兴世间；再来，又有开示普智藏佛出兴世间；再来，又有功德藏山王佛出兴世间；再来，又有普门须弥贤佛出兴世间；再来，又有一切法精进幢佛出兴世间；再来，又有法宝华功德云佛出兴世间。

"再来，又有寂静光明髻佛出兴世间；再来，又有法光明慈悲月佛出兴世间；再来，又有功德焰海佛出兴世间；再来，又有智日普光明佛出兴世间；再来，又有普贤圆满智佛出兴世间；再来，又有神通智光王佛出兴世间；再来，又有福德华光灯佛出兴世间；再来，又有智师子幢王佛出兴世间；再来，又有日光普照王佛出兴世间；再来，又有须弥宝庄严相佛出兴世间。

"再来，又有日光普照佛出兴世间；再来，又有法王功德月佛出兴世间；再来，又有开敷莲华妙音云佛出兴世间；再来，又有日光明相佛出兴世间；再来，又有普光明妙法音佛山兴世间；再来，又有师子金刚那罗延无畏佛出兴世间；再来，又有普智勇猛幢佛出兴世间；再来，又有普开法莲华身佛出兴世间；再来，又有功德妙华海佛出兴世间；再来，又有道场功德月佛出兴世间。

"再来，又有法炬炽然月佛出兴世间；再来，又有普光明髻佛出兴世间；再来，又有法幢灯佛出兴世间；再来，又有金刚海幢云佛出兴世间；再来，又有名称山力德云佛出兴世间；再来，又有栴檀妙月佛出兴世间；再来，又有普妙光明华佛出兴世间；再来，又有照一切众生光明王佛出兴世间；再来，又有功德莲华藏佛出兴世间；再来，又有香焰光明王佛出兴世间；再来，又有波头摩华因佛出兴世间。

"再来，又有众相山普光明佛出兴世间；再来，又有普名称幢佛出兴世间；再来，又有须弥普门光佛出兴世间；再来，又有功德法城光佛出兴世间；再来，又有大树山光明佛出兴世间；再来，又有普德光明幢佛出兴世间；再来，又有功德吉祥相佛出兴世间；再来，又有勇猛法力幢佛出兴世间；再来，又有法轮光明音佛出兴世间；再来，又有功德山智慧光佛出兴世间；再来，又有无上妙法月佛出兴世间。

"再来，又有法莲华净光幢佛出兴世间；再来，又有宝莲华光明藏佛出兴世间；再来，又有光焰云山灯佛出兴世间；再来，又有普觉华佛出兴世间；再来，又有种种功德焰须弥藏佛出兴世间；再来，又有圆满光山王佛出兴世间；再来，又有福德云庄严佛出兴世间；再来，又有法山云幢佛出兴世间；再来，又有功德山光明佛出兴世间；再来，又有法日云灯王佛出兴世间；再来，又有法云名称王佛出兴世间。

"再来，又有法轮云佛出兴世间；再来，又有开悟菩提智光幢佛出兴世间；再来，又有普照法轮月佛出兴世间；再来，又有宝山威德贤佛出兴世间；再来，又有贤德广大光佛出兴世间；再来，又有普智云佛出兴世间；再来，又有法力功德山佛出兴世间；再来，又有功德香焰山王佛出兴世间；再来，又有金色摩尼山妙音声佛出兴世间；再来，又有顶髻出一切法光明云佛出兴世间。

"再来，又有法轮炽盛光佛出兴世间；再来，又有无上功德山佛出兴世间；再来，又有精进炬光明云佛出兴世间；再来，又有三昧印广大光明冠佛出兴世间；再来，又有宝光明功德王佛出兴世间；再来，又有法炬宝盖音佛出兴世间；再来，又有普照虚空界无畏法光明佛出兴世间；再来，又有月相庄严幢佛出兴世间；再来，又有光明焰山云佛出兴世间；再来，又有照无障碍法虚空佛出兴世间；再来，又有开显智光身佛出兴世间。

"再来，又有世主德光明音佛出兴世间；再来，又有一切法三昧光明音佛出兴世间；再来，又有法音功德藏佛出兴世间；再来，又有炽然焰法海云佛出兴世间；再来，又有普照三世相大光明佛出兴世间；再来，又有普照法轮山佛出兴世间；再来，又有法界师子光佛出兴世间；再来，又有须弥华光明佛出兴世间；再来，又有一切三昧海师子焰佛出兴世间；再来，又有普智光明灯佛出兴世间。

"善男子！如此等同须弥山微尘数的如来，最后一位出现在离垢光明劫中的是法界城智慧灯佛，我都非常尊重这些佛陀，并且亲近供养，听闻受持他们所说的妙法。也在那些如来的住处，出家学道，护持他们的教法，证入这个菩萨甚深自在的妙音解脱法门。以种种方便，教化成熟无量的众生。从那以后，在佛国刹土微尘数的时劫当中，所有出兴世间的诸佛，我都亲近供养并修行他们的教法。

"善男子！我从发心以来，在生死长夜、无明昏昧的众生中独自觉悟，教导众生守护心城，舍弃三界牢狱城，安住一切智的无上法城。

"善男子！我只了知这种甚深自在的妙音解脱法门，使一切的世间远离戏论之语，不作不实的两舌之语，恒常宣说真实之语，恒常宣说清净之语。如果是像诸位菩萨摩诃萨一般，能了知一切语言的自性；念念都能自在开悟所有的众生，进入众生的言语音声海；能完全明辨了知所有的言辞，明见所有的法门海；能自在地普摄所有的法陀罗尼；能随顺众生的疑惑为他们说法；能究竟调伏所有的众生；能普遍摄受所有的众生，善巧修行菩萨的种种无上业，深入菩萨的种种微细智，善于观察种种的菩萨藏；能自在地宣说种种菩萨法。为什么呢？因为他们已得证成就一切法轮陀罗尼。这种种功德行，根本不是我能够完全了知、宣说的。

"善男子！在这诸佛聚会中，有一位开敷一切树华主夜神，你去拜见他，并请问他：'菩萨如何修习一切智？如何安立一切众生、安住一切智？’”

这时，守护一切城主夜神，为了重新宣说这个解脱义理，而为善财童子宣说如下偈颂：

> 菩萨解脱门深难见，虚空如如乃平等相，
> 普见无边法界之内，一切三世诸佛如来。
> 出生无量殊胜功德，证入难思真实法性，
> 增长一切自在智慧，开通三世解脱大道。
> 过于刹转微尘时劫，尔时有劫名为净光，
> 世界名称为法焰云，其城号曰宝华光城。
> 其中诸佛出兴于世，量与须弥微尘数等，
> 有佛陀名法海雷音，于此劫中先出示现。
> 乃至其中最后有佛，其名为法界焰灯王，
> 如是一切诸佛如来，我皆供养听受大法。
> 我见法海雷音佛陀，其身普作真金妙色，
> 诸相庄严宛如宝山，发心愿得成佛如来。
> 我暂见彼如来妙身，即发菩提广大妙心，
> 誓愿勤求一切智慧，性与法界虚空相等。
> 由斯普见三世诸佛，及以一切菩萨大众，
> 亦见国土众生大海，而普攀缘生起大悲。
> 随诸众生心之所乐，示现种种无量妙身，
> 普遍十方诸佛国土，动地舒光开悟含识。
> 见第二佛而为亲近，亦见十方刹海诸佛，
> 乃至最后佛陀出兴，如是须弥尘数相等。
> 于诸刹转微尘时劫，所有如来照世明灯，
> 我皆亲近而瞻奉养，令此解脱而得清净。

这时，善财童子，证入此菩萨甚深自在的妙音解脱法门，而趣入无边

的三昧海，趣入广大的总持海，得到菩萨的大神通，获得菩萨的大辩才。

心生欢喜，观察守护一切城主夜神，而以偈颂赞叹说：

> 已行广大妙智慧海，已度无边诸有大海，
> 长寿无患智慧藏身，威德光明安住此众。
> 了达法性宛如虚空，普入三世皆无障碍，
> 念念攀缘一切境界，心心永断一切分别。
> 了达众生无有体性，而于众生生起大悲，
> 深入如来解脱法门，广度群迷无量大众。
> 观察思惟一切法要，了知证入一切法性，
> 如是修行诸佛智慧，普化众生令得解脱。
> 天是众生调御之师，开示如来智慧要道，
> 普为法界一切含识，说离世间众怖之行。
> 已住如来诸愿大道，已受菩提广大教诲，
> 已修一切遍行之力，已见十方诸佛自在。
> 天神心净宛如虚空，普离一切诸苦烦恼，
> 了知三世无量刹土，诸佛菩萨以及众生。
> 天神一念悉皆了知，昼夜日月年及劫海，
> 亦知一切众生之类，种种名相各各差别。
> 十方众生生死之处，有色无色相及无想，
> 随顺世俗皆悉了知，引导使入菩提之路。
> 已生如来誓愿之家，已入诸佛功德大海，
> 法身清净心无障碍，随众生乐示现众生。

这时，善财童子宣说此颂之后，顶礼夜神的双足，绕了无量匝，殷勤地瞻仰，辞退后离去。

【注释】

❶ 以下十种法门是对治方便，破除众生的惑障。

❷ 以下总结前面的意旨，解释法门的名字。

❸ 常光：佛身恒常发出的光明。

❹ 以下是妙德夜在回答善财所问的境界。

❺ 迦罗鸠孙驮：梵语 krakucchanda-buddha，即"拘留孙佛"，贤劫最初之佛。

卷第七十二
入法界品第三十九之十三

【原典】

尔时，善财童子入菩萨甚深自在妙音解脱门，修行增进。

往诣开敷一切树华夜神所，见其身在众宝香树楼阁之内妙宝所成师子座上，百万夜神所共围绕。时，善财童子顶礼其足，于前合掌而作是言："圣者！我已先发阿耨多罗三藐三菩提心，而未知菩萨云何学菩萨行？云何得一切智？唯愿垂慈，为我宣说！"

夜神言："善男子！我于此娑婆世界，日光已没，莲华覆合，诸人众等罢游观时，见其一切若山，若水，若城，若野，如是等处种种众生，咸悉发心欲还所住，我皆密护，令得正道，达其处所，宿夜安乐。

"善男子！若有众生，盛年好色，骄慢放逸，五欲自恣，我为示现老、病、死相，令生恐怖，舍离诸恶。复为称叹种种善根，使其修习。为悭吝者，赞叹布施；为破戒者，称扬净戒；有嗔恚者，教住大慈；怀恼害者，令行忍辱；若懈怠者，令起精进；若散乱者，令修禅定；住恶慧者，令学般若；乐小乘者，令住大乘；乐著三界诸趣中者，令住菩萨愿波罗蜜；若有众生，福智微劣，为诸结业之所逼迫多留碍者，令住菩萨力波罗蜜；若有众生，其心暗昧，无有智慧，令住菩萨智波罗蜜。

"善男子！我已成就菩萨出生广大喜光明解脱门。"

善财言："大圣！此解脱门境界云何？"

夜神言："善男子！入此解脱，能知如来普摄众生巧方便智。云何普摄？善男子！一切众生所受诸乐，皆是如来威德力故，顺如来教故，行如来语故，学如来行故，得如来所护力故，修如来所印道故，种如来所行善故，依如来所说法故，如来智慧日光之所照故，如来性净业力之所摄故。云何知然？善男子！我入此出生广大喜光明解脱，忆念毗卢遮那如来、应、正等觉往昔所修菩萨行海，悉皆明见。

"善男子！世尊往昔为菩萨时，见一切众生著我、我所，住无明暗室，入诸见稠林，为贪爱所缚，忿怒所坏，愚痴所乱，悭嫉所缠，生死轮回，贫穷困苦，不得值遇诸佛菩萨。见如是已，起大悲心利益众生。所谓起愿得一切妙宝资具摄众生心；愿一切众生，皆悉具足资生之物无所乏心，于一切众事离执著心，于一切境界无贪染心，于一切所有无悭吝心，于一切果报无希望心，于一切荣好无羡慕心，于一切因缘无迷惑心；起观察真实法性心；起救护一切众生心；起深入一切法漩澓心；起于一切众生住平等大慈心；起于一切众生行方便大悲心；起为大法盖普覆众生心；起以大智金刚杵破一切众生烦恼障山心；起令一切众生增长喜乐心；起愿一切众生究竟安乐心；起随众生所欲雨一切财宝心；起以平等方便成熟一切众生心；起令一切众生满足圣财心；起愿一切众生究竟皆得十力智果心。

"起如是心已，得菩萨力，现大神变；遍法界、虚空界，于一切众生前，普雨一切资生之物，随其所欲悉满其意皆令欢喜，不悔不吝，无间无断。以是方便，普摄众生，教化成熟，皆令得出生死苦难，不求其报；净治一切众生心宝，令其生起一切诸佛同一善根，增一切智福德大海。

"菩萨如是念念成熟一切众生，念念严净一切佛刹，念念普入一切法界，念念悉皆遍虚空界，念念普入一切三世，念念成就调伏一切诸众生智，念念恒转一切法轮，念念恒以一切智道利益众生，念念普于一切世界种种差别诸众生前尽未来劫现一切佛成等正觉，念念普于一切世界、一切诸劫修菩萨行不生二想。所谓普入一切广大世界海一切世界种中，种种际畔诸世界，种种庄严诸世界，种种体性诸世界，种种形状诸世界，种种分布诸世界，或有世界秽而兼净，或有世界净而兼秽，或有世界一向杂秽，或有世界一向清净，或小或大，或粗或细，或正或侧，或覆或仰；如是一切诸世界中，念念修行诸菩萨行，入菩萨位，现菩萨力，亦现三世一切佛身，随众生心普使知见。

"善男子！毗卢遮那如来，于过去世，如是修行菩萨行时，见诸众生——不修功德，无有智慧，著我、我所，无明翳障，不正思惟，入诸邪见，不识因果，顺烦恼业，堕于生死险难深坑，具受种种无量诸苦。——起大悲心，具修一切波罗蜜行，为诸众生称扬赞叹坚固善根，令其安住远离生死、贫穷之苦，勤修福智助道之法；为说种种诸因果门，为说业报不相违反，为说于法证入之处，为说一切众生欲解，及说一切受生国土，令其不断一切佛种，令其守护一切佛教，令其舍离一切诸恶；又为称赞趣一切智助道之法，令诸众生心生欢喜，令行法施普摄一切，令其发起一切智行，令其修学诸大菩萨波罗蜜道，令其增长成一切智诸善根海，令其满足一切圣财，令其得入佛自在门，令其摄取无量方便，令其观见如来威德，令其安住菩萨智慧。"

善财童子言："圣者发阿耨多罗三藐三菩提心，其已久如？"

夜神言："善男子！此处难信、难知、难解、难入、难说，一切世间及以二乘皆不能知。唯除诸佛神力所护，善友所摄，集胜功德，欲乐清净，无下劣心，无杂染心，无谄曲心，得普照耀智光明心，发普饶益诸众生心、一切烦恼及以众魔无能坏心，起必成就一切智心，不乐一切生死乐心，能求一切诸佛妙乐，能灭一切众生苦恼，能修一切佛功德海，能观一切诸法实性，能具一切清净信解，能超一切生死暴流，能入一切如来智海，能决定到无上法城，能勇猛入如来境界，能速疾趣诸佛地位，能即成就一切智力，能于十力已得究竟；如是之人，于此能持、能入、能了。何以故？此是如来智慧境界，一切菩萨尚不能知，况余众生！然我今者，以佛威力，欲令调顺可化众生意速清净，欲令修习善根众生心得自在，随汝所问，为汝宣说。"

尔时，开敷一切树华夜神，欲重明其义，观察三世如来境界而说颂言：

佛子汝所问，甚深佛境界，难思刹尘劫，说之不可尽。

非是贪恚痴，骄慢惑所覆，如是众生等，能知佛妙法。

非是住悭嫉，谄诳诸浊意，烦恼业所覆，能知佛境界。

非著蕴界处，及计于有身，见倒想倒人，能知佛所觉。

佛境界寂静，性净离分别，非著诸有者，能知此法性。

生于诸佛家，为佛所守护，持佛法藏者，智眼之境界。

亲近善知识，爱乐白净法，勤求诸佛力，闻此法欢喜。

心净无分别，犹如太❶虚空，慧灯破诸暗，是彼之境界。

以大慈悲意，普覆诸世间，一切皆平等，是彼之境界。

欢喜心无著，一切皆能舍，平等施众生，是彼之境界。

心净离诸恶，究竟无所悔，顺行诸佛教，是彼之境界。

了知法自性，及以诸业种，其心无动乱，是彼之境界。

勇猛勤精进，安住心不退，勤修一切智，是彼之境界。

其心寂静住三昧，究竟清凉无热恼，已修一切智海因，此证悟者之解脱。

善知一切真实相，深入无边法界门，普度群生靡有余，此慧灯者之解脱。

了达众生真实性，不著一切诸有海，如影普现心水中，此正道者之解脱。

从于一切三世佛，方便愿种而出生，尽诸劫刹勤修行，此普贤者之解脱。

普入一切法界门，悉见十方诸刹海，亦见其中劫成坏，而心毕竟无分别。

法界所有微尘中，悉见如来坐道树，成就菩提化群品，此无碍眼之解脱。

汝于无量大劫海，亲近供养善知识，为利群生求正法，闻已忆念无遗忘。

毗卢遮那广大境，无量无边不可思，我承佛力为汝说，令汝深心转清净。

"善男子！乃往古世，过世界海微尘数劫，有世界海，名普光明真金摩尼山；其世界海中，有佛出现，名普照法界智慧山寂静威德王。善男子！其佛往修菩萨行时，净彼世界海。其世界海中，有世界微尘数世界种；一一世界种，有世界微尘数世界；一一世界，皆有如来出兴于世；一一如来，说世界海微尘数修多罗；一一修多罗，授佛刹微尘数诸菩萨记，现种种神力，说种种法门，度无量众生。

"善男子！彼普光明真金摩尼山世界海中，有世界种，名普庄严幢。此世界种中，有世界，名一切宝色普光明，以现一切化佛影摩尼王为体，形如天城；以现一切如来道场影像摩尼王为其下际，住一切宝华海上，净秽相杂。此世界中，有须弥山微尘数四天下，有一四天下最处其中，名一切宝山幢。其四天下，一一纵广十万由旬，一一各有一万大城。其阎浮提中，有一王都，名坚固妙宝庄严云灯，一万大城周匝围绕。阎浮提人寿万岁时，其中有王，名一切法音圆满盖，有五百大臣、六万采女、七百王子；其诸王子皆端正勇健，有大威力。尔时，彼王威德普被阎浮提内，无有怨敌。

"时，彼世界劫欲尽时，有五浊起。一切人众，寿命短促，资财乏少，形色鄙陋，多苦少乐，不修十善，专作恶业，更相忿诤，互相毁辱，离他眷属，妒他荣好，任情起见，非法贪求。以是因缘，风雨不时，苗稼不登，园林、草树一切枯槁，人民匮乏，多诸疫病，驰走四方，靡所依怙，咸来共绕王都大城，无量无边百千万亿，四面周匝高声大呼；或举其手，或合其掌，或以头扣地，或以手捶胸，或屈膝长号，或踊身大叫；头发蓬乱，衣裳弊恶，皮肤皴裂，面目无光，而向王言：'大王！大王！我等今者，贫穷孤露，饥渴寒冻，疾病衰羸，众苦所逼，命将不久，无依无救，无所控告。我等今者来归大王，我观大王仁慈智慧，于大王所生得安乐想、得所爱想、得活命想、得摄受想、得宝藏想、遇津梁想、逢道路想、值船筏想、见宝洲想、获财利想、升天宫想。'

"尔时，大王闻此语已，得百万阿僧祇大悲门，一心思惟，发十种大悲语。其十者何？所谓：'哀哉众生！堕于无底生死大坑，我当云何而速勉济，令其得住一切智地？哀哉众生！为诸烦恼之所逼迫，我当云何而作救护，令其安住一切善业？哀哉众生！生老病死之所恐怖，我当云何为作归依，令其永得身心安隐？哀哉众生！常为世间众怖所逼，我当云何而为佑助，令其得住一切智道？哀哉众生！无有智眼，常为身见疑惑所覆，我当云何为作方便，令其得决疑见翳膜？哀哉众生！常为痴暗之所迷惑，我当云何为作明炬，令其照见一切智城？哀哉众生！常为悭嫉谄诳所浊，我当云何而为开晓，令其证得清净法身？哀哉众生！长时漂没生死大海，我当云何而普运度，令其得上菩提彼岸？哀哉众生！诸根刚强❷，难可调伏，我当云何而为调御，令其具足诸佛神力？哀哉众生！犹如盲聋，不见道路，我当云何而为引导，令其得入一切智门？'

"作是语已，击鼓宣令：'我今普施一切众生，随有所须悉令充足。'即时颁❸下阎浮提内大小诸城及诸聚落，悉开库藏，出种种物，置四衢道。所谓金、银、琉璃、摩尼等宝；衣服、饮食、华香、璎珞、宫殿、屋宅、床榻、敷具；建大光明摩尼宝幢，其光触身，悉使安隐；亦施一切病缘汤药；种种宝器盛众杂宝，金刚器中盛种种香，宝香器中盛种种衣；辇舆、车乘、幢幡、缯盖。如是一切资生之物，悉开库藏而以给施。亦施一切村营、城邑、山泽、林薮、妻子、眷属及以王位，头、目、耳、鼻、唇、舌、牙、齿、手、足、皮、肉、心、肾、肝、肺，内外所有，悉皆能舍。

"其坚固妙宝庄严云灯城，东面有门，名摩尼山光明。于其门外，有施会处。其地广博，清净平坦，无诸坑坎、荆棘、沙砾，一切皆以妙宝所成，散众宝华，熏诸妙香，然诸宝灯，一切香云充满虚空，无量宝树次第行列，无量华网、无量香网弥覆其上，无量百千亿那由他诸音乐器恒出妙音。如是一切，皆以妙宝而为庄严，悉是菩萨净业果报。

"于彼会中，置师子座，十宝为地，十宝栏楯，十种宝树周匝围绕，金刚宝轮以承其下，以一切宝为龙神像而共捧持，种种宝物以为严饰，幢幡间列，众网覆上，无量宝香常出香云，种种宝衣处处分布，百千种乐恒奏美音。复于其上张施宝盖，常放无量宝焰光明，如阎浮金炽然清净；覆以宝网，垂诸璎珞，摩尼宝带周回间列，种种宝铃恒出妙音，劝诸众生修行善业。时，彼大王处师子座，形容端正，人相具足，光明妙宝以为其冠，那罗延身不可沮坏，一一肢分悉皆圆满，性普贤善，王种中生，于财及法悉得自在，辩才无碍，智慧明达，以政治国，无违命者。

"尔时，阎浮提无量无数百千万亿那由他众生—种种国土、种种族类、种种形貌、种种衣服、种种言辞、种种欲乐，俱来此会，观察彼王，咸言：'此王是大智人，是福须弥，是功德月，住菩萨愿，行广大施。'时，王见彼诸来乞者，生悲愍心，生欢喜心，生尊重心，生善友心，生广大心，生相续心，生精进心，生不退心，生舍施心，生周遍心。

"善男子！尔时，彼王见诸乞者，心大欢喜经须臾顷；假使忉利天王、夜摩天王、兜率陀天王，尽百千亿那由他劫所受快乐，亦不能及。善化天王于无数劫所受快乐，自在天王于无量劫所受快乐，大梵天王于无边劫所受梵乐，光音天王于难思劫所受天乐，遍净天王于无尽劫所受天乐，净居天王不可说劫住寂静乐，悉不能及。

"善男子！譬如有人仁慈孝友，遭逢世难，父母、妻息、兄弟、姊妹并皆散失，忽于旷野道路之间而相值遇，瞻奉抚对，情无厌足。时，彼大王见来求者，心生欢喜，亦复如是。

"善男子！其王尔时，因善知识，于佛菩提，解欲增长，诸根成就，信心清净，欢喜圆满。何以故？此菩萨勤修诸行，求一切智，愿得利益一切众生，愿获菩提无量妙乐，舍离一切诸不善心，常乐积集一切善根，常愿救护一切众生，常乐观察萨婆若道，常乐修行一切智法，满足一切众生所愿，入一切佛功德大海，破一切魔业惑障山，随顺一切如来教行，行一切智无障碍道，已能深入一切智流，一切法流常现在前，大愿无尽，为大丈夫，住大人法，积集一切普门善藏，离一切著，不染一切世间境界，知诸法性犹如虚空。

"于来乞者，生一子想，生父母想，生福田想，生难得想，生恩益想，生坚固想、师想、佛想。不拣方处，不择族类，不选形貌，随有来至，如其所欲，以大慈心，平等无碍，一切普施，皆令满足：求饮食者，施与饮食；求衣服者，施与衣服；求香华者，施与香华；求鬘盖者，施与鬘盖；幢幡、璎珞、宫殿、园苑、象马、车乘、床座、被褥、金、银、摩尼、诸珍宝物、一切库藏，及诸眷属、城邑、聚落，皆悉如是普施众生。

"时，此会中有长者女，名宝光明，与六十童女俱，端正殊❹妙，人所喜见，皮肤金色，目发绀青，身出妙香，口演梵音，上妙宝衣以为庄严，常怀惭愧，正念不乱，具足威仪，恭敬师长，常念顺行、甚深妙行，所闻之法忆持不忘，宿世善根流润其心，清净广大犹如虚空，等安众生，常见诸佛，求一切智。

"时，宝光明女去王不远，合掌顶礼，作如是念：'我获善利！我获善利！我今得见大善知识。'于彼王所，生大师想、善知识想、具慈悲想、能摄受想。其心正直，生大欢喜，脱身璎珞，持奉彼王，作是愿言：'今此大王为无量无边无明众生作所依处，愿我未来亦复如是。如彼大王所知之法、所载之乘、所修之道、所具色相、所有财产、所摄众会，无边无尽，难胜难坏，愿我未来悉得如是。随所生处，皆随往生。'

"尔时，大王知此童女发如是心，而告之言：'童女！随汝所欲，我皆与汝。我今所有，一切皆舍；令诸众生，普得满足。'时，宝光明女，信心清净，生大欢喜，即以偈颂而赞王言：

往昔此城邑，大王未出时，一切不可乐，犹如饿鬼处。
众生相杀害，窃盗纵淫佚，两舌不实语，无义粗恶言，
贪爱他财物，嗔恚怀毒心，邪见不善行，命终堕恶道。
以是等众生，愚痴所覆蔽，住于颠倒见，天旱不降泽。
以无时雨故，百谷悉不生，草木❺皆枯槁，泉流亦干竭。
大王未兴世，津池悉枯涸，园苑多骸骨，望之如旷野。
大王升宝位，广济诸群生，油云被八方，普雨皆充洽。
大王临庶品，普断诸暴虐，刑狱皆止措，茕独悉安隐。
往昔诸众生，各各相残害，饮血而啖肉，今悉起慈心。

往昔诸众生，贫穷少衣服，以草自遮蔽，饥羸如饿鬼。

大王既兴世，粳米自然生，树中出妙衣，男女皆严饰。

昔日竞微利，非法相陵夺；今时并丰足，如游帝释园。

昔时人作恶，非分生贪染，他妻及童女，种种相侵逼。

今见他妇人，端正妙严饰，而心无染著，犹如知足天。

昔日诸众生，妄言不真实，非法无利益，谄曲取人意。

今日群生类，悉离诸恶言，其心既柔软，发语亦调顺。

昔日诸众生，种种行邪法，合掌恭敬礼，牛羊犬豚类。

今闻王正法，悟解除邪见，了知苦乐报，悉从因缘起。

大王演妙音，闻者皆欣乐；梵释音声等，一切无能及。

大王众宝盖，迥处虚空中，擎以琉璃干，覆以摩尼网。

金铃自然出，如来和雅音，宣扬微妙法，除灭众生惑。

次复广演说，十方诸佛刹，一切诸劫中，如来并眷属。

又复次第说，过去十方刹，及彼国土中，一切诸如来。

又出微妙音，普遍阎浮界，广说人天等，种种业差别。

众生听闻已，自知诸业藏，离恶勤修行，回向佛菩提。

王父净光明，王母莲华光，五浊出现时，处位治天下。

时有广大园，园有五百池，一一千树绕，各各华弥覆。

于其池岸上，建立千柱堂，栏楯等庄严，一切无不备。

末世恶法起，积年不降雨，池流悉干竭，草树皆枯槁。

王生七日前，先现灵瑞相；见者咸心念："救世今当出。"

尔时于中夜，大地六种动；有一宝华池，光明犹日现。

五百诸池内，功德水充满，枯树悉生枝，华叶皆荣茂。

池水既盈满，流演一切处，普及阎浮地，靡不皆沾洽。

药草及诸树，百谷苗稼等，枝叶华果实，一切皆繁盛。

沟坑及堆阜，种种高下处，如是一切地，莫不皆平坦。

荆棘沙砾等，所有诸杂秽，皆于一念中，变成众宝玉。

众生见是已，欢喜而赞叹，咸言得善利，如渴饮美水。

时彼光明王，眷属无量众，金然备法驾，游观诸园苑。

五百诸池内，有池名庆喜，池上有法堂，父王于此住。

先王语夫人："我念七夜前，中宵地震动，此中有光现。"

时彼华池内，千叶莲华出，光如千日照，上彻须弥顶。

金刚以为茎，阎浮金为台，众宝为华叶，妙香作须蕊。

王生彼华上，端身结跏坐，相好以庄严，天神所恭敬。

先王大欢喜，入池自抚掬，持以授夫人："汝子应欣庆。"

宝藏皆涌出，宝树生妙衣，天乐奏美声，充满虚空中。

一切诸众生，皆生大欢喜，合掌称希有："善哉救护世！"

王时放身光，普照于一切，能令四天下，暗尽病除灭。

夜叉毗舍阇，毒虫诸恶兽，所欲害人者，一切自藏匿。

恶名失善利，横事病所持，如是众苦灭，一切皆欢喜。

凡是众生类，相视如父母，离恶起慈心，专求一切智。

关闭诸恶趣，开示人天路，宣扬萨婆若，度脱诸群生。

我等见大王，普获于善利，无归无导者，一切悉安乐。

"尔时，宝光明童女，以偈赞叹一切法音圆满盖王已，绕无量匝，合掌顶礼，曲躬恭敬，却住一面。时，彼大王告童女言：'善哉！童女！汝能信知他人功德，是为希有。童女！一切众生，不能信知他人功德。童女！一切众生，不知报恩，无有智慧，其心浊乱，性不明了，本无志力，又退修行；如是之人，不信不知菩萨如来所有功德神通智慧。童女！汝今决定求趣菩提，能知菩萨如是功德。汝今生此阎浮提中，发勇猛心，普摄众生，功不唐捐，亦当成就如是功德。'王赞女已，以无价宝衣，手自授与宝光童女并其眷属，一一告言：'汝著此衣。'时，诸童女双膝著地，两手承捧，置于顶上，然后而著；既著衣已，右绕于王，诸宝衣中普出一切星宿光明。众人见之，咸作是言：'此诸女等，皆悉端正，如净夜天星宿庄严。'

"善男子！尔时一切法音圆满盖王者，岂异人乎？今毗卢遮那如来、应、正等觉是也。光明王者，净饭王是。莲华光夫人者，摩耶夫人是。宝光童女者，即我身是。其王尔时以四摄法所摄众生，即此会中一切菩萨是，皆于阿耨多罗三藐三菩提得不退转，或住初地乃至十地，具种种大愿，集种种助道，修种种妙行，备种种庄严，得种种神通，住种种解脱，于此会中处于种种妙法宫殿。"

尔时，开敷一切树华主夜神，为善财童子，欲重宣此解脱义而说颂言：

> 我有广大眼，普见于十方，一切刹海中，五趣轮回者。
> 亦见彼诸佛，菩提树下坐，神通遍十方，说法度众生。
> 我有清净耳，普闻一切声，亦闻佛说法，欢喜而信受。
> 我有他心智，无二无所碍，能于一念中，悉了诸心海。
> 我得宿命智，能知一切劫，自身及他人，分别悉明了。
> 我于一念知，刹海微尘劫，诸佛及菩萨，五道众生类。
> 忆知彼诸佛，始发菩提愿，乃至修诸行，一一悉圆满。
> 亦知彼诸佛，成就菩提道，以种种方便，为众转法轮。
> 亦知彼诸佛，所有诸乘海，正法住久近，众生度多少。
> 我于无量劫，修习此法门；我今为汝说，佛子汝应学。

"善男子！我唯知此菩萨出生广大喜光明解脱门。如诸菩萨摩诃萨，亲近供养一切诸佛，入一切智大愿海，满一切佛诸愿海；得勇猛智，于一菩萨地，普入一切菩萨地海；得清净愿，于一菩萨行，普入一切菩萨行海；得自在力，于一菩萨解脱门，普入一切菩萨解脱门海。而我云何能知能说彼功德行？

"善男子！此道场中，有一夜神，名大愿精进力救护一切众生。汝诣彼问：'菩萨云何教化众生，令趣阿耨多罗三藐三菩提？云何严净一切佛刹？云何承事一切如来？云何修行一切佛法？'"

时，善财童子顶礼其足，绕无数匝，殷勤瞻仰，辞退而去。

注释

❶ "太"，大正本原作"大"，今依三本、宫本及圣本改之。

❷ "强"，大正本原作"强"，今依宫本改之。

❸ "颂"，大正本原作"颂"，今依前后文意改之。

❹ "殊"，大正本原作"姝"，今依元、明本改之。

❺ "木"，大正本原作"本"，今依宫本改之。

【白话语译】

这时，善财童子进入甚深的菩萨自在妙音解脱法门，精进修行，继续前往参访开敷一切树华夜神。善财童子看见开敷一切树华夜神坐在各种宝香树的楼阁内，由各种美妙宝物造成的师子座上，身旁有百万个夜神围绕。

这时，善财童子顶礼开敷一切树华夜神的双足，向他合掌顶礼，并且说："圣者啊！我在以前就已经发起无上正等正觉心，然而却还不知道菩萨如何修学菩萨行？如何证得一切智慧？只愿圣者您慈悲为我说明。"

夜神说："善男子啊！我在这个娑婆世界，当日光隐没，莲华闭合，在山上、水中，或是城邑、郊野等地方游玩的人们，凡是准备回去住处的，我会暗中庇护，让他们找到正确的道路，到达他们的住处，宿夜安乐。

"善男子啊！如果有众生，在盛年凭借着身体的色相妙好，就傲慢放逸、纵情于五欲，我就为他们示现年老、生病、死亡种种相貌。让他们心生恐怖，舍离一切恶业。再为他们赞叹种种善根，使他们修习善根。

"我又为悭吝的众生赞叹布施波罗蜜的功德，为破戒的众生称扬净戒波罗蜜的功德，教导嗔恚的众生安住大慈心，让心怀恼害的众生修行忍辱波罗蜜，让懈怠的众生修行精进波罗蜜，让心意散乱的众生修习禅定，为住恶慧的众生学习般若智慧，使乐受小乘的众生安住大乘，让乐好执着三界欲乐的众生安住于菩萨的愿波罗蜜法之中。凡是福德智慧微薄低劣、被各种烦恼业力逼迫滞碍的众生，我都会让他们安住菩萨的力波罗蜜法之中。凡是心昏暗愚昧、没有智慧的众生，我就使他们安住在菩萨的智波罗蜜法之中。

"善男子啊！因为我已经成就菩萨出生广大喜光明解脱的法门。"

善财童子说："伟大的圣者啊！你能为我描述这个解脱法门的境界吗？"

夜神回答："善男子啊！凡是证入这个解脱法门的人，都能了知如来普遍摄受众生善巧方便的智慧。为什么说是普遍摄受呢？

"善男子啊！众生所受的各种欲乐，都是出于如来的威德力加持，顺应如来的教化，实行如来的教法，修学如来的行愿，得到如来的护佑力量，修习如来印证的道法，种下如来所行的善根，依止如来所说的妙法，受如来的智慧日光照耀，为如来自性清净业力所摄受。我是怎么知道的呢？善男子啊！因为当我证入这个出生广大喜光明解脱三昧时，毗卢遮那如来在过去所修习的菩萨行海，我无不明白看见。

"善男子啊！当世尊过去还是菩萨的时候，看见众生执着我、我所有的一切，住在无明暗室，进入种种邪见的稠林，被贪爱所缚，被忿怒所伤坏，被愚痴所扰乱，被悭贪嫉妒所缠缚，生死轮回不已，贫穷困苦，而不能得见一切诸佛菩萨。我看见之后，生起大悲心，利益众生，就是所谓的生起愿得一切妙宝资具摄受众生的心，愿众生都完全具足一切日常资生器物而不虞匮乏的心，远离一切执着的心，不贪染任何境界的心，对拥有的一切毫不悭吝地布施心，不企求任何果报的心，不羡慕任何荣华的心，对任何因缘都毫不迷惑的心。

"生起观察真实法性的心，生起救护众生的心，生起深入于一切法的漩流心，生起安住众生于平等大慈心，生起对一切众生行方便大悲之心，生起做大法盖普遍庇护众生，生起用大智金刚杵破除众生烦恼障碍山的心，生起增长众生喜乐的心，生起愿众生都究竟安乐的心，生起随顺众生所欲而雨下一切财宝的心，生起用平等方便成熟众生的心，生起让众生都能满足圣者法财的心，生起愿众生都能究竟得到佛陀十力智慧果位的心。

"我生起如此种种的心愿之后，获得菩萨的大力量，示现广大神通变化，遍满法界、虚空界。在一切众生前，普遍雨下各种资养生息的物品，随顺众生的欲乐，一一满足他们的意愿，使他们都心生欢喜，没有任何懊悔、吝啬。我毫不间断地用种种善巧方便普遍摄受、教化、成熟众生，让众生都能出离生死苦难，却不企求他们回报。只是调治众生的心宝，让他们都能生起等同诸佛的善根，增长一切智慧福德的大海。

"菩萨就这样念念成熟众生；念念庄严一切佛国刹土；念念都普遍趣入一切法界；念念完全遍满虚空界；念念普遍趣入一切过去、现在、未来三世；念念成就调伏众生智慧；念念恒常转动一切法轮；念念恒常以一切智慧之道利益众生；念念普遍在一切世界中种种众生面前，穷尽未来的时劫，示现诸佛成就正等正觉；念念在一切世界、一切时劫，修习菩萨行，不生起异想，像所谓的普遍进入所有广大世界海的世界种中，种种际畔诸世界、种种庄严诸世界、种种体性诸世界、种种形状诸世界、种种分布诸世界。

"或是污秽又兼清净的世界，或是清净又兼污秽的世界，或有一向杂秽的世界，或有一向清净的世界，或大，或小，或粗，或细，或端正，或侧向，或倾覆，或上仰，如是一切种种世界，我都念念修行各种菩萨行，证入菩萨果位，示现菩萨的神力，也示现过去、现在、未来三世，随顺与众生心念相应的因缘，普遍让他们了知亲见此种境界。

"善男子啊！毗卢遮那如来在过去世，如此修菩萨行的时候，看见众生不修功德，没有智慧，执着于我、我所有，被无明遮蔽障碍，没有正确的思惟，进入各种邪见之中；不了解因果，只是随顺烦恼业力流转，堕入生死险难的深坑，忍受着各种无量的苦痛。于是菩萨生起大悲心，具足修习一切波罗蜜行，称扬赞叹一切众生，使其善根坚固，让他们安住在佛法上，远离生死贫穷的苦难，勤奋修习福智助道的法门。为众生解说种种因果法门，宣说一切业报不会相互错反的因果律，或宣说修行之法，使证入圣人之处，或宣说众生所意欲了解的法，及宣说一切受生的国土，使他们不致断灭佛种，让他们都能守护诸佛的佛法，舍离种种恶业。

"又，为众生称赞趣入一切智的助道法门，让众生心生欢喜。让他们都能行法布施，普遍摄受。让众生发起一切智行，让众生修学诸位大菩萨的波罗蜜道，让众生增长成就一切智慧的各种善根海，让众生满足一切圣财，让众生都能够证入诸佛的自在法门，让众生都能摄取无量的方便，让众生都能亲见如来的威德，安住菩萨的智慧。"

善财童子问："圣者啊！您发起无上正等正觉心已经有多久了？"

夜神说："善男子啊！这件事说起来真是令人难以相信、难以了知、难以证入、难以宣说，因为这个境界不是世人以及二乘能够了知的，除非是受诸佛神力所护持、善友所摄受，已聚集殊胜功德，欲乐清净，心念毫无下等恶劣，毫不杂染谄曲。并已证得普遍照耀智慧光明的心，发起饶益所有一切众生的心，一切烦恼及众魔都不能破坏的心，发起必定成就一切智智的心，不愿受一切生死乐的心。又，他能够勤求一切诸佛的妙乐，能够除灭所有众生的苦恼，能够修集诸佛的功德海，能够观察诸法的真实体性，能够具足所有清净的信解，能够超越一切生死相续的瀑流，能够证入一切如来智慧海，能够决定到达无上法城，能够勇猛证入如来的境界，能够立刻趣入诸佛地位，能够立即成就一切智力，能够获得究竟的诸佛十力。只有像这样的人，才能受持、证入、了知这个法门。为什么呢？因为这是如来智慧的境界，菩萨都无法了知，更何况是众生呢？现在我仰承诸佛威神力的加持，所以能调伏可以教化的众生，使他们都能立刻清净意念，修习善根，心意得大自在。所以随你所问，我都会为你宣说。"

这时，开敷一切树华夜神，想要重新说明这个义理，乃观察三世一切如来的境界而宣说以下的偈颂：

> 佛子汝所询问，甚深诸佛境界，
> 难思刹尘时劫，说之不可穷尽。
> 非是贪恚愚痴，骄慢迷惑所覆，
> 如是诸众生等，能了知佛妙法。
> 非是住于悭嫉，谄诳诸浊心意，
> 烦恼业障所覆，能了知佛境界。
> 非着蕴界处中，及妄计于有身，
> 见倒想倒之人，能了知佛所觉。

诸佛境界寂静，性清净离分别，

非着诸有之人，能了知此法性。

生于诸佛之家，为诸佛所守护，

住持佛法藏者，智眼证之境界。

亲近众善知识，爱乐白净佛法，

勤求诸佛大力，听闻此法欢喜。

心清净无分别，犹如广大虚空，

慧灯破除诸暗，是彼所证境界。

以广大慈悲意，普覆众生世间，

一切悉皆平等，是彼所证境界。

欢喜心无执着，一切悉皆能舍，

平等布施众生，是彼所证境界。

心净远离诸恶，究竟无所悔恨，

顺行诸佛教诲，是彼所证境界。

了知诸法自性，及以一切业种，

其心无有动乱，是彼所证境界。

勇猛心勤精进，安住心不退转，

勤修一切智慧，是彼所证境界。

其心寂静安住三昧，究竟清凉无有热恼，

已修一切智慧海因，此证悟者之所解脱。

善知一切真谛实相，深入无边法界之门，

普度群生靡有剩余，此慧灯者之解脱门。

了达众生真实体性，不着一切诸有大海，

如影普现心水之中，此正道者之解脱门。

从于一切三世诸佛，方便愿种因而出生，

尽诸劫刹精勤修行，此普贤者之解脱门。

普入一切法界之门，悉见十方诸佛刹海，

亦见其中时劫成坏，而心毕竟无所分别。

法界所有微尘之中，悉见如来端坐道树，

成就菩提教化群品，此无碍眼之解脱门。

汝于无量大劫海中，亲近供养诸善知识，

为利群生勤求正法，闻已忆念无有遗忘。

毗卢遮那广大境界，无量无边不可思议，

我承佛力为汝宣说，令汝深心转为清净。

"善男子啊！经过世界海微尘数时劫以前，有一个名叫普光明真金摩尼山的世界海，这个世界海又有普照法界智慧山寂静威德王如来出世。善男子啊！这位如来过去修习菩萨行的时候，他的世界海一片清净。其中，有世界微尘数之多的世界种。每一个世界种中，又有世界微尘数的世界。每一个世界，都有如来出兴世间。每一位如来，都宣说着世界海微尘数的修多罗法。每一修多罗法，都为佛国刹土微尘数的菩萨授记，示现种种神力，演说种种法门，度化无数的众生。

"善男子啊！这个普光明真金摩尼山世界海中，有名为普庄严幢的世界种。在这个世界种中，又有名为一切宝色普光明的世界。这个世界是以形状像天城的示现一切化佛影摩尼王为体，用现一切如来道场影像摩尼王为底，然后安住在一切宝华海上，清净、污秽相杂。这个世界有须弥山微尘数的四天下，其中，有一个座落中间的四天下，名为一切宝山幢。其四天下的每一天下深度高达十万由旬，每一个天下各有一万个大城。这个阎浮提中，有一个名为坚固妙宝庄严云灯的王都，这里有一万个大城围绕四周。阎浮提人的寿命长达万年时，其中，有一位名叫一切法音圆满盖的国王，他有五百位大臣、六万个采女、七百个王子，他的每个王子都非常端正勇健，威力无穷。这时，一切法音圆满盖王的威德泽被整个阎浮提，所以没有任何怨敌。

"后来这个世界在劫数将尽的时候，有五浊❶兴起，所有身处人道的众生寿命都变得非常短促，资财都慢慢匮乏减少。每个人的外形色身都非常鄙劣粗陋，痛苦多过快乐。他们又不修习十种善业，只是专作恶业，人与人之间又相互嗔忿诤斗、互相毁灭凌辱，离间他人，嫉妒别人的荣华美好，随任自己生起邪见，老是贪求非法的事物。因为如此，所以风雨不调，苗谷庄稼都歉收，园林草木也都枯萎。生活匮乏，疫病到处流行肆虐，人民没有什么可以依恃的，真是苦不堪言。

"于是无量无边百千万亿的人都来到王都大城旁，围绕四周。有的高声狂叫着，有的举手，有的合掌，有的用头叩地，有的用手捶胸，有的跪着大哭，有的跳跃哭号，蓬头垢面、衣裳破烂、皮肤干裂，脸上一点儿光彩也没有。

"他们一起向国王说：'大王啊！大王！我们今天贫穷困苦、饥寒交迫，因为疾病缠身而衰弱不堪，被种种苦痛所逼迫，性命即将不保。无依无靠、无处求救，也投诉无门。我们因为看到大王仁慈智慧，所以前来归向大王，希望能在大王这里得到安乐、所爱、活命、摄受、宝藏。遇到大王，就像见到桥梁、道路、船筏、宝洲、财利、得以升天一般。'

"这时，一切法音圆满盖王听了这些话后，证得百万阿僧祇数的大悲法门，一心思惟，发起十种大悲言语。是哪十种呢？'一，可怜的众生啊！堕入无底的生死大坑，我要如何才能拔济他们，让他们能够安住在一切智慧的境地呢？二，可怜的众生啊！被各种烦恼逼迫，我要如何救护他们，才能让他们安住在善业呢？三，可怜的众生啊！对生老病死恐怖不已，我要如何才能作为他们的归依，让他们的身心永远得到安稳？四，可怜的众生啊！常受世界各种恐惧逼迫煎熬，我要如何才能护佑、帮助他们，让他们都能安住在一切智道中？五，可怜的众生啊！没有智慧眼，常被身见[2]疑惑所覆蔽，我要如何才能善巧方便地让他们可以除去疑惑及偏见的无明障碍？六，可怜的众生啊！常被愚痴黑暗所迷惑，我要如何才能成为他们明亮的火炬，让他们都能照见智慧城呢？七，可怜的众生啊！常染着悭嫉诌诳，我要如何才能为他们明白开示，让他们都能证得清净的法身？八，可怜的众生啊！长久以来始终漂流没溺在生死大海，我要如何才能普遍运度他们，让他们都能登上菩提的彼岸？九，可怜的众生啊！根性刚强，难以调伏，我要如何才能调御他们，让他们都能具足诸佛神力？十，可怜的

众生啊！就好像盲人看不见道路，我要如何才能引导他们，让他们都证入智慧门？'

"他说完这些话语后，就击鼓下令：'我今天要普遍布施。凡是你们所要的东西，我都能满足你们。'于是立刻命令阎浮提内大小城邦以及所有的聚落，打开所有的仓库，把所有的东西放在各个街道上。包括所谓的金银、琉璃、摩尼等珍宝，衣服、饮食、华香、璎珞、宫殿、屋宅、床榻、卧具。他又建起大光明摩尼宝幢，凡是被这光明照触到身上的，都能得到安稳。他又布施众生治病用的医药，并用种种宝器盛满各种错杂的珍宝：金刚宝器中盛满种种香，宝香器中盛满种种服饰衣服、辇舆车乘、幢幡缯盖，如是一切的资生物品，全部都拿出来布施。

"他也布施所有的村落、城邑、山泽、森林、妻子、眷属，以及王位，还有身体内外所有的一切，连头、目、耳、鼻、唇、舌、牙、齿、手、足、皮、肉、心、肾、肺等也都能完全施舍。在这个坚固妙宝庄严云灯城的东面有一个摩尼山光明城门。在这城门外，有一块布施的地方，这地方清净平坦而广大，没有坑洞、荆棘、沙砾，因为这里所有的一切都是妙宝构成。到处都是众宝妙华，燃熏种种妙香，并燃种种宝灯，一切香云充满虚空，无量的宝树都次第排列。无量的华网、无量的香网，也周弥覆盖四方。无量百千亿那由他的种种乐器也恒常发出美妙乐音，所有的一切，都是用妙宝庄严，都是由于菩萨的净业果报所显现的。

"布施大会中，放置的师子宝座是以十种珍宝为地，以十种珍宝为栏楯，十种宝树围绕四周。金刚宝轮装在下面，由各种宝物做成的龙神之像捧持着，以种种宝物庄严。还有幢幡间列，种种宝网也覆在上面。无量的宝香常常飘出香云，种种诸天宝衣到处分布，千种乐器常时演奏出美妙的音乐。宝座上空又张施各种宝盖，放出无量的宝焰光明，如阎浮檀金，炽然清净。又有宝网张悬虚空，还有各种璎珞、摩尼宝带垂列四周，种种的宝铃不时传出妙好的乐音，劝发众生修行善业。

"这时，一切法音圆满盖王坐在师子座上，身形妙好，面貌端正。以光明妙宝作为他的王冠，宛如金刚那罗延身不可破坏，身体的每一处肢节都非常圆满。本性如普贤般良善，在王者种姓中出生，对财施、法施都得自在，辩才无碍，智慧明达。以仁政治国，没有任何众生违反王命。

"这时，阎浮提中无量无数百千万亿那由他的众生，包括种种不同国土、族类、相貌、衣服、言辞、欲乐的众生，都来到会中观察这位大王。一致说道：'这位大王的智慧广大，福报如须弥山高深，功德如明月清净，安住菩萨大愿，且能施行广大的布施。'这时，大王看见前来乞求的众生，生起悲悯心、欢喜心、尊重心、亲近善友心、广大心、相续心、精进心、不退心、舍施心及周遍心。

"善男子啊！当一切法音圆满盖王看见这些前来乞求的人，心中欢喜不已。这须臾的快乐，即使是忉利天王、夜摩天王、兜率陀天王，穷尽百千亿那由他时劫所受的快乐也比不上。又，善化天王在无数时劫所受的快乐、自在天王在无量时劫所受的快乐、大梵天王在无边时劫所受的梵乐、光音天王在难思量时劫中所受的天乐、遍净天王在无尽时劫中所受的天乐、净居天王在不可说时劫安住寂静的喜乐，全都不及一切法音圆满盖王的快乐。

"善男子啊！譬如有人，仁慈、孝悌、友爱，遭逢世间灾难，父母、妻子、兄弟、姊妹，全都散失了，忽然在旷野道路间相遇，互相恭敬奉侍，抚面对话，盛情款款而无厌足。一切法音圆满盖王看见前来求助的人，心中生起的欢喜也像这样。

"善男子啊！大王这时因为善知识，而更加知解佛菩提，诸根成就，信心清净，欢喜圆满。为什么呢？一切法音圆满盖王能够勤修种种行持，勤求一切智，祈愿利益众生，获得无量的菩提妙乐。舍离所有不善的心，乐于积集善根，时常祈愿救护众生，常乐观察萨婆若道。常乐于修行一切智法，祈愿满足众生所求。证入诸佛的功德大海，破除所有魔业惑障大山，随顺所有如来的教诲，行持智慧，毫无障碍。并且能够深入一切智慧之流，一切法流常现在其前，所发的大愿无尽，他可说是安住大人法❸的大丈夫。已经积集一切普门善藏，远离各种执着，不染着任何世间的境界，了知诸法体性犹如虚空。

"他对待前来乞求的人都如自己的独子一般，或视他们为父母、福田，认为这个因缘真是难得。又能使他获得恩泽利益，又能坚固他的菩提心。他把这些乞讨者都当作老师、当作佛陀，丝毫不会拣择他们的来处，也不拣择他们的族类，更不论身形外貌。所以，凡是前来的人，不管他们要什么，他都能以大慈心，平等无碍地普施一切，让他们全都满足。若有人求取饮食，就施给饮食；若有人求取衣服，就施给衣服；若有人求取香花，就施给香花；若有人求取鬘盖，就施给鬘盖；若有人求取幢幡、璎珞、宫殿、园苑、象马、车乘、床座、被褥、金银、摩尼，各种珍贵宝物，一切仓库之物，以及诸眷属、城邑、聚落，一切法音圆满盖王无不让众生如愿以偿。

"他普施众生的大施会中，有一位长者的女儿名叫宝光明童女，和六十位端正美丽妙好的童女。她们的皮肤是金色的，头发是绀青色的，身上流出上妙的香气，口中出演梵音。有上妙的宝衣以为庄严，心中常怀惭愧、正念而不散乱，威仪具足。恭敬师长，恒常忆念甚深妙行，凡是听闻过的法门，都能忆持不忘，宿世的善根常流润心中。清净广大，如虚空平等地安住众生。常见诸佛，求取一切智。

"这时，宝光明女在离大王不远的地方，合掌顶礼，心中这样想：'我真是获得大善利益啊！我真是获得大善利益啊！我今天能看见这位大善知识，他真是难得的大师，善知识呀，他又具足慈悲，能毫无遗漏地摄受众生。'宝光明女的心意正直，心中欢喜不已，取下身上的璎珞供养大王。她发起誓愿：'今天大王能够作为无量无边无明众生的归依，愿我未来也能如此，如同大王所了知的法，所载的船乘，所修的正道，具足的色相，拥有的财产，摄受的众会，无边、无尽、凡人难以超胜、难以破坏，愿我未来也能如此。不管大王未来投生那里，愿我也能跟随前往受生。'

"这时，一切法音圆满盖王知道宝光明童女发起的心意，就告诉她说：'童女！随你的欲求，都如你所愿，我今天所拥有的一切都愿施舍，普遍满足众生。'

"这时，宝光明童女信心清净，心生欢喜。随即以偈颂称扬大王：

往昔此城邑中，大王未出之时，
一切皆不可乐，犹如饿鬼住处。
众生相互杀害，窃盗放纵淫佚，
两舌不实之语，无义粗恶言词。
贪爱他人财物，嗔恚胸怀毒心，
邪见不善众行，命终堕于恶道。
以是诸等众生，愚痴所盖覆蔽，
住于颠倒邪见，天旱不降泽霖。
以无时下雨故，百谷悉不生长，
草木悉皆枯槁，泉流亦已干竭。
大王未兴世时，津池悉皆枯涸，
园苑众多骸骨，望之宛如旷野。
大王升大宝位，广济诸群生等，
油云广被八方，普雨悉皆充洽。
大王慈临庶品，普断一切暴虐，
刑狱皆得止措，茕独悉为安稳。
往昔诸般众生，各各相互残害，
饮血而啖彼肉，今悉生起慈心。
往昔诸般众生，贫穷乏少衣服，
以草自遮蔽身，饥羸宛如饿鬼。
大王既兴于世，粳米自然出生，
树中长出妙衣，男女悉皆严饰。
昔日竞争微利，非法相互陵夺，
今时并皆丰足，如游帝释园苑。
昔时人作恶事，非分心生贪染，
他妻以及童女，种种相互侵逼。

今日他人妇女，端正妙庄严饰，
而心无所染着，犹如知足天人。
昔日诸般众生，妄言不语真实，
非法无有利益，谄曲妄取人意。
今日群生之类，悉离一切恶言，
其心既已柔软，发语亦皆调顺。
昔日诸般众生，种种施行邪法，
合掌恭敬礼拜，牛羊犬豚畜类。
今闻大王正法，悟解除众邪见，
了知苦乐果报，悉从因缘而起。
大王演出妙音，闻者悉皆欣乐，
梵释妙音声等，一切无有能及。
大王众宝天盖，迥处虚空之中，
擎以琉璃为干，覆以摩尼宝网。
金铃自然演出，如来和雅悦音，
宣扬微妙正法，除灭众生疑惑。
次复广为演说，十方诸佛刹土，
一切诸时劫中，如来并及眷属。
又复次第宣说，过去十方佛刹，
及彼国土之中，一切诸佛如来。
又出微妙声音，普遍阎浮界中，
广说人天等众，种种业力差别。
众生听闻之后，自知诸业之藏，
远离恶勤修行，回向诸佛菩提。
王父为净光明，王母为莲华光，
五浊出现之时，处位治理天下。
时有广大园林，园有五首水池，
一一千树围绕，各种妙华弥覆。

于其池岸之上，建立千柱大堂，
栏楯等为庄严，一切无不备具。
末世恶法生起，积年而不降雨，
池流悉为干竭，草树今皆枯槁。
王生七日之前，先现灵瑞妙相，
见者咸皆心念，救世者今当出。
尔时于其中夜，大地六种震动，
有一宝华水池，光明犹如日现。
五百诸池之内，功德水皆充满，
枯树悉生枝柯，华叶皆为荣茂。
池水既已盈满，流演一切处所，
普及阎浮大地，靡不皆得沾洽。
药草以及诸树，百谷及苗稼等，
枝叶众华果实，一切皆得繁盛。
沟坑以及堆阜，种种高下处所，
如是一切大地，莫不皆为平坦。
荆棘及沙砾等，所有诸般杂秽，
皆于一念之中，变成众宝玉石。
众生见是之后，欢喜而心赞叹，
咸言逮得善利，如渴能饮美水。
时彼光明大王，眷属无量大众，
金然具备法驾，游观诸园苑中。
五百诸池之内，有池名为庆喜，
池上有一法堂，父王于此安住。
先王语告夫人，我念七夜之前，
中宵大地震动，此中有光出现。
时彼华池之内，千叶莲华出生，
其光如千日照，上彻须弥山顶。

金刚以为茎茎，阎浮檀金为台，
众宝为其华叶，妙香作为须蕊。
王生彼华之上，端身结跏趺坐，
相好以为庄严，天神之所恭敬。
先王生大欢喜，入池亲自抚掬，
持以授于夫人，汝子应生欣庆。
宝藏皆涌而出，宝树生长妙衣，
天乐和奏美声，充满虚空之中。
一切所有众生，皆生广大欢喜，
合掌叹称稀有，善哉救护世者！
王时放身光明，普照遍于一切，
能令四天下中，暗尽众病除灭。
夜叉毗舍阇众，毒虫诸恶兽等，
所欲伤害人者，一切自为藏匿。
恶名失于善利，横事诸病所持，
如是众苦消灭，一切皆得欢喜。
凡是众生之类，相视犹如父母，
离恶生起慈心，专求一切智慧。
关闭诸恶道趣，开示人天大路，
宣扬萨婆若智，度脱一切群生。
我等见于大王，普获于善利益，
无归无导之人，一切皆悉安乐。

"宝光明童女以偈颂赞叹一切法音圆满盖王之后，绕了大王无数圈，合掌顶礼，曲躬恭敬，然后站在一旁。

"这时，大王告诉童女说：'太好了！童女！你能深信了知他人功德，真是难能可贵。童女呀！众生多半不能深信了知别人的功德。童女！众生多半不知道报恩，没有智慧，心中污浊迷乱，本性无明。本来就没有志力，修行又间断退却，像这种人，是没法相信了知菩萨、如来所有功德的神通智慧。童女呀！你今天决定求趣菩提，能够了知菩萨如是的功德。你今生在这个阎浮提中，能够发勇猛心，普遍摄受众生，必将成就如是功德，你的努力不会白费。'大王赞叹童女之后，用无价的宝衣，亲手授与宝光明童女和她的眷属，告诉她们每个人：'来，穿上这件衣服。'

"这时，诸位童女跪在地上，用双手承接捧着宝衣，放在头顶上，然后才拿起来穿。穿上之后，向右围绕大王，一切宝衣中现出所有的星宿光明。众人看见之后，都说：'这些童女们，非常端正，就如同清净夜空中的星星一样庄严。'

"善男子啊！你知道这时的一切法音圆满盖王，哪里是别人呢？就是现在的毗卢遮那如来。光明王就是净饭王。莲华光夫人就是摩耶夫人。宝光明童女就是我。一切法音圆满盖王在当时以四摄法所摄受的众生，就是在这个会中所有的菩萨。因为这些菩萨那时都发起无上正等正觉心，所以能证得不退转境界，从初地乃至十地，具足种种的大愿，积集种种辅助道法，修行种种妙行。具备种种庄严，得种种神通，安住种种解脱，在这个众会中，安住种种妙法宫殿。"

这时，开敷一切树华主夜神为了善财童子，欲重新宣说这个解脱法门的义理而宣说偈颂如下：

> 我有广大眼目，普见于十方界，
> 一切刹海之中，于五趣轮回者。
> 亦见彼诸佛陀，菩提树下端坐，
> 神通遍及十方，说法广度众生。
> 我有清净妙耳，普闻一切音声，
> 亦闻佛陀说法，欢喜而心信受。
> 我有他心智慧，无二无所障碍，
> 能于一念之中，悉了众生心海。
> 我得宿命智慧，能知一切时劫，

自身以及他人，分别悉皆明了。

　　我于一念了知，刹海微尘时劫，

　　诸佛以及菩萨，五道众生之类。

　　忆知彼诸佛陀，始发大菩提愿，

　　及至勤修诸行，一一悉皆圆满。

　　亦知彼等诸佛，成就大菩提道，

　　以种种妙方便，为众转大法轮。

　　亦知彼等诸佛，所有一切乘海，

　　正法安住久近，众生度者多少。

　　我于无量时劫，修习此等法门，

　　我今为汝宣说，佛子汝应勤学。

　　"善男子啊！我只知道这个菩萨出生广大喜光明解脱的法门。而如果像诸位菩萨摩诃萨亲近供养诸佛，证入智慧大愿海，圆满诸佛的愿海，证得勇猛智，能在一位菩萨境地，普遍趣入一切菩萨地海，证得清净的誓愿；又，能在一菩萨行中，普遍趣入所有菩萨行海，证得自在力；又，能在一菩萨解脱门中，普遍趣入所有菩萨的解脱门海。诸如这般功德行，根本不是我能了知、宣说的！

　　"善男子啊！在这个道场有一位大愿精进力救护一切众生夜神，你可以前去参访，并请问他：'菩萨如何教化众生，令其趣入无上正等正觉？如何庄严清净一切佛国刹土？如何承事诸佛？如何修行所有的佛法？'"

　　这时，善财童子向夜神顶礼双足，右绕无数周，殷勤瞻仰夜神的容貌，就辞行告退。

【注释】

❶五浊：指命浊、众生浊、烦恼浊、劫浊、见浊。命浊是指众生烦恼多，身心交瘁，寿命短促。众生浊是指世人多恶，身心不清净。烦恼浊是指世人爱欲重，多嗔

怒诤斗。见浊是指世人知见不正确，不奉行正道。劫浊是指末世时，各种天灾人祸相继发生。

❷ 身见：执着自己的色身为恒常实有的。

❸ 大人法：这里指佛的教法。

卷第七十三
入法界品第三十九之十四

【原典】

尔时，善财童子往大愿精进力救护一切众生夜神所，见彼夜神在大众中，坐普现一切宫殿摩尼王藏师子之座，普现法界国土摩尼宝网弥覆其上，现日、月、星宿影像身，现随众生心普令得见身，现等一切众生形相身，现无边广大色相海身，现普现一切威仪身，现普于十方示现身，现普调一切众生身，现广运速疾神通身，现利益众生不绝身，现常游虚空利益身，现一切佛所顶礼身，现修习一切善根身，现受持佛法不忘身，现成满菩萨大愿身，现光明充满十方身，现法灯普灭世暗身，现了法如幻净智身，现远离尘暗法性身，现普智照法明了身，现究竟无患无热身，现不可沮坏坚固身，现无所住佛力身，现无分别离染身，现本清净法性身。

时，善财童子见如是等佛刹微尘数差别身，一心顶礼，举体投地，良久乃起，合掌瞻仰，于善知识生十种心。何等为十？所谓于善知识生同己❶心，令我精勤办一切智助道法故；于善知识生清净自业果心，亲近供养生善根故；于善知识生庄严菩萨行心，令我速能庄严一切菩萨行故；于善知识生成就一切佛法心，诱诲于我令修道故；于善知识生能生心，能生于我无上法故；于善知识生出离心，令我修行普贤菩萨所有行愿而出离故；于善知识生具一切福智海心，令我积集诸白法故；于善知识生增长心，令我增长一切智故；于善知识生具一切善根心，令我志愿得圆满故；于善知识生能成办大利益心，令我自在安住一切菩萨法故，成一切智道故，得一切佛法故。是为十。

发是心已，得彼夜神与诸菩萨佛刹微尘数同行。所谓同念，心常忆念十方三世一切佛故；同慧，分别决了一切法海差别门故；同趣，能转一切诸佛如来妙法轮故；同觉，以等空智普入一切三世间故；同根，成就菩萨清净光明智慧根故；同心，善能修习无碍功德，庄严一切菩萨道故；同境，普照诸佛所行境故；同证，得一切智照实相海净光明故；同义，能以智慧了一切法真实性故；同勇猛，能坏一切障碍山故；同色身，随众生心示现身故；同力，求一切智不退转故；同无畏，其心清净如虚空故；同精进，于无量劫行菩萨行无懈倦故；同辩才，得法无碍智光明故；同无等，身相清净超世间故；同爱语，令一切众生皆欢喜故；同妙音，普演一切法门海故；同满音，一切众生随类解故；同净德，修习如来净功德故；同智地，一切佛所受法轮故；同梵行，安住一切佛境界故；同大慈，念念普覆一切国土众生海故；同大悲，普雨法雨润泽一切诸众生故；同身业，以方便行教化一切诸众生故；同语业，以随类音演说一切诸法门故；同意业，普摄众生置一切智境界中故；同庄严，严净一切诸佛刹故；同亲近，有佛出世皆亲近故；同劝请，请一切佛转法轮故；同供养，常乐供养一切佛故；同教化，调伏一切诸众生故；同光明，照了一切诸法门故；同三昧，普知一切众生心故；同充遍，以自在力充满一切诸佛刹海修诸行故；同住处，住诸菩萨大神通故；同眷属，一切菩萨共止住故；同入处，普入世界微细处故；同心虑，普知一切诸佛刹故；同往诣，普入一切佛刹海故；同方便，悉现一切诸佛刹故；同超胜，于诸佛刹皆无比故；同不退，普入十方无障碍故；同破暗，得一切佛成菩提智大光明故；同无生忍，入一切佛众会海故；同遍一切诸佛刹网，恭敬供养不可说刹诸如来故；同智证，了知彼彼法门海故；同修行，顺行一切诸法门故；同希求，于清净法深乐欲故；同清净，集佛功德而以庄严身、口、意故；同妙意，于一切法智明了故；同精进，普集一切诸善根故；同净行，成满一切菩萨行故；同无碍，了一切法皆无相故；同善巧，于诸法中智自在故；同随乐，随众生心现境界故；同方便，善习一切所应习故；同护念，得一切佛所护念故；同入地，得入一切菩萨地故；同所住，安住一切菩萨位故；同记别，一切诸佛授其记故；同三昧，一刹那中普入一切三昧门故；同建立，示现种种诸佛事故；同正念，正念一切境界门故；同修行，尽未来劫修行一切菩萨行故；同净信，于诸如来无量智慧极欣乐故；同舍离，灭除一切诸障碍故；同不退智，与诸如来智慧等故；同受生，应现成熟诸众生故；同所住，住一切智方便门故；同境界，于法界境得自在故；同无依，永断一切所依心故；同说法，已入诸法平等智故；同勤修，常蒙诸佛所护念故；同神通，开悟众生令修一切菩萨行故；同神力，能入十方世界海故；同陀罗尼，普照一切总持海故；同秘密法，了知一切修多罗中妙法门故；同甚深法，解一切法如虚空故；同光明，普照一切诸世界故；同欣乐，随众生心而为开示令欢喜故；同震动，为诸众生现神通力普动十方一切刹故；同不虚，见闻忆念皆悉令其心调伏故；同出离，满足一切诸大愿海，成就如来十力智故。

时，善财童子观察大愿精进力救护一切众生夜神，起十种清净心，获如是等佛刹微尘数同菩萨行。既获此已，心转清净，偏袒右肩，顶礼其足，一心合掌，以偈赞曰：

我发坚固意，志求无上觉；今于善知识，而起自己心。
以见善知识，集无尽白法，灭除众罪垢，成就菩提果。
我见善知识，功德庄严心，尽未来刹劫，勤修所行道。
我念善知识，摄受饶益我，为我悉示现，正教真实法，
关闭诸恶趣，显示人天路，亦示诸如来，成一切智道。
我念善知识，是佛功德藏，念念能出生，虚空功德海。
与我波罗蜜，增我难思福，长我净功德，令我冠佛缯。
我念善知识，能满佛智道；誓愿常依止，圆满白净法。
我以此等故，功德悉具足，普为诸众生，说一切智道。
圣者为我师，与我无上法，无量无数劫，不能报其恩。

尔时，善财说此偈已，白言："大圣！愿为我说，此解脱门名为何等？发心已来为几时耶？久如当得阿耨多罗三藐三菩提？"

　　夜神告言："善男子！此解脱门，名教化众生令生善根。我以成就此解脱故，悟一切法自性平等，入于诸法真实之性，证无依法，舍离世间，悉知诸法色相差别，亦能了达青、黄、赤、白，性皆不实，无有差别，而恒示现无量色身，所谓种种色身、非一色身、无边色身、清净色身、一切庄严色身、普见色身、等一切众生色身、普现一切众生前色身、光明普照色身、见无厌足色身、相好清净色身、离众恶光明色身、示现大勇猛色身、甚难得色身、一切世间无能映蔽色身、一切世间共称叹无尽色身、念念常观察色身、示现种种云色身、种种形显色身、现无量自在力色身、妙光明色身、一切净妙庄严色身、随顺成熟一切众生色身、随其心乐现前调伏色身、无障碍普光明色身、清净无浊秽色身、具足庄严不可坏色身、不思议法方便光明色身、无能映❷夺一切色身、无诸暗破一切暗色身、集一切白净法色身、大势力功德海色身、从过去恭敬因所生色身、如虚空清净心所生色身、最胜广大色身、无断无尽色身、光明海色身、于一切世间无所依平等色身、遍十方无所碍色身、念念现种种色相海色身、增长一切众生欢喜心色身、摄取一切众生海色身、一一毛孔中说一切佛功德海色身、净一切众生欲解海色身、决了一切法义色身、无障碍普照耀色身、等虚空净光明色身、放广大净光明色身、照现无垢法色身、无比色身、差别庄严色身、普照十方色身、随时示现应众生色身、寂静色身、灭一切烦恼色身、一切众生福田色身、一切众生见不虚色身、大智慧勇猛力色身、无障碍普周遍色身、妙身云普现世间皆蒙益色身、具足大慈海色身、大福德宝山王色身、放光明普照世间一切趣色身、大智慧清净色身、生众生正念心色身、一切宝光明色身、普光藏色身、现世间种种清净相色身、求一切智处色身、现微笑令众生生净信色身、一切宝庄严光明色身、不取不舍一切众生色身、无决定无究竟色身、现自在加持力色身、现一切神通变化色身、生如来家色身、远离众恶遍法界海色身、普现一切如来道场众会色身、具种种众色海色身、从善行所流色身、随所应化示现色身、一切世间见无厌足色身、种种净光明色身、现一切三世海色身、放一切光明海色身、现无量差别光明海色身、超诸世间一切香光明色身、现不可说日轮云色身、现广大月轮云色身、放无量须弥山妙华云色身、出种种蔓云色身、现一切宝莲华云色身、兴一切烧香云遍法界色身、散一切末香藏云色身、现一切如来大愿身色身、现一切语言音声演法海色身、现普贤菩萨像色身。

"念念中，现如是等色相身充满十方，令诸众生或见，或念，或闻说法，或因亲近，或得开悟，或见神通，或睹变化，悉随心乐，应时调伏，舍不善业，住于善行。善男子！当知此由大愿力故，一切智力故，菩萨解脱力故，大悲力故，大慈力故，作如是事。

"善男子！我入此解脱，了知法性无有差别，而能示现无量色身，一一身现无量色相海，一一相放无量光明云，一一光现无量佛国土，一一土现无量佛兴世，一一佛现无量神通力，开发众生宿世善根，未种者令种，已种者令增长，已增长者令成熟；念念中，令无量众生，于阿耨多罗三藐三菩提得不退转。

"善男子！如汝所问：'从几时来，发菩提心，修菩萨行？'如是之义，承佛神力，当为汝说。

"善男子！菩萨智轮远离一切分别境界，不可以生死中长短、染净、广狭、多少，如是诸劫分别显示。何以故？菩萨智轮本性清净，离一切分别网，超一切障碍山，随所应化而普照故。

"善男子！譬如日轮，无有昼夜，但出时名昼，没时名夜。菩萨智轮亦复如是，无有分别，亦无三世，但随心现，教化众生，言其止住前劫、后劫。

"善男子！譬如日轮，住阎浮空，其影悉现一切宝物及以河海诸净水中，一切众生莫不目见，而彼净日不来至此。菩萨智轮亦复如是，出诸有海，住佛实法，寂静空中无有所依，为欲化度诸众生故，而于诸趣随类受生；实不生死，无所染著，无长短劫诸想分别。何以故？菩萨究竟离心想，见一切颠倒，得真实见，见法实性，知一切世间如梦、如幻；无有众生，但以大悲大愿力故，现众生前教化调伏。

"佛子！譬如船师，常以大船，于河流中不依此岸，不著彼岸，不住中流，而度众生无有休息。菩萨摩诃萨亦复如是，以波罗蜜船，于生死流中不依此岸，不著彼岸，不住中流，而度众生无有休息；虽无量劫修菩萨行，未曾分别劫数长短。

"佛子！如太❸虚空，一切世界于中成坏而无分别，本性清净，无染无乱，无碍无厌，非长非短，尽未来劫持一切刹。菩萨摩诃萨亦复如是，以等虚空界广大深心，起大愿风轮，摄诸众生，令离恶道，生诸善趣，悉令安住一切智地，灭诸烦恼生死苦缚，而无忧喜、疲厌之心。

"善男子！如幻化人，肢体虽具，而无入息及以出息、寒、热、饥、渴、忧、喜、生、死十种之事。菩萨摩诃萨亦复如是，以如幻智平等法身现众色相，于诸有趣住无量劫教化众生，于生死中一切境界，无欣无厌，无爱无恚，无苦无乐，无取无舍，无安无怖。

"佛子！菩萨智慧虽复如是甚深难测，我当承佛威神之力为汝解说，令未来世诸菩萨等满足大愿、成就诸力。

"佛子！乃往古世，过世界海微尘数劫，有劫名善光，世界名宝光。于其劫中，有一万佛出兴于世。其最初佛，号法轮音虚空灯王如来、应、正等觉，十号圆满。彼阎浮提，有一王都，名宝庄严；其东不远，有一大林，名曰妙光；中有道场，名为宝华。彼道场中，有普光明摩尼莲华藏师子之座。时，彼如来于此座上，成阿耨多罗三藐三菩提，满一百年坐于道场，为诸菩萨、诸天、世人及阎浮提宿植善根已成熟者演说正法。

"是时，国王名曰胜光。时世人民寿一万岁，其中多有杀、盗、淫佚、妄语、绮语、两舌、恶口、贪、嗔、邪见、不孝父母、不敬沙门婆罗门等。时，王为欲调伏彼故，造立囹圄，枷锁禁闭，无量众生于中受苦。

"王有太子，名为善伏，端正殊特，人所喜见，具二十八大人之相。在宫殿中，遥闻狱囚楚毒音声，心怀伤愍。从宫殿出，入牢狱中，见诸罪人杻械、枷锁递相连系，置幽暗处，或以火炙，或以烟熏，或被榜笞，或遭膑割，裸形乱发，饥渴羸瘦，筋断骨现，号叫苦剧。太子见已，心生悲愍，以无畏声安慰之言：'汝莫忧恼！汝勿愁怖！我当令汝悉得解脱。'便诣王

所而白王言：'狱中罪人苦毒难处，愿垂宽宥，施以无畏。'

"时，王即集五百大臣而问之言：'是事云何？'诸臣答言：'彼罪人者，私窃官物，谋夺王位，盗入宫闱，罪应刑戮。有哀救者，罪亦至死。'

"时，彼太子悲心转切，语大臣言：'如汝所说，但放此人；随其所应，可以治我。我为彼故，一切苦事悉皆能受，粉身没命，无所顾惜，要令罪人皆得免苦。何以故？我若不救此众生者，云何能救三界牢狱诸苦众生？一切众生在三界中，贪爱所缚，愚痴所蔽，贫无功德，堕诸恶趣，身形鄙陋，诸根放逸，其心迷惑，不求出道，失智慧光，乐著三有，断诸福德，灭诸智慧，种种烦恼浊乱其心，住苦牢狱，入魔罥网，生老病死忧悲恼害，如是诸苦常所逼迫。我当云何令彼解脱？应舍身命而拔济之！'

"时，诸大臣共诣王所，悉举其手高声唱言：'大王当知，如太子意，毁坏王法，祸及万人。若王爱念不责治者，王之宝祚亦不久立。'王闻此言，赫然大怒，令诛太子及诸罪人。

"王后闻之，愁忧号哭，毁形降服，与千采女驰诣王所，举身投地顶礼王足，俱作是言：'唯愿大王，赦太子命！'王即回顾，语太子言：'莫救罪人，若救罪人，必当杀汝！'尔时，太子为欲专求一切智故，为欲利益诸众生故，为以大悲普救摄故，其心坚固无有退怯，复白王言：'愿恕彼罪，身当受戮！'王言：'随意！'尔时，王后白言：'大王！愿听太子，半月行施，恣意修福，然后治罪。'王即听许。

"时，都城北有一大园，名曰日光，是昔施场。太子往彼，设大施会，饮食、衣服、华鬘、璎珞、涂香、末香、幢幡、宝盖，诸庄严具，随有所求，靡不周给。经半月已，于最后日，国王、大臣、长者、居士、城邑人民及诸外道，悉来集会。

"时，法轮音虚空灯王如来，知诸众生调伏时至，与大众俱，天王围绕，龙王供养，夜叉王守护，乾闼婆王赞叹，阿修罗王曲躬顶礼，迦楼罗王以清净心散诸宝华，紧那罗王欢喜劝请，摩睺罗伽王一心瞻仰，来入彼会。

"尔时，太子及诸大众，遥见佛来，端严殊特，诸根寂定如调顺象，心无垢浊如清净池，现大神通，示大自在，显大威德，种种相好庄严其身，放大光明普照世界，一切毛孔出香焰云，震动十方无量佛刹，随所至处普雨一切诸庄严具；以佛威仪，以佛功德，众生见者，心净欢喜，烦恼消❹灭。

"尔时，太子及诸大众五体投地，顶礼其足，安施床座，合掌白言：'善来世尊！善来善逝！唯愿哀愍，摄受于我，处于此座！'以佛神力，净居诸天即变此座为香摩尼莲华之座。佛坐其上，诸菩萨众亦皆就座周匝围绕。时，彼会中一切众生，因见如来，苦灭障除，堪受圣法。

"尔时，如来知其可化，以圆满音，说修多罗，名普照因轮，令诸众生随类各解。时，彼会中有八十那由他众生，远尘离垢，得法眼净；无量那由他众生，得无学地；十千众生，住大乘道，入普贤行，成满大愿。当尔之时，十方各百佛刹微尘数众生，于大乘中，心得调伏；无量世界一切众生，免离恶趣，生于天上。善伏太子即于此时，得菩萨教化众生令生善根解脱门。

"善男子！尔时太子岂异人乎？我身是也。我因往昔起大悲心，舍身命财救苦众生，开门大施供养于佛，得此解脱。佛子当知，我于尔时，但为利益一切众生，不著三界，不求果报，不贪名称，不欲自赞轻毁于他，于诸境界无所贪染、无所怖畏，但庄严大乘出要之道，常乐观察一切智门，修行苦行，得此解脱。

"佛子！于汝意云何，彼时五百大臣，欲害我者，岂异人乎？今提婆达多等五百徒党是也。是诸人等，蒙佛教化，皆当得阿耨多罗三藐三菩提，于未来世，过须弥山微尘数劫，尔时有劫，名善光，世界名宝光，于中成佛。其五百佛次第兴世，最初如来，名曰大悲；第二，名饶益世间；第三，名大悲师子；第四，名救护众生；乃至最后，名曰医王。虽彼诸佛大悲平等，然其国土、种族、父母、受生、诞生、出家、学道、往诣道场、转正法轮、说修多罗、语言、音声、光明、众会、寿命、法住及其名号，各各差别。

"佛子！彼诸罪人，我所救者，即拘留孙等贤劫千佛，及百万阿僧祇诸大菩萨——于无量精进力名称功德慧如来所，发阿耨多罗三藐三菩提心，今于十方国土，行菩萨道，修习增长此菩提❺，教化众生，令生善根解脱者是。时胜光王，今萨遮尼乾子大论师是。时王宫人及诸眷属，即彼尼乾六万弟子——与师俱来，建大论幢，共佛论议，悉降伏之，授阿耨多罗三藐三菩提记者是。此诸人等，皆当作佛，国土庄严、劫数、名号，各各有异。

"佛子！我于尔时救罪人已，父母听我舍离国土、妻子、财宝，于法轮音虚空灯王佛所出家学道。五百岁中，净修梵行，即得成就百万陀罗尼、百万神通、百万法藏、百万求一切智勇猛精进，净治百万堪忍门，增长百万思惟心，成就百万菩萨力，入百万菩萨智门，得百万般若波罗蜜门，见十方百万诸佛，生百万菩萨大愿；念念中，十方各照百万佛刹；念念中，忆念十方世界前后际劫百万诸佛；念念中，知十方世界百万诸佛变化海；念念中，见十方百万世界所有众生种种诸趣，随业所受生时、死时、善趣、恶趣、好色、恶色，其诸众生种种心行、种种欲乐、种种根性、种种业习、种种成就，皆悉明了。

"佛子！我于尔时命终之后，还复于彼王家受生，作转轮王，彼法轮音虚空灯王如来灭后，次即于此值法空王如来，承事供养；次为帝释，即此道场值天王藏如来，亲近供养；次为夜摩天王，即于此世界值大地威力山如来，亲近供养；次为兜率天王，即于此世界值法轮光音声王如来，亲近供养；次为化乐天王，即于此世界值虚空智王如来，亲近供养；次为他化自在天王，即于此世界值无能坏幢如来，亲近供养；次为阿修罗王，即于此世界值一切法雷音王如来，亲近供养；次为梵王，即于此世界值普现化演法音如来，亲近供养。

"佛子！此宝光世界善光劫中，有一万佛出兴于世，我皆亲近承事供养。次复有劫，名曰日光，有六十亿佛出兴于世。最初如来，名妙相山，我时为王，名曰大慧，于彼佛所承事供养；次有佛出，名圆满肩，我为居士，亲近供养；次有佛出，名离垢童子，我为大臣，亲近供养；次有佛出，名勇猛持，我为阿修罗王，亲近供养；次有佛出，名须弥相，我为树神，亲近供养；次有佛出，名离垢臂，我为商主，亲近供养；次有佛出，名师子游步，我为城神，亲近供养；次有佛出，名为宝髻，我为毗沙门天王，亲近供养；次有佛出，名最上法称，我为乾闼婆王，亲近供养；次有佛出，名光明冠，我为鸠槃荼王，亲近供养。

"于彼劫中，如是次第有六十亿如来出兴于世。我常于此受种种身，一一佛所亲近供养，教化成就无量众生；于一一佛所，得种种三昧门、种种陀罗尼门、种种神通门、种种辩才门、种种一切智门、种种法明门、种种智慧门，照种种十方海，入种种佛刹海，见种种诸佛海，清净成就，增长广大。如于此劫中亲近供养尔所诸佛，于一切处、一切世界海微尘数劫，所有诸佛出兴于世，亲近供养，听闻说法，信受护持，亦复如是。如是，一切诸如来所，皆悉修习此解脱门，复得无量解脱方便。"

尔时，救护一切众生主夜神，欲重宣此解脱义，即为善财而说颂言：

汝以欢喜信乐心，问此难思解脱法；我承如来护念力，为汝宣说应听受。

过去无边广大劫，过于刹海微尘数，时有世界名宝光，其中有劫号善光。

于此善光大劫中，一万如来出兴世，我皆亲近而供养，从其修学此解脱。

时有王都名喜严，纵广宽平极殊丽，杂业众生所居住，或心清净或作恶。

尔时有王名胜光，恒以正法御群生；其王太子名善伏，形体端正备众相。

时有无量诸罪人，系身牢狱当受戮；太子见已生悲愍，上启于王请宽宥。

尔时诸臣共白王："今此太子危王国，如是罪人应受戮，如何悉救令除免？"

时胜光王语太子："汝救彼罪自当受！"太子哀念情转深，誓救众生无退怯。

时王夫人采女等，俱来王所白王言："愿放太子半月中，布施众生作功德。"

时王闻已即听许，设大施会济贫乏，一切众生靡不臻，随有所求咸给与。

如是半月日云满，太子就戮时将至，大众百千万亿人，同时瞻仰俱号泣。

彼佛知众根将熟，而来此会化群生，显现神变大庄严，靡不亲近而恭敬。

佛以一音方便说，法灯普照修多罗，无量众生意柔软，悉蒙与授菩提记。

善伏太子生欢喜，发兴无上正觉心，誓愿承事于如来，普为众生作依处。

便即出家依佛住，修行一切种智道，尔时便得此解脱，大悲广济诸群生。

于中止住经劫海，谛观诸法真实性，常于苦海救众生，如是修习菩提道。

劫中所有诸佛现，悉皆承事无有余，咸以清净信解心，听闻持护所说法。

次于佛刹微尘数，无量无边诸劫海，所有诸佛现世间，一一供养皆如是。

我念往昔为太子，见诸众生在牢狱，誓愿舍身而救护，因其证此解脱门。

经于佛刹微尘数，广大劫海常修习，念念令其得增长，复获无边巧方便。

彼中所有诸如来，我悉得见蒙开悟，令我增明此解脱，及以种种方便力。

我于无量千亿劫，学此难思解脱门；诸佛法海无有边，我悉一时能普饮。

十方所有一切刹，其身普入无所碍；三世种种国土名，念念了知皆悉尽。

三世所有诸佛海，一一明见尽无余；亦能示现其身相，普诣于彼
如来所。

又于十方一切刹，一切诸佛导师前，普雨一切庄严云，供养一切
无上觉。

又以无边大问海，启请一切诸世尊；彼佛所雨妙法云，皆悉受持
无忘失。

又于十方无量刹，一切如来众会前，坐于众妙庄严座，示现种种
神通力。

又于十方无量刹，示现种种诸神变，一身示现无量身，无量身中
现一身。

又于一一毛孔中，悉放无数大光明，各以种种巧方便，除灭众生
烦恼火。

又于一一毛孔中，出现无量化身云，充满十方诸世界，普雨法雨
济群品。

十方一切诸佛子，入此难思解脱门，悉尽未来无量劫，安住修行
菩萨行。

随其心乐为说法，令彼皆除邪见网，示以天道及二乘，乃至如来
一切智。

一切众生受生处，示现无边种种身，悉同其类现众像，普应其心
而说法。

若有得此解脱门，则住无边功德海，譬如刹海微尘数，不可思议
无有量。

"善男子！我唯知此教化众生令生善根解脱门。如诸菩萨摩诃萨，超
诸世间，现诸趣身，不住攀缘，无有障碍，了达一切诸法自性，善能观察
一切诸法，得无我智，证无我法，教化调伏一切众生恒无休息，心常安住
无二法门，普入一切诸言辞海；我今云何能知能说彼功德海、彼勇猛智、

彼心行处、彼三昧境、彼解脱力？

"善男子！此阎浮提，有一园林，名岚毗尼；彼园有神，名妙德圆满。汝诣彼问：'菩萨云何修菩萨行、生如来家、为世光明，尽未来劫而无厌倦？'"

时，善财童子顶礼其足，绕无量匝，合掌瞻仰，辞退而去。

注释

❶ "己"，大正本原作"巳"，今依前后文意改之。

❷ "映"，大正本原作"夺"，依明、宫本改之。

❸ "太"，大正本原作"大"，今依三本改之。

❹ "消"，大正本原作"销"，今依三本改之。

❺ "提"，大正本原作"萨"，今依圣本改之。

【白话语译】

这时，善财童子前往大愿精进力救护一切众生夜神的处所，看到他身处人群，坐在普遍示现一切宫殿摩尼王藏的师子宝座上，宝座上面弥覆普现法界国土的摩尼宝网，作为严饰。又示现日月星宿影像身❶中，又示现随顺众生心意、让他们都能看见这位夜神的身形，又示现众生的形体相貌身，又示现无边广大的色相海身，又示现一切威仪身，又示现普于十方示现身，又示现普遍救度众生身，又示现广博运转、速度极快的神通身，又示现不断利益众生身，又示现常游历虚空利益身，又示现顶礼诸佛身，又示现修习一切善根身，又示现受持且不忘失佛法身，又示现成就圆满菩萨的广大誓愿身，又示现光明充满十方身，又示现法灯普灭世间黑暗身，又示现了法如幻清净智慧身，又示现远离尘暗法性身，又示现普智照法明了身，又示现究竟无疾病、恼热身，又示现不可沮坏的坚固身，又示现无所安住的佛力身，又示现无分别、远离染污身，又示现原本清净的法性身。

这时，善财童子看见夜神化身为诸佛国土微尘数的种种差别身之后，一心顶礼，五体投地，很久才起来，合掌瞻仰，对于这位善知识生出十种恭敬心。是哪十种呢？一，对善知识生出等同自己的心，因为他能使我精勤成办一切智慧的助道法；二，对善知识生起清净自业果的心，因为他能让我亲近供养，出生善根；三，对善知识生起庄严菩萨行的心，因为他能使我立刻庄严一切菩萨行门；四，对善知识生起成就佛法的心，因为他能诱导教化我，使我修习道法；五，对善知识产生能生心，因为他能为我生出各种无上菩提妙法；六，对善知识生起出离心，因为他能引领我修行普贤菩萨所有行愿而出离三界；七，对善知识生起具备一切福德智慧海的心，因为他能使我积集各种白净善法；八，对善知识生起增长心，因为他能使我增长所有的智慧；九，对善知识生起具足一切善根心，因为他能圆满我的志愿；十，对善知识生起成办大利益心，因为他能使我自在安住于所有菩萨的法门，成就一切智道，得到一切佛法。这是善财所生十种心。

他一发起这十种心后，就证得夜神与所有的菩萨如同佛国刹土微尘数同样的心行（即八十四种同行），也就是所谓的同念，因为他能忆念十方三世一切佛；同慧，因为他能分别决定了知一切法海的差别门；同趣，因为他能转动诸佛的妙法轮；同觉，因为他能以等同虚空的智慧普遍进入一切过去、现在、未来三世；同根，因为他能成就菩萨清净光明的智慧善根；同心，因为他能修习无障碍的功德，庄严一切菩萨道；同境，因为他能普遍照耀诸佛所行的境界；同证，因为他已得到一切智慧，照耀实相大海的清净光明；同义，因为他能够以智慧了知一切法的真实体性；同勇猛，因为他能够毁坏一切障碍的高山；同色身，因为他能随众生的心意，示现身相；同力，因为他追求一切智慧，永不退转；同无畏，因为他的心清净如同虚空；同精进，因为他在无量的时劫，修习菩萨行，毫不懈怠疲倦；同辩才，因为他已得到法无碍的智慧光明；同无等，因为他的身相清净，超越世间；同爱语，因为他能使一切众生欢喜；同妙音，因为他能普遍演说一切法门大海；同满音❷，因为他能使众生随着自身的根器种类而解悟；同净德，因为他能修习如来清净的功德；同智地，因为他是从诸佛那里承受法轮；同梵行，因为他安住在诸佛境界；同大慈，因为他念念都普遍覆盖一切国土众生海；同大悲，因为他能普遍雨下法雨，润泽众生；同身业，因为他能以各种方便教化众生；同语业，因为他能够随着众生的类别，以不同的语言演说一切法门；同意业，因为他能普遍摄持众生，安置于一切智境界中；同庄严，因为他能庄严清净所有的佛土；同亲近，因为凡是佛陀出世的时候，他都能亲近供养；同劝请，因为他能劝请诸佛转动法轮；同供养，因为他时常乐于供养诸佛；同教化，因为他能调伏教化众生；同光明，因为他能照耀了知所有的法门；同三昧，因为他能普遍了知众生心；同充遍，因为他能以自在力充满一切佛国刹土大海，勤修种种行持；同住处，因为他能安住在菩萨广大的神通；同眷属，因为他能与所有的菩萨共同行止安住；同入处，因为他能普遍进入世界的微细处；同心虑，因为他能普遍了知一切的佛国刹土；同往诣，因为他能普遍进入一切佛国刹土大海；同方便，因为他能完全示现一切佛国刹土；同超胜，因为他在任何佛国刹土都能示现无比的境界；同不退，因为他能普遍进入十方，没有障碍，永不退菩提心；同破暗，因为他能证得诸佛成就菩提智慧的广大光明；同无生忍，因为他能进入诸佛众会海中；同遍一切诸佛国刹土网，因为他能恭敬供养不可说刹土的诸位如来；同智证，因为他能了知一切法门海；同修行，因为他能随顺修行一切的法门义理；同希求，因为他深深乐欲清净的法门；同清净，因为他能聚集诸佛的功德而且以此庄严身、口、意；同妙意，因为他明了一切法智；同精进，因为他能普遍积集一切善根；同净行，因为他已成就圆满一切菩萨行；同无碍，因为他了知一切法皆是无相故；同善巧，因为他对诸法已得自在智慧；同随乐，因为他能随顺众生的心念示现境界；同方便，因为他善于修习一切所应修习的法；同护念，因为他已受一切诸佛护念；同入地，因为他可以入一切菩萨的境地；同所住，因为他能安住在一切菩萨位；同记别，因为诸佛都为他授记；同三昧，因为他能在一刹那中普遍进入一切三昧门；同建立，因为他能示现种种佛事；同正念，因为他能正念一切境界的法门；同修行，因为他能穷尽未来劫，修习所有的菩萨行；同净信，因为他欣乐一切如来的无量智；同舍离，因为他能灭除一切障碍；同不退智，因为他的智慧等同诸佛；同受生，因为他能顺应众生的心念而示现成熟众生；同所住，因为他能安住在一切智慧的方便法门；同境界，因为他在法界得以任运自在；同无依，因为他已永远断绝一切所依心❸；同说法，因为他已经进入诸法平等智慧；同勤修，因为他恒受诸佛护念加持；同神通，因为他能开悟众生，使他们都能修习菩萨行；同神力，因为他能进入十方世界海；同陀罗尼，因为他能普遍照耀一切总持海；同秘密法，因为他能了知一切修多罗中的微妙法门；同甚深法，因为他了解一切法如同虚空；同光明，因为他能普遍照耀一切世界；同欣乐，因为他能随顺众生的心念为他们开示，让他们心生欢喜；同震动，因为他能为一切的众生示现神通力，普遍震动十方刹土；同不虚，凡是见闻忆念他的众生，他都能够调伏、教化他们；同出离，因为他能满足一切大愿海，成就如来的十力智慧。

这时，善财童子观察大愿精进力救护一切众生夜神而发起十种清净的心，证得等同佛国刹土微尘数菩萨的心行。他证得之后，心意变得更加清净了。于是他偏袒右肩，顶礼夜神的双足，一心合掌，以偈颂赞叹：

> 我发坚固心意，志求无上正觉，
> 今于善知识前，而起自净己心。
> 以见善知识故，积集无尽白法，
> 灭除众罪染垢，成就菩提胜果。
> 我见善知识故，功德庄严自心，
> 穷尽未来刹劫，勤修所行佛道。
> 我忆念善知识，摄受饶益于我，
> 为我悉皆示现，正教真实诸法。
> 关闭一切恶趣，显示人天之路，
> 亦示诸佛如来，成就一切智慧。
> 我忆念善知识，是佛功德宝藏，
> 念念而能出生，如虚空功德海。
> 与我诸波罗蜜，增我难思福德，
> 长我清净功德，令我冠佛缯彩。
> 我忆念善知识，能满佛陀智道，
> 誓愿恒常依止，圆满白净妙法。
> 我以此等之故，功德悉皆具足，
> 普为一切众生，宣说一切智道。
> 圣者为我导师，与我无上大法，
> 无量无数时劫，不能报其恩德。

善财童子说完这首偈颂之后，又对夜神说："伟大的圣者啊！希望你能为我解说这个解脱法门，是哪一种解脱门呢？你发心已经有多久了呢？是不是需要像证得无上正等正觉那么长的时间呢？"

夜神告诉他说："善男子啊！这个解脱法门是教化众生令生善根法门，

因为我已成就这个解脱法门，了悟一切法自性平等，证入诸法的真实体性，证得无依法，舍离世间。完全了知诸法色相的差别，亦能明了通达青、黄、赤、白各种色彩的本性都不实在、没有差别，而又恒常示现无量的色身，所谓种种的色身、非一的色身、无边的色身，清净的色身、具足一切庄严的色身、普见色身、同等众生的色身、普遍示现众生面前的色身、光明普遍照耀的色身、美妙得使见者无厌足的色身、相好清净的色身、远离众恶的光明色身、示现大勇猛的色身、非常难得的色身、一切世间不能映蔽的色身、一切世间共同称叹不尽的色身、念念恒常观察的色身、示现种种云的色身、以种种形状显现妙色的色身、示现无量自在力的色身、绝妙光明的色身、一切清净微妙庄严的色身、随顺众生善根成熟众生的色身、随顺他们心中快乐而示现其前调伏教化众生的色身、毫无障碍地普遍光明的色身、清净没有混浊污秽的色身、具足庄严，不可毁坏的色身、不可思议法门的方便光明色身、世间一切没有能够映夺的色身、没有各种黑暗，而且能破除一切黑暗的色身、聚集一切白净法的色身、大势力功德海的色身、从过去世以来因为恭敬所生的色身、如虚空清净心所生的色身、最殊胜广大的色身、没有断绝没有穷尽的色身、光明海的色身、对于世间一切无所依的平等色身、遍布十方又没有障碍的色身、念念都示现种种色相海的色身、增长众生欢喜心的色身、摄取众生海的色身、在一一毛孔中宣说诸佛功德海的色身、清净众生欲解海色身、决定了知一切法义的色身、没有障碍普遍照耀的色身、等同虚空的清净光明色身、放出广大清净光明的色身、照耀示现的无垢法色身、无比的色身、各种差别庄严的色身、普遍照耀十方的色身、随时示现顺应众生的色身、寂静的色身、消灭一切烦恼的色身、作为一切众生福田的色身、众生见了之后，毫不空过的色身、大智慧勇猛力的色身、没有障碍又广大周遍的色身、以微妙身云普遍示现又使世间都蒙受利益的色身、具足大慈海的色身、大福德宝山王的色身、放出光明普遍照耀世界一切生趣的色身、大智慧清净的色身、使众生生起正念心的色身、具足一切宝藏的光明色身、普光藏色身、示现世间种种清净的色身、求取一切智处的色身、示现微笑使众生心生净信的色身、一切宝藏庄严光明的色身、不执取亦不舍弃众生的色身、一切平等而无决定亦无究竟的色身、示现自在加持力的色身、示现一切神通变化的色身、出生如来家中的色身、远离众恶而遍满法界海的色身、普遍示现如来道场众会的色身、具备种种众色海的色身、顺从善行所流的色身、随着应受度化的众生而示现的色身、一切世界众生见之后都无厌足的色身、具足种种清净光明的色身、示现过去、现在、未来一切三世海的色身、放出一切光明海的色身、示现无量差别光明海的色身、超越世间一切香光明的色身、示现不可说日轮云的色身、示现广大日轮云的色身、放射出无量须弥山妙华云的色身、现出种种鬘云的色身、示现一切宝莲华云的色身、兴起一切烧香云而普遍法界的色身、散布一切末香藏云的色身、示现一切如来大誓愿身的色身、示现以一切语言声音演说法海的色身、示现普贤菩萨像的色身。

"我念念都能示现以上这些色相身，充满十方。令不论是看见或忆念、是听闻我说法或亲近我的众生，都得以开悟、看见神通变化，完全随着他们心中的喜乐，顺应时机而感应，使他们都能安住善行，舍弃不善业。善男子啊！你应当知道，这都是由于我的大愿力、智慧力、菩萨解脱力、大悲力、大慈力，才能完成这些事。

"善男子啊！因为我已进入这个解脱门，所以了知法性没有差别，而能示现无量色身。每一色身又能示现无量色相海，每一色相又放出无量光明云。每一光明云又示现无量诸佛国土，每一佛土又示现无量诸佛出兴世间。每一位佛陀又示现无量的神通力，开导启发众生宿世的善根。使那些未种善根的人都得以种下善根；已经种下善根的人都能增长善根；已经增长善根的人，都能成熟善根；又念念都能使无量众生证得不退转的无上正等正觉。

"善男子啊！就像你所问的，我是从什么时候发起菩提心、修习菩萨行的？这些义理，我将承受诸佛的神力，为你演说。

"善男子啊！菩萨智慧轮是远离一切分别境界的，不可以用生死、长短、染净、广狭、多少，分别显示这样的一切劫。为什么呢？因为菩萨智慧轮本性清净，远离所有的分别网，超越一切障碍山。所以能随顺应化的众生而普遍照耀。

"善男子啊！譬如日轮❸，本身没有昼夜之分，只是太阳出来时叫作白昼，日落时叫作黑夜。菩萨智慧轮也是如此，没有分别，也没有过去、现在、未来三世，只是随心示现，教化众生，而我们仍称它止于前劫、住在后劫。

"善男子啊❹！譬如太阳安住在阎浮提的空中，能在任何的实物上面映现形象，在河流大海等清净的水里，众生没有不看见的，然而清净的太阳实际上并不在众生之前。菩萨智慧轮也是如此，超出于诸有的大海，安住诸佛实相法的寂静虚空，没有所依，只是为了度化众生，而投生于各个生趣，随类而受生，实际上并没有生死轮回、没有污染、没有长短时劫等诸想的分别。为什么呢？菩萨已经证得究竟，远离心想，所以能够彻见任何颠倒虚妄，证得真实正见，见到诸法的真实体性，了知世间的一切如梦如幻，心中没有众生可度。只是因为大悲的广大愿力，才示现众生面前，教化调伏他们。

"佛子啊！譬如船师❺，常驾着大船往来河流，既不依靠此岸，也不停留彼岸，也不安住河流，而是来往地摆渡众生到达彼岸，没有休息。菩萨摩诃萨也是如此，撑着波罗蜜的法船，在生死苦流中，不依着此岸，亦不停留彼岸，不安住中流，而是往返两岸度化众生，没有休息。虽然历经无量的时劫修习菩萨行，从未曾分别劫数的长短，或计较修了多少劫。

"佛子啊！就如同虚空广大❻，所有的世界都在其中生成、毁坏，而虚空却从来不会分别这些。它的本性清净，没有污染、没有混乱、没有障碍、没有厌恶、非长亦非短，只是穷尽未来的时劫，受持所有的刹土。菩萨摩诃萨也是如此，用等同虚空法界般广大的深心，发起广大誓愿的风轮，摄受众生，使他们都能远离恶道，安住在一切智慧的境地，灭除各种烦恼及生死痛苦的束缚，而没有忧愁、欢喜和疲惓厌倦之心。

"善男子啊！又像幻化师所幻化的人，虽然具足肢体，却没有入息及出息而不能呼吸，它不怕寒冷、炎热，亦不知饥饿、口渴、忧愁、欢喜、生死等十种事。菩萨摩诃萨也是如此，以如幻智慧的平等法身，示现众多色相。在三界存有诸生趣中，历经无量的时劫，教化众生，不管在任何生死的境界，都没有欣喜、厌离、渴爱、嗔恚、痛苦、快乐、执取、舍离、安住、恐怖。佛子啊！菩萨的智慧轮也是如此，非常深奥难测，我应当承受诸佛的威神之力，为你解说，使未来世诸位菩萨等，都能满足广大的誓愿，成就各种神通力量。

"佛子啊！距今世界海微尘数的时劫，有一个善光时劫。那时，有一个宝光世界。那个时劫中，有一万个佛出兴世间。其中，最初的佛是法轮音虚空灯王如来应正等觉，十号圆满。那个阎浮提中，有一个宝庄严城王都，它的东边不远处，有一大片妙光森林，森林中有一处宝华道场。道场中有一个普光明摩尼莲华藏师子座。当时，那位如来坐在这个师子座上，成就无上正等正觉。整整一百年都坐在道场中，为诸菩萨、天人、世人，及阎浮提中宿植善根、已经成熟的众生，演说正法。

"当时的国王是胜光王，那时人民的寿命长达一万岁，国家里有很多人杀生、偷盗、邪淫、妄言、绮语、两舌、恶口、贪嗔、邪见、不孝顺父母、不礼敬出家人等。当时胜光王为了调伏教化他们，就建造许多监狱，用枷锁禁闭这些人。因此有无量的众生都在狱中受苦。

"胜光王有一位善伏太子，人品端正殊胜，大家都很欢喜见到他，因为他已具足二十八种大人相，十分庄严。有一天，太子在宫殿中远远地听到囚犯们呻吟哀号，心中非常不忍，就走到牢狱中，看见犯人或被扭械、枷锁连连紧锁着，关在幽暗的地方。有的人受到火烧、烟熏，有的人被鞭笞，有的被割去膝盖骨，人人赤裸着身体，头发蓬乱，饥渴交迫，羸弱枯瘦，筋断骨现，不断地发出剧烈痛苦的号叫。太子看了之后，心中悲悯不已，就以无畏而平和的声音安慰他们：'你们不要忧恼，也不要愁怖。我一定会使你们得到解脱。'于是太子便来到胜光王的面前，对胜光王说："监狱中的罪人，生活非常地惨不忍睹、苦不堪言，希望父王您能施以无畏布施宽恕他们，使他们都能免于恐惧。"

"这时，胜光王立即召集五百位大臣，询问他们的意见：'对于太子的提议，你们觉得如何？'每一位大臣都回答说：'那些罪人，有的是私窃官物，有的准备谋夺王位，有的潜入宫廷意图行刺，理当处死。凡是替他们求情的人，也一样要判死罪．'当时，太子悲心更转急切，告诉大臣们说：'就如你们所说，只要放了这些人，他们应该受的刑罚，你们都可以加在我身上。为了他们，所有的痛苦我都能承受，即使粉身碎骨、丧失性命，也在所不惜。只要能使这些罪人免去苦刑，你们要怎样待我都行。为什么呢？如果我不救这些身陷牢狱的人，又如何能拯救三界牢狱中受苦的众生呢？一切众生在三界中，被贪爱所束缚，被愚痴所蒙蔽，贫穷而又不做功德，堕落在各种恶趣中。身形丑陋，诸根放逸，心中迷惑，不求出离三界火宅的道路；没有智慧的光明，执着于三有境界，断绝福德，灭失智慧，种种无明烦恼又不断混浊他们的心。住在痛苦的牢狱中，进入诸魔的罗网里，受生、老、病、死、忧悲恼害逼迫，我要怎么才能解脱他们呢？应该舍弃自身的性命，拔济他们出离苦海啊！'这时，所有的大臣们都前往胜光王那里，以手作揖高声启奏胜光王：'大王应当知道，如果照太子的想法去做，恐怕王法将荡然无存，余波所及，将祸及万人。如果大王只是一心爱念太子而不加责罚处置的话，大王的宝祚，恐怕也将无法长久安立。'大王听了这些话，勃然大怒，即刻下令诛杀太子以及所有的囚犯。

"王后听到后，愁忧地悲号哭泣，自毁其形，身着素服，和上千个采女急急奔驰赶往王座前，举身投地，顶礼国王双足，一起说着：'希望大王慈悲，赦免太子身命！'胜光王回头看看太子，对太子说：'儿啊！你不要只顾救罪人，如果你坚持要释放那批罪人，我是一定要杀你的。'这时，太子为了专心求取一切智，利益众生，为了以大悲心普遍救护、摄受众生，所以心意坚固，毫无退怯之意。仍然对胜光王说：'希望您能宽恕他们的罪，我宁愿代替他们受戮而毫无怨言。'胜光王大怒道：'好！那就成全你吧。'这时，王后又向大王求情：'大王啊！希望您恕赦太子，给他半个月的时间，让他广行布施，随着他自己的心意修集福德，然后再治他的罪。'大王考虑再三，就答应了王后的请求。

"当时，都城北方有一大片名叫日光的园林，是以前的布施道场。太子就到那里，设下广大的布施大会。无论是饮食、衣服、华鬘、璎珞、涂香、末香、幢幡、宝盖等庄严器具，都随顺着众生的要求，完全给予。半个月之后—布施大会的最后一天，国王、大臣、长者、居士、城邑里的人民、甚至许多外道，都前来集会。

"当时，法轮音虚空灯王如来，知道调伏教化众生的时机到了，就与大众一起，由天王围绕，龙王供养，夜叉王守护，乾闼婆王赞叹，阿修罗王曲躬顶礼，迦楼罗王以清净心散一切宝华，紧那罗王欢喜劝请说法，摩睺罗伽王一心瞻仰，前来参加这个大会。

"这时，太子和大众遥遥望见前来的法轮音虚空灯王如来相貌，端正庄严，殊胜特出，诸根寂定，如同调和柔顺的象王，毫无任何垢浊，如同清净而无染着的水池。又，示现大神通，示现大自在，显现大威德。以种种相好，庄严自身。又，放出大光明，普照世界。从所有的毛孔中生出香焰云，震动十方无量佛国刹土。他所到之处，天空都普遍雨下一切庄严器具。以佛的威仪，以佛的功德，凡是见到的众生，心中没有不清净欢喜，烦恼完全消灭了。

"这时，太子及大众五体投地，顶礼佛陀的双足，安置施设床座，合掌对如来说：'您来得真是太好了！世尊啊！希望您能哀悯、摄受我等，坐在这个宝座上。'净居诸天立刻以诸佛神力，把这宝座变为香摩尼莲华座，让佛陀坐在上面，诸位大众菩萨也都就座，周匝围绕。这时，大会中的众生，看见如来，所有的苦痛就完全消灭，所有的障碍也完全灭除，堪受大圣之法。

"这时，如来了知他们可以教化，就以圆满的音声，演说普照因轮的修多罗，使众生能随着他们不同的种类各自得到了悟。当时会中八十那由他数的众生，都立刻证得远离尘垢的法眼净❼。无量那由他的众生证得无学地，十千众生更前往大乘道，证入普贤行，成就圆满大誓愿。同时，十方各有百佛国刹土微尘数的众生，在大乘法门中，调伏教化；无量世界的众生，也都出离恶趣的苦难，转生天上。善伏太子更在此时证得菩萨教化众生使生善根的解脱法门。

"善男子啊！那时的太子哪里是别人呢？就是我啊！我因为以前曾发

起大悲心，愿意舍弃自己的性命财产救助苦难的众生，开启广大的布施法门供养佛陀，所以能证得这个解脱法门。佛子啊！你应当知道，当时的我，只是为了利益众生，使他们不执着三界，我并不是贪求好的果报，也不是贪求好的名声，更不是为了称赞自己而轻毁别人。我不贪染各种境界，也不会恐怖畏惧，只是一心庄严大乘出离要道，恒常乐于观察所有的智慧门，修行苦行，证得这个解脱法门。佛子啊！你认为如何？当时想要加害我的五百位大臣，哪里是别人呢？就是当今提婆达多的五百个徒党啊！这些人因为曾受佛陀教化，所以都当证得无上正等正觉。

"在未来世，过须弥山微尘数的时劫之后，有一个善光时劫，其中有一个世界名叫宝光世界，其中有五百位佛陀依序出兴世间。最先成佛的是大悲如来，次一位成佛的是饶益世间如来，第三位成佛的是大悲师子如来，第四位成佛的是救护众生如来，于最后一位成佛的是医王如来。虽然诸佛的大悲平等，然而他们的国土、种族、父母、受生、诞生、出家、学道、前往诣见道场、转正法轮、说修多罗法、语言、音声、光明聚会、寿命、正法世的时间以及其名号，都各各不同。

"佛子啊！当初我所救的那些罪人，就是拘留孙等贤劫千佛，以及百万阿僧祇的诸位菩萨，他们都曾在无量精进力名称功德慧如来的道场，发起无上正等正觉，所以他们现在才能在十方国土行菩萨道，修习增长菩萨教化。这个教化众生、使众生产生善根解脱的菩萨，就是以前的胜光王，如今的萨遮尼乾子❽大论师。当时的王宫里的宫人和眷属，就是萨遮尼乾子大论师的六万弟子，他们师徒一起建立大论幢，和佛陀论议，但都被佛陀降伏了，而为他们授记。这些未来皆当作佛的外道之人，国土、庄严、劫数、名号都各各不同。

"佛子啊！我救赎这些罪人之后，父王母后听凭我舍离国土、妻子、财宝，在法轮音虚空灯王佛的道场，出家学道。不断地清净修习梵行五百年后，终于证得成就百万陀罗尼、百万神通、百万法藏、百万求取一切智慧勇猛的精进力，净治百万堪忍法门，增长百万的思惟心，成就百万的菩萨力，进入百万菩萨的智慧法门；又，证得百万般若波罗蜜法门，亲见十方百万诸佛，生起百万位菩萨的广大誓愿。又，念念照见十方百万佛国刹土；又，念念忆念十方世界前后际时劫的百万位诸佛；又，念念了知十方世界百万位佛陀的变化海；又，念念看见十方百万世界众生在种种生趣，随着所造作的业而受果报，无论是他们生的时候、死的时候，投生在善的生趣或是恶的生趣，美好的色身、丑恶的色身，众生的种种心行，种种欲乐，种种根性，种种业力习性，种种成就，都完全明白了知。

"佛子啊！当时我在寿命终了后，又受生那个王室，作转轮圣王。法轮音虚空灯王如来灭度后，我就在这里，得遇并承事供养法空王如来。接着，又投生为帝释，就在这个道场得遇并亲近供养天王藏如来。接着，我又投生为夜摩天王，就在这个世界得遇并亲近供养大地威力山如来。接着，投生为兜率天王，就在这个世界得遇并亲近供养法轮光音声王如来。接着，我又投生为化乐天王，就在这个世界得遇并亲近供养虚空智慧王如来。接着，又投生为他化自在天王，就在此世界得遇并亲近供养无能坏幢如来。接着，又投生为阿修罗王，就在这个世界得遇并亲近供养一切法雷音王如来。接着，又投生为梵王，就在这个世界得遇并亲近供养普现化演法音如来。

"佛子啊！宝光世界的善光时劫在这里出兴一万位的佛陀，我都曾亲近承事供养。在其次，又有六十亿位佛陀出兴在日光时劫。最先成佛的是妙相山如来，我当时是一个名叫大慧的国王，曾承事供养。接着这位佛陀又有圆满肩如来出世，当时我也曾以居士的身份亲近供养。接着这位佛陀出世的是离垢童子如来，当时我也曾以大臣的身份亲近供养。接着这位佛陀出世的是勇猛持如来，当时身为阿修罗王的我，也曾亲近供养。这位佛陀接着又有须弥相如来出世，当时身为树神的我，也曾亲近供养。接着这位佛陀出世的是离垢臂如来，当时身为商主的我，也曾亲近供养。接着这位佛陀出世的是师子游步如来，当时身为城神的我，也曾亲近供养。接着这位佛陀出世的是宝髻如来，当时身为毗沙门天王的我，也曾亲近供养。接着这位佛陀出世的是最上法称如来，当时身为乾闼婆王的我，曾亲近供养。接着这位佛陀出世的是光明冠如来，当时身为鸠槃荼王的我，曾亲近供养。

"六十亿如来，就是以如此的顺序次第，出兴在那个时劫，我恒常在这里，以种种身相，到达每位佛的道场亲近供养，教化成就无量众生。在每一位佛陀那里，又证得种种三昧门、种种陀罗尼门、种种神通门、种种辩才门、种种一切智门、种种法明门、种种智慧门。照耀种种十方海，进入种种佛国刹土海，看见种种诸佛海，清净成就、增长广大。就如同在日光时劫中亲近供养诸佛一般，我对于任何地方、任何世界海微尘数的时劫，所有诸佛的出兴世间，也都如此亲近供养，听闻他们说法，并且信受护持。所以我在一切诸佛的道场，都能完全修习这个解脱法门，证得无量解脱方便。"

这时，救护一切众生主夜神想要重新宣说这个解脱法门的义理，就为善财童子宣说偈颂：

> 汝以欢喜信乐之心，问此难思解脱妙法，
> 我承如来护念威力，为汝宣说你应听受。
> 过去无边广大时劫，过于佛刹微尘数量，
> 时有世界名为宝光，其中有劫号为善光。
> 于此善光大劫之中，一万如来出兴于世，
> 我皆亲近而勤供养，从其修学此解脱门。
> 时有王都名为喜严，纵广宽平极为殊丽，
> 杂业众生之所居住，或心清净或作众恶。
> 尔时有王名为胜光，恒以正法御导群生，
> 其王太子名为善伏，形体端正备具众相。
> 时有无量诸罪人等，系身牢狱当受杀戮，
> 太子见已心生悲悯，上启于王请求宽宥。
> 尔时诸臣共白大王，今此太子危此王国，
> 如是罪人应当受戮，如何悉救令彼除免。
> 时胜光王语其太子，汝救彼罪自应当受，

太子哀念情更转深，誓救众生无有退怯。

时王夫人及采女等，俱来王所白大王言，

愿放太子半月之中，布施众生作为功德。

时王闻已即为听许，设大施会救济贫乏，

一切众生靡不臻至，随有所求成皆给与。

如是半月时日云满，太子就戮时间将至，

大众百千万亿人等，同时瞻仰俱大号泣。

彼佛知众根器将熟，而来此会化导群生，

显现神变广大庄严，靡不亲近而为恭敬。

佛以一音方便演说，法灯普照修多罗经，

无量众生心意柔软，悉蒙给与授菩提记。

善伏太子心生欢喜，发兴无上正觉之心，

誓愿承事于佛如来，普为众生作依止处。

便即出家依佛安住，修行一切种智佛道，

尔时便证得此解脱，大悲广济一切群生。

于中止住经于劫海，谛观诸法真实体性，

常于苦海救拔众生，如是修习菩提大道。

劫中所有诸佛示现，悉皆承事无有余者，

咸以清净信解之心，听闻持护所说妙法。

次于佛刹微尘数量，无量无边诸时劫海，

所有诸佛示现世间，一一供养悉皆如是。

我念往昔为太子时，见诸众生系在牢狱，

誓愿舍身而为救护，因其证此解脱法门。

经于佛刹微尘数量，广大劫海恒常修习，

念念令其而得增长，复获无边善巧方便。

彼中所有诸佛如来，我悉得见蒙其开悟，

令我增明此解脱门，及以种种大方便力。

我于无量千亿时劫，学此难思解脱之门，

诸佛法海无有边际，我悉一时善能普饮。

十方所有一切刹土，其身普入无所障碍，

三世种种国土名号，念念了知皆悉穷尽。

三世所有一切佛海，一一明见穷尽无余，

亦能示现其妙身相，普诣于彼佛如来所。

又于十方一切刹土，一切诸佛导师之前，

普雨一切大庄严云，供养一切无上正觉。

又以无边大讯问海，启请一切诸佛世尊，

彼佛所雨微妙法云，皆悉受持无有忘失。

又于十方无量刹土，一切如来众会之前，

坐于众妙庄严宝座，示现种种大神通力。

又于十方无量刹土，示现一切种种神变，

一身示现无量妙身，无量身中示现一身。

又于一一毛孔之中，悉放无数广大光明，

各以种种善巧方便，除灭众生烦恼火焰。

又于一一毛孔之中，出现无量化身妙云，

充满十方诸世界中，普雨法雨救济群品。

十方一切诸佛真子，入此难思解脱之门，

悉尽未来无量时劫，安住修行菩萨胜行。

随其心乐而为说法，令彼皆除众邪见网，

示以天道以及二乘，乃至如来一切智慧。

一切众生受生处所，示现无边种种妙身，

悉同其类示现众像，普应其心而为说法。

若有得此解脱法门，则住无边大功德海，

譬如佛刹微尘数量，不可思议无有边际。

"善男子啊！我只知道这种教化众生、使他们生起善根的解脱门。如果是像诸位菩萨摩诃萨超越世间，示现各种生趣之身，不住攀缘，没有障碍，了达诸法自性，擅长观察所有的法门，证得无我智慧、无我法门，教化调伏众生，恒常无休息。内心常常安住无二法门，普遍证入一切的言辞海、功德海，哪里是我能完全了知、演说穷尽的？更别提了知他们的勇猛智慧、他们的心行处、他们的三昧境、他们的解脱力了。

"善男子啊！在这个阎浮提中，有一座名叫岚毗尼❾的园林，那座园中有一位叫妙德圆满天神，你可以前往请教他：'菩萨应该如何修习菩萨行？如何能生如来家？如何才能做世间的光明灯？穷尽未来时劫从不会厌倦！'"

这时，善财童子顶礼夜神的双足，绕了无数圈之后，更合起双掌，瞻仰他的容颜，然后告辞离去。

【注释】

❶ 这里示现夜神之身相。有二十四身，初十身为应摄化众生之身，次六身为应法成行之身，余身为离障契理之身。

❷ 满音：一音能摄一切义的圆满之音。

❸ 次举五喻，比喻显示前面的法说，初以皎日随时喻明智没有过去、现在、未来三世之别，只是因为心中的障碍，才会有分别差异。

❹ 次以日轮现影之比喻，示智轮虽常寂静，但机见有长短。

❺ 次以虚舟运物之比喻，喻菩萨无住而摄化众生。

❻ 次以太虚无碍之比喻，喻菩萨无功用而利益万物。

❼ 法眼净：此证见苦、集、灭、道四谛法，名为"法眼净"，属声闻乘初果的境界。

❽ 萨遮尼乾子：萨遮梵语 satya，译作"有"或"谛实"，人名。尼乾子即佛典中的尼乾子外道，梵语 Nirgrantha-puta，为苦行外道之通称，译作"离系"。

❾ 岚毗尼：梵语 Lumbinī，即"蓝毗尼"，为释迦牟尼佛诞生之地。

卷第七十四

入法界品第三十九之十五

【原典】

尔时，善财童子于大愿精进力救护一切众生夜神所，得菩萨解脱已，忆念修习，了达增长。

渐次游行，至岚毗尼林，周遍寻觅彼妙德神，见在一切宝树庄严楼阁中，坐宝莲华师子之座，二十亿那由他诸天恭敬围绕，为说《菩萨受生海经》，令其皆得生如来家，增长菩萨大功德海。善财见已，顶礼其足，合掌前立，白言："大圣！我已先发阿耨多罗三藐三菩提心，而未能知菩萨云何修菩萨行、生如来家、为世大明？"

彼神答言："善男子！菩萨有十种受生藏，若菩萨成就此法，则生如来家，念念增长菩萨善根，不疲不懈，不厌不退，无断无失，离诸迷惑，不生怯劣、恼悔之心，趣一切智，入法界门，发广大心，增长诸度，成就诸佛无上菩提，舍世间趣，入如来地，获胜神通，诸佛之法常现在前，顺一切智真实义境。

"何等为十？一者，愿常供养一切诸佛受生藏；二者，发菩提心受生藏；三者，观诸法门勤修行受生藏；四者，以深净心普照三世受生藏；五者，平等光明受生藏；六者，生如来家受生藏；七者，佛力光明受生藏；八者，观普智门受生藏；九者，普现庄严受生藏；十者，入如来地受生藏。

"善男子！云何名愿常供养一切佛受生藏？善男子！菩萨初发心时，

作如是愿：'我当尊重、恭敬、供养一切诸佛，见佛无厌，于诸佛所，常生爱乐，常起深信，修诸功德，恒无休息。'是为菩萨为一切智始集善根受生藏。

"云何名发菩提心受生藏？善男子！此菩萨发阿耨多罗三藐三菩提心。所谓起大悲心，救护一切众生故；起供养佛心，究竟承事故；起普求正法心，一切无怯❶故；起广大趣向心，求一切智故；起慈无量心，普摄众生故；起不舍一切众生心，被求一切智坚誓甲故；起无谄诳心，得如实智故；起如说行心，修菩萨道故；起不诳诸佛心，守护一切佛大誓愿故；起一切智愿心，尽未来化众生不休息故。菩萨以如是等佛刹微尘数菩提心功德故，得生如来家。是为菩萨第二受生藏。

"云何名观诸法门勤修行受生藏？善男子！此菩萨摩诃萨，起观一切法门海心，起回向一切智圆满道心，起正念无过失业心，起一切菩萨三昧海清净心，起修成一切菩萨功德心，起庄严一切菩萨道心，起求一切智大精进行、修诸功德如劫火炽然无休息心，起修普贤行教化一切众生心，起善学一切威仪、修菩萨功德、舍离一切所有、住无所有真实心。是为菩萨第三受生藏。

"云何名以深净心普照三世受生藏？善男子！此菩萨具清净增上心，得如来菩提光，入菩萨方便海，其心坚固犹若金刚，背舍一切诸有趣生，成就一切佛自在力，修殊胜行，具菩萨根，其心明洁，愿力不动，常为诸佛之所护念，破坏一切诸障碍山，普为众生作所依处。是为菩萨第四受生藏。

"云何名平等光明受生藏？善男子！此菩萨具足众行，普化众生；一切所有，悉皆能舍；住佛究竟净戒境界；具足忍法，成就诸佛法忍光明；以大精进，趣一切智，到于彼岸；修习诸禅，得普门定；净智圆满，以智慧日，明照诸法；得无碍眼，见诸佛海，悟入一切真实法性；一切世间，见者欢喜，善能修习如实法门。是为菩萨第五受生藏。

"云何名生如来家受生藏？善男子！此菩萨生如来家，随诸佛住，成就一切甚深法门，具三世佛清净大愿，得一切佛同一善根，与诸如来共一体性，具出世行白净善法，安住广大功德法门；入诸三昧，见佛神力；随所应化，净诸众生；如问而对，辩才无尽。是为菩萨第六受生藏。

"云何名佛力光明受生藏？善男子！此菩萨深入佛力，游诸佛刹心无退转，供养承事菩萨众会无有疲厌，了一切法皆如幻起，知诸世间如梦所见，一切色相犹如光影，神通所作皆如变化，一切受生悉皆如影，诸佛说法皆如谷响，开示法界咸令究竟。是为菩萨第七受生藏。

"云何名观普智门受生藏？善男子！此菩萨住童真位，观一切智一一智门，尽无量劫开演一切菩萨所行，于诸菩萨甚深三昧心得自在，念念生于十方世界诸如来所，于有差别境入无差别定，于无差别法现有差别智，于无量境知无境界，于少境界入无量境，通达法性广大无际，知诸世间悉假施设，一切皆是识心所起。是为菩萨第八受生藏。

"云何名普现庄严受生藏？善男子！此菩萨能种种庄严无量佛刹，普能化现一切众生及诸佛身，得无所畏，演清净法，周流法界，无所障碍；随其心乐，普使知见，示现种种成菩提行，令生无碍一切智道；如是所作不失其时，而常在三昧毗卢遮那智慧之藏。是为菩萨第九受生藏。

"云何名入如来地受生藏？善男子！此菩萨悉于三世诸如来所受灌顶法，普知一切境界次第。所谓知一切众生前际后际没生次第、一切菩萨修行次第、一切众生心念次第、三世如来成佛次第、善巧方便说法次第，亦知一切初、中、后际所有诸劫若成若坏名号次第。随诸众生所应化度，为现成道功德庄严，神通说法，方便调伏。是为菩萨第十受生藏。

"佛子！若菩萨摩诃萨，于此十法修习增长圆满成就，则能于一庄严中，现种种庄严；如是庄严一切国土，开导示悟一切众生，尽未来劫无有休息；演说一切诸佛法海种种境界、种种成熟，展转传来无量诸法；现不思议佛自在力，充满一切虚空法界；于诸众生心行海中而转法轮，于一切世界示现成佛，恒无间断；以不可说清净言音说一切法，住无量处通达无碍；以一切法庄严道场，随诸众生欲解差别而现成佛，开示无量甚深法藏，教化成就一切世间。"

尔时，岚毗尼林神，欲重明其义，以佛神力，普观十方而说颂言：

最上离垢清净心，见一切佛无厌足，愿尽未来常供养，此明慧者受生藏。

一切三世国土中，所有众生及诸佛，悉愿度脱恒瞻奉，此难思者受生藏。

闻法无厌乐观察，普于三世无所碍，身心清净如虚空，此名称者受生藏。

其心恒住大悲海，坚如金刚及宝山，了达一切种智门，此最胜者受生藏。

大慈普覆于一切，妙行常增诸度海，以法光明照群品，此雄猛者受生藏。

了达法性心无碍，生于三世诸佛家，普入十方法界海，此明智者受生藏。

法身清净心无碍，普诣十方诸国土，一切佛力靡不成，此不思议受生藏。

入深智慧已自在，于诸三昧亦究竟，观一切智如实门，此真身者受生藏。

净治一切诸佛土，勤修普化众生法，显现如来自在力，此大名者受生藏。

久已修行萨婆若，疾能趣入如来位，了知法界皆无碍，此诸佛子受生藏。

"善男子！菩萨具此十法，生如来家，为一切世间清净光明。善男子！我从无量劫来，得是自在受生解脱门。"

善财白言："圣者！此解脱门境界云何？"

答言："善男子！我先发愿：'愿一切菩萨示受生时皆得亲近；愿入毗卢遮那如来无量受生海。'以昔愿力，生此世界阎浮提中岚毗尼园，专念菩萨何时下生；经于百年，世尊果从兜率陀天而来生此。

"时，此林中现十种相。何等为十？一者，此园中地忽自平坦，坑坎、堆阜悉皆不现；二者，金刚为地，众宝庄严，无有瓦砾、荆棘、株杌；三者，宝多罗树周匝行列，其根深植至于水际；四者，生众香芽，现众香藏，宝香为树，扶疏荫映，其诸香气皆逾天香；五者，诸妙华鬘宝庄严具，行列分布，处处充满；六者，园中所有一切诸树，皆自然开摩尼宝华；七者，诸池沼中，皆自生华，从地涌出，周布水上；八者，时此林中，娑婆世界欲色所住天、龙、夜叉、乾闼婆、阿修罗、迦楼罗、紧那罗、摩睺罗伽，一切诸王，莫不来集，合掌而住；九者，此世界中所有天女，乃至摩睺罗伽女皆生欢喜，各各捧持诸供养具，向毕洛叉树前，恭敬而立，十者，十方一切诸佛脐中，皆放光明，名菩萨受生自在灯，普照此林，一一光中，悉现诸佛受生，诞生所有神变，及一切菩萨受生功德，又出诸佛种种言音。是为林中十种瑞相。此相现时，诸天王等即知当有菩萨下生；我见此瑞，欢喜无量。

"善男子！摩耶夫人出迦毗罗城，入此林时，复现十种光明瑞相，令诸众生得法光明。何等为十？所谓一切宝华藏光、宝香藏光、宝莲华开演出真实妙音声光、十方菩萨初发心光、一切菩萨得入诸地现神变光、一切菩萨修波罗蜜圆满智光、一切菩萨大愿智光、一切菩萨教化众生方便智光、一切菩萨证于法界真实智光、一切菩萨得佛自在受生出家成正觉光。此十光明，普照无量诸众生心。

"善男子！摩耶夫人于毕洛叉树下坐时，复现菩萨将欲诞生十种神变。何等为十？

"善男子！菩萨将欲诞生之时，欲界诸天天子、天女，及以色界一切诸天、诸龙、夜叉、乾闼婆、阿修罗、迦楼罗、紧那罗、摩睺罗伽并其眷属，为供养故，悉皆云集。摩耶夫人威德殊胜，身诸毛孔咸放光明，普照三千大千世界无所障碍，一切光明悉皆不现，除灭一切众生烦恼及恶道苦。是为菩萨将欲诞生第一神变。

"又，善男子！当尔之时，摩耶夫人腹中悉现三千世界一切形像，其百亿阎浮提内，各有都邑，各有园林，名号不同，皆有摩耶夫人于中止住、天众围绕，悉为显现菩萨将生不可思议神变之相。是为菩萨将欲诞生第二神变。

"又，善男子！摩耶夫人一切毛孔，皆现如来往昔修行菩萨道时，恭敬供养一切诸佛，及闻诸佛说法音声。譬如明镜及以水中，能现虚空日月、星宿、云雷等像；摩耶夫人身诸毛孔亦复如是，能现如来往昔因缘。是为菩萨将欲诞生第三神变。

"又，善男子！摩耶夫人身诸毛孔，一一皆现如来往修菩萨行时，所住世界，城邑聚落，山林河海，众生劫数，值佛出世，入净国土，随所受生，寿命长短，依善知识修行善法，于一切刹在在生处，摩耶夫人常为其母；如是一切，于毛孔中靡不皆现。是为菩萨将欲诞生第四神变。

"又，善男子！摩耶夫人一一毛孔，显现如来往昔修行菩萨行时，随所生处，色相形貌，衣服饮食，苦乐等事，一一普现，分明辨❷了。是为菩萨将欲诞生第五神变。

"又，善男子！摩耶夫人身诸毛孔，一一皆现世尊往昔修施行时，舍所难舍，头目耳鼻、唇舌牙齿、身体手足、血肉筋骨、男女妻妾、城邑宫殿、衣服璎珞、金银宝货，如是一切内外诸物，亦见受者形貌、音声及其处所。是为菩萨将欲诞生第六神变。

"又，善男子！摩耶夫人入此园时，其林普现过去所有一切诸佛入母胎时国土、园林、衣服、华鬘、涂香、末香、幡缯、幢盖，一切众宝庄严之事，妓乐歌咏上妙音声，令诸众生普得见闻。是为菩萨将诞生时第七神变。

"又，善男子！摩耶夫人入此园时，从其身出菩萨所住摩尼宝王宫殿、楼阁，超过一切天、龙、夜叉、乾闼婆、阿修罗、迦楼罗、紧那罗、摩睺罗伽及诸人王之所住者，宝网覆上，妙香普熏，众宝庄严，内外清净，各各差别，不相杂乱，周匝遍满岚毗尼园。是为菩萨将诞生时第八神变。

"又，善男子！摩耶夫人入此园时，从其身出十不可说百千亿那由他佛刹微尘数菩萨，其诸菩萨身形容貌、相好光明、进止威仪、神通眷属，皆与毗卢遮那菩萨等无有异，悉共同时赞叹如来。是为菩萨将诞生时第九神变。

"又，善男子！摩耶夫人将欲诞生菩萨之时，忽于其前，从金刚际出大莲华，名为一切宝庄严藏。金刚为茎，众宝为须，如意宝王以为其台，有十佛刹微尘数叶，一切皆以摩尼所成宝网、宝盖以覆其上。一切天王所共执持；一切龙王降注香雨；一切夜叉王恭敬围绕，散诸天华；一切乾闼婆王出微妙音，歌赞菩萨往昔供养诸佛功德；一切阿修罗王舍骄慢心，稽首敬礼；一切迦楼罗王垂宝缯幡，遍满虚空；一切紧那罗王欢喜瞻仰，歌咏赞叹菩萨功德；一切摩睺罗伽王皆生欢喜，歌咏赞叹，普雨一切宝庄严云。是为菩萨将诞生时第十神变。

"善男子！岚毗尼园示现如是十种相已，然后菩萨其身诞生。如虚空中现净日轮，如高山顶出于庆云，如密云中而耀电光，如夜暗中而然大炬；尔时，菩萨从母胁生，身相光明亦复如是。善男子！菩萨尔时，虽现初生，悉已了达一切诸法，如梦如幻，如影如像，无来无去，不生不灭。

"善男子！当我见佛于此四天下阎浮提内岚毗尼园示现初生种种神变时，亦见如来于三千大千世界百亿四天下阎浮提内岚毗尼园中示现初生种种神变；亦见三千大千世界一一尘中无量佛刹，亦见百佛世界、千佛世界乃至十方一切世界一一尘中无量佛刹，如是一切诸佛刹中，皆有如来示现受生种种神变。如是念念，常无间断。"

时，善财童子白彼神言："大天得此解脱，其已久如？"

答言："善男子！乃往古世，过亿佛刹微尘数劫，复过是数。时，有世界名为普宝，劫名悦乐，八十那由他佛于中出现；其第一佛，名自在功德幢，十号具足。彼世界中，有四天下，名妙光庄严；其四天下阎浮提中，有一王都，名须弥庄严幢；其中有王，名宝焰眼；其王夫人，名曰喜光。善男子！如此世界摩耶夫人，为毗卢遮那如来之母；彼世界中喜光夫人，为初佛母，亦复如是。

"善男子！其喜光夫人将欲诞生菩萨之时，与二十亿那由他采女诣金华园；园中有楼，名妙宝峰；其边有树，名一切施。喜光夫人攀彼树枝而生菩萨，诸天王众各持香水共以洗沐。时，有乳母名为净光，侍立其侧。既洗沐已，诸天王众授与乳母。乳母敬受，生大欢喜，即得菩萨普眼三昧。

得此三昧已，普见十方无量诸佛，复得菩萨于一切处示现受生自在解脱。如初受胎识，速疾无碍；得此解脱故，见一切佛乘本愿力受生自在，亦复如是。善男子！于汝意云何？彼乳母者，岂异人乎？我身是也。我从是来，念念常见毗卢遮那佛示现菩萨受生海调伏众生自在神力。如见毗卢遮那佛乘本愿力，念念于此三千大千，乃至十方一切世界微尘之内，皆现菩萨受生神变；见一切佛悉亦如是，我皆恭敬承事供养，听所说法，如说修行。"

时，岚毗尼林神，欲重宣此解脱义，承佛神力，普观十方而说颂言：

佛子汝所问，诸佛甚深境；汝今应听受，我说其因缘。

过亿刹尘劫，有劫名悦乐；八十那由他，如来出兴世。

最初如来号，自在功德幢；我在金华园，见彼初生日。

我时为乳母，智慧极聪利；诸天授与我，菩萨金色身。

我时疾捧持，谛观不见顶，身相皆圆满，一一无边际。

离垢清净身，相好以庄严，譬如妙宝像，见已自欣庆。

思惟彼功德，疾增众福海；见此神通事，发大菩提心。

专求佛功德，增广诸大愿，严净一切刹，灭除三恶道。

普于十方土，供养无数佛，修行本誓愿，救脱众生苦。

我于彼佛所，闻法得解脱，亿刹微尘数，无量劫修行。

劫中所有佛，我悉曾供养，护持其正法，净此解脱海。

亿刹微尘数，过去十力尊，尽持其法轮，增明此解脱。

我于一念顷，见此刹尘中，一一有如来，所净诸刹海。

刹内悉有佛，园中示诞生，各现不思议，广大神通力。

或见不思议，亿刹诸菩萨，住于天宫上，将证佛菩提。

无量刹海中，诸佛现受生，说法众围绕，于此我皆见。

一念见亿刹，微尘数菩萨，出家趣道场，示现佛境界。

我见刹尘内，无量佛成道，各现诸方便，度脱苦众生。

一一微尘中，诸佛转法轮，悉以无尽音，普雨甘露法。

亿刹微尘数，一一刹尘内，悉见于如来，示现般涅槃。

如是无量刹，如来示诞生；而我悉分身，现前兴供养。

不思议刹海，无量趣差别；我悉现其前，雨于大法雨。

佛子我知此，难思解脱门，无量亿劫中，称扬不可尽。

"善男子！我唯知此菩萨于无量劫遍一切处示现受生自在解脱。如诸菩萨摩诃萨，能以一念为诸劫藏，观一切法，以善方便而现受生；周遍供养一切诸佛，究竟通达一切佛法；于一切趣皆现受生，一切佛前坐莲华座；知诸众生应可度时，为现受生方便调伏；于一切刹现诸神变，犹如影像悉现其前。我当云何能知能说彼功德行？

"善男子！此迦毗罗城，有释种女，名曰瞿波。汝诣彼问：'菩萨云何于生死中教化众生？'"

时，善财童子顶礼其足，绕无数匝，殷勤瞻仰，辞退而去。

注释

❶ "怯"，大正本原作"吝"，今依宫本改之。

❷ "辨"，大正本原作"辩"，今依宋、元本改之。

【白话语译】

这时，善财童子在大愿精进力救护一切众生夜神的处所，证得菩萨解脱三昧之后，不断地忆念修习，智慧明了，通达增长。他渐渐地游行来到岚毗尼园林，四处寻觅妙德圆满神。在一切宝树庄严楼阁中，看见妙德圆满神正坐在宝莲华师子座上。二十亿那由他诸天人都恭敬围绕在他身旁，妙德神正为他们宣说《菩萨受生海经》，让他们都能生在如来之家，增长菩萨大功德。善财童子看见之后，顶礼妙德神，合掌站在他面前说："圣者呀！我先前已经发起无上正等正觉心，但不知道菩萨应如何修习菩萨行、出生如来之家，及成为世间的大光明藏？"

妙德神回答说："善男子啊！菩萨有十种自在受生的宝藏，如果菩萨能成就这个法门，就能出生在如来家，且念念都能增长善根，不疲惫、不懈怠、不厌足、不退转、无间断、不忘失，远离种种迷惑，不会心生害怕、低劣、烦恼、退悔。又能趣入一切智慧，进入法界之门，发起广大的菩提心，增长十度法，成就诸佛无上菩提。舍离世间的四恶趣，证入如来的境界地，获得殊胜的神通，诸佛的妙法常常示现眼前，又能随顺一切智慧真实义。"

"哪十种自在受生的宝藏呢？一，愿常供养诸佛的自在受生宝藏；二，发菩提心的自在受生宝藏；三，观察一切法门、精勤修行的自在受生宝藏；四，以深净心普照三世的自在受生宝藏；五，平等光明的自在受生宝藏；六，生在如来家的自在受生宝藏；七，佛力光明的自在受生宝藏；八，观普智门的自在受生宝藏；九，普现庄严的自在受生宝藏；十，入如来地的自在受生宝藏。

"什么叫作'愿常供养诸佛的自在受生宝藏'？善男子！菩萨初发菩提心时，发起这样的心愿：我愿尊重、恭敬、供养诸佛，常常觐见诸佛，毫不厌足。在诸佛道场常生起喜爱快乐之心，常生起深信不疑、修行诸佛功德的心，永无休止。这就是菩萨为修习一切智，开始积集善根的自在受生宝藏。

"什么叫作'发菩提心自在受生宝藏'？善男子！菩萨发起无上正等正觉心，就是所谓的为了救护众生，而发起大悲心；为了究竟承事诸佛，而发起供养诸佛心；因为对一切毫无吝惜，而发起普求正法的心；为了求取一切智慧，而发起广大趣向佛道心；为了普遍摄受众生，而发起大慈无量心；为了披求一切智坚固誓愿的盔甲，而发起不舍众生心；为了证得真如实相的智慧，而生起无谄媚欺诳的心；为了修习菩萨道，而发愿照佛所说而修行；为了守护诸佛的广大誓愿，而发愿不欺诳诸佛；为了穷尽未来际度化众生，永不休息，而发起一切智愿心。菩萨因为发起如此佛国刹土微尘数的菩提心功德，所以能出生在如来家，这就是菩萨第二种自在受生宝藏。

"什么叫作'观察各种法门、精勤修行自在受生宝藏'？善男子！菩萨摩诃萨，发起观察一切法门海心；发起回向一切智慧圆满道心；发起正念没有过失恶业心；发起一切菩萨三昧海清净的心；发起修习一切菩萨功德的心；发起庄严一切菩萨道的心；发起求取一切智大精进行、修习诸佛功德，就像劫火炽然、没有休息的心；发起修习普贤菩萨行愿、教化众生心；发起善学一切威仪、修习菩萨功德，舍离一切所有的执着，安住无所有的真实心。这就是菩萨第三种自在受生宝藏。

"什么叫作'以深净心普照三世的自在受生宝藏'？善男子！因为菩萨具足清净增上心，所以能证得如来的菩提光明，深入菩萨的方便海。他的心好像金刚般坚固，舍离一切二十五有生趣的受生，成就一切佛的任运自在力。修习殊胜行门，具足菩萨善根，心念光明而无尘垢，愿力坚固，毫不动摇。常受诸佛如来护念，破除了一切的障碍高山，所以能普遍地作为众生的依怙，这就是菩萨第四种自在受生宝藏。

"什么叫作'平等光明的自在受生宝藏'？善男子！菩萨具足众多德行，所以能普遍教化众生。他可以完全舍弃所有的财物，而安住诸佛的究竟清净戒中；具足安忍的法门，成就诸佛无生法忍的光明。并且能以大勇猛精进力，趣入一切智慧，到达涅槃彼岸。修习各种禅定，证得能摄受一切法的普门禅定。智慧清净圆满，又能以如日的智慧明照诸法，证得无障碍的法眼，亲见诸佛世界海，悟入一切真实法性。一切世间众生见后都能心生欢喜，善能修习如实的法门，这就是菩萨第五种自在受生宝藏。

"什么叫作'生在如来家自在受生宝藏'？善男子！菩萨若生如来家，就能随着诸佛安住，成就一切甚深的法门，具足三世诸佛的清净大愿，证得等同诸佛的善根，等同诸佛的体性，具足出离世间、白净的善法。安住广大的功德门，证入各种三昧境界。亲见诸佛神力，随顺应该度化的众生，清净其心，不管他们问什么法都能回答，辩才无碍，这就是菩萨第六种自在受生宝藏。

"什么叫作'佛力光明自在受生宝藏'？善男子！菩萨一旦深入诸佛的十力，游行诸佛净土，亲近诸佛，就能心不退转，供养、承事菩萨大众的集会，毫不疲惫厌足。了知一切法都是虚妄，知道世事无常如同梦中所见，一切的色相都好似光影一般，所有的神通也都是变化所现，一切受生也都像泡影，诸佛所说的法就像空谷中的回音，开示法界的真理，让众生都能到达究竟的彼岸，这就是菩萨第七种自在受生宝藏。

"什么叫作'观普智门自在受生宝藏'？善男子！菩萨安住在童子的真实法位，穷尽无量的时劫观察一切智慧，在每一个智慧之门，开示宣说菩萨的行门。自在出入菩萨甚深的三昧境界，念念都出生在十方诸佛的道场中，在有差别的境地，证入无差别的定境。在无差别的法中，示现有差别的智慧；在无量的境界中，了知无有任何境界；从微少的境界，证入无量的境界。通达广大无边的法性，了知世间的一切有形有相，都是假施设，一切都是由分别的识心所生起，皆属虚妄，毫不实在。这就是菩萨第八种自在受生宝藏。

"什么叫作'普现庄严自在受生宝藏'？善男子！菩萨能够在种种庄严无量的佛国刹土中，普遍化现一切众生及诸佛身相，证得无所畏惧，宣演清净善法，没有障碍。随着法界宣流的法音，让每个众生心生喜乐，看见种种诸佛海。又，示现种种成就菩提行，让众生都能生起无碍的一切智道。菩萨能在最适当的时机示现种种作为，恒常安住在正定正受毗卢遮那智慧的法藏，这就是菩萨第九种自在受生宝藏。

"什么叫作'入如来地的自在受生宝藏'？善男子！菩萨能在三世诸佛如来面前，接受灌顶法门，入法王位，普遍了知各种境界的次第，就是：了知众生在前际、后际如何死亡、出生的次第，菩萨修行的次第，众生心念的次第，三世如来成佛的次第，诸佛善巧方便说法的次第。也了知一切初际、中际、后际所有的时劫中世界的生成、毁坏，及诸劫名号的次第。随顺众生根性而度脱他们，示现成就佛道的功德，诸佛国土的庄严，以神通妙用宣说佛法，以善巧方便调伏众生，这就是菩萨第十种自在受生宝藏。

"佛子啊！如果菩萨摩诃萨能修习、增长、圆满、成就这十种受生藏法，就能在一种庄严之中，示现种种庄严，穷尽未来的时劫，庄严所有的国土，开导示悟众生。演说诸佛的法门海，及种种境界、种种成熟，辗转传递如来无量的法门，示现不可思议诸佛的自在神力，遍满一切虚空法界，在一切众生心行海中，转动法轮，在一切世界中，示现成佛，恒无间断。又，用不可说的清净语言声音，演说所有的法要，安住在无量处的境地，了知通达，没有障碍。用一切法庄严道场，随顺众生想要了解的差别法性，而示现成佛的身，开示无量甚深的法藏，教化成就一切世间的众生。"

这时，岚毗尼林神想要再次说明这个法门，仰承佛陀的大威神力，观察十方而说了如下的偈颂：

最上离垢清净妙心，见一切佛无有厌足，
愿尽未来恒常供养，此明慧者受生宝藏。
一切三世国土之中，所有众生以及诸佛，
悉愿度脱恒瞻奉养，此难思者受生宝藏。
开法无厌欣乐观察，普于三世无所障碍，
身心清净宛如虚空，此名称者受生宝藏。
其心恒住大悲海中，坚如金刚以及宝山，
了达一切种智法门，此最胜者受生宝藏。
大慈普覆遍于一切，妙行常增诸度之海，

以法光明普照群品，此雄猛者受生宝藏。

了达法性心无障碍，生于三世诸佛之家，

普入十方法界海中，此明智者受生宝藏。

法身清净心无障碍，普诣十方诸佛国土，

一切佛力靡不成就，此不思议受生宝藏。

入深智慧已得自在，于诸三昧亦得究竟，

观一切智如实之门，此真身者受生宝藏。

净治一切诸佛国土，勤修普化众生妙法，

显现如来自在威力，此大名者受生宝藏。

久已修行萨婆若智，疾能趣入佛如来位，

了知法界皆无障碍，此诸佛子受生宝藏。

"善男子！菩萨只要具足这十种自在受生宝藏，就会出生在如来家，为一切世间示现清净光明。善男子！我从无量的时劫以来，不断修习，才证得这种自在受生解脱法门。"

善财童子说："圣者，你能为我解说这个解脱法门的境界吗？"

妙德神回答说："善男子！我首先发愿：'愿所有的菩萨示现受生时，我都能亲近供养他们；愿我能趣入毗卢遮那如来的无量受生海。'因为过去的愿力，我才能生在娑婆世界阎浮提中的岚毗尼园，专心忆念菩萨何时下生世间。百年之后，世尊果然从兜率天宫降生此处了。

"当时，岚毗尼园林出现十种祥瑞之相。是哪十种相呢？一，这园中的地面忽然变得非常平坦，坑洞、小土堆都不见了；二，金刚铺地面，以宝物所庄严，没有瓦砾、荆棘、根干；三，宝多罗树排列四周，树根一直延伸到水中；四，地面长出各种香芽，出现各种香藏，又有宝香为树，扶疏荫映，香气胜过天界各种的香；五，一切妙华鬘、宝庄严具都行列分布，处处充满；六，园中所有的树木，都自然开出摩尼宝华；七，一切池沼都自然从地底生出宝华，布满水面；八，这时娑婆世界岚毗尼园林，有欲界、色界、天王、龙王、夜叉王、乾闼婆王、阿修罗王、迦楼罗王、紧那罗王、摩睺罗伽王一切诸王，都前来集会，合掌安住；九，在娑婆世界的所有天女，乃至摩睺罗伽女都心生欢喜，分别捧持各种供养器具，恭敬地面向毕洛叉树❶中站立；十，十方诸佛的脐中都放出菩萨受生自在灯的广大光明，普遍照耀整个岚毗尼园林，每一道光明都示现诸佛受生、诞生等所有的神通变化，以及一切菩萨受生的功德，又传出诸佛的种种法音。就是这十种瑞相。这些瑞相出现的时候，诸位天王等立刻知道将有菩萨下生于世。我一看见这些瑞相，心中顿时生起无量的欢喜。

"善男子！摩耶夫人离开迦毗罗城，进入岚毗尼园林时，又出现十种光明的瑞相，凡是睹见的众生，无不证得法光明，而生大智慧。是哪十种光明的瑞相呢？就是所谓的一切宝华藏光，宝香藏光，宝莲华开演出真实妙音声光，十方菩萨的初发心光，菩萨得以趣入诸地现神变光，菩萨修波罗蜜圆满智光，菩萨的大愿智光，菩萨教化众生的方便智光，菩萨证入法界的真实智光，菩萨得证诸佛自在受生、出家、成等正觉光。就是这十种普照无量众生的光明瑞相。

"善男子！摩耶夫人坐在毕洛叉树下的时候，园中又出现菩萨即将出生的十种神通变化境界。是哪十种神变呢？

"善男子！世尊将要诞生的时候，欲界的诸天、天子、天女，以及色界的一切诸天、诸龙、夜叉、乾闼婆、阿修罗、迦楼罗、紧那罗、摩睺罗伽和他们的眷属，为了供养即将出生的菩萨（释迦牟尼佛），全都云集于岚毗尼园中。摩耶夫人的威德殊胜，全身一切毛孔都无碍地放出普照着三千大千世界的光明，除灭了一切众生的烦恼以及三恶道的痛苦，世间其他的光明全都被此大光明所遮覆而隐没不见，这是菩萨将要诞生时的第一种神通变化。

"又，善男子！那时摩耶夫人的腹中又现出三千世界的所有形象，其中共有百亿的阎浮提。每个阎浮提中都有难以数计的都城，城中各有不同名称的园林，里面都有摩耶夫人安住，重重天众围绕，只为了显现菩萨将生时不可思议的神变瑞相，这是菩萨将要诞生时的第二种神通变化。

"善男子！摩耶夫人身上所有毛孔又示现出如来过去修行菩萨道时，

恭敬供养诸佛，以及听闻诸佛宣说佛法的音声。就好像明镜、净水清楚地映现虚空中的日月、星宿、云雷等影像一般。摩耶夫人身上诸毛孔也是如此，能够示现如来过去的种种因缘，这是菩萨将要诞生时的第三种神通变化。

"善男子！摩耶夫人身上的每一个毛孔，又一一示现如来过去修习菩萨行时安住的世界、城市、聚落、山林、河海，有众生劫数那样长的时间，直到佛陀出兴于世，趣入清净国土，随所受生，寿命或长或短，依止善知识修行善法，不管如来在哪一个刹土受生，摩耶夫人都是他的母亲，如此等等的一切境界，都完全显现在摩耶夫人的毛孔中，这就是菩萨即将诞生时的第四种神通变化。

"善男子！摩耶夫人的一一毛孔之中，又能显现如来过去修行菩萨行时，随着所生之处，他的色相、形貌、衣服、饮食、苦乐等事，无不明白普现、清楚明辨，这是菩萨将要诞生时的第五种神通变化。

"善男子！摩耶夫人身上每一个毛孔，又示现过去世尊修习布施时，施舍一般人难能施舍的头目、耳鼻、唇舌、牙齿、身体、手足、血肉、筋骨等内财，以及男女、妻妾、城邑、宫殿、衣服、璎珞、金银、宝货等外财，如此一切内外的各种东西，全都舍己为人。毛孔中也能见到接受布施者的形貌、音声，以及住处，这就是菩萨将要诞生时的第六种神通变化。

"善男子！摩耶夫人进入岚毗尼园的时候，林中又现出过去诸佛投入母胎时的境界，有各种国土、园林、衣服、华鬘、涂香、末香、幡缯、幢盖、种种庄严的宝物，更有妓乐歌咏最上妙好的音声，皆令众生普遍得到见解，这就是菩萨将要诞生时的第七种神通变化。

"善男子！摩耶夫人进入岚毗尼园时，从身上毛孔又现出菩萨安住的摩尼宝王宫殿、楼阁，这些建筑远远超过一切诸天、龙、夜叉、乾闼婆、阿修罗、迦楼罗、紧那罗、摩睺罗伽以及诸人王安住的地方。宫殿、楼阁上面覆盖各种宝网，还普遍熏烧各种妙香，更有各种内外都非常清净的庄严宝物，彼此虽然不尽相同，但却不相杂乱，且遍满整个岚毗尼园四周，这就是菩萨将要诞生时的第八种神通变化。

"善男子！摩耶夫人进入岚毗尼园时，她身上又现出十种不可说百千亿那由他佛国刹土微尘数的菩萨，这些菩萨的身形、容貌都非常光明美好，举止、威仪、神通、眷属，都和毗卢遮那菩萨同相无差别，他们都同时赞叹世尊。这就是菩萨将要诞生时的第九种神通变化。

"善男子！摩耶夫人将要生出菩萨的时候，忽然在她前面从宛如金刚的大地现出名为一切宝庄严藏的大莲华。这花以金刚为茎、众宝为须、如意宝王为台，有十佛国刹土微尘数的叶子，一切都以摩尼宝珠结成。更有宝网、宝盖覆在上面，这朵大莲华由所有的天王执持，龙王更降注香雨，所有的夜叉王也都恭敬围绕这朵大莲华，散布各种天华。所有的乾闼婆也都发出微妙悦耳音声，歌咏赞叹菩萨过去供养诸佛的功德。阿修罗王都舍弃骄慢的心，稽首敬礼。迦楼罗王都垂下宝缯幡，遍满虚空中。紧那罗王都欢喜瞻仰、歌咏赞叹菩萨的功德。摩睺罗伽王都心生欢喜，歌咏赞叹，普遍雨下各种宝庄严云，这就是菩萨将要诞生时的第十种神通变化。

"善男子！在岚毗尼园示现出这十种瑞相之后，菩萨就诞生了，他的诞生就像虚空中出现的清净日轮，就像山顶出现的祥瑞云彩，就像黑云中闪耀的雷光，就像黑夜中燃烧的火炬。这时，菩萨从摩耶夫人右胁降生，身相的光明就像上面所说的景象。善男子！菩萨这时虽然示现初出生的相貌，但是他早已完全了达诸法如梦、如幻、如影、如像、无来、无去、不生、不灭的境界。

"善男子！当我看见世尊在娑婆世界四天下阎浮提内岚毗尼园，示现初生的种种神变时，也看见世尊在三千大千世界，百亿四天下阎浮提内岚毗尼园中，示现初生的种种神变；同时也看见三千大千世界每一粒微尘中的无量佛国刹土；同时也看见有百位佛陀的世界，有千位佛陀的世界，乃至十方所有的世界，每一粒微尘中，都有无量的佛国刹土。像这样一切佛国刹土之中，都有如来示现受生种种的神变，像这样心念，没有间断而恒常有此境界现出。"

这时，善财童子问岚毗尼林神："圣者啊！您证得这个解脱法门的境界已经有多久了？"

岚毗尼林神回答说："善男子！过亿佛国刹土微尘数时劫之前，那时，有一个名叫普宝世界，劫名是悦乐时劫，有八十那由他佛出兴于世。第一位出世的佛陀，是自在功德幢如来，十号❷完全具足。普宝世界有名为妙光庄严的四天下，这四天下阎浮提中，有一座须弥庄严幢王都。这王都的国王是宝焰眼王，他的夫人名叫喜光。善男子！正如这个世界的摩耶夫人是毗卢遮那如来的母亲，那个世界中的喜光夫人是初佛的母亲，也是如此的景象。

　　"善男子！当喜光夫人将要生下菩萨的时候，和二十亿那由他采女来到金华园，园中有妙宝峰楼，楼边有棵名为一切施的大树。喜光夫人在此树之下，攀树枝而生下菩萨，诸天王众分别持着香水共同为菩萨沐浴。当时，有名为净光的乳母，站在旁边侍奉，当沐浴完之后，诸天王众把菩萨交给乳母，乳母恭敬地双手接过来，生起大欢喜心，随即证得菩萨普眼三昧。此乳母一证得这个三昧之后，就能普见十方无量诸佛。又，证得菩萨在一切处示现受生自在解脱门，就像初受胎的神识一般，疾速而无所障碍。由于她已证得解脱法门，所以也能亲见诸佛因为愿力受生自在的情况。

　　"善男子！你认为如何？那位乳母哪里是别人，正是我的前身啊！我从那时以来，念念之中都能看见毗卢遮那如来示现菩萨受生海，及调伏众生的自在神力，如同我看见毗卢遮那佛，乘着本愿力，念念之中在这三千大千世界，乃至十方一切世界微尘中，皆示现菩萨受生的神通变化。我看见所有的佛陀也都是如此的境界，我都能恭敬地承事供养，聆听诸佛宣说佛法，并依教法修行。"

　　这时，岚毗尼林神为了要再次宣说这个解脱法门，承十方诸佛的神力加持，普观十方而称颂说：

　　　　佛子汝今所问，诸佛甚深境界，

　　　　汝今悉应听受，我说其中因缘。

　　　　过亿刹尘时劫，有劫名为悦乐，

八十那由他数，如来出兴于世。

最初如来名号，自在功德幢佛，

我在金华园中，见彼初生之日。

我时为其乳母，智慧极为聪利，

诸天时授与我，菩萨金色妙身。

我时疾速捧持，谛观不见顶相，

身相皆悉圆满，一一无有边际。

离垢清净妙身，相好以为庄严，

譬如微妙宝像，见已心自欣庆。

思惟彼之功德，疾增众福德海，

见此大神通事，疾发大菩提心。

专求佛陀功德，增广诸大愿力，

严净一切刹土，灭除三恶之道。

普于十方国土，供养无数诸佛，

修行根本誓愿，救脱众生苦恼。

我于彼佛之所，闻法而得解脱，

亿佛刹微尘数，无量时劫修行。

劫中所有佛陀，我皆悉曾供养，

护持其中正法，清净此解脱海。

亿佛刹微尘数，过去十力尊佛，

尽持其妙法轮，增明此解脱门。

我于一念之顷，见此刹微尘中，

一一皆有如来，所清净诸刹海。

刹内悉有佛陀，园中示现诞生，

各现不可思议，广大神通威力。

或见不可思议，亿刹诸菩萨众，

住于天宫之上，将证佛菩提果。

无量刹海之中，诸佛示现受生，

说法大众围绕，于此我皆亲见。

一念见亿刹土，微尘数量菩萨，

出家趣向道场，示现佛陀境界。

我见刹尘之内，无量佛陀成道，

各示现诸方便，度脱苦恼众生。

一一微尘之中，诸佛转大法轮，

悉以无尽音声，普雨甘露妙法。

亿佛刹微尘数，一一刹尘之内，

悉见于佛如来，示现大般涅槃。

如是无量刹土，如来示现诞生，

而我悉皆分身，现前广兴供养。

不可思议刹海，无量诸趣差别，

我悉示现其前，雨于广大法雨。

佛子我了知此，难思解脱法门，

无量亿劫之中，称扬不可穷尽。

"善男子！我只知道这位菩萨在无量劫中遍满一切处，示现受生自在的解脱法门。如果是像诸菩萨中的大菩萨，以一念延为无量劫，无量劫不起一念，观察所有的法，善巧方便地示现受生，周遍十方世界，供养诸佛，究竟通达一切佛法，在一切生趣中，都能示现受生的境界，在一切佛前坐莲华宝座，了知众生的机缘，为他们示现受生，方便调伏一切众生，在任何刹土普现各种神变，就好像影像示现众生前面，这种游戏三昧的境界，就根本不是我能宣说的了！

"善男子！离这里不远的迦毗罗城❸有一位名叫瞿波❹的释迦种族女子，你可以前去参访，并请问她：'菩萨如何在生死中教化一切众生？'"

这时，善财童子顶礼岚毗尼林神的双足，右绕无数周，殷勤地瞻仰之后，才辞别离去。

【注释】

❶ 毕洛叉：梵语 vṛkṣa，译作"高显"，无忧树的别名，释尊于此树下诞生。

❷ 十号：指佛的十种名号，即如来、应供、正遍知、明行足、善逝、世间解、无上士、调御丈夫、天人师、佛、世尊。

❸ 迦毗罗城：梵语 kapila-vastu，意译妙德城，为释迦牟尼佛的国家。

❹ 瞿波：梵语 Gopa，唐代慧琳撰《一切经音义》中译为"守护地"。

卷第七十五
入法界品第三十九之十六

【原典】

尔时，善财童子向迦毗罗城，思惟修习受生解脱，增长广大，忆念不舍。

渐次游行，至菩萨集会普现法界光明讲堂，其中有神，号无忧德，与一万主宫殿神俱，来迎善财，作如是言："善来！丈夫！有大智慧，有大勇猛，能修菩萨不可思议自在解脱，心恒不舍广大誓愿，善能观察诸法境界；安住法城，入于无量诸方便门，成就如来功德大海；得妙辩才，善调众生，获圣智身，恒顺修行，知诸众生心行差别，令其欢喜趣向佛道。

"我观仁者修诸妙行心无暂懈，威仪所行悉皆清净，汝当不久得诸如来清净庄严无上三业，以诸相好庄严其身，以十力智莹饰其心，游诸世间。我观仁者勇猛精进而无有比，不久当得普见三世一切诸佛听受其法，不久当得一切菩萨禅定解脱诸三昧乐，不久当入诸佛如来甚深解脱。何以故？见善知识亲近供养，听受其教，忆念修行，不懈不退，无忧无悔，无有障碍，魔及魔民不能为难，不久当成无上果故。"

善财童子言："圣者！如向所说，愿我皆得。圣者！我愿一切众生，息诸热恼，离诸恶业，生诸安乐，修诸净行。圣者！一切众生，起诸烦恼，造诸恶业，堕诸恶趣，若身若心恒受楚毒，菩萨见已心生忧恼。圣者！譬如有人，唯有一子，爱念情至，忽见被人割截肢体，其心痛切不能自安。

菩萨摩诃萨亦复如是，见诸众生以烦恼业堕三恶趣受种种苦，心大忧恼。若见众生起身、语、意三种善业，生天人趣受身心乐，菩萨尔时生大欢喜。何以故？菩萨不自为故求一切智，不贪生死诸欲快乐，不随想倒、见倒、心倒、诸结、随眠、爱见力转，不起众生种种乐想，亦不味著诸禅定乐，非有障碍、疲厌、退转住于生死。但见众生于诸有中，具受无量种种诸苦，起大悲心，以大愿力而普摄取。悲愿力故，修菩萨行，为断一切众生烦恼，为求如来一切智智，为供养一切诸佛如来，为严净一切广大国土，为净治一切众生乐欲及其所有身心诸行，于生死中无有疲厌。

"圣者！菩萨摩诃萨于诸众生，为庄严，令生人天富贵乐故；为父母，为其安立菩提心故；为养育，令其成就菩萨道故；为卫护，令其远离三恶道故；为船师，令其得度生死海故；为归依，令舍诸魔烦恼怖故；为究竟，令其永得清凉乐故；为津济，令入一切诸佛海故；为导师，令至一切法宝洲故；为妙华，开敷诸佛功德心故；为严具，常放福德智慧光故；为可乐，凡有所作悉端严故；为可尊，远离一切诸恶业故；为普贤，具足一切端严身故；为大明，常放智慧净光明故；为大云，常雨一切甘露法故。圣者！菩萨如是修诸行时，令一切众生皆生爱乐、具足法乐。"

尔时，善财童子将升法堂，其无忧德及诸神众，以出过诸天上妙华鬘、涂香、末香，及以种种宝庄严具，散善财上，而说颂言：

> 汝今出世间，为世大明灯，普为诸众生，勤求无上觉。
> 无量亿千劫，难可得见汝；功德日今出，灭除诸世暗。
> 汝见诸众生，颠倒惑所覆，而兴大悲意，求证无师道。
> 汝以清净心，寻求佛菩提，承事善知识，不自惜身命。
> 汝于诸世间，无依无所著，其心普无碍，清净如虚空。
> 汝修菩提行，功德悉圆满，放大智慧光，普照一切世。
> 汝不离世间，亦不著于世，行世无障碍，如风游虚空。
> 譬如火灾起，一切无能灭；汝修菩提行，精进火亦然。
> 勇猛大精进，坚固不可动，金刚慧师子，游行无所畏。

一切法界中，所有诸刹海，汝悉能往诣，亲近善知识。

尔时，无忧德神说此颂已，为爱乐法故，随逐善财，恒不舍离。

尔时，善财童子入普现法界光明讲堂，周遍推求彼释氏女，见在堂内，坐宝莲华师子之座，八万四千采女所共围绕。是诸采女，靡不皆从王种中生，悉于过去修菩萨行同种善根，布施、爱语普摄众生；已能明见一切智境，已共修集佛菩提行；恒住正定，常游大悲，普摄众生犹如一子；慈心具足，眷属清净；已于过去成就菩萨不可思议善巧方便，皆于阿耨多罗三藐三菩提得不退转，具足菩萨诸波罗蜜；离诸取著，不乐生死；虽行诸有，心常清净，恒勤观察一切智道；离障盖网，超诸著处，从于法身而示化形；生普贤行，长菩萨力，智日慧灯悉已圆满。

尔时，善财童子诣彼释女瞿波之所，顶礼其足，合掌而住，作如是言："圣者！我已先发阿耨多罗三藐三菩提心，而未知菩萨云何于生死中，而不为生死过患所染？了法自性，而不住声闻、辟支佛地？具足佛法，而修菩萨行？住菩萨地，而入佛境界？超过世间，而于世受生？成就法身，而示现无边种种色身？证无相法，而为众生示现诸相？知法无说，而广为众生演说诸法？知众生空，而恒不舍化众生事？虽知诸佛不生不灭，而勤供养无有退转？虽知诸法无业无报，而修诸善行恒不止息？"

时，瞿波女告善财言："善哉！善哉！善男子！汝今能问菩萨摩诃萨如是行法，修习普贤诸行愿者能如是问。谛听！谛听！善思念之！我当承佛神力，为汝宣说。

"善男子！若诸菩萨成就十法，则能圆满因陀罗网普智光明菩萨之行。何等为十？所谓依善知识故，得广大胜解故，得清净欲乐故，集一切福智故，于诸佛所听闻法故，心恒不舍三世佛故，同于一切菩萨行故，一切如来所护念故，大悲妙愿皆清净故，能以智力普断一切诸生死故。是为十。若诸菩萨成就此法，则能圆满因陀罗网普智光明菩萨之行。

"佛子！若菩萨亲近善知识，则能精进不退修习出生无尽佛法。佛子！菩萨以十种法，承事善知识。何等为十？所谓于自身命无所顾惜，于世乐具心不贪求，知一切法性皆平等，永不退舍一切智愿，观察一切法界实相，心恒舍离一切有海，知法如空心无所依，成就一切菩萨大愿，常能示现一切刹海，净修菩萨无碍智轮。佛子！应以此法承事一切诸善知识，无所违逆。"

尔时，释迦瞿波女，欲重明此义，承佛神力，观察十方，而说颂言：

菩萨为利诸群生，正念亲承善知识，敬之如佛心无怠，此行于世帝网行。

胜解广大如虚空，一切三世悉入中，国土众生佛皆尔，此是普智光明行。

志乐如空无有际，永断烦恼离诸垢，一切佛所修功德，此行于世身云行。

菩萨修习一切智，不可思议功德海，净诸福德智慧身，此行于世不染行。

一切诸佛如来所，听受其法无厌足，能生实相智慧灯，此行于世普照行。

十方诸佛无有量，一念一切悉能入，心恒不舍诸如来，此向菩提大愿行。

能入诸佛大众会，一切菩萨三昧海，愿海及以方便海，此行于世帝网行。

一切诸佛所加持，尽未来际无边劫，处处修行普贤道，此是菩萨分身行。

见诸众生受大苦，起大慈悲现世间，演法光明除暗冥，此是菩萨智日行。

见诸众生在诸趣，为集无边妙法轮，令其永断生死流，此是修行普贤行。

菩萨修行此方便，随众生心而现身，普于一切诸趣中，化度无量诸含识。

以大慈悲方便力，普遍世间而现身，随其解欲为说法，皆令趣向菩提道。

时，释迦瞿波说此颂已，告善财童子言："善男子！我已成就观察一切菩萨三昧海解脱门。"

善财言："大圣！此解脱门境界云何？"

答言："善男子！我入此解脱，知此娑婆世界佛刹微尘数劫，所有众生于诸趣中，死此生彼，作善作恶，受诸果报，有求出离、不求出离，正定、邪定及以不定，有烦恼善根，无烦恼善根，具足善根，不具足善根，不善根所摄善根，善根所摄不善根；如是所集善、不善法，我皆知见。又彼劫中所有诸佛名号、次第，我悉了知。彼佛世尊从初发心，及以方便求一切智，出生一切诸大愿海，供养诸佛，修菩萨行，成等正觉，转妙法轮，现大神通，化度众生，我悉了知。亦知彼佛众会差别，其众会中有诸众生依声闻乘而得出离，其声闻众过去修习一切善根，及其所得种种智慧，我悉了知。有诸众生依独觉乘而得出离，其诸独觉所有善根、所得菩提、寂灭解脱、神通变化、成熟众生、入于涅槃，我悉了知。亦知彼佛诸菩萨众，其诸菩萨从初发心，修习善根，出生无量诸大愿行，成就满足诸波罗蜜种种庄严菩萨之道，以自在力，入菩萨地，住菩萨地，观菩萨地，净菩萨地，菩萨地相、菩萨地智、菩萨摄智、菩萨教化众生智、菩萨建立智、菩萨广大行境界、菩萨神通行、菩萨三昧海、菩萨方便，菩萨于念念中所入三昧海、所得一切智光明、所获一切智电光云、得实相忍、所通达一切智、所住刹海、所入法海、所知众生海、所住方便、所发誓愿、所现神通，我悉了知。

"善男子！此娑婆世界，尽未来际，所有劫海，展转不断，我皆了知。如知娑婆世界，亦知娑婆世界内微尘数世界，亦知娑婆世界内一切世界，亦知娑婆世界微尘内所有世界，亦知娑婆世界外十方无间所住世界，亦知娑婆世界世界种所摄世界，亦知毗卢遮那世尊此华藏世界海中十方无量诸世界种所摄世界，所谓世界广博、世界安立、世界轮、世界场、世界差别、世界转、世界莲华、世界须弥、世界名号。尽此世界海一切世界，由毗卢遮那世尊本愿力故，我悉能知，亦能忆念。

"亦念如来往昔所有诸因缘海。所谓修集一切诸乘方便，无量劫中，住菩萨行，净佛国土，教化众生，承事诸佛，造立住处，听受说法，获诸三昧，得诸自在；修檀波罗蜜入佛功德海，持戒苦行，具足诸忍，勇猛精进，成就诸禅，圆满净慧；于一切处示现受生，普贤行愿悉皆清净，普入诸刹，普净佛土，普入一切如来智海，普摄一切诸佛菩提，得于如来大智光明，证于诸佛一切智性，成等正觉，转妙法轮；及其所有道场众会，其众会中一切众生，往世已来所种善根，从初发心，成熟众生，修行方便，念念增长，获诸三昧神通解脱。如是一切，我悉了知。何以故？我此解脱，能知一切众生心行、一切众生修行善根、一切众生杂染清净、一切众生种种差别、一切声闻诸三昧门、一切缘觉寂静三昧神通解脱、一切菩萨一切如来解脱光明，皆了知故。"

尔时，善财童子白瞿波言："圣者得此解脱，其已久如？"

答言："善男子！我于往世，过佛刹微尘数劫，有劫名胜行，世界名无畏。彼世界中，有四天下，名为安隐。其四天下阎浮提中，有一王城，名高胜树，于八十王城中最为上首。彼时，有王名曰财主，其王具有六万采女、五百大臣、五百王子；其诸王子皆悉勇健，能伏怨敌。其王太子，名威德主，端正殊特，人所乐见，足下平满，轮相备具，足跌隆起，手足指间皆有网缦，足跟齐正，手足柔软，伊尼耶鹿王腨，七处圆满，阴藏隐密，其身上分如师子王，两肩平满，双臂脩长，身相端直，颈文三道，颊如师子，具四十齿悉皆齐密，四牙鲜白，其舌长广出梵音声，眼目绀青，睫如牛王，眉间毫相，顶上肉髻，皮肤细软如真金色，身毛上靡，发帝青色，其身洪满如尼拘陀树。

"尔时，太子受父王教，与十千采女诣香芽园游观戏乐。太子是时，乘妙宝车，其车具有种种严饰，置大摩尼师子之座而坐其上；五百采女各执宝绳牵驭而行，进止有度，不迟不速；百千万人持诸宝盖，百千万人持诸宝幢，百千万人持诸宝幡，百千万人作诸妓乐，百千万人烧诸名香，百千万人散诸妙华，前后围绕而为翊从。道路平正，无有高下，众宝杂华散布其上；宝树行列，宝网弥覆，种种楼阁延袤其间。其楼阁中，或有积聚种种珍宝，或有陈列诸庄严具，或有供设种种饮食，或有悬布种种衣服，或有备拟诸资生物，或复安置端正女人，及以无量僮仆侍从，随有所须，悉皆施与。

"时，有母人名为善现，将一童女名具足妙德，颜容端正，色相严洁，洪纤得所，修短合度，目发绀青，声如梵音，善达工巧，精通辩论，恭勤匪懈，慈愍不害，具足惭愧，柔和质直，离痴寡欲，无诸谄诳，乘妙宝车，采女围绕，及与其母从王城出，先太子行。见其太子言辞讽咏，心生爱染，而白母言：'我心愿得敬事此人，若不遂情，当自殒灭。'母告女言：'莫生此念。何以故？此甚难得。此人具足轮王诸相，后当嗣位作转轮王，有宝女出，腾空自在。我等卑贱，非其匹偶。此处难得，勿生是念。'

"彼香芽园侧，有一道场，名法云光明。时，有如来名胜日身，十号具足，于中出现已经七日。时，彼童女暂时假寐，梦见其佛。从梦觉已，空中有天而告之言：'胜日身如来，于法云光明道场成等正觉已经七日，诸菩萨众前后围绕。天、龙、夜叉、乾闼婆、阿修罗、迦楼罗、紧那罗、摩睺罗伽、梵天乃至色究竟天，诸地神、风神、火神、水神、河神、海神、山神、树神、园神、药神、主城神等，为见佛故，皆来集会。'

"时，妙德童女梦睹如来故，闻佛功德故，其心安隐，无有怖畏，于太子前而说颂言：

我身最端正，名闻遍十方，智慧无等伦，善达诸工巧。
无量百千众，见我皆贪染；我心不于彼，而生少爱欲。
无嗔亦无恨，无嫌亦无喜，但发广大心，利益诸众生。
我今见太子，具诸功德相，其心大欣庆，诸根咸悦乐。
色如光明宝，发美而右旋，额广眉纤曲，我心愿事汝。
我观太子身，譬若真金像，亦如大宝山，相好有光明。

目广绀青色，月面师子颊，喜颜美妙音，愿垂哀纳我！

舌相广长妙，犹如赤铜色；梵音紧那声，闻者皆欢喜。

口方不褰缩，齿白悉齐密，发言现笑时，见者心欢喜。

离垢清净身，具相三十二，必当于此界，而作转轮位。

"尔时，太子告彼女言：'汝是谁女？为谁守护？若先属人，我则不应起爱染心。'

"尔时，太子以颂问言：

汝身极清净，功德相具足；我今问于汝，汝于谁所住？

谁为汝父母？汝今系属谁？若已属于人，彼人摄受汝。

汝不盗他物，汝不有害心，汝不作邪淫，汝依何语住？

不说他人恶，不坏他所亲，不侵他境界，不于他恚怒。

不生邪险见，不作相违业，不以谄曲力，方便诳世间。

尊重父母不？敬善知识不？见诸贫穷人，能生摄心不？

若有善知识，诲示于汝法，能生坚固心，究竟尊重不？

爱乐于佛不？了知菩萨不？众僧功德海，汝能恭敬不？

汝能知法不？能净众生不？为住于法中，为住于非法？

见诸孤独者，能起慈心不？见恶道众生，能生大悲不？

见他得荣乐，能生欢喜不？他来逼迫汝，汝无嗔恼不？

汝发菩提意，开悟众生不？无边劫修行，能无疲倦不？

"尔时，女母为其太子而说颂言：

太子汝应听，我今说此女，初生及成长，一切诸因缘。

太子始生日，即从莲华生，其目净修广，肢节悉具足。

我曾于春月，游观娑罗园，普见诸药草，种种皆荣茂。

奇树发妙华，望之如庆云；好鸟相和鸣，林间共欢乐。

同游八百女，端正夺人心，被服皆严丽，歌咏悉殊美。

彼园有浴池，名曰莲华幢；我于池岸坐，采女众围绕。

于彼莲池内，忽生千叶华，宝叶琉璃茎，阎浮金为台。

尔时夜分尽，日光初出现，其莲正开剖，放大清净光。

其光极炽盛，譬如日初出，普照阎浮提，众叹未曾有。

时见此玉女，从彼莲华生，其身甚清净，肢分皆圆满。

此是人间宝，从于净业生，宿因无失坏，今受此果报。

绀发青莲眼，梵声金色光，华鬘众宝髻，清净无诸垢。

肢节悉具足，其身无缺减，譬如真金像，安处宝华中。

毛孔栴檀香，普熏于一切；口出青莲香，常演梵音声。

此女所住处，常有天音乐；不应下劣人，而当如是偶。

世间无有人，堪与此为夫，唯汝相严身，愿垂见纳受！

非长亦非短，非粗亦非细，种种悉端严，愿垂见纳受！

文字算数法，工巧诸技艺，一切皆通达，愿垂见纳受！

善了诸兵法，巧断众诤讼，能调难可调，愿垂见纳受！

其身甚清净，见者无厌足，功德自庄严，汝应垂纳受！

众生所有患，善达彼缘起，应病而与药，一切能消灭。

阎浮语言法，差别无量种，乃至妓乐音，靡不皆通达。

妇人之所能，此女一切知，而无女人过，愿垂速纳受！

不嫉亦不悭，无贪亦无恚，质直性柔软，离诸粗犷恶。

恭敬于尊者，奉事无违逆，乐修诸善行，此能随顺汝。

若见于老病，贫穷在苦难，无救无所依，常生大慈愍。

常观第一义，不求自利乐，但愿益众生，以此庄严心。

行住与坐卧，一切无放逸；言说及默然，见者咸欣乐。

虽于一切处，皆无染著心；见有功德人，乐观无厌足。

尊重善知识，乐见离恶人；其心不躁动，先思后作业。

福智所庄严，一切无怨恨，女人中最上，宜应事太子。

"尔时，太子入香芽园已，告其妙德及善现言：'善女！我趣求阿耨多罗三藐三菩提，当于尽未来际无量劫，集一切智助道之法，修无边菩萨行，净一切波罗蜜，供养一切诸如来，护持一切诸佛教，严净一切佛国土，当令一切如来种性不断，当随一切众生种性而普成熟，当灭一切众生生死苦置于究竟安乐处，当净治一切众生智慧眼，当修习一切菩萨所修行，当安住一切菩萨平等心，当成就一切菩萨所行地，当令一切众生普欢喜；当舍一切物，尽未来际行檀波罗蜜，令一切众生普得满足衣服饮食、妻妾男女、头目手足，如是一切内外所有，悉当舍施，无所吝惜。当于尔时，汝或于我而作障难：施财物时，汝心吝惜；施男女时，汝心痛恼；割肢体时，汝心忧闷；舍汝出家，汝心悔恨。'

"尔时，太子即为妙德而说颂言：

哀愍众生故，我发菩提心，当于无量劫，习行一切智。

无量大劫中，净修诸愿海，入地及治障，悉经无量劫。

三世诸佛所，学六波罗蜜，具足方便行，成就菩提道。

十方垢秽刹，我当悉严净；一切恶道难，我当令永出。

我当以方便，广度诸群生，令灭愚痴暗，住于佛智道。

当供一切佛，当净一切地，起大慈悲心，悉舍内外物。

汝见来乞者，或生悭吝心；我心常乐施，汝勿违于我。

若见我施头，慎勿生忧恼；我今先语汝，令汝心坚固。

乃至截手足，汝勿嫌乞者；汝今闻我语，应可谛思惟。

男女所爱物，一切我皆舍；汝能顺我心，我当成汝意。

"尔时，童女白太子言：'敬奉来教。'即说颂言：

无量劫海中，地狱火焚身；若能眷纳我，甘心受此苦。

无量受生处，碎身如微尘；若能眷纳我，甘心受此苦。

无量劫顶戴，广大金刚山；若能眷纳我，甘心受此苦。

无量生死海，以我身肉施；汝得法王处，愿令我亦然！

若能眷纳我，与我为主者，生生行施处，愿常以我施！

为愍众生苦，而发菩提心；既已摄众生，亦当摄受我。

我不求豪富，不贪五欲乐，但为共行法，愿以仁为主！

绀青修广眼，慈愍观世间，不起染著心，必成菩萨道。

太子所行处，地出众宝华，必作转轮王，愿能眷纳我！

我曾梦见此，妙法菩提场，如来树下坐，无量众围绕。

我梦彼如来，身如真金山，以手摩我顶，寤已心欢喜。

往昔眷属天，名曰喜光明；彼天为我说，道场佛兴世。

我曾生是念："愿见太子身。"彼天报我言："汝今当得见。"

我昔所志愿，于今悉成满；唯愿俱往诣，供养彼如来！

　　"尔时，太子闻胜日身如来名，生大欢喜，愿见彼佛，以五百摩尼宝散其女上，冠以妙藏光明宝冠，被以火焰摩尼宝衣。其女尔时，心不动摇，亦无喜相，但合掌恭敬，瞻仰太子，目不暂舍。

　　"其母善现，于太子前而说颂言：

此女极端正，功德庄严身；昔愿奉太子，今意已满足。

持戒有智慧，具足诸功德；普于一切世，最胜无伦匹。

此女莲华生，种姓无讥丑，太子同行业，远离一切过。

此女身柔软，犹如天缯纩；其手所触摩，众患悉除灭。

毛孔出妙香，芬馨最无比；众生若闻者，悉住于净戒。

身色如真金，端坐华台上；众生若见者，离害具慈心。

言音极柔软，听之无不喜；众生若得闻，悉离诸恶业。

心净无瑕垢，远离诸谄曲，称心而发言，闻者皆欢喜。

调柔具惭愧，恭敬于尊宿，无贪亦无诳，怜愍诸众生。

此女心不恃，色相及眷属；但以清净心，恭敬一切佛。

"尔时，太子与妙德女及十千采女并其眷属，出香芽园，诣法云光明道场。至已下车，步进诣如来所。见佛身相端严寂静，诸根调顺，内外清净，如大龙池无诸垢浊；皆生净信，踊跃欢喜，顶礼佛足，绕无数匝。于时，太子及妙德女，各持五百妙宝莲华供散彼佛。太子为佛造五百精舍，一一皆以香木所成，众宝庄严，五百摩尼以为间错。时，佛为说普眼灯门修多罗，闻是经已，于一切法中得三昧海，所谓得普照一切佛愿海三昧、普照三世藏三昧、现见一切佛道场三昧、普照一切众生三昧、普照一切世间智灯三昧、普照一切众生根智灯三昧、救护一切众生光明云三昧、普照一切众生大明灯三昧、演一切佛法轮三昧、具足普贤清净行三昧。时，妙德女得三昧，名难胜海藏，于阿耨多罗三藐三菩提永不退转。

"时，彼太子与妙德女并其眷属，顶礼佛足，绕无数匝，辞退还宫。诣父王所，拜跪毕已，奉白王言：'大王当知，胜日身如来出兴于世，于此国内法云光明菩提场中成等正觉，于今未久。'尔时，大王语太子言：'是谁为汝说如是事？天耶？人耶？'太子白言：'是此具足妙德女说。'时，王闻已，欢喜无量，譬如贫人得大伏藏，作如是念：'佛无上宝难可值遇，若得见佛，永断一切恶道怖畏。佛如医王，能治一切诸烦恼病，能救一切生死大苦；佛如导师，能令众生至于究竟安隐住处。'作是念已，集诸小王、群臣、眷属，及以刹利、婆罗门等一切大众，便舍王位，授与太子。灌顶讫已，与万人俱，往诣佛所。到已礼足，绕无数匝，并其眷属悉皆退坐。

"尔时，如来观察彼王及诸大众，白毫相中放大光明，名一切世间心灯，普照十方无量世界，住于一切世主之前，示现如来不可思议大神通力，普令一切应受化者心得清净。尔时，如来以不思议自在神力，现身超出一切世间，以圆满音普为大众说陀罗尼，名一切法义离暗灯，佛刹微尘数陀罗尼而为眷属。彼王闻已，即时获得大智光明；其众会中，有阎浮提微尘数菩萨，俱时证得此陀罗尼；六十万那由他人，尽诸有漏，心得解脱；十千众生，远尘离垢，得法眼净；无量众生，发菩提心。时，佛又以不思议力广现神变，普于十方无量世界演三乘法化度众生。

"时，彼父王作如是念：'我若在家，不能证得如是妙法；若于佛所出家学道，即当成就。'作是念已，前白佛言：'愿得从佛出家修学！'佛言：'随意，宜自知时。'时，财主王与十千人，皆于佛所同时出家。未久之间，悉得成就一切法义离暗灯陀罗尼，亦得如上诸三昧门，又得菩萨十神通门，又得菩萨无边辩才，又得菩萨无碍净身，往诣十方诸如来所听受其法，为大法师演说妙法；复以神力遍十方刹，随众生心而为现身，赞佛出现，说佛本行，示佛本缘，称扬如来自在神力，护持于佛所说教法。

"尔时，太子于十五日在正殿上，采女围绕，七宝自至。一者，轮宝，名无碍行；二者，象宝，名金刚身；三者，马宝，名迅疾风；四者，珠宝，名日光藏；五者，女宝，名具妙德；六，藏臣宝，名为大财；七，主兵宝，名离垢眼。一七宝具足，为转轮王，王阎浮提，正法治世，人民快乐。王有千子，端正勇健，能伏怨敌。其阎浮提中有八十王城，一一城中有五百僧坊，一一僧坊立佛支提，皆悉高广，以众妙宝而为校饰；一一王城皆请如来，以不思议众妙供具而为供养。佛入城时，现大神力，令无量众生种诸善根，无量众生心得清净，见佛欢喜，发菩提意，起大悲心，利益众生，勤修佛法，入真实义，住于法性，了法平等，获三世智，等观三世，知一切佛出兴次第，说种种法摄取众生，发菩萨愿，入菩萨道，知如来法，成就法海，能普现身遍一切刹，知众生根及其性欲，令其发起一切智愿。

"佛子！于汝意云何，彼时太子得轮王位供养佛者，岂异人乎？今释迦牟尼佛是也。财主王者，宝华佛是。其宝华佛，现在东方过世界海微尘数佛刹有世界海，名现法界虚空影像云；中有世界种，名普现三世影摩尼王；彼世界种中有世界，名圆满光；中有道场，名现一切世主身，宝华如来于此成阿耨多罗三藐三菩提，不可说佛刹微尘数诸菩萨众前后围绕而为说法。宝华如来往昔修行菩萨道时，净此世界海；其世界海中去、来、今佛出兴世者，皆是宝华如来为菩萨时教化令发阿耨多罗三藐三菩提心。彼时女母善现者，今我母善目是。其王眷属，今如来所众会是也，皆具修行普贤诸行成满大愿，虽恒在此众会道场而能普现一切世间，住诸菩萨平等三昧，常得现见一切诸佛，一切如来以等虚空妙音声云演正法轮悉能听受，于一切法悉得自在，名称普闻诸佛国土，普诣一切道场之所，普现一切众生之前，随其所应教化调伏，尽未来劫修菩萨道恒无间断，成满普贤广大誓愿。

“佛子！其妙德女与威德主转轮圣王以四事供养胜日身如来者，我身是也。彼佛灭后，其世界中，六十亿百千那由他佛出兴于世，我皆与王承事供养。其第一佛名清净身，次名一切智月光明身，次名阎浮檀金光明王，次名诸相庄严身，次名妙月光，次名智观幢，次名大智光，次名金刚那罗延精进，次名智力无能胜，次名普安详智，次名离垢胜智云，次名师子智光明，次名光明髻，次名功德光明幢，次名智日幢，次名宝莲华开敷身，次名福德严净光，次名智焰云，次名普照月，次名庄严盖妙音声，次名师子勇猛智光明，次名法界月，次名现虚空影像开悟众生心，次名恒嗅寂灭香，次名普震寂静音，次名甘露山，次名法海音，次名坚固网，次名佛影髻，次名月光毫，次名辩才口，次名觉华智，次名宝焰山，次名功德星，次名宝月幢，次名三昧身，次名宝光王，次名普智行，次名焰海灯，次名离垢法音王，次名无比德名称幢，次名修臂，次名本愿清净月，次名照义灯，次名深远音，次名毗卢遮那胜藏王，次名诸乘幢，次名法海妙莲华。佛子！彼劫中，有如是等六十亿百千那由他佛出兴于世，我皆亲近承事供养。

“其最后佛，名广大解，于彼佛所，得净智眼。尔时，彼佛入城教化。我为王妃，与王礼觐，以众妙物而为供养，于其佛所闻说出生一切如来灯法门，即时获得观察一切菩萨三昧海境界解脱。佛子！我得此解脱已，与菩萨于佛刹微尘数劫勤加修习，于佛刹微尘数劫中承事供养无量诸佛；或于一劫承事一佛，或二，或三，或不可说，或值佛刹微尘数佛，悉皆亲近承事供养，而未能知菩萨之身形量色貌及其身业心行智慧三昧境界。

“佛子！若有众生，得见菩萨修菩提行，若疑若信；菩萨皆以世、出世间种种方便而摄取之，以为眷属，令于阿耨多罗三藐三菩提得不退转。佛子！我见彼佛得此解脱已，与菩萨于百佛刹微尘数劫而共修习；于其劫中，所有诸佛出兴于世，我皆亲近承事供养，听所说法读诵受持。于彼一切诸如来所，得此解脱种种法门，知种种三世，入种种刹海，见种种成正觉，入种种佛众会，发菩萨种种大愿，修菩萨种种妙行，得菩萨种种解脱，然未能知菩萨所得普贤解脱门。何以故？菩萨普贤解脱门，如太虚空，如众生名，如三世海，如十方海，如法界海，无量无边。佛子！菩萨普贤解脱门，与如来境界等。

"佛子！我于佛刹微尘数劫，观菩萨身无有厌足。如多欲人男女集会，递相爱染，起于无量妄想思觉。我亦如是，观菩萨身一一毛孔，念念见无量无边广大世界种种安住、种种庄严、种种形状，有种种山、种种地、种种云、种种名、种种佛兴、种种道场、种种众会，演种种修多罗，说种种灌顶、种种诸乘、种种方便、种种清净。又于菩萨一一毛孔，念念常见无边佛海，坐种种道场，现种种神变，转种种法轮，说种种修多罗，恒不断绝。又于菩萨一一毛孔，见无边众生海种种住处、种种形貌、种种作业、种种诸根。又于菩萨一一毛孔，见三世诸菩萨无边行门，所谓无边广大愿、无边差别地、无边波罗蜜、无边往昔事、无边大慈门、无边大悲云、无边大喜心、无边摄取众生方便。

"佛子！我于佛刹微尘数劫，念念如是观于菩萨一一毛孔，已所至处而不重至，已所见处而不重见，求其边际竟不可得，乃至见彼悉达太子住于宫中，采女围绕。我以解脱力，观于菩萨一一毛孔，悉见三世法界中事。

"佛子！我唯得此观察菩萨三昧海解脱。如诸菩萨摩诃萨，究竟无量诸方便海，为一切众生现随类身，为一切众生说随乐行，于一一毛孔现无边色相海；知诸法性无性为性，知众生性同虚空相无有分别，知佛神力同于如如，遍一切处示现无边解脱境界；于一念中，能自在入广大法界，游戏一切诸地法门。而我云何能知能说彼功德行？

"善男子！此世界中，有佛母摩耶。汝诣彼问：'菩萨云何修菩萨行，于诸世间无所染著，供养诸佛恒无休息，作菩萨业永不退转，离一切障碍、入菩萨解脱不由于他，住一切菩萨道，诣一切如来所，摄一切众生界，尽未来劫修菩萨行、发大乘愿，增长一切众生善根常无休息？'"

尔时，释迦瞿波女，欲重明此解脱义，承佛神力即说颂言：

若有见菩萨，修行种种行，起善不善心，菩萨皆摄取。

乃往久远世，过百刹尘劫，有劫名清净，世界名光明。

此劫佛兴世，六十千万亿；最后天人主，号曰法幢灯。

彼佛涅槃后，有王名智山，统领阎浮提，一切无怨敌。

王有五百子，端正能勇健，其身悉清净，见者皆欢喜。

彼王及王子，信心供养佛，护持其法藏，亦乐勤修法。

太子名善光，离垢多方便，诸相皆圆满，见者无厌足。

五百亿人俱，出家行学道，勇猛坚精进，护持其佛法。

王都名智树，千亿城围绕；有林名静德，众宝所庄严。

善光住彼林，广宣佛正法，辩才智慧力，令众悉清净。

有时因乞食，入彼王都城，行止极安详，正知心不乱。

城中有居士，号曰善名称；我时为彼女，名为净日光。

时我于城中，遇见善光明，诸相极端严，其心生染著。

次乞至我门，我心增爱染，即解身璎珞，并珠置钵中。

虽以爱染心，供养彼佛子；二百五十劫，不堕三恶趣。

或生天王家，或作人王女，恒见善光明，妙相庄严身。

此后所经劫，二百有五十，生于善现家，名为具妙德。

时我见太子，而生尊重心，愿得备瞻侍，幸蒙哀纳受。

我时与太子，观佛胜日身，恭敬供养毕，即发菩提意。

于彼一劫中，六十亿如来，最后佛世尊，名为广大解。

于彼得净眼，了知诸法相，普见受生处，永除颠倒心。

我得观菩萨，三昧境解脱，一念入十方，不思议刹海。

我见诸世界，净秽种种别，于净不贪乐，于秽不憎恶。

普见诸世界，如来坐道场，皆于一念中，悉放无量光。

一念能普入，不可说众会；亦知彼一切，所得三昧门。

一念能悉知，彼诸广大行，无量地方便，及以诸愿海。

我观菩萨身，无边劫修行，一一毛孔量，求之不可得。

一一毛孔刹，无数不可说，地水火风轮，靡不在其中。

种种诸建立，种种诸形状，种种体名号，无边种庄严。

我见诸刹海，不可说世界；及见其中佛，说法化众生。

不了菩萨身，及彼身诸业；亦不知心智，诸劫所行道。

尔时，善财童子顶礼其足，绕无数匝，辞退而去。

【白话语译】

这时，善财童子依照岚毗尼林神的指示，走向迦毗罗城，思惟修习受生的解脱门，增长广大，忆念不已，从不舍离。他慢慢地走到菩萨集会普现法界的光明讲堂，其中有一位无忧德神，与一万位主宫殿神一起前来迎接善财。他们齐声对善财说："善来的大丈夫！你真是大智慧、大勇猛的人，能够修习菩萨不可思议的自在解脱，从不舍离广大的誓愿。善于观察诸法的境界，安住法城。趣入无量的种种方便门，成就如来的功德大海。得到巧妙辩才，善巧调伏众生。获得圣人智慧之身，恒常随顺修行。了知所有众生心行的差别，为说应机的法，使他们都能欢喜地趣向佛道。"

无忧德神对善财童子说："我观察仁者你修习种种妙行，心中从没有片刻的懈怠。所有的威仪，都已完全清净。所以，你必当在不久的将来，得证诸位如来清净庄严的无上身、口、意三业的果位，并以种种相好庄严自身，以十力智莹饰自己的心意，游行世间。

"我观察仁者你勇猛精进，世间无人能比。不久的将来，一定能看见三世诸佛，听闻受持他们的教法；不久的将来，一定会证得所有菩萨禅定解脱的种种三昧悦乐；不久的将来，一定会趣入诸佛如来的甚深解脱之门。为什么呢？因为凡是你看见的善知识，你都能亲近供养、听闻受持他们的教导，忆念修行，从不懈怠、退转。既不忧虑，也不悔恨，没有任何障碍。即使魔王以及魔王的子民，都不能为难、为害你，因为不久的将来，你应当成就无上的佛果。"

善财童子说："圣者啊！如前面您所说的境界，愿我都能证得。圣者！我愿众生平息种种热恼，远离各种恶业，出生所有的安乐，修习种种清净行。圣者啊！众生却生起种种烦恼，造作种种恶业，堕入种种恶趣，身心一直遭受各种楚毒。菩萨见了之后，忧恼不已。圣者啊！譬如有人，只有一个独子，因此就对这个独子特别爱念。如果忽然见到他的独子被人割肢截体，心中一定是痛切得不能自己。

"菩萨摩诃萨也是如此，见到众生因为烦恼业而堕入三恶趣，受到种种痛楚时，便生大忧恼！如果见到众生造就身、语、意三种善业，生在天、人善趣，享受身心之乐，这时菩萨就会生大欢喜！为什么呢？因为菩萨悲心切切，为了救度众生了脱生死而求取一切智，不贪着生死等一切欲的快乐，不会随着想的颠倒、见的颠倒、心的颠倒，不起各种烦恼、随眠❶。也不会随爱见的业力流转，也不起众生的种种乐想，也不会贪着一切禅定的欲乐。菩萨并无一切的障碍、疲倦、退转而安住生死之中。菩萨见到众生在三界二十五有中，受着无量种种痛苦，所以心生大悲，而以大愿力普遍摄受众生。菩萨因为慈悲愿力而修菩萨行，又为了断众生的烦恼，又为了求取如来的一切智智，又为了供养诸佛如来，又为了庄严清净所有的广大诸佛国刹土，又为了净治所有众生的乐欲、净治众生身心的诸行，所以，菩萨往来生死境界中不厌生死、不执着生死。

"圣者啊！菩萨摩诃萨庄严众生，让他们出生在人天善道，享受富贵的喜乐；作为父母，为众生安立菩提心；作为养育，为众生成就菩萨道；作为卫护，令众生远离三恶道。为众生的船师，使他们都得以平安度过生死大海；为众生的归依，使他们都能舍离诸魔业和烦恼恐怖；为众生的究竟，使他们都能得到清凉的悦乐；为众生的津济渡口，使他们都能趣入诸佛法海；为众生的导师，使他们都能达到所有法的宝洲；为众生的妙华，开放诸佛功德心华。为众生具足庄严，常放出福德智慧光；使众生可意悦乐，因为菩萨的所有作为都端正庄严；为众生可以尊敬的对象，因为菩萨已远离各种恶业。作为普贤，能具足所有的端正庄严身；作为大光明，恒常放出智慧清净的光明；作为大云，恒常雨下种种甘露法雨。圣者啊！菩萨如此地修习各种行持时，能使众生都心生爱乐而具足法乐。"

这时，善财童子走向说法之堂，无忧德神以及诸神大众，以超出胜过诸天的上妙华鬘、涂香、末香，以及种种宝庄严具，散在善财身上，并宣说如下的偈颂：

　　　　　汝今出现世间，为世广大明灯，

普为一切众生，勤求无上正觉。

无量亿千时劫，难可得见于汝，

功德日今现出，灭除诸世间暗。

汝见一切众生，颠倒迷惑所覆，

而兴广大悲意，求证佛无师道。

汝以清净妙心，寻求证佛菩提，

承事诸善知识，不自珍惜身命。

汝于诸世间中，无依亦无所着，

其心普无障碍，清净宛如虚空。

汝修菩提胜行，功德悉皆圆满，

放大智慧光明，普照一切世间。

汝不离于世间，亦不执着于世，

行世无有障碍，如风游于虚空。

譬如火灾生起，一切无能消灭，

汝修菩提胜行，精进火亦皆然。

勇猛广大精进，坚固不可动摇，

金刚智慧师子，游行无所畏惧。

一切法界之中，所有诸刹土海，

汝皆悉能往诣，亲近诸善知识。

　　无忧德神宣说这个偈颂之后，因为爱乐佛法的缘故，与善财成为法侣，没有片刻舍离。这时，善财童子进入普现法界的光明讲堂，到处寻找那位释迦瞿波女。发现那位女子安坐在法堂内的宝莲华师子座上，有八万四千位采女共同围绕着。那些采女都是由王族中所出生，她们过去都曾修习菩萨行，共同种下善根，以布施、爱语等方便普遍摄受众生。所以现在能够明见所有的智慧境界，修集诸佛的菩提行，安住正定正受，游于大悲海，就像摄受自己唯一的孩子般地摄受众生。她们的慈心具足，眷属也是清净修道，已经在过去成就菩萨不可思议的善巧方便，在无上正等正觉得证不退转，具足菩萨的种种波罗蜜，远离种种贪取执着，不乐于生死中流转。虽在三界二十五有之中，但是心中清净，恒常勤于观察一切智道，远离业障的缠盖烦恼之网，超出种种执着与攀缘。从法身而示现化身，生出普贤行，增长菩萨力，并已圆满智日慧灯。

这时，善财童子走到释女瞿波面前，顶礼她的双足，合掌站在面前对她说："圣者！我先前已经发起无上正等正觉心，但不知菩萨如何能身处生死，而不染着生死过患？又，菩萨如何能明了法的自性而不安住声闻、辟支佛地？又，菩萨如何能具足佛法修菩萨行？又，菩萨如何能安住菩萨地而仍趣入佛陀境界？又，菩萨如何能超过世间而仍受生世间？又，菩萨如何能成就法身而仍示现无量的种种色身？又，菩萨如何能证得无相法门而仍为众生示现诸相？又，菩萨如何能了知实无一法可说而仍广为众生演说诸法？又，菩萨如何能了知众生原本是空，而恒不舍离度化众生的事业？又，菩萨如何能了知诸佛不生不灭而仍然殷勤供养没有退转？又，菩萨如何能了知诸法无业、无报而仍修习各种善行恒不止息？"

这时，释迦瞿波女告诉善财说："善哉！善哉！善男子！你能请诣菩萨摩诃萨这种种修行法门，的确难能可贵。因为只有修习普贤一切行愿的众生，方能这样问。你要仔细听着！并且好好思惟忆念！现在，我就要仰承着佛陀的大威神力，为你宣说。

"善男子！如果诸位菩萨能成就十法，则能成就圆满因陀罗网的普智光明菩萨行。是哪十法呢？一，能依止善知识；二，能得到广大的胜解；三，能得到清净的欲乐；四，能聚集一切福德智慧；五，能在十方诸佛道场听闻佛法；六，心恒常不舍离三世诸佛；七，等同菩萨修一切菩萨行；八，一切诸佛护持忆念；九，大悲妙愿都完全清净；十，能以智力普遍断除各种生死。就是以上这十种法。如果一切菩萨能成就这种法门，就能圆满因陀罗网❷的普智光明菩萨行。

"善男子！如果菩萨能亲近善知识，就能精进不退地修习，生出无量佛法。佛子啊！菩萨应以十种法，承事供养善知识。是哪十种法呢？一，对于自己的身家性命无所顾惜；二，毫不贪求世间富贵荣华、名闻利养一切乐具；三，了知一切法性完全平等；四，永不退转、舍离一切智愿；五，能观察一切法界的实相；六，能恒常舍离欲界有、色界有、无色界有，一切存有的大海；七，了知法性如虚空，实无可依止之处；八，能成就圆满所有菩萨的大愿；九，常能示现所有佛国刹土大海；十，能清净修习菩萨的无碍智轮。佛子啊！你应该以这样的十种法，承事供养所有的善知识，不要有任何违逆。"

这时，释迦瞿波女为了要重新说明这个义理，仰承十方佛陀的威神力加持，观察十方所有众生的因缘，而宣说下面的偈颂：

菩萨为利益诸群生，正念亲承众善知识，
敬之如佛心无懈怠，此行于世如帝网行。
胜解广大宛如虚空，一切三世悉入其中，
国土众生诸佛皆尔，此是普智光明胜行。
志乐如空无有边际，永断烦恼远离诸垢，
一切佛所修习功德，此行于世身云妙行。
菩萨修习一切智慧，不可思议诸功德海，
净诸福德智慧之身，此行于世不染污行。
一切诸佛如来之所，听受其法无有厌足，
能生实相智慧明灯，此行于世普照之行。
十方诸佛无有限量，一念一切悉皆能入，
心恒不舍诸佛如来，此向菩提广大愿行。
能入诸佛大众集会，一切菩萨诸三昧海，
愿海及以众方便海，此行于世如帝网行。
一切诸佛之所加持，尽未来际无边时劫，
处处修行普贤妙道，此是菩萨分身胜行。
见诸众生受大苦恼，起大慈悲示现世间，
演法光明除尽暗冥，此是菩萨智日之行。
见诸众生在诸趣中，为集无边微妙法轮，

令其永断生死之流，此是修行普贤胜行。

菩萨修行于此方便，随众生心而现其身，

普于一切诸趣之中，化度无量诸含识等。

以大慈悲大方便力，普遍世间而现其身，

随其解欲而为说法，皆令趣向菩提大道。

释迦瞿波女说完这首偈颂之后，告诉善财童子说："善男子！我已经成就观察一切菩萨三昧海的解脱法门。"

善财问："圣者啊！你能为我解说这种解脱法门的境界吗？"

释迦瞿波女回答说："善男子！我证入的这个解脱法门，能让我了知娑婆世界中佛国刹土微尘数的时劫，在其劫中，众生出生在六趣中何种生趣；在这里死亡在哪里出生；为善或作恶，受什么样的果报。有的求出离、有的不求出离三界；有的安住在正定或修习邪定，或者修不正不邪的定；有些人种有烦恼的善根，有些人种无烦恼的善根；具足善根的，或不具足善根的；不善根摄受善根，或善根摄受不善根。如此所聚集的善法、不善法，我都一清二楚地完全了知明见。又，在佛国刹土微尘数时劫的所有佛陀，及他们的名号、出兴次第，我也都能完全了知。还有那些佛陀从初发心一直到以各种方便，求取一切智，生出一切的种种大愿海，供养诸佛，修菩萨行，成就正等正觉，转妙法轮，示现大神通，度化众生，我也都能完全了知。

"我也了知那些诸佛众会中有种种的差别，在众会中，有一些众生是依止声闻乘的法门修行得而出离三界；那些声闻乘中的众生过去曾修习善根，以及所证得的种种智慧，我完全了知。有的众生依独觉乘的法门修行而得以出离三界，那些独觉乘中众生所有的善根、所证得的菩提，他们的寂灭解脱、神通变化、成熟众生、趣入涅槃的情况，我都完全了知。我也了知在彼佛的道场中，那些跟随佛陀的诸位菩萨从初发菩提心、修习善根、出生无量的诸大行愿、成就圆满具足一切波罗蜜法、种种庄严菩萨道、以自在力趣入菩萨地、安住菩萨地、观察菩萨地、清净菩萨地。又，菩萨地的相貌、菩萨地的智慧、菩萨摄受的智慧、菩萨教化众生的智慧、菩萨建立的智慧、菩萨广大行的境界、菩萨的神通妙行、菩萨的三昧海、菩萨的方便法门、菩萨念念中所证入的三昧海、所得证的一切智光明、所获得的一切智电光云、所证得的实相忍、所通达的一切智、所安住的种种佛国刹土海、所趣入的诸法海、所安住的方便、所发的誓愿、所示现的神通等境界，我都完全了知。

"善男子！这个娑婆世界，尽未来际的所有时劫大海，辗转不断，我也都能完全了知。如同了知娑婆世界，我也了知娑婆世界内的微尘数世界，也了知娑婆世界内的一切世界，也了知娑婆世界微尘内的所有世界，也了知娑婆世界外十方无间断所安住的世界，也了知娑婆世界世界种所含摄的世界，也了知毗卢遮那佛华藏世界海中十方无量世界种所含摄的世界。就是所谓的世界的广博、世界的安立、世界的轮围、世界的场所、世界的差别、世界的转变、世界的莲华、世界的须弥、世界的名号。穷尽此世界海的一切世界，由于毗卢遮那世尊的本愿力，使我能完全了知，并且忆念不忘。

"我也忆念如来往昔所有的种种因缘海，就是所谓的修习一切种种法乘的方便，在无量的时劫中安住菩萨行门，清净诸佛国土，教化众生，承事诸佛，建造住处。听闻受持诸佛所说之法，证得各种三昧，得到种种自在，修习布施波罗蜜，趣入功德大海。学习持戒苦行，具足种种法忍。勇猛精进，成就各种圆满清净的禅法智慧，能在一切处示现受生。普贤行愿都完全清净，普遍进入诸佛刹土，普遍清净佛土，普遍趣入诸佛的智海，普遍摄受诸佛菩提，证得如来的大智光明，证入诸佛的一切智慧体性，成就正等正觉，转妙法轮，以及所有的道场聚会，聚会中的众生，往昔以来所种的善根，从初发菩提心到成熟众生，修行一切方便，念念增长，获得的种种三昧神通解脱。如此一切境界，我都完全了知。为什么呢？因为我这种解脱境界，能了知所有众生的心行，能了知所有众生修行的善根，能了知众生的杂染、清净种种差别，能了知声闻的各种三昧法门、一切缘觉的寂静三昧神通解脱，还有所有一切菩萨、所有如来的解脱光明，我也都完全了知。"

这时，善财童子问释迦瞿波女："圣者！您得证这种解脱已有多久了？"

她回答说："善男子！在佛国刹土微尘数的时劫之前，有一个胜行时劫，那个时劫有一个无畏世界。在那个世界，有名叫安隐的四天下。这个四天下的阎浮提中，有一座高胜树王城，是八十座王城中首屈一指的大城。那时，这城的国王名叫财主，他有六万名采女，五百位大臣，五百位王子，那些王子都非常勇健，能降伏各种怨敌。其中威德主太子的相貌端正殊胜，每个人都非常欢喜见到他。他的足下平满，轮相具足，足趺隆起，手足指间都有网缦，足跟齐正，手足柔软，具有伊尼耶鹿王般的坚满腿肚。他的颈、两肩、两手、两足七处圆满，阴藏十分隐秘（男根像马阴一般藏在腹内）。他的身体威仪如同师子王，两肩平满，双臂修长，身相端直，有三道颈纹，双颊如师子。四十颗牙齿完全整齐密排，四牙鲜白，舌长且广，能发出大梵的音声。他的眼睛是绀青色，睫毛如牛王，眉间有白毫相，顶上有肉髻，皮肤细软如真金色，身上的毛是向上顺势的靡倒。他的发色是帝青的颜色，身躯高大饱满，犹如尼拘陀树一般。

"这时，威德主太子奉了父王的旨意，与十千采女前往香芽园游观戏乐，太子坐在妙宝车所安置的大摩尼师子宝座上，宝车有种种庄严饰品。五百名采女各执着宝绳牵着车子前行，不慢不快地进止退停都有分寸，百千万人手持种种宝盖，另有百千万人手持种种宝幢，百千万人手持种种宝幡，百千万人演奏种种的妓乐，百千万人焚烧种种名香，百千万人散布种种妙华，前后围绕，服侍太子。城内更是道路平正，没有丝毫的高低起伏之处，路上散布了各种宝华，还有宝树排列成行，宝网覆盖其上，种种楼阁不断延伸间错。这些楼阁纷纷积聚种种珍宝，或陈列种种庄严器具，或供设种种饮食，或悬挂种种衣服，或准备种种资生器物，或安置着端正的女子，及无量的僮仆侍从。不管众生有什么需求，这些采女都能完全供应满足。

"这时，有名叫善现的母亲，她有一个名为具足妙德的女儿，颜容端正，色相庄严洁净，胖瘦合度、高矮适中。她的眼睛和头发都是绀青色，声音如梵音一般美妙。她善于工艺技巧，精通辩论，性情恭敬勤勉，毫无懈怠，生性慈悯，从不伤害众生；具足惭愧心，个性柔和质直；远离愚痴，清心寡欲，没有丝毫的谄诳。这时，她也乘着妙宝车，被宫女围绕着，和她的母亲从王城出来，刚好就在太子一行人前面。具足妙德童女看见太子言辞讽咏，心中生起爱染，而告诉母亲：'我真希望自己能终身事奉这位太子，如果不被允许，我就决定自杀。'

"母亲告诉她：'打消这个念头吧！不要生这种妄想啊。太子具足转轮圣王的各种相貌，以后一定是要继承王位的，那时应有能够腾空自在的宝女出现。我们是卑贱之人，是无法与王者匹配的。你就不要再生痴心妄想了。'

"那时香芽园的旁边，有一座法云光明道场，在这道场说法的是胜日身如来。他的十号具足，出现此地已经有七天了。这时，妙德具足童女在似睡非睡之间，梦见胜日身佛，醒来之后，空中有天神告诉她：'七天前胜日身如来已在法云光明道场成就正觉，诸位菩萨都在佛前围绕着，诸天、诸龙、夜叉、乾闼婆、阿修罗、迦楼罗、紧那罗、摩睺罗伽、梵天，乃至于色究竟天，全来此作护法善神；又有一切的地神、风神、火神、水神、河神、海神、山神、树神、园神、药神、主城神等，为了面见佛陀，都前来集会。'

"这时，妙德童女因为梦见如来，又听闻佛陀的功德，心中非常安稳，没有任何恐怖惊畏。于是她就在太子面前宣说下面的偈颂：

> 我身最为端正，名闻遍于十方，
> 智慧无等比伦，善达一切工巧。
>
> 无量百千众生，见我悉皆贪染，
> 我心不于彼等，而生些少爱欲。
>
> 无嗔亦无怨恨，无嫌亦无欣喜，
> 但发广大愿心，利益一切众生。

我今见于太子，具足诸功德相，

其心广大欣庆，诸根咸皆悦乐。

色如光明珍宝，发美而向右旋，

额广双眉纤曲，我心愿事于汝。

我观太子色身，譬若真金之像，

亦如同大宝山，相好具有光明。

目广绀青之色，月面如师子颊，

喜颜美妙音声，愿垂哀纳于我。

舌相广长微妙，犹如赤铜之色，

梵音紧那罗声，闻者悉皆欢喜。

口方而不褰缩，齿白悉皆齐密，

发言现笑之时，见者心生欢喜。

离垢清净妙身，具足三十二相，

必当于此世界，而作转轮王位。

　　“这时，太子问她：‘你是谁家的女儿？谁在守护你？如果你已经属于别人，那么我就不应再心生爱染。’

　　“这时，太子以偈颂问妙德童女：

汝身极为清净，功德众相具足，

我今询问于汝，汝于谁所安住？

谁为汝之父母？汝今系属于谁？

若已属于他人，彼人摄受于汝。

汝无盗他之物，汝无有伤害心，

汝不造作邪淫，汝依何语安住？

不说他人之恶，不坏他人所亲，

不侵他人境界，不于他人恚怒，

不生邪险见地，不作相违之业，

不以谄曲力量，方便欺诳世间。

尊重于父母否？恭敬善知识否？

见诸贫穷之人，能生摄受心否？

若有大善知识，教诲示于汝法，

能生坚固心念，究竟而尊重否？

爱乐于佛陀否？了知诸菩萨否？

众僧功德大海，汝能恭敬之否？

汝能了知法否？能清净众生否？

为住于正法中，为住于非法耶？

见诸孤独之人，能生起慈心否？

见于恶道众生，能生大悲心否？

见他人得荣乐，能生欢喜心否？

他来逼迫于汝，汝能无嗔恼否？

汝发菩提之意，能开悟众生否？

无边时劫修行，现能无疲倦否？

"这时，妙德具足童女的母亲善现代为答复太子问童女的问题，而宣说下面的偈颂：

太子汝应谛听，我今宣说此女，

初生以及成长，一切诸般因缘。

太子始生之日，即从莲华出生，

其目清净修广，肢节悉皆具足。

我曾于春月时，游观婆罗园中，

普见诸般药草，种种悉皆荣茂。

奇树广发妙华，望之宛如庆云，

好鸟相互和鸣，林间共聚欢乐。

同游八百采女，端正夺人心魄，

被服悉皆严丽，歌咏悉为殊美。

彼园中有浴池，名曰莲华幢池，

我于池岸安坐，采女大众围绕。

于彼莲池之内，忽生千叶莲华，

宝叶琉璃为茎，阎浮黄金为台。

尔时夜分已尽，日光初始出现，

其莲时正开剖，放大清净光明。

其光极为炽盛，譬如日光初出，

普照阎浮提中，众叹昔未曾有。

时亲见此玉女，从彼莲华出生，

其身甚为清净，肢分悉皆圆满。

此是人间大宝，从于净业出生，

宿因无有失坏，今乃受此果报。

绀发青莲妙眼，梵声金色光明，

华鬘众宝之髻，清净无有诸垢。

肢节悉皆具足，其身无有缺减，

譬如真金之像，安处宝莲华中。

毛孔栴檀妙香，普熏及于一切，

口出青莲华香，常演妙梵音声。

此女所安住处，常有天音妙乐，

不应下劣人等，而当如是妙偶。

世间无有其人，堪与此为丈夫，

唯汝相好严身，愿垂见纳欣受。

非长亦非为短，非粗亦非幼细，

种种悉皆端严，愿垂见纳欣受。

文字算数之法，工巧各种技艺，

一切悉皆通达，愿垂见纳欣受。

善了一切兵法，巧断大众诤讼，

能调难可调伏，愿垂见纳欣受。

其身甚为清净，见者无有厌足，

功德自为庄严，汝应垂纳欣受。

众生所有苦患，善了达彼缘起，

应病而与妙药，一切患能消灭。

阎浮提语言法，差别有无量种，

乃至妓乐音声，靡不悉皆通达。

妇人之所能者，此女一切了知，

而无女人众过，愿垂速纳欣受。

不嫉亦不悭吝，无贪亦无嗔恚，

质直其性柔软，远离诸粗犷恶。

能恭敬于尊者，奉事无有违逆，

乐修一切善行，此能随顺于汝。

若有见于老病，贫穷在苦难中，

无救无所依止，常生大慈悯心。

常观第一义谛，不求自利喜乐，

但愿饶益众生，以此庄严其心。

行住与坐卧中，一切无有放逸，

言说以及默然，见者咸皆欣乐。

虽于一切处所，皆无染着之心，

见有功德大人，乐观无有厌足。

尊重诸善知识，乐见离恶之人，

其心永不躁动，先思而后作业。

为福智所庄严，一切无有怨恨，

女人之中最上，宜应事奉太子。

"威德主太子进入香芽园之后，告诉妙德童女和母亲善现：'善女人！我趣求无上正等正觉，当穷尽未来际的无量时劫，积集一切智的助道法门，修习无量无边的菩萨行，清净所有的波罗蜜，供养十方诸佛，并且尽力护持诸佛的教法，庄严清净诸佛国土，使诸佛的种性不致断绝。并且能够随众生的根性而普遍成熟他们，灭除所有众生的生死苦恼而安置于究竟安乐处，净治所有众生的智慧眼。我应当修习所有菩萨的行门，安住在一切菩萨的平等心，成就所有菩萨所行的果位。我应当使众生都能普遍欢喜，施舍所有的器物，穷尽未来际都能行布施波罗蜜，普遍满足所有的众生。无论是衣服、饮食、妻妾、男女、头目、手足，如此一切内外所有的资生之具都能完全地舍施，毫无吝惜。但是若到了那个时候，你可能会成为我成道的障碍。比如我布施财物的时候，你可能割舍不下；我布施男女时，你可能痛苦不堪；我布施四肢时，你可能忧闷不已；我若舍下你而出家时，你的心更是悔恨不已。'

"这时，太子就为妙德童女宣说下面的偈颂：

哀悯众生之故，我应发菩提心，
当于无量时劫，习行一切智慧。
无量大劫之中，清净修诸愿海，
入地以及治障，悉经无量时劫。
三世诸佛之所，勤学六波罗蜜，
具足方便妙行，成就菩提大道。
十方垢秽刹土，我当悉皆严净，
一切恶道诸难，我当令得永出。
我当以妙方便，广度一切群生，
令灭愚痴黑暗，住于佛智道中。
当供一切佛陀，当清净一切地，
生起大慈悲心，悉舍内外诸物。
汝见来乞之人，或生悭吝之心，
我心恒常乐施，汝勿相违于我。
若见我布施头，慎勿心生忧恼，

我今先语汝等，令汝心念坚固。

乃至截我手足，汝勿嫌弃乞者，

汝今听闻我语，应可悉谛思惟。

男女所爱众物，一切我皆舍弃，

汝能随顺我心，我当成就汝意。

　　"这时，童女对太子说：'我愿终身承受，奉行你的教诲。'于是她又说了下面的偈颂说：

无量劫海当中，地狱烈火焚身，

若能眷纳于我，甘心受此痛苦。

无量受生处所，碎身宛如微尘，

若能眷纳于我，甘心受此痛苦。

无量劫来顶戴，此广大金刚山，

若能眷纳于我，甘心受此痛苦。

无量生死大海，以我身肉布施，

令汝得法王处，愿令我身亦然。

若能眷纳于我，与我作为主者，

生生行布施处，愿常以我为施。

为悯众生痛苦，而发大菩提心，

既已摄受众生，亦当摄受于我。

我不欣求豪富，不贪五欲之乐，

但为共行佛法，愿以仁者为主。

绀青修广眼目，慈悯观察世间，

不起染着之心，必成菩萨大道。

太子所行之处，地出众妙宝华，

必作转轮圣王，愿能眷纳于我。

我曾梦见此处，妙法菩提道场，

如来树下安坐，无量大众围绕。

我梦胜日身佛，身如真金之山，

以手摩我头顶，寤已心生欢喜。

往昔有眷属天，名曰喜光明天，

彼天为我宣说，道场佛兴于世。

我曾心生是念，愿见太子之身，

彼天回报我言，汝今当得亲见。

我往昔所志愿，于今悉皆成满，

唯愿俱往参诣，供养彼佛如来。

　　"这时，太子听闻胜日身如来的名号，心生欢喜不已，希望能立刻见到佛陀。马上以五百摩尼宝散在妙德具足童女身上，以妙藏光明宝冠作她的顶冠，为她披上火焰摩尼宝衣。妙德童女这时心不动摇，未生起大欢喜，只是合掌恭敬地瞻仰，视线始终没有离开过太子。

　　"母亲善现又在威德主太子面前说出下面的偈颂，重新称赞童女美德：

此女极为端正，功德庄严其身，

往昔愿奉太子，今意已得满足。

持戒而有智慧，具足诸般功德，

普于一切世间，最胜无与伦匹。

此女莲华化生，种姓无讥无丑，

太子与同行业，远离一切过患。

此女身体柔软，犹如天人缯纩，

其手之所触摩，众患悉皆除灭。

毛孔发出妙香，芬馨最为无比，

众生若有闻者，悉住于净戒中。

身色宛如真金，端坐华台之上，

众生若有见者，离害现具慈心。

言音极为柔软，听之无不欣喜，

众生若有得闻，悉远离诸恶业。

心净无有瑕垢，远离一切谄曲，

称心对机发言，闻者悉皆欢喜。

调柔具足惭愧，恭敬于诸尊宿，

无贪亦无欺诳，怜悯一切众生。

此女心不骄恃，色相以及眷属，

但以清净妙心，恭敬一切诸佛。

"这时，太子与妙德童女以及十千名采女和眷属，离开香芽园，前往法云光明道场。到达之后，下车走到佛座前。看见佛陀身相端正，庄严寂静，诸根调顺，内外清净，犹如大龙池一般没有垢浊。大众都心生清净信解，踊跃欢喜，顶礼佛足，绕佛无数圈。

"这时，太子及妙德童女各自拿了五百朵妙宝莲华，以为供佛。太子又马上为佛陀建造五百座精舍，每一座精舍都是由香木造成，并用聚宝庄严，还有五百摩尼宝相间交错。这时，佛陀就为他们宣说普眼灯门修多罗法。他们听闻这部经之后，就证得一切法门三昧海。就是所谓的得普照一切佛愿海三昧、普照三世藏三昧、示现面见诸佛道场三昧、普照一切众生三昧、普照一切世间智灯三昧、普照众生根智灯三昧、救护众生光明云三昧、普照众生大明灯三昧、畅演所有如来法轮三昧，具足普贤清净行的三昧。这时，妙德女证得难胜海藏三昧，无上正等正觉的果位，永不退转。

"这时，太子与妙德女以及他们的眷属，都纷纷顶礼佛陀的双足，围绕佛陀无数圈之后，告辞返回宫中。他们来到财主王座前，向他拜跪之后，恭敬地向他禀告：'大王应当知道胜日身如来已经出兴世间，不久前才在我们国内的法云光明菩提道场中成等正觉。'

"大王问太子：'是谁告诉你的呢？是天众？或是凡人？'

"太子回答：'是这位具足妙德童女说的。'

"大王知道以后，非常欢喜，就好像贫人得到宝藏一般，心里这样想：

'佛是无上宝，是难可得遇的，凡是能够见到佛陀的人，都能永远断除三恶道的恐怖惊畏。佛陀就好像能医治种种烦恼病症的大医王，能救度众生脱离生死的苦海；佛陀就好像众生的大导师，能使众生到达究竟安稳的涅槃彼岸。'大王如此思惟之后，就聚集所有小王、群臣、眷属，以及刹利、武士、婆罗门等一切大众，决心舍让王位，传位给太子。他为太子灌顶完毕之后，就和上万眷属一起前往参拜胜日身佛。他到了佛陀安住的法云光明道场后，就顶礼佛足，绕了无数匝，才和眷属退下，坐在一旁静候开示。

"这时，如来观察大王以及所有的与会大众，从白毫相中放出名叫一切世间心灯的大光明，普照十方无量世界，安住一切世主面前，示现如来不可思议的大神通力。使所有应受教化的人都得以清净。这时，如来以不可思议的自在神力，现身超出一切的世间，以圆满音普遍为大众宣说名为一切法义离暗灯的陀罗尼，这陀罗尼有佛国刹土微尘数的陀罗尼作为眷属。大王听闻之后，立刻获得大智光明。这个集会中，还有阎浮提微尘数的菩萨，也同时证得这种陀罗尼。六十万那由他数的人，穷尽种种的有漏法，而心得到解脱。有十千众生远尘离垢，得到清净眼，有无量的众生发起菩提心。这时，胜日身佛又以不可思议的力量，广现神通变化，在十方无量世界演说佛乘、菩萨乘、声闻缘觉乘三乘法门，度化众生。

"这时，大王又这样想：'我如果在家修习，就不可能证得如此的妙法，如果我能跟随佛陀出家学道，那么一定可以有所成就。'大王如此思惟之后，就趋前向胜日身佛说：'我希望能随您出家修学无上菩提道。'

"佛陀回答他：'随你的意吧，你自己知道出家的机缘成熟与否。'

"这时，财主王与十千人都同时跟随佛陀出家。不久之后，即证得成就一切法义离暗灯陀罗尼，也得证像前面提到的种种三昧法门，又得证菩萨的十种神通法门，又得证菩萨的无边辩才，又得证菩萨的无碍清净身，能前往参访十方所有的如来，听闻受持他们的教法。作为大法师，演说妙法。他们又以神力遍往十方佛国刹土，随顺众生的心意为他们现身说法，赞叹诸佛出兴于世，及宣说诸佛的本愿行，开示诸佛的本生因缘，称扬如来的自在神力，护持诸佛所说的教法。

"十五日这天，太子在正殿上，采女前后围绕，更有七宝自动到达。是哪七宝呢？一，无碍行轮宝；二，金刚身象宝；三，迅疾风马宝；四，日光藏珠宝；五，具妙德女宝；六，大财藏臣宝；七，离垢眼主兵宝。这七宝一旦具足了，威德主太子就成为统理阎浮提的转轮圣王，因为他能以正法治世，所以人民无不丰衣足食、安居乐业。轮王有千名儿子，个个端正勇健，能降伏怨敌。在他管辖的阎浮提世界中，有八十座王城。每一座城中各有五百座僧坊，每一座僧坊都设有佛的塔庙支提。每一座塔庙都是十分的高大广博，装饰众多妙宝。每个王城，都以不可思议的众妙供具，供养如来。

"佛陀进入城中时，更示现大神力，凡是看见他的众生都能植下种种善根、心意清净，一切众生心生欢喜，发起菩提意及大悲心，利益众生，勤修佛法，趣入真实义，安住法性。了知法性平等，获得三世的智慧，平等观察过去、现在、未来三世，了知诸佛出兴的次第。说种种法，摄受众生，发起菩提愿，趣入菩萨道，了知如来法，成就法海。能完全现身遍及所有的佛国刹土，了知众生的根器及他们的个性志欲，使他们都能发起一切智愿。

"佛子啊！你觉得如何呢？那时得转轮圣王位、供养胜日身佛的，哪里是别人呢，就是现在的释迦牟尼佛啊！财主王就是如今的宝华佛。现在东方过世界海微尘数的佛国刹土，有一个现法界虚空影像云世界海，这个世界海中，有一名叫普现三世影摩尼王的世界种，在那个世界种中，有一个圆满光世界。那里有一座示现一切世主身道场，宝华如来就是在这里成就无上正等正觉的。那时，不可说佛国刹土微尘数的菩萨都前后围绕，听宝华佛为他们说法。

"宝华如来以前修行菩萨道时，就已清净庄严这个世界海了。所以这个世界海中，过去、未来、现在所有出兴世间的佛陀，皆是宝华如来为菩萨时，曾经教化他们，令其发起无上正等正觉。那时，妙德童女的母亲善现，就是现今我的母亲善目。那时财主王的眷属，就是现在释迦牟尼众会跟前的大众。他们都已修习普贤诸行，成就圆满大愿，虽然身处聚会道场中，仍能普遍示现一切世间，安住在一切菩萨的平等三昧，并且常得以现见一切诸佛。所有的如来，更以等同虚空的美妙音声云演说正法轮，使大众都能听闻受持。又，对一切法得任运自在，所以声名早就传遍诸佛国土。他们又普遍前往一切道场，普遍示现在众生面前，凡是与他们相应的众生，他们无不教化调伏。并且穷尽未来的时劫修习菩萨道，恒常不间断，而成就圆满普贤菩萨的广大誓愿。

"佛子啊！那位妙德童女与威德主转轮圣王，曾以饮食、衣服、卧具、汤药四种事供养胜日身如来，那位童女就是我的前身。胜日身佛灭度之后，无畏世界又有六十亿百千那由他佛，出兴世间，我与大王都承事供养。第一位出兴的是清净身佛。次一位是一切智月光明身佛，再次一位是阎浮檀金光明王佛，再下一位是诸相庄严身佛，再下一位是妙月光佛，再下一位是智观幢佛，再下一位是大智光佛，再下一位是金刚那罗延精进佛，再下一位是智力无能胜佛，再下一位是普安详智佛，再下一位是离垢胜智云佛，再下一位是师子智光明佛，再下一位是光明髻佛，再下一位是功德光明幢佛，再下一位是智日幢佛，再下一位是宝莲华开敷身佛，再下一位是福德严净光佛，再下一位是智焰云佛，再下一位是普照月佛，再下一位是庄严盖妙音声佛，再下一位是师子勇猛智光明佛，再下一位是法界月佛，再下一位是现虚空影像开悟众生心佛，再下一位是恒嗅寂灭香佛，再下一位是普震寂静音佛，再下一位是甘露山佛，再下一位是法海音佛，再下一位是坚固网佛，再下一位是佛影髻佛，再下一位是月光毫佛，再下一位是辩才口佛，再下一位是觉华智佛，再下一位是宝焰山佛，再下一位是功德星佛，再下一位是宝月幢佛，再下一位是三昧身佛，再下一位是宝光王佛，再下一位是普智王佛，再下一位是焰海灯佛，再下一位是离垢法音王佛，再下一位是无比德名称幢佛，再下一位是修臂佛，再下一位是本愿清净月佛，再下一位是照义灯佛，再下一位是深远音佛，再下一位是毗卢遮那胜藏王佛，再下一位是诸乘幢佛，再下一位是法海妙莲华佛。佛子啊！在胜行时劫中，有像这样等六十亿那由他的佛出兴世间，我都亲近并承事供养他们。

"其中，最后一位出兴世间的佛陀是广大解如来，我曾在这位佛的道场，证得清净的智眼。广大解佛入城中教化众生时，我还是王妃，与大王一起礼观佛陀，并以众宝妙物供养于佛。我在佛的道场，听闻佛说出生一切如来灯法门，就立刻获得观察一切菩萨三昧海的解脱境界。

"佛子啊！我得证这种解脱之后，就与其他菩萨在佛国刹土微尘数的时劫中勤加修习，承事供养无量诸佛，从未歇息。有时是在一个时劫中承事一位佛陀，有时二位佛陀，有时三位佛陀，有时不可说的佛陀，有时佛国刹土微尘数的佛，我都能完全亲近、承事、供养于佛。但是仍未能了知菩萨的身、形、量、色、貌，及其身业、心行、智慧的种种三昧境界。

"佛子啊！如果有众生得以见到菩萨修菩提行，不管是怀疑，或是相信，菩萨都能以世间、出世间的方便种种摄受他们，以他们为眷属，使众生都能在无上正等正觉得证，永不退转。佛子啊！我看见广大解如来得到这种解脱之后，与诸位菩萨在百佛国刹土微尘数的时劫中共同修习，从不休息。在这些时劫中出兴世间的诸佛，我也都亲近承事供养，听闻他们说法、读诵、受持一切法。我就是在一切诸佛的道场，得证这种种的解脱法门，了知种种三世，证入种种佛国刹土海，亲见种种佛成就正觉，得以入种种诸佛众会，发起菩萨种种大愿，修习菩萨种种妙行，得到菩萨种种解脱；但是我还是未能了知菩萨证得的普贤菩萨的解脱门。为什么会如此呢？

"因为菩萨普贤的解脱门，宛如虚空无边无际，宛如众生的名号无数无量，宛如三世海，宛如十方海，宛如法界海，无涯无边。佛子啊！普贤菩萨的解脱门与如来的境界其实无二无别。

"佛子啊！我曾于佛国刹土微尘数的时劫中，观察菩萨的身形，没有厌足之时。如同多欲的男女集会，互相心生爱染，生起无量的妄想思觉。我也是如此，观察菩萨身上的每一根毛孔中念念之中能见无量无边的广大世界，种种的安住，种种的庄严，种种的形状。有种种的高山，种种的地面，种种的云彩，种种的名号，种种佛陀兴起，种种道场，种种众会。演说种种的修多罗法，种种的灌顶法，种种诸乘法，种种方便法，种种清净法。

"又，在菩萨的每一毛孔、每一念头当中看见无边的佛海，安坐种种的道场，示现种种的神变，转动种种的法轮，宣说种种的修多罗法，恒常不间断。又，在菩萨的每一毛孔，见到无边的众生海，有种种的住处，有种种的形貌，有种种的作业，有种种诸根。又，在菩萨的每一毛孔中，见到三世诸菩萨的无边行门，就是所谓的无边广大的誓愿、无边的差别境地、无边的波罗蜜、无边的往昔事、无边的大慈法门、无边的大悲法云、无边的大喜心、摄受众生的无边方便。

"佛子啊！我在佛国刹土微尘数的时劫之中，念念如此观察菩萨的一一毛孔，已经到过的地方就不再重复，像这样的推演，想求得菩萨身上的边际，究竟不可得。乃至于见到悉达太子安住宫中，有采女围绕，我以解脱力观察菩萨的每一毛孔，而见到三世法界中所有的事。

"佛子啊！我只证得这种观察菩萨三昧海的解脱法门。如果是像诸位菩萨摩诃萨究竟无量诸方便海，随着众生根器的不同身，为他们示现同类，为众生宣说随喜顺乐的大行，在每一毛孔中示现无边的色相海，了知诸法本性，以无性为性，了知众生性，如虚空相，无有分别，了知诸佛威神力等同如如，能同遍示现一切处，示现无边的解脱境界。念念都能任运自在入广大的法界，游戏所有境地法门的功德行。这一切根本不是我能了知、宣说的了。

"善男子啊！在娑婆世界中有位佛母，名叫摩耶夫人❸，你去拜见她，并请问她：'菩萨如何修习菩萨行？如何身处世间而仍对一切世间法毫无染着？如何供养十方三世一切诸佛恒无休息？如何作菩萨善业永不退转？如何远离一切障碍，证入菩萨解脱三昧门？如何不必经由他人证得，而自行安住所有的菩萨道？如何前往诸佛道场，摄受所有的众生界，穷尽未来的时劫，勤修菩萨行，并发起大乘誓愿心，增长所有众生的善根，恒常精进不懈怠？'"

这时，释迦瞿波女为了要重新说明这个解脱义理，仰承着佛陀的威神力加持，宣说下面的偈颂：

若有眼见菩萨，修行种种妙行，

生起善不善心，菩萨悉皆摄取。

乃往昔久远世，过于百刹尘劫，

有时劫名清净，世界名为光明。

此劫佛兴于世，六十千万亿数，

最后天人之主，号曰法幢灯佛。

彼佛涅槃之后，有王名为智山，

统领阎浮提州，一切无有怨敌。

大王有五百子，端正皆能勇健，

其身悉为清净，见者心皆欢喜。

彼大王及三子，信心供养佛陀，

护持佛陀法藏，亦乐勤修诸法。

太子名为善光，离垢具多方便，

诸相悉皆圆满，见者无有厌足。

五百亿人共俱，出家修行学道，

勇猛坚意精进，护持一切佛法。

王都名智树城，千亿城所围绕，

有林名为静德，众宝之所庄严。

善光安住彼林，广宣佛陀正法，

辩才大智慧力，令众悉皆清净。

有时因乞食时，入彼大王都城，

行止极为安详，正知心不混乱。

城中住有居士，其号曰善名称，

我时为彼之女，名称为净日光。

彼时我于城中，值遇见善光明，

诸相极为端严，其心生起染着。

次第乞至我门，我心广增爱染，

即解身上璎珞，并珠置于钵中。

虽以爱染之心，供养彼佛真子，

二百五十时劫，不堕三恶道趣。

或生天王家中，或作人王之女，

恒见于善光明，妙相庄严其身。

此后所经时劫，二百又有五十，

生于善现家中，其名为具妙德。

时我见于太子，而生尊重之心，

愿得广备瞻侍，幸蒙哀纳欣受。

我时与太子俱，亲佛胜日妙身，

恭敬供养毕后，即发菩提心意。

于彼一劫之中，六十亿佛如来，

最后佛陀世尊，名为广大解佛。

于彼得证净眼，了知诸法实相，

普见受生之处，永除颠倒之心。

我得观于菩萨，三昧境界解脱，

一念入于十方，不可思议刹海。

我见一切世界，净秽种种差别，

于净心不贪乐，于秽心不憎恶。

普见一切世界，如来端坐道场，

皆于一念之中，悉放无量光明。

一念能普趣入，不可宣说众会，

亦了知彼一切，所得三昧法门。

一念能悉了知，彼诸广大行持，

无量境地方便，及以诸大愿海。

我观菩萨妙身，无边时劫修行，

一一毛孔究竟，求之亦不可得。

一一毛孔刹土，无量不可宣说，

地水火诸风轮，靡不在于其中。

种种一切建立，种种诸般形状，

种种体性名号，无边各种庄严。

我见诸刹土海，不可宣说世界，

及见其中佛陀，说法教化众生。

不了菩萨妙身，及彼身诸净业，

亦不了知心智，诸劫所行妙道。

　　这时，善财童子顶礼释迦瞿波女的双足，绕了无数圈之后，就辞退离去。

【注释】

❶ 随眠：梵语 anuśaya，为"烦恼"的异名。

❷ 因陀罗网：梵语 indra-jāla，又叫"帝网"，是忉利王天宫里用宝珠结成的网。

❸ 摩耶：梵语 Mahāmāyā，汉译作"大幻化"或"大术"、"妙"等，净饭王之后，释尊的生母。

卷第七十六
入法界品第三十九之十七

【原典】

尔时，善财童子一心欲诣摩耶夫人所，即时获得观佛境界智，作如是念："是善知识，远离世间，住无所住，超过六处，离一切著，知无碍道，具净法身，以如幻业而现化身，以如幻智而观世间，以如幻愿而持佛身、随意生身、无生灭身、无来去身、非虚实身、不变坏身、无起尽身、所有诸相皆一相身、离二边身、无依处身、无穷尽身、离诸分别如影现身、知如梦身、了如像身、如净日身、普于十方而化现身、住于三世无变异身、非身心身，犹如虚空，所行无碍，超诸世眼，唯是普贤净目所见。如是之人，我今云何而得亲近承事供养、与其同住、观其状貌、听其音声、思其语言、受其教诲？"

作是念已，有主城神，名曰宝眼，眷属围绕，于虚空中而现其身，种种妙物以为严饰，手持无量众色宝华以散善财，作如是言："善男子！应守护心城，谓不贪一切生死境界；应庄严心城，谓专意趣求如来十力；应净治心城，谓毕究断除悭嫉谄诳；应清凉心城，谓思惟一切诸法实性；应增长心城，谓成办一切助道之法；应严饰心城，谓造立诸禅解脱宫殿；应照耀心城，谓普入一切诸佛道场听受般若波罗蜜法；应增益心城，谓普摄一切佛方便道；应坚固心城，谓恒勤修习普贤行愿；应防护心城，谓常专御捍恶友、魔军；应廓彻心城，谓开引一切佛智光明；应善补心城，谓听受一切佛所说法；应扶助心城，谓深信一切佛功德海；应广大心城，谓大慈普及一切世间；应善覆心城，谓集众善法以覆其上；应宽广心城，谓大悲哀愍一切众生；应开心城门，谓悉舍所有随应给施；应密护心城，谓防诸恶欲不令得入；应严肃心城，谓逐诸恶法不令其住；应决定心城，谓集一切智助道之法恒无退转；应安立心城，谓正念三世一切如来所有境界；应莹彻心城，谓明达一切佛正法轮修多罗中所有法门种种缘起；应部分心城，谓普晓示一切众生皆令得见萨婆若道；应住持心城，谓发一切三世如来诸大愿海；应富实心城，谓集一切周遍法界大福德聚；应令心城明了，谓普知众生根欲等法；应令心城自在，谓普摄一切十方法界；应令心城清净，谓正念一切诸佛如来；应知心城自性，谓知一切法皆无有性；应知心城如幻，谓以一切智了诸法性。

“佛子！菩萨摩诃萨若能如是净修心城，则能积集一切善法。何以故？蠲除一切诸障难故，所谓见佛障、闻法障、供养如来障、摄诸众生障、净佛国土障。善男子！菩萨摩诃萨以离如是诸障难故，若发希求善知识心，不用功力则便得见，乃至究竟必当成佛。”

尔时，有身众神，名莲华法德及妙华光明，无量诸神前后围绕，从道场出，住虚空中，于善财前，以妙音声，种种称叹摩耶夫人，从其耳珰放无量色相光明网，普照无边诸佛世界，令善财见十方国土一切诸佛。其光明网，右绕世间，经一匝已，然后还来，入善财顶，乃至遍入身诸毛孔。善财即得净光明眼，永离一切愚痴暗故；得离翳眼，能了一切众生性故；得离垢眼，能观一切法性门故；得净慧眼，能观一切佛国性故；得毗卢遮那眼，见佛法身故；得普光明眼，见佛平等不思议身故；得无碍光眼，观察一切刹海成坏故；得普照眼，见十方佛起大方便转正法轮故；得普境界眼，见无量佛以自在力调伏众生故；得普见眼，睹一切刹诸佛出兴故。

时，有守护菩萨法堂罗刹鬼王，名曰善眼，与其眷属万罗刹俱，于虚空中，以众妙华，散善财上，作如是言：“善男子！菩萨成就十法，则得亲近诸善知识。何等为十？所谓其心清净离诸谄诳；大悲平等普摄众生，知诸众生无有真实；趣一切智，心不退转；以信解力普入一切诸佛道场；得净慧眼了诸法性；大慈平等普覆众生；以智光明廓诸妄境；以甘露雨涤生死热；以广大眼彻鉴诸法；心常随顺诸善知识。是为十。

"复次，佛子！菩萨成就十种三昧门，则常现见诸善知识。何等为十？所谓法空清净轮三昧、观察十方海三昧、于一切境界不舍离不缺减三昧、普见一切佛出兴三昧、集一切功德藏三昧、心恒不舍善知识三昧、常见一切善知识生诸佛功德三昧、常不离一切善知识三昧、常供养一切善知识三昧、常于一切善知识所无过失三昧。佛子！菩萨成就此十三昧门，常得亲近诸善知识，又得善知识转一切佛法轮三昧。得此三昧已，悉知诸佛体性平等，处处值遇诸善知识。"

说是语时，善财童子仰视空中而答之言："善哉！善哉！汝为哀愍摄受我故，方便教我见善知识。愿为我说：云何往诣善知识所？于何方处城邑聚落求善知识？"

罗刹答言："善男子！汝应普礼十方，求善知识；正念思惟一切境界，求善知识；勇猛自在遍游十方，求善知识；观身观心如梦如影，求善知识。"

尔时，善财受行其教，即时睹见大宝莲华从地涌出，金刚为茎，妙宝为藏，摩尼为叶，光明宝王以为其台，众宝色香以为其须，无数宝网弥覆其上。于其台上，有一楼观，名普纳十方法界藏，奇妙严饰，金刚为地，千柱行列，一切皆以摩尼宝成，阎浮檀金以为其壁，众宝璎珞四面垂下，阶陛、栏楯周匝庄严。其楼观中，有如意宝莲华之座，种种众宝以为严饰，妙宝栏楯，宝衣间列，宝帐、宝网以覆其上，众宝缯幡周匝垂下，微风徐动，光流响发；宝华幢中雨众妙华，宝铃铎中出美音声，宝户牖间垂诸璎珞，摩尼身中流出香水，宝象口中出莲华网，宝师子口吐妙香云，梵形宝轮出随乐音，金刚宝铃出诸菩萨大愿之音，宝月幢中出佛化形，净藏宝王现三世佛受生次第，日藏摩尼放大光明遍照十方一切佛刹，摩尼宝王放一切佛圆满光明，毗卢遮那摩尼宝王兴供养云供养一切诸佛如来，如意珠王念念示现普贤神变充满法界，须弥宝王出天宫殿，天诸采女种种妙音歌赞如来不可思议微妙功德。

尔时，善财见如是座，复有无量众座围绕，摩耶夫人在彼座上，于一切众生前，现净色身。所谓超三界色身，已出一切诸有趣故；随心乐色身，于一切世间无所著故；普周遍色身，等于一切众生数故；无等比色身，令一切众生灭倒见故；无量种色身，随众生心种种现故；无边相色身，普现种种诸形相故；普对现色身，以大自在而示现故；化一切色身，随其所应而现前故；恒示现色身，尽众生界而无尽故；无去色身，于一切趣无所灭故；无来色身，于诸世间无所出故；不生色身，无生起故；不灭色身，离语言故；非实色身，得如实故；非虚色身，随世现故；无动色身，生灭永离故；不坏色身，法性不坏故；无相色身，言语道断故；一相色身，无相为相故；如像色身，随心应现故；如幻色身，幻智所生故；如焰色身，但想所持故；如影色身，随愿现生故；如梦色身，随心而现故；法界色身，性净如空故；大悲色身，常护众生故；无碍色身，念念周遍法界故；无边色身，普净一切众生故；无量色身，超出一切语言故；无住色身，愿度一切世间故；无处色身，恒化众生不断故；无生色身，幻愿所成故；无胜色身，超诸世间故；如实色身，定心所现故；不生色身，随众生业而出现故；如意珠色身，普满一切众生愿故；无分别色身，但随众生分别起故；离分别色身，一切众生不能知故；无尽色身，尽诸众生生死际故；清净色身，同于如来无分别故。如是身者，非色，所有色相如影像故；非受，世间苦受究竟灭故；非想，但随众生想所现故；非行，依如幻业而成就故；离识，菩萨愿智空无性故，一切众生语言断故，已得成就寂灭身故。

尔时，善财童子又见摩耶夫人，随诸众生心之所乐，现超过一切世间色身。所谓或现超过他化自在天女身乃至超过四大天王天女身，或现超过龙女身乃至超过人女身，现如是等无量色身，饶益众生。集一切智助道之法，行于平等檀波罗蜜，大悲普覆一切世间。出生如来无量功德，修习增长一切智心，观察思惟诸法实性；获深忍海，具众定门，住于平等三昧境界，得如来定圆满光明，销竭众生烦恼巨海；心常正定，未尝动乱，恒转清净不退法轮，善能了知一切佛法，恒以智慧观法实相；见诸如来心无厌足，知三世佛出兴次第，见佛三昧常现在前，了达如来出现于世无量无数诸清净道，行于诸佛虚空境界；普摄众生，各随其心，教化成就；入佛无量清净法身，成就大愿，净诸佛刹，究竟调伏一切众生，心恒遍入诸佛境界；出生菩萨自在神力，已得法身清净无染，而恒示现无量色身；摧一切魔力，成大善根力，出生正法力，具足诸佛力，得诸菩萨自在之力，速疾增长一切智力；得佛智光，普照一切，悉知无量众生心海、根、性、欲、解种种差别；其身普遍十方刹海，悉知诸刹成坏之相，以广大眼见十方海，以周遍智知三世海，身普承事一切佛海，心恒纳受一切法海；修习一切如来功德，出生一切菩萨智慧，常乐观察一切菩萨从初发心乃至成就所行之道，常勤守护一切众生，常乐称扬诸佛功德，愿为一切菩萨之母。

尔时，善财童子见摩耶夫人现如是等阎浮提微尘数诸方便门。既见是已，如摩耶夫人所现身数，善财亦现作尔许身，于一切处摩耶之前恭敬礼拜，即时证得无量无数诸三昧门，分别观察，修行证入。从三昧起，右绕摩耶并其眷属，合掌而立，白言：“大圣！文殊师利菩萨教我发阿耨多罗三藐三菩提心，求善知识，亲近供养。我于一一善知识所，皆往承事，无空过者；渐来至此，愿为我说：‘菩萨云何学菩萨行而得成就？’”

答言：“佛子！我已成就菩萨大愿智幻解脱门，是故常为诸菩萨母。佛子！如我于此阎浮提中迦毗罗城净饭王家，右胁而生悉达太子，现不思议自在神变；如是，乃至尽此世界海，所有一切毗卢遮那如来，皆入我身，示现诞生自在神变。

“又，善男子！我于净饭王宫，菩萨将欲下生之时，见菩萨身一一毛孔咸放光明，名一切如来受生功德轮，一一毛孔皆现不可说不可说佛刹微尘数菩萨受生庄严。彼诸光明，皆悉普照一切世界；照世界已，来入我顶乃至一切诸毛孔中。又，彼光中普现一切菩萨名号、受生神变、宫殿眷属、五欲自娱；又见出家、往诣道场、成等正觉、坐师子座、菩萨围绕、诸王供养、为诸大众转正法轮；又见如来往昔修行菩萨道时，于诸佛所恭敬供养，发菩提心，净佛国土，念念示现无量化身，充遍十方一切世界，乃至最后入般涅槃。如是等事，靡不皆见。

"又，善男子！彼妙光明入我身时，我身形量虽不逾本，然其实已超诸世间。所以者何？我身尔时量同虚空，悉能容受十方菩萨受生庄严诸宫殿故。尔时，菩萨从兜率天将降神时，有十佛刹微尘数诸菩萨，皆与菩萨同愿、同行、同善根、同庄严、同解脱、同智慧，诸地、诸力、法身、色身，乃至普贤神通行愿，悉皆同等，如是菩萨前后围绕；又有八万诸龙王等、一切世主，乘其宫殿，俱来供养。菩萨尔时，以神通力，与诸菩萨普现一切兜率天宫；一一宫中，悉现十方一切世界阎浮提内受生影像，方便教化无量众生，令诸菩萨离诸懈怠无所执著。又以神力，放大光明，普照世间，破诸黑暗，灭诸苦恼；令诸众生，皆识宿世所有业行，永出恶道。又为救护一切众生，普现其前，作诸神变。现如是等诸奇特事，与眷属俱，来入我身。彼诸菩萨于我腹中，游行自在，或以三千大千世界而为一步，或以不可说不可说佛刹微尘数世界而为一步。又，念念中，十方不可说不可说一切世界诸如来所、菩萨众会，及四天王天、三十三天，乃至色界诸梵天王，欲见菩萨处胎神变，恭敬供养，听受正法，皆入我身。虽我腹中悉能容受如是众会，而身不广大亦不迫窄；其诸菩萨各见自处众会道场，清净严饰。

"善男子！如此四天下阎浮提中，菩萨受生，我为其母；三千大千世界百亿四天下阎浮提中，悉亦如是。然我此身本来无二，非一处住，非多处住。何以故？以修菩萨大愿智幻庄严解脱门故。善男子！如今世尊，我为其母；往昔所有无量诸佛，悉亦如是而为其母。

"善男子！我昔曾作莲华池神，时有菩萨于莲华藏忽然化生，我即捧持瞻侍养育，一切世间皆共号我为菩萨母。又，我昔为菩提场神，时有菩萨于我怀中忽然化生，世亦号我为菩萨母。善男子！有无量最后身菩萨，于此世界种种方便示现受生，我皆为母。

"善男子！如此世界贤劫之中，过去世时，拘留孙佛、拘那含牟尼佛、迦叶佛及今世尊释迦牟尼佛现受生时，我为其母。未来世中，弥勒菩萨从兜率天将降神时，放大光明普照法界，示现一切诸菩萨众受生神变，乃于人间生大族家，调伏众生；我于彼时，亦为其母。如是次第，有师子佛、法幢佛、善眼佛、净华佛、华德佛、提舍佛、弗沙佛、善意佛、金刚佛、离垢佛、月光佛、持炬佛、名称佛、金刚楯佛、清净义佛、绀身佛、到彼岸佛、宝焰山佛、持炬佛、莲华德佛、名称佛、无量功德佛、最胜灯佛、庄严身佛、善威仪佛、慈德佛、无住佛、大威光佛、无边音佛、胜怨敌佛、离疑惑佛、清净佛、大光佛、净心佛、云德佛、庄严顶髻佛、树王佛、宝珰佛、海慧佛、妙宝佛、华冠佛、满愿佛、大自在佛、妙德王佛、最尊胜佛、栴檀云佛、绀眼佛、胜慧佛、观察慧佛、炽盛王佛、坚固慧佛、自在名佛、师子王佛、自在佛、最胜顶佛、金刚智山佛、妙德藏佛、宝网严身佛、善慧佛、自在天佛、大天王佛、无依德佛、善施佛、焰慧佛、水天佛、得上味佛、出生无上功德佛、仙人侍卫佛、随世语言佛、功德自在幢佛、光幢佛、观身佛、妙身佛、香焰佛、金刚宝严佛、喜眼佛、离欲佛、高大身佛、财天佛、无上天佛、顺寂灭佛、智觉佛、灭贪佛、大焰王佛、寂诸有佛、毗舍佉天佛、金刚山佛、智焰德佛、安隐佛、师子出现佛、圆满清净佛、清净贤佛、第一义佛、百光明佛、最增上佛、深自在佛、大地王佛、庄严王佛、解脱佛、妙音佛、殊胜佛、自在佛、无上医王佛、功德月佛、无碍光佛、功德聚佛、月现佛、日天佛、出诸有佛、勇猛名称佛、光明门佛、娑罗王佛、最胜佛、药王佛、宝胜佛、金刚慧佛、无能胜佛、无能映蔽佛、众会王佛、大名称佛、敏持佛、无量光佛、大愿光佛、法自在不虚佛、不退地佛、净天佛、善天佛、坚固苦行佛、一切善友佛、解脱音佛、游戏王佛、灭邪曲佛、蔷卜净光佛、具众德佛、最胜月佛、执明炬佛、殊妙身佛、不可说佛、最清净佛、友安众生佛、无量光佛、无畏音佛、水天德佛、不动慧光佛、华胜佛、月焰佛、不退慧佛、离爱佛、无著慧佛、集功德蕴佛、灭恶趣佛、普散华佛、师子吼佛、第一义佛、无碍见佛、破他军佛、不著相佛、离分别海佛、端严海佛、须弥山佛、无著智佛、无边座佛、清净住佛、随师行佛、最上施佛、常月佛、饶益王佛、不动聚佛、普摄受佛、饶益慧佛、持寿佛、无灭佛、具足名称佛、大威力佛、种种色相佛、无相慧佛、不动天佛、妙德难思佛、满月佛、解脱月佛、无上王佛、希有身佛、梵供养佛、不瞬佛、顺先古佛、最上业佛、顺法智佛、无胜天佛、不思议功德光佛、随法行佛、无量贤佛、普随顺自在佛、最尊天佛，如是乃至楼至如来，在贤劫中，于此三千大千世界，当成佛者，悉为其母。如于此三千大千世界，如是于此世界海十方无量诸世界一切劫中，诸有修行普贤行愿，为化一切诸众生者，我自见身悉为其母。"

尔时，善财童子白摩耶夫人言："大圣得此解脱，经今几时？"

答言："善男子！乃往古世，过不可思议非最后身菩萨神通道眼所知劫数，尔时有劫名净光，世界名须弥德，虽有诸山五趣杂居，然其国土众宝所成，清净庄严无诸秽恶。有千亿四天下，有一四天下，名师子幢，于中有八十亿王城。有一王城，名自在幢；有转轮王，名大威德。彼王城北，有一道场，名满月光明；其道场神，名曰慈德。时，有菩萨，名离垢幢，坐于道场，将成正觉。有一恶魔，名金色光，与其眷属无量众俱，至菩萨所。彼大威德转轮圣王已得菩萨神通自在，化作兵众，其数倍多，围绕道场；诸魔惶怖，悉自奔散；故彼菩萨得成阿耨多罗三藐三菩提。时，道场神见是事已，欢喜无量，便于彼王而生子想，顶礼佛足，作是愿言：'此转轮王，在在生处，乃至成佛，愿我常得与其为母。'作是愿已，于此道场，复曾供养十那由他佛。

"善男子！于汝意云何，彼道场神岂异人乎？我身是也。转轮王者，今世尊毗卢遮那是。我从于彼发愿已来，此佛世尊，于十方刹一切诸趣，处处受生，种诸善根，修菩萨行，教化成就一切众生，乃至示现住最后身，念念普于一切世界，示现菩萨受生神变，常为我子，我常为母。善男子！过去、现在十方世界无量诸佛将成佛时，皆于脐中放大光明，来照我身及我所住宫殿屋宅；彼最后生，我悉为母。

"善男子！我唯知此菩萨大愿智幻解脱门。如诸菩萨摩诃萨，具大悲藏，教化众生常无厌足，以自在力，一一毛孔示现无量诸佛神变；我今云何能知能说彼功德行？

"善男子！于此世界三十三天，有王名正念，其王有女名天主光。汝诣彼问：'菩萨云何学菩萨行、修菩萨道？'"

时，善财童子敬受其教，头面作礼，绕无数匝，恋慕瞻仰，却行而退。

遂往天宫，见彼天女，礼足围绕，合掌前住，白言："圣者！我已先发阿耨多罗三藐三菩提心，而未知菩萨云何学菩萨行？云何修菩萨道？我闻圣者善能诱诲，愿为我说！"

天女答言："善男子！我得菩萨解脱，名无碍念清净庄严。善男子！我以此解脱力，忆念过去，有最胜劫，名青莲华。我于彼劫中，供养恒河沙数诸佛如来。彼诸如来，从初出家，我皆瞻奉，守护供养，造僧伽蓝，营办❶什物。又，彼诸佛从为菩萨住母胎时，诞生之时，行七步时，大师子吼时，住童子位在宫中时，向菩提树成正觉时，转正法轮现佛神变教化调伏众生之时；如是一切诸所作事，从初发心乃至法尽，我皆明忆，无有遗余，常现在前，念持不忘。又，忆过去劫，名善地，我于彼供养十恒河沙数诸佛如来；又，过去劫名为妙德，我于彼供养一佛世界微尘数诸佛如来；又，劫名无所得，我于彼供养八十四亿百千那由他诸佛如来；又，劫名善光，我于彼供养阎浮提微尘数诸佛如来；又，劫名无量光，我于彼供养二十恒河沙数诸佛如来；又，劫名最胜德，我于彼供养一恒河沙数诸佛如来；又，劫名善悲，我于彼供养八十恒河沙数诸佛如来；又，劫名胜游，我于彼供养六十恒河沙数诸佛如来；又，劫名妙月，我于彼供养七十恒河沙数诸佛如来。

"善男子！如是忆念恒河沙劫，我常不舍诸佛如来、应、正等觉，从彼一切诸如来所，闻此无碍念清净庄严菩萨解脱，受持修行恒不忘失。如是，先劫所有如来，从初菩萨，乃至法尽，一切所作，我以净严解脱之力，皆随忆念，明了现前，持而顺行，曾无懈废。

"善男子！我唯知此无碍念清净解脱。如诸菩萨摩诃萨，出生死夜，朗然明彻，永离痴冥，未尝惛寐，心无诸盖，身行轻安，于诸法性清净觉了，成就十力开悟群生，而我云何能知能说彼功德行？

"善男子！迦毗罗城有童子师，名曰遍友。汝诣彼问：'菩萨云何学菩萨行、修菩萨道？'"

时，善财童子以闻法故，欢喜踊跃，不思议善根自然增广，顶礼其足，绕无数匝，辞退而去。

从天宫下，渐向彼城。至遍友所，礼足围绕，合掌恭敬，于一面立，白言："圣者！我已先发阿耨多罗三藐三菩提心，而未知菩萨云何学菩萨行？云何修菩萨道？我闻圣者善能诱诲，愿为我说！"

遍友答言："善男子！此有童子，名善知众艺，学菩萨字智。汝可问之，当为汝说。"

尔时，善财即至其所，头顶礼敬，于一面立，白言："圣者！我已先发阿耨多罗三藐三菩提心，而未知菩萨云何学菩萨行？云何修菩萨道？我闻圣者善能诱诲，愿为我说！"

时，彼童子告善财言："善男子！我得菩萨解脱，名善知众艺，我恒唱持此之字母。唱阿字时，入般若波罗蜜门，名以菩萨威力入无差别境界；唱多字时，入般若波罗蜜门，名无边差别门；唱波字时，入般若波罗蜜门，名普照法界；唱者字时，入般若波罗蜜门，名普轮断差别；唱那字时，入般若波罗蜜门，名得无依无上；唱逻字时，入般若波罗蜜门，名离依止无垢；唱施❷（轻呼）字时，入般若波罗蜜门，名不退转方便；唱婆（蒲我切）字时，入般若波罗蜜门，名金刚场；唱茶（徒解切）字时，入般若波罗蜜门，名曰普轮；唱沙（史我切）字时，入般若波罗蜜门，名为海藏；唱缚（房可切）字时，入般若波罗蜜门，名普生安住；唱哆（都我切）字时，入般若波罗蜜门，名圆满光；唱也（以可切）字时，入般若波罗蜜门，名差别积聚；唱瑟吒字时，入般若波罗蜜门，名普光明息烦恼；唱迦字时，入般若波罗蜜门，名无差别云；唱娑（苏我切）字时，入般若波罗蜜门，名降霪大雨；唱么字时，入般若波罗蜜门，名大流湍激众峰齐峙；唱伽（上声轻呼）字时，入般若波罗蜜门，名普安立；唱他（他可切）字时，入般若波罗蜜门，名真如平等藏；唱社字时，入般若波罗蜜门，名入世间海清净；唱锁字时，入般若波罗蜜门，名念一切佛庄严；唱柂字时，入般若波罗蜜门，名观察拣择一切法聚；唱奢（尸苛切）字时，入般若波罗蜜门，名随顺一切佛教轮光明；唱佉字时，入般若波罗蜜门，名修因地智慧藏；唱叉（楚我切）字时，入般若波罗蜜门，名息诸业海藏；唱娑（苏纥切）多（上声呼）字时，入般若波罗蜜门，名蠲诸惑障开净光明；唱壤字时，入般若波罗蜜门，名作世间智慧门；唱曷攞多（上声）字时，入般若波罗蜜门，名生死境界智慧轮；唱婆（蒲饿切）字时，入般若波罗蜜门，名一切智宫殿圆满庄严；唱车（上声呼）字时，入般若波罗蜜门，名修行方便藏各别圆满；唱娑（苏纥切）么字时，入般若波罗蜜门，名随十方现见诸佛；唱诃婆（二字皆上声呼）字时，入般若波罗蜜门，名观察一切无缘众生方便摄受令出生无碍力；唱縒（七可切）字时，入般若波罗蜜门，名修行趣入一切功德海；唱伽（上声呼）字时，入般若波罗蜜门，名持一切法云坚固海藏；唱吒字时，入般若波罗蜜门，名随愿普见十方诸佛；唱拿（奶可切）字时，入般若波罗蜜门，名观察字轮有无尽诸亿字；唱娑（苏纥切）颇字时，入般若波罗蜜门，名化众生究竟处；唱娑（同前音）迦字时，入般若波罗蜜门，名广大藏无碍辩光明轮遍照；唱也（夷舸切）娑（苏舸切）字时，入般若波罗蜜门，名宣说一切佛法境界；唱室者字时，入般若波罗蜜门，名于一切众生界法雷遍吼；唱佗（耻加切）字时，入般若波罗蜜门，名以无我法开晓众生；唱陀字时，入般若波罗蜜门，名一切法轮差别藏。善男子！我唱如是字母时，此四十二般若波罗蜜门为首，入无量无数般若波罗蜜门。

　　"善男子！我唯知此善知众艺菩萨解脱。如诸菩萨摩诃萨，能于一切世、出世间善巧之法，以智通达到于彼岸；殊方异艺，咸综无遗；文字、算数，蕴其深解；医方、咒术，善疗众病；有诸众生，鬼魅所持，怨憎咒诅，恶星变怪，死尸奔逐，癫痫、羸瘦，种种诸疾，咸能救之，使得痊愈；又善别知金玉、珠贝、珊瑚、琉璃、摩尼、砗磲、鸡萨罗等一切宝藏，出生之处，品类不同，价值多少；村营乡邑、大小都城、宫殿苑园、岩泉薮泽，凡是一切人众所居，菩萨咸能随方摄护；又善观察天文地理、人相吉凶、鸟兽音声、云霞气候、年谷丰俭、国土安危，如是世间所有技艺，莫不该练，尽其源本；又能分别出世之法，正名辨义，观察体相，随顺修行，智入其中，无疑、无碍、无愚暗、无顽钝、无忧恼、无沉没、无不现证。而我云何能知能说彼功德行？

"善男子！此摩竭提国，有一聚落，彼中有城，名婆咀那；有优婆夷，号曰贤胜。汝诣彼问：'菩萨云何学菩萨行、修菩萨道？'"

时，善财童子头面敬礼知艺之足，绕无数匝，恋仰辞去。

向聚落城，至贤胜所，礼足围绕，合掌恭敬，于一面立，白言："圣者！我已先发阿耨多罗三藐三菩提心，而未知菩萨云何学菩萨行？云何修菩萨道？我闻圣者善能诱诲，愿为我说！"

贤胜答言："善男子！我得菩萨解脱，名无依处道场；既自开解，复为人说。又得无尽三昧，非彼三昧法有尽、无尽，以能出生一切智性眼无尽故，又能出生一切智性耳无尽故，又能出生一切智性鼻无尽故，又能出生一切智性舌无尽故，又能出生一切智性身无尽故，又能出生一切智性意无尽故，又能出生一切智性功德波涛无尽故，又能出生一切智性智慧光明无尽故，又能出生一切智性速疾神通无尽故。

"善男子！我唯知此无依处道场解脱。如诸菩萨摩诃萨一切无著功德行，而我云何尽能知说？

"善男子！南方有城，名为沃田；彼有长者，名坚固解脱。汝可往问：'菩萨云何学菩萨行、修菩萨道？'"

尔时，善财礼贤胜足，绕无数匝，恋慕瞻仰，辞退南行。

到于彼城，诣长者所，礼足围绕，合掌恭敬，于一面立，白言："圣者！我已先发阿耨多罗三藐三菩提心，而未知菩萨云何学菩萨行？云何修菩萨道？我闻圣者善能诱诲，愿为我说！"

长者答言："善男子！我得菩萨解脱，名无著念清净庄严。我自得是解脱已来，于十方佛所勤求正法无有休息。

"善男子！我唯知此无著念净庄严解脱。如诸菩萨摩诃萨，获无所畏大师子吼，安住广大福智之聚，而我云何能知能说彼功德行？

"善男子！即此城中，有一长者，名为妙月；其长者宅，常有光明。汝诣彼问：'菩萨云何学菩萨行、修菩萨道？'"

时，善财童子礼坚固足，绕无数匝，辞退而行。

向妙月所，礼足围绕，合掌恭敬，于一面立，白言："圣者！我已先发阿耨多罗三藐三菩提心，而未知菩萨云何学菩萨行？云何修菩萨道？我闻圣者善能诱诲，愿为我说！"

妙月答言："善男子！我得菩萨解脱，名净智光明。

"善男子！我唯知此智光解脱。如诸菩萨摩诃萨证得无量解脱法门，而我云何能知能说彼功德行？

"善男子！于此南方，有城名出生；彼有长者，名无胜军。汝诣彼问：'菩萨云何学菩萨行、修菩萨道？'"

是时，善财礼妙月足，绕无数匝，恋仰辞去。

渐向彼城，至长者所，礼足围绕，合掌恭敬，于一面立，白言："圣者！我已先发阿耨多罗三藐三菩提心，而未知菩萨云何学菩萨行？云何修菩萨道？我闻圣者善能诱诲，愿为我说！"

长者答言："善男子！我得菩萨解脱，名无尽相。我以证此菩萨解脱，见无量佛，得无尽藏。

"善男子！我唯知此无尽相解脱。如诸菩萨摩诃萨得无限智无碍辩才，而我云何能知能说彼功德行？

"善男子！于此城南，有一聚落，名之为法；彼聚落中，有婆罗门，名最寂静。汝诣彼问：'菩萨云何学菩萨行、修菩萨道？'"

时，善财童子礼无胜军足，绕无数匝，恋仰辞去。

渐次南行，诣彼聚落，见最寂静，礼足围绕，合掌恭敬，于一面立，白言："圣者！我已先发阿耨多罗三藐三菩提心，而未知菩萨云何学菩萨行？云何修菩萨道？我闻圣者善能诱诲，愿为我说！"

婆罗门答言："善男子！我得菩萨解脱，名诚愿语；过去、现在、未来菩萨，以是语故，乃至于阿耨多罗三藐三菩提，无有退转，无已退、无现退、无当退。

"善男子！我以住于诚愿语故，随意所作，莫不成满。善男子！我唯知此诚语解脱。如诸菩萨摩诃萨，与诚愿语，行止无违，言必以诚，未曾虚妄，无量功德因之出生，而我云何能知能说？

"善男子！于此南方，有城名妙意华门；彼有童子，名曰德生；复有童女，名为有德。汝诣彼问：'菩萨云何学菩萨行、修菩萨道？'"

时，善财童子于法尊重，礼婆罗门足，绕无数匝，恋仰而去。

注释

❶"办"，大正本原作"辨"，今依三本及宫本改之。

❷"施"，大正本原作"枪"，今依宫本改之。

【白话语译】

这时，善财童子专一其心想到摩耶夫人的处所（迦毗罗城）时，即时获得观察佛陀境界的智慧。他心中这么想："这位善知识已经远离世间法而安住无所住，超过眼、耳、鼻、舌、身、意六处，远离所有的执着。了知无碍的道法，具足清净的法身，因此能以如幻的业示现化身，以如幻的智慧观察世间，以如幻的誓愿执持佛身。不管是化现随意生身、无生灭身、无来去身、非虚实身、不变坏身、无生起穷尽身、所有的色相都是同一相身、离空有两边身、无依处身、无穷尽身、远离种种分别如影示现身、了知如梦身、了知如像身、了知如净日身、普遍十方而化现身、安住三世的无变异身、非身心身等，都犹如虚空，所行无碍。超过种种的世间眼目，只有普贤菩萨的清净法眼才能够明见。像摩耶夫人这样的善知识，我现在要如何才能亲近承事供养，和她共同安住，仔细端详她的形貌，聆听她的音声，思考她所说的话，接受她的教诲？"

他这样想时，有一位宝眼主城神，由眷属围绕，现身虚空，以种种妙物严饰，以手上无量的众色宝华散在善财身上。主城神对善财说："善男子！你应当守护自己的心城，这个意思就是要你不贪着任何的生死境界；你应当专心一意趣求如来十力，而庄严心城；你应当净治心城，彻底断除悭贪、嫉妒、谄媚、虚诳；你应当思惟诸法的实性而清凉心城；你应当成办一切的辅助佛道之法而增长心城；你应当建立各种禅定的解脱宫殿而严饰心城；你应当普入诸佛道场，听闻受持般若波罗蜜法而照耀心城；你应当普遍摄持诸佛的方便道，而增益心城；你应当恒常勤加修习普贤行愿而坚固心城；你应当恒常专心防御恶友、魔军，而防护心城；你应当开引一切的佛智光明，而彻底扫荡自己的心城；你应当听闻受持诸佛所说的法，而善补心城；你应当深信诸佛的功德海，而扶助心城；你应当以大慈普及世间，而广大心城；你应当聚集聚多善法，而善覆心城；你应当以大悲哀悯众生，而宽广心城；你应当完全舍弃所有的一切，布施与你相应的众生，而广开心城；你应当紧密守护心城，防止种种的恶欲，进入心城；应当驱逐种种恶法，不安住恶法，而严格肃清心城；你应当聚集一切智慧，成就助道法，恒无退转，而产生决定信解的心城；你应当正念三世诸佛的所有境界，而安立心城；你应当明白通达诸佛正法轮修多罗法中所有的法门及种种缘起，而莹澈心城；你应当周遍开示众生，让他们都能明见诸佛智慧的萨婆若道，而按部分别了知心城；你应当发起三世如来的种种大愿海，而住持心城，你应当聚集一切周遍法界的大福德，而丰富充实心城；你应当普遍了知众生根性、欲念等法，而明了心城；你应当让普遍摄受十方法界，而令心城自在；你应当正念诸佛如来，而清净心城；你应当了知一切法皆没有自性，而了知心城自性；你应当以一切智了知诸法自性，而了知心城如幻。

"佛子啊！菩萨摩诃萨如果能如此清净修治心城，就能积集所有的善法。为什么呢？因为他已经能够去除种种的障碍困难。是哪些障碍呢？就是所谓的难以见佛的障碍、不易听闻佛法的障碍、无法亲近供养如来的障碍、不能摄受众生的障碍、不能清净诸佛国土的障碍等。善男子！菩萨摩诃萨因为已经远离如此种种的障碍困难，所以他一发起希求善知识的心时，不用费太多功力就可以见到善知识，乃至究竟必当成佛。"

这时，有一位莲华妙德身众神，从道场出来，安住虚空，有妙华光明的无量诸神前后围绕着他。他来到善财面前，以美妙的音声称扬、赞叹摩耶夫人。又从耳珰中放出无量色相的光明网，普照无边的诸佛世界，使善财能够见到十方国土的诸佛。这个光明网右绕世间一圈之后，然后转回来进入善财的头顶，及至遍入他全身的一切毛孔。善财接触到这光明网，就立刻得证十种眼的法益，也就是所谓的清净光明眼，永远断离所有的愚痴黑暗。他又证得能明了众生心性的离翳眼；他又证得能观察一切法性的离垢眼；他又证得能观察一切佛国自性的清净慧眼；他又证得能见佛法身的毗卢遮那眼；他又证得能见佛平等不可思议的普光明眼；他又证得能观察一切佛国刹土海的成、住、坏、空的无碍光眼；他又证得能见十方诸佛，生起大方便，转正法轮的普照眼；他又证得能见无量佛陀，以自在力调伏众生的普遍境界眼；他又证得能明见一切佛国刹土，有一切诸佛出兴的普见眼。

这时，守护菩萨法堂的善眼罗刹鬼王，与他上万的罗刹眷属，齐聚虚空中，以众多妙华散在善财头上。然后说："善男子！菩萨如果能成就十法，就能亲近种种善知识。是哪十种法呢？一，心意清净，远离种种的谄媚矫诳；二，大悲平等地普摄众生；三，了知一切众生其实皆为虚妄，一点儿也不真实；四，趣入一切智，恒不退转菩提心；五，能以信解力普遍趣入诸佛道场，得证清净慧眼了知一切法性；六，以大慈平等心，普覆众生；七，能以智慧的光明照彻一切妄境；八，能以甘露法雨洗涤生死热恼；九，能以广大的眼目彻鉴诸法实相；十，心常随顺一切善知识的教化。以上十种就是菩萨所成就的十种法。

"佛子啊！菩萨若能成就十种三昧，则能在现生之中见到诸位善知识。是哪十种三昧门呢？一，法空清净轮三昧；二，观察十方海三昧；三，在任何境界都不舍离不缺减的三昧门；四，普遍看见诸佛出兴的三昧门；五，聚集一切功德藏的三昧门；六，心恒常不舍离善知识的三昧门；七，常得面见善知识生起诸佛功德的三昧门；八，恒常不舍离任何善知识的三昧门；九，常供养一切善知识的三昧门；十，常于一切善知识处所不生过失的三昧门。

"佛子啊！菩萨若能成就这十种三昧门，就能亲近种种的善知识，又得到善知识转动一切佛法轮的三昧，他一证得这种三昧之后，就能完全了知诸佛的平等体性，处处得遇一切善知识。"

罗刹王说着时，善财童子寻声而仰视空中回答他："真是太好了！请您哀悯摄受、方便教导我，如何才能遇见善知识？也请您为我宣说，怎么才能到达善知识的处所？在哪里的城邑聚落才能找到善知识？令我得见善知识。"

罗刹王回答说："善男子！你应普遍礼敬十方，以求取善知识；正念思惟所有的境界，以求取善知识；勇猛自在地遍游十方，以求取善知识；观身观心，如梦如影，以求取善知识。"

这时，善财奉行罗刹王的教法，当下看见大宝莲华从地下涌出，这莲华以金刚为华的茎，以妙宝为华的藏，以摩尼为华的叶，以光明宝王作华的台，以众宝色香作华的须，上面覆盖着无数的宝网。台座上还有一座名叫普纳十方法界藏的楼观，这楼观有种种奇妙庄严的庄饰，它以金刚为地，楼有千柱行列，都以摩尼宝做成，以阎浮檀金作墙壁，众多珍宝璎珞由四面垂下，阶梯、栏楯更是周匝庄严。楼观里还有如意宝莲华座，以种种妙宝庄饰，妙宝栏楯，宝衣间错排列，上面覆有宝帐、宝网，众宝缯幡更周匝垂下，微风徐徐吹动，光景流动，发出声响。

宝华幢下更雨下众多妙华，宝铃铎也发出美妙的音声，珍宝门窗也间垂着种种璎珞，摩尼身中更流出香水，宝象口中也吐出莲华网，宝师子口中更吐出妙香云，梵形宝轮也发出随顺众生的随乐之音，金刚宝铃则发出诸位菩萨所发的大愿音声。宝月幢中，示现佛陀的化形；净藏宝王，示现三世诸佛受生的次第。日藏摩尼，放出大光明遍照十方佛国刹土，摩尼宝王，放出诸佛的圆满光明。毗卢遮那摩尼宝王，兴起供养云，供养所有的诸佛如来。如意珠玉，念念示现普贤菩萨神通变化，充满法界。须弥宝王，现出天上宫殿中的种种宫女，她们并发出种种妙音，歌咏赞叹如来不可思议的微妙功德。

这时，善财童子看见这个宝座，又有无量众多宝座围绕，摩耶夫人坐在如意宝莲华座上，在众生面前，示现清净色身。就是所谓的超越三界的色身，因为她已经出离一切的存有生趣；随顺心中意乐的色身，因为她在一切世间已经无所染着；普及周遍的色身，因为她示现的身形能等同众生数量；无等比色身，因为她能灭除一切众生的颠倒妄见；无量种色身，因为她能随着众生而作种种示现；无边相色身，因为她能普遍示现种种形相；普对现色身，因为她能以大自在力随意示现；化一切色身，因为她能随意示现在与她相应的众生面前；恒常示现色身，因为即使众生界穷尽，而她的色身仍然无尽；无去色身，因为她在一切趣中都没有所谓的灭失；无来色身，因为她在一切世间没有所谓的出生；不生色身，因为她没有所谓的生起；不灭色身，没有一个开始，也没有一个终了，因为她已远离一切世间的语言；非实色身，因为她已证得如实智。非虚色身，因为她能随着世间示现；无动色身，因为她已永远断离生灭，如如不动；不坏色身，因为她的法性不坏；无相色身，因为她的境界是言语无法宣说的；一相色身，因为她以无相为相；如像色身，因为她能随心相应而示现；如幻色身，因为她是由幻化的智慧所生；如焰色身，因为这色身只是因为妄想所持；如影色身，因为她是随愿力示现受生；如梦色身，因为她是随顺众生的心念而示现；法界色身，因为她的本性清净如虚空；大悲色身，因为她常护佑众生；无碍色身，因为她念念都能周遍法界；无边色身，因为她能普遍清净所有的众生心念；无量色身，因为她超出一切的语言所能说出的数目；无住色身，因为她誓愿救度世间，无处色身，因为她一直度化众生，从不间断；无生色身，因为她的色身是幻化的愿力所成；无胜色身，因为她超越一切世间众生的身；如实色身，因为她是由定心而所示现；不生色身，因为她随着众生业力而出现；如意珠色身，因为她能普遍圆满众生的愿望；无分别色身，随着众生的分别心而生起；离分别色身，因为众生都不能了知她的本来面目；无尽色身，因为她能穷尽所有众生的生死边际；清净色身，因为她的色身等同如来，没有任何分别。

诸如此类的身相，并非由五蕴中的色蕴所成，因为所有色相都如影像般虚妄不实。也并非由五蕴中的受蕴所成，因为世间的苦受都是究竟灭除的。也不能说是由五蕴中的想蕴所成，因为她只是随着众生的心想而示现。也不能说是由五蕴中的行蕴所成，因为她是依如幻的业而成就。也不是五蕴中的识蕴所成，因为菩萨的愿力、智慧都是空无自性的，不是一切众生的言语所能表达，因为她早已得证成就寂灭身。

这时，善财童子又看见摩耶夫人随着诸众生心中的喜乐，而示现超过一切世间的色身。就是：示现超过他化自在天的天女身，乃至于超过四天天王的天女身，或示现超过龙女身，乃至超过人女身。示现如此等等无量的色身，饶益众生。她又聚集一切智辅助佛道的方法，修行平等布施波罗蜜法门，并以大悲普遍覆盖世间。又出生如来的无量功德，修行学习增长一切智心，观察思惟诸法的实性，获得甚深安忍大海。具足一切正定法门，安住平等的三昧境界，而证得如来的定圆满光明，消竭众生的烦恼巨海，心常安止正定，未尝动乱。

他又恒常转动清净不退法轮，善于了知所有的佛法，所以能常以智慧观察法实相。求见诸位如来，心无厌足，并且了知三世诸佛出兴的次第，常常看见诸佛三昧示现眼前。他又明了通达如来出现世间的因缘，无量无数的清净道路。她又能实行诸佛的虚空境界，普遍摄受众生，随着众生的心念，教化成就他们。使他们都能证入诸佛的无量清净法身，成就大愿，清净一切佛国刹土，究竟调伏众生。心恒常趣入诸佛的境界，出生菩萨的自在神力。又，她已经得到清净无染的法身，所以能恒常示现无量的色身，摧毁一切的魔力，成就大善根力。出生正法力，具足诸佛力，得到诸位菩萨的自在力，速疾增长一切智慧力。她又证得诸佛智慧光明，所以能普照一切，了知无量众生的心海、根性、欲解等种种差别。又，她的身形普遍十方佛国刹土海，所以了知诸佛国刹土的生成、安住、毁坏、灭空之相。又，她能以广大的眼目彻见十方世界海，以周遍的智慧了知三世法海。以身形普遍承事一切佛海，心恒常容纳含受一切法海。修习所有如来的功德，出生一切的菩萨智慧，常乐于观察菩萨从初发心，乃至成就所行之道。又常勤于守护众生，乐于称扬诸佛功德，愿为所有菩萨最后身的母亲。

这时，善财童子看见摩耶夫人示现如是等阎浮提微尘数的种种方便门之后，善财童子亦证得这种三昧，示现等同摩耶夫人所示现的身数，恭敬礼拜每一位摩耶夫人。他这样做时，立刻证得无量无数的种种三昧门，使他能够分别观察、修行证入。

善财从三昧起定，右绕摩耶夫人及她的眷属之后，合掌站在摩耶夫人座前说："圣者啊！文殊师利菩萨教诲我发起无上正等正觉心，寻求善知识，亲近供养。我在每一位善知识那里，聆听他们说法，得到很大的法益。我现在来到迦毗罗城，希望您能为我宣说，菩萨如何修学菩萨行而得成就无上正等正觉？"

摩耶夫人回答："佛子啊！我已经成就菩萨的大愿智幻解脱门，所以能常做一切菩萨的母亲。佛子啊！如同我在阎浮提迦毗罗城的净饭王家中，从右胁出生悉达太子时，示现不可思议的自在神通变化。如此境界，乃至穷尽这个世界海，所有的毗卢遮那如来，都进入我的身形，而示现自在诞生时的种种神通变化。

"善男子！我在净饭王宫，菩萨将要下生时，看见菩萨身上的每一根毛孔都放出一切如来受生功德轮的光明。每一根毛孔，都示现不可说不可说佛国刹土微尘数的菩萨受生庄严境界。每一种光明，都普照所有的世界。这种种光明普照世界之后，又进入我的头顶，乃至我身上的所有的毛孔。在那些光明中，普遍示现所有菩萨的名号、受生的神通变化、宫殿和眷属，以五欲、五尘自相娱乐。又，看见菩萨出家，前往菩提道场成就正等正觉。安坐师子座上，有菩萨前侍围绕，还有诸王供养，如来为大众转正法轮。我又看见如来在往昔修行菩萨道时，恭敬供养诸佛，发起菩提心，清净诸佛国土。念念之中都示现无量的化身，充满十方世界，乃至于最后证入般涅槃。如此一切境界，我没有不清楚明见的。

"善男子！那妙光明进入我的身体时，我的身体形量看起来虽然没有超过原来的样子，但实际上已经超过所有的世间。为什么呢？因为这时我的身量已等同虚空，能完全容纳十方菩萨受生的种种庄严宫殿。当菩萨从兜率天宫将要降下神识时，有十佛国刹土微尘数的菩萨，都与菩萨发起相同的大愿、相同的行持、相同的善根、相同的庄严、同样的解脱、同样的智慧，地、诸力、法身、色身，乃至普贤菩萨的神通、行愿，皆完全一样，无二无别。如此的菩萨前后围绕，又有八万龙王等，一切的世间主都乘坐他们的宫殿前来供养于佛。菩萨这时以神通力，与诸位菩萨普遍示现所有的兜率天宫。每一宫中都示现十方世界阎浮提内受生的影像，以方便度化无量的众生，使诸位菩萨都能远离种种懈怠，无所执着。又以神力放出大光明，普照世间，破除种种的黑暗，灭除种种苦恼，使众生都能明白、辨识宿世所有的业行，永远出离恶道。

"菩萨为了救护众生，就普遍示现在他们面前，作种种神通变化，示现这种种奇特的事。一切的菩萨与眷属都进入我的身中。那些菩萨在我肚子里游行自在，有时以三千大千世界而作为一步，或以不可说不可说佛国刹土微尘数世界当作一步。念念之中，又有十方不可说不可说世界的如来处的与会菩萨，以及四天天王、三十三天，乃至色界的诸位梵天王，为了看看菩萨处胎的神通变化，都前来恭敬地供养，听闻受持正法，于是也都进入于我的身中。

"他们虽然都在我的肚子里，但我的肚子却能完全容受这不可数的众会，身体却没有变得更广大，也不会觉得迫窄。诸位菩萨则示现各自来处的清净庄严道场。

"善男子！就如同在四天下的阎浮提中，我作为所有菩萨受生时的母亲；同样的，在三千大千世界百亿的四天下阎浮提中，我也都如此。然而我的身本来无二，既不安住一个地方，也不安住许多地方。为什么呢？因为我能修习菩萨的大愿智幻庄严解脱门。善男子！就好像如今我作为世尊的母亲，往昔所有的无量诸佛出兴于世时，我也都是如此示现为他们的母亲。

"善男子！过去我曾经化作莲华池神，那时，有菩萨在于莲华藏中忽然化生，我捧育受持，瞻侍养育，世间人都称我为菩萨母。又，我往昔作为菩提场神时，忽然有菩萨在我怀中化生，世间人也称我为菩萨母。善男子！有无量最后身的菩萨，在这个世界中，以种种方便示现受生时，我都作为他们的母亲。

"善男子！在如此的世界贤劫中应有千佛出兴于世。过去世时有拘留孙佛、拘那含牟尼佛、迦叶佛三位佛出世，以及现在世的释迦牟尼佛受生时，我都示现为他们的母亲。在未来世中有弥勒菩萨从兜率天降下神识时，放出普照法界的大光明，示现诸位菩萨的受生神通变化，乃至于在娑婆世界阎浮提中投生大族世家，调伏一切众生，我都将示现为当来下生弥勒尊佛的母亲。如此依次有师子佛、法幢佛、善眼佛、净华佛、华德佛、提舍佛、弗沙佛、善意佛、金刚佛、离垢佛、月光佛、持炬佛、名称佛、金刚楯佛、清净义佛、绀身佛、到彼岸佛、宝焰山佛、持明佛、莲华德佛、名称佛、无量功德佛、最胜灯佛、庄严身佛、善威仪佛、慈德佛、无住佛、大威光佛、无边音佛、胜怨敌佛、离疑惑佛、清净佛、大光佛、净心佛、云德佛、庄严顶髻佛、树王佛、宝玠佛、海慧佛、妙宝佛、华冠佛、满愿佛、大自在佛、妙德王佛、最尊胜佛、栴檀云佛、绀眼佛、胜慧佛、观察慧佛、炽盛王佛、坚固慧佛、自在名佛、师子王佛、自在佛、最胜顶佛、金刚智山佛、妙德藏佛、宝网严身佛、善慧佛、自在天佛、大天王佛、无依德佛、善施佛、焰慧佛、水天佛、得上味佛、出生无上功德佛、仙人侍卫佛、随世语言佛、功德自在幢佛、光幢佛、观身佛、妙身佛、香焰佛、金刚宝严佛、喜眼佛、离欲佛、高大身佛、财天佛、无上天佛、顺寂灭佛、智觉佛、灭贪佛、大焰王佛、寂诸有佛、毗舍佉天佛、金刚山佛、智焰德佛、安隐佛、师子出现佛、圆满清净佛、清净贤佛、第一义佛、百光明佛、最增上佛、深自在佛、大地王佛、庄严王佛、解脱佛、妙音佛、殊胜佛、自在佛、无上医王佛、功德月佛、无碍光佛、功德聚佛、月现佛、日天佛、出诸有佛、勇猛名称佛、光明门佛、婆罗王佛、最胜佛、药王佛、宝胜佛、金刚慧佛、无能胜佛、无能映蔽佛、众会王佛、大名称佛、敏持佛、无量光佛、大愿光佛、法自在不虚佛、不退地佛、净天佛、善天佛、坚固苦行佛、一切善友佛、解脱音佛、游戏王佛、灭邪曲佛、蒼卜净光佛、具众德佛、最胜月佛、执明炬佛、殊妙身佛、不可说佛、最清净佛、友安众生佛、无量光佛、无畏音佛、水天德佛、不动慧光佛、华胜佛、月焰佛、不退慧佛、离爱佛、无著慧佛、集功德蕴佛、灭恶趣佛、普散华佛、师子吼佛、第一义佛、无碍见佛、破他军佛、不著相佛、离分别海佛、端严海佛、须弥山佛、无著智佛、无边座佛、清净住佛、随师行佛、最上施佛、常月佛、饶益王佛、不动聚佛、普摄受佛、饶益慧佛、持寿佛、无灭佛、具足名称佛、大威力佛、种种色相佛、无相慧佛、不动天佛、妙德难思佛、满月佛、解脱月佛、无上王佛、希有身佛、梵供养佛、不瞬佛、顺先古佛、最上业佛、顺法智佛、无胜天佛、不思议功德光佛、随法行佛、无量贤佛、普随顺自在佛、最尊天佛。如此乃至于楼至佛，凡是在贤劫中诸佛，于此三千大千世界中应当成佛者，我都示现为他们的母亲。”

这时，善财童子问摩耶夫人：“圣者啊！你得到这种解脱已经有多久了？”

摩耶夫人回答：“善男子！经过不可思议劫数，连最后身菩萨的神通道眼也不能了知的劫数之前，那时，有一个净光劫，有一个须弥德世界，虽然每座高山都有五种生趣的众生杂居其中，然而国土都是众宝聚成，清净庄严，根本没有任何秽恶。那时有千亿的四天下，其中有师子幢四天下，有八十亿王城，有一座自在幢王城，这劫的转轮圣王名叫大威德王。这王城的北方，有一处满月光明道场，守护道场神的是慈德道场神。

“这时，有位离垢幢菩萨，安坐在道场中，将要成就正觉时，有一个名叫金色光的恶魔，与无量的眷属一起来到道场扰乱，大威德转轮圣王因为已证得菩萨的神通自在，于是就化作数倍于魔众的兵将，围绕道场，守护离垢幢菩萨。诸魔看见之后，惊惶恐怖，都各自奔离逃散，所以离垢幢菩萨得以成就无上正等正觉，这时，慈德道场神看见之后，生出无量欢喜心，就发愿要成为大威德王的母亲。于是顶礼佛足之后，就发起如此愿言：‘不管这名转轮圣王在哪里受生，乃至成佛，愿我都能做他的母亲。’她发起这个誓愿之后，又在这个道场供养了十那由他数的佛陀。

“善男子！你听了之后有什么感想？那道场神哪里是别人？就是我本身啊！那个转轮圣王，就是现在世尊—毗卢遮那如来。我从发起誓愿以来，这位世尊在十方佛国刹土的一切诸趣之中，处处受生，种下种种善根，修一切菩萨行，教化九法界的众生，乃至示现最后身，念念都普在所有的世界中，示现菩萨受生的神通变化，菩萨常做我的孩子，我也常做菩萨母。善男子！过去现在十方世界，有无量诸佛将成佛时，都从他们脐中放出广大的光明，照耀我身形及我所住的宫殿、屋宅，即使是佛的最后一生，我也都示现为他的母亲。

“善男子！我只有了知这种菩萨的大愿智幻解脱门。如果是像诸位菩萨摩诃萨具足的大悲藏心，教化众生，恒常无厌足，以自在力，在每一毛孔中，示现诸佛无量的神通变化，这等功德行，就不是我能了知与宣说的了！

“善男子！在娑婆世界的三十三天，有一位正念天王，他有一个女儿叫天主光女，你去参访她，并请问她：'菩萨如何修学菩萨行？修习菩萨道？'"

这时，善财童子恭敬地受持摩耶夫人的教诲，以头面触地礼拜，绕了无数圈，眷恋瞻仰之后，就退下离开，前往天宫。他到了天宫之后，一看见天主光女，就顶礼她的双足，围绕她走了数圈，向前合掌，说："圣者啊！我先前已经发起无上正等正觉心，但是却还不知道菩萨该如何修学菩萨行、修习菩萨道？我听说圣者善能诱导教诲，希望您能为我宣说。"

天女回答说："善男子！我已证得这种无碍念清净庄严的菩萨解脱法门。善男子！我能用这种解脱力，忆念过去一个名叫青莲华的最胜时劫，我在那个时劫，曾供养恒河沙数的佛陀。那些如来从一出家，我就瞻仰供奉，守护供养，建造僧团的住处，并且为他们办理杂物。那些佛陀，从成为菩萨安住母胎开始，乃至诞生，行走七步，作大师子吼，安住童子位，身处宫中，直到在菩提树下成就正觉时，转动正法轮，示现神通变化，教化调伏众生等，如此一切种种所做的事，从初发心，乃至正法灭尽，我都能明白忆念，而没有任何遗漏，这些事常常示现在我面前，念持而不忘失。

"我又忆念过去有一个善地时劫，我在那时曾供养十恒河沙数的佛陀。又，过去有一个妙德时劫，我在那时曾供养一佛世界微尘数的如来。又，过去有一个无所得时劫，那时我曾供养八十四亿百千那由他的如来。又，有一个善光时劫，那时我曾供养阎浮提微尘数的如来。又，有一个无量光时劫，那时我曾供养二十恒河沙数的佛陀。又，有一个最胜德劫，那时我曾供养一恒河沙数的如来。又，有一个善悲时劫，那时我曾供养八十恒河沙数的如来。又，有一个胜游时劫，那时我曾供养六十恒河沙数的如来。又有一个妙月时劫，那时我曾供养七十恒河沙数的如来。

"善男子！我忆念过去的恒河沙数时劫中，自己从不曾舍弃诸佛如来应正等觉。从那一切如来的道场，听闻这种无碍念清净庄严的菩萨解脱法门，受持修行，恒不忘失。如是，先前时劫的所有如来，从初为菩萨，乃至末法时代正法灭尽的所有作为，我都能以清净庄严解脱力，随时忆念，明了现前，受持顺行，不曾有任何的懈怠荒废。

"善男子！我只有了知这无碍念清净庄严解脱的法门。如果真像诸位菩萨摩诃萨出离生死长夜的朗然明澈，永离愚痴冥暗，未曾惛寐，心中无有种种的烦恼覆盖，身心轻安，对于一切法性，又清净，又觉悟，又明了，成就十力、开悟群生的功德行，就不是我能了知、演说的了。

"善男子！迦毗罗城有位遍友童子师，你去请问他：'菩萨要怎样才能修学菩萨行、修习菩萨道？'"

这时，善财童子因为听闻这个法门，欢喜踊跃不已，自然增广不可思议的善根，他顶礼天女的双足，绕了无数圈之后，就辞退离去。

善财从天宫回到人间，慢慢地走向迦毗罗城，到达遍友童子师的处所，顶礼他的双足，并围绕着他走了无数圈，合掌恭敬地站在一旁说："圣者！我先前已经发起无上正等正觉心，但是还不知道菩萨该如何修学菩萨行、修习菩萨道？我听说圣者能诱导教诲，希望您能为我宣说。"

遍友回答："善男子！这里有一位善知众艺童子学菩萨字智法门。你可以去问他，他一定会为你解说的。"

这时，善财就来到善知众艺童子的住所，以头顶礼敬，站在一旁说："圣者！我先前已经发起无上正等正觉之心，但是还不知道菩萨要如何修学菩萨行、修习菩萨道？我听说圣者善能诱导教诲，希望您能为我宣说。"

这时，善知众艺童子告诉善财："善男子！我已证得名叫善知众艺的菩萨解脱法门，便恒常诵唱奉持华严四十二字母。像我唱'阿'字时，便趣入名为以菩萨威力入无差别境界的般若波罗蜜门；唱'多'字时，便趣入名为无边差别门的般若波罗蜜门；唱'波'字时，便趣入名为普照法界的般若波罗蜜门；唱'者'字时，便趣入名为普轮断差别的般若波罗蜜门；唱'那'字时，便趣入名为无依无上的般若波罗蜜门；唱'逻'字时，便趣入名为离依止无垢❶的般若波罗蜜门；唱'柁'字时，便趣入名为不退转方便的般若波罗蜜门；唱'婆'字时，便趣入名为金刚场❷的般若波罗蜜门；唱'荼'字时，便趣入名为普轮❸的般若波罗蜜门；唱'沙'字时，便趣入名为海藏❹的般若波罗蜜；唱'缚'字时，便趣入名为普生安住的般若波罗蜜门；唱‘哆’字时，便趣入名为圆满光的般若波罗蜜门；唱‘也’字时，便趣入名为差别积聚❺的般若波罗蜜门；唱‘瑟吒’字时，便趣入名为普光明平息烦恼的般若波罗蜜门；唱‘迦’字时，便趣入名为无差别云❻的般若波罗蜜门；唱‘娑’字时，便趣入名为降霆大雨❼的般若波罗蜜门；唱‘么’字时，便趣入名为大流湍激众峰齐峙❽的般若波罗蜜门；唱‘伽’字时，便趣入名为普安立的般若波罗蜜门；唱‘他’字时，便趣入名为真如平等藏的般若波罗蜜门；唱‘社’字时，便趣入名为入世间海清净的般若波罗蜜门；唱‘锁’字时，便趣入名为念一切佛庄严的般若波罗蜜门；唱‘柂’字时，便趣入名为观察拣择一切法聚的般若波罗蜜门；唱‘奢’字时，便趣入名为随顺一切佛教轮光明的般若波罗蜜门；唱‘佉’字时，便趣入名为修因地智慧藏的般若波罗蜜门；唱‘叉’字时，便趣入名为平息诸业海藏的般若波罗蜜门；唱‘娑多’字时，便趣入名为蠲除诸惑障开净光明的般若波罗蜜门；唱‘壤’字时，便趣入名为作世间智慧门的般若波罗蜜门；唱‘曷攞多’字时，便趣入名为生死境界智慧轮的般若波罗蜜门；唱‘婆’字时，便趣入名为一切智宫殿圆满庄严的般若波罗蜜门；唱‘车’字时，便趣入名为修行方便藏各别圆满的般若波罗蜜门；唱‘娑么’字时，便趣入名为随十方觇见诸佛的般若波罗蜜门；唱‘诃婆’字时，便趣入名为观察一切无缘众生方便摄受令出生无碍力的般若波罗蜜门；唱‘縒’字时，便趣入名为修行趣入一切功德海的般若波罗蜜门；唱‘伽’字时，便趣入名为持一切法云坚固海藏的般若波罗蜜门；唱‘吒’字时，便趣入名为随愿普见十方诸佛的般若波罗蜜门；唱‘拿’字时，便趣入名为观察字轮有无尽诸亿字的般若波罗蜜门；唱‘娑颇’字时，便趣入名为度化众生究竟处的般若波罗蜜门；唱‘娑迦’字时，便趣入名为广大藏无碍辩光明轮遍照的般若波罗蜜门；唱‘也娑’字时，便趣入名为宣说一切佛法境界的般若波罗蜜门；唱‘室者’字时，便趣入名为于一切众生界法雷遍吼的般若波罗蜜门；唱‘佗’字时，便趣入名为以无我法开晓众生的般若波罗蜜门；唱‘陀’字时，便趣入名为一切法轮差别藏的般若波罗蜜门。

　　“善男子！我唱念这些字母时，能以此四十二般若波罗蜜门为首，趣入无量无数的般若波罗蜜门。

"善男子！我只是善于了知众艺菩萨的解脱法门。如果是像诸位菩萨摩诃萨，在一切世间行出世间的善巧法门，以智慧通达，到达彼岸，对任何特殊地方的不同才艺都能具备无遗，对文字、算数、五蕴，都非常了解，善于用医方、咒术治疗众生的疾病，不管众生是被鬼魅附身，或挟怨仇憎咒诅，或有恶星变怪现象、梦中受死尸奔逐、癫痫、赢瘦种种的疾病，菩萨都能救治众生，使他们都能痊愈。

"菩萨又善于辨别了知金、玉、珠、贝、珊瑚、琉璃、摩尼、砗磲、鸡萨罗❾等一切宝藏的出处，以及它们的品种、类别及价值。另外，不管是村营乡邑、大小都城、宫殿苑园、岩泉薮泽，凡是只要有人居住的地方，菩萨都能随地方而摄受护佑他们。菩萨也善于观察天文、地理、人相吉凶、鸟兽音声、云霞气候、年谷丰收或歉收、国土安全或危险，如此世间所有的技艺，莫不拣择演练，穷尽本源。他又能分别出世之法，正名辨义，观察体相，随顺修行。智慧就在这样的修习之间而入于其中，没有任何的疑惑、障碍、愚痴暗翳、顽钝，或任何的忧恼、沉没，而莫不现证的这种种功德行，根本不是我能了知、宣说的了。

"善男子！摩竭提国有一个聚落，聚落中有座婆咀那❿城，城中有一位贤胜优婆夷，你前去请问他：'菩萨如何修学菩萨行、修习菩萨道？'"

这时，善财童子以头面敬礼善知众艺童子的双足，绕了无数圈，眷恋地瞻仰他的面容之后，辞退离去。他继续朝着聚落城走去，到了贤胜优婆夷的住所，顶礼她的双足，并围绕了数圈，合掌恭敬，站在一旁并对优婆夷说："圣者！我先前已经发起无上正等正觉之心，但是还不能了知菩萨如何修学菩萨行、修习菩萨道？我听说圣者善于诱导教诲，希望您能为我宣说。"

贤胜优婆夷回答："善男子！我已得证名为无依处道场的菩萨解脱，自己已经开悟解脱，才又为人宣说。我又得证无尽三昧，这个三昧法并没有所谓的有尽或是无尽，而是它能出生无穷尽的智性眼，又能出生无穷尽的智性耳，又能出生无穷尽的智性鼻，又能出生无穷尽的智性舌，又能出生无穷尽的智性身，又能出生无穷尽的智性意，又能出生无穷尽的智性功德波涛，又能出生无穷尽的智性智慧光明，又能出生无穷尽的智性速疾神通。善男子！我只知道这种无依处道场的解脱。如果是诸位菩萨摩诃萨的一切无着功德行，就不是我能穷尽了知与宣说的了。善男子！南方有座沃田城，那儿有一位坚固解脱长者，你可以前去问他：'菩萨如何修学菩萨行、修习菩萨道？'"

这时，善财顶礼贤胜优婆夷的双足，绕了无数圈之后，恋慕地瞻仰他的容颜，辞退之后再向南行。到了沃田城，他就前往长者住所，顶礼长者的双足并围绕他无数圈之后，就站在一旁合掌恭敬地说："圣者！我先前已经发起无上正等正觉之心，但是还不能了知菩萨应该如何修学菩萨行？如何修习菩萨道？我听说圣者善能诱导教诲，希望您为我宣说。"

长者回答："善男子！我已证得菩萨无着念清净庄严的法门。我自从证得这种解脱以来，就在十方诸佛的道场勤求正法，没有休息。善男子！我只了知这种无着念清净庄严解脱。如果是像诸位菩萨摩诃萨获得的无所畏大师子吼法门，安住在广大福智聚落等种种功德行，就不是我能了知、宣说的了。

"善男子！这城中有一位妙月长者，那位长者的住宅，常放光明。你可以前去请问他：'菩萨如何修学菩萨行、修习菩萨道？'"

这时，善财童子顶礼坚固长者的双足，绕无数圈之后，就辞退离去。他到了妙月长者住所，就顶礼他的双足并围绕，走了无量圈，合掌恭敬地站在一旁说："圣者啊！我先前已经发起无上正等正觉之心。但是还不知道菩萨如何修学菩萨行、修习菩萨道？我听说圣者善于诱导教诲众生，希望您能为我宣说。"

妙月回答说："善男子！我已证得净智光明的菩萨解脱法门。善男子！我只知道这种智光解脱法门。如果是像诸位菩萨摩诃萨证得无量解脱法门等功德行，就不是我能了知与宣说的了。

"善男子！在这南方有座出生城，那里有位无胜军长者，你前去请问他：'菩萨如何修学菩萨行、修习菩萨道？'"

这时，善财顶礼妙月长者的双足，绕了无数圈之后，就依依不舍地辞退离去。他渐渐走向出生城，到达长者住所，顶礼长者的双足，并围绕他无数圈，合掌恭敬地站在一旁，然后说："圣者！我先前已经发起无上正等正觉之心，但是还不知道菩萨该如何修学菩萨行、修习菩萨道？我听说智者善能诱导教诲，希望您为我宣说。"

长者回答说："善男子！我已证得无尽相的菩萨解脱法门，我因为已证得这种菩萨解脱，所以得到面见无量诸佛的无尽法藏。善男子！我只知道这种无尽相的解脱法门。如果是像诸位菩萨摩诃萨所证得的无限智、无碍辩才等功德行，就不是我能了知、宣说的了。

"善男子！这城的南方，有一处法聚落，那个聚落中，有一位最寂静婆罗门，你前去请问他：'菩萨应该如何修学菩萨行、修习菩萨道？'"

这时，善财童子顶礼无胜长者双足，绕了无数圈之后，就依依不舍的辞退离去。慢慢地走向法聚落，他一见到最寂静长者，就顶礼他的双足，围绕他无数圈之后，合掌恭敬地在一边说："圣者啊！我先前已经发起无上正等正觉之心，但是还不知道菩萨应该怎样修习菩萨行、修习菩萨道？我听说圣者善能导诱教诲，希望您能为我宣说。"

婆罗门回答说："善男子！我已证得诚愿语的菩萨解脱法门，所以一切过去、未来、现在的菩萨摩诃萨，都能因为这些言语以致于成就无上正等正觉都不退转，没有已经退转的，现在也没有任何菩萨退转，也没有菩萨会在将来退转。善男子！我因为已安住在于诚愿语之故，所以，凡是随我意念所做的事，没有不成就圆满的。善男子！我只了知这种诚愿语解脱法门。如果是像菩萨摩诃萨说诚愿语，而且言语行举止都没有相违背的，言出至诚、未曾妄语的这种种功德行，根本就不是我能了知与宣说的了。

"善男子！南方有座妙意华门城，那里有德生童子与有德童女，你可以前往请问他们：'菩萨应如何修学菩萨行、修习菩萨道？'"

这时，善财童子对于法十分尊重，顶礼婆罗门的双足，绕了无数圈之后，才依依不舍地辞退去。

【注释】

❶ 离依止，指舍离世间；无垢则指爱欲不现。

❷ 金刚场：意指在于一切法都永离缠缚。

❸ 普轮："普揣破"之意，此处意指离热之矫秽而得清凉。

❹ 海藏：如海含万象，显示无挂碍之意。

❺ "如实不生"之意。显示差别积聚皆不可得。

❻ "作者不可得"之意。作业如云，皆无差别之意。

❼ 降霪大雨：显示为一切众生，应时说法。

❽ 以高峰比喻执着我所有的我慢，而说众峰齐峙；生死长流湍驰奔激，所以说是
大流湍激。

❾ 鸡萨罗：师子身毛之旋文，宝玉的旋文就像师子身毛的旋文，故有此名。

❿ 娑咀那：译作"增益"。

卷第七十七

入法界品第三十九之十八

【原典】

尔时，善财童子渐次南行，至妙意华门城，见德生童子、有德童女，顶礼其足，右绕毕已，于前合掌而作是言："圣者！我已先发阿耨多罗三藐三菩提心，而未知菩萨云何学菩萨行？云何修菩萨道？唯愿慈哀，为我宣说！"

时，童子、童女告善财言："善男子！我等证得菩萨解脱，名为幻住。得此解脱故，见一切世界皆幻住，因缘所生故；一切众生皆幻住，业烦恼所起故；一切世间皆幻住，无明、有、爱等展转缘生故；一切法皆幻住，我见等种种幻缘所生故；一切三世皆幻住，我见等颠倒智所生故；一切众生生灭、生老病死、忧悲苦恼皆幻住，虚妄分别所生故；一切国土皆幻住，想倒、心倒、见倒无明所现故；一切声闻、辟支佛皆幻住，智断分别所成故；一切菩萨皆幻住，能自调伏教化众生诸行愿法之所成故；一切菩萨众会、变化、调伏、诸所施为皆幻住，愿智幻所成故。善男子！幻境自性不可思议。

"善男子！我等二人但能知此幻住解脱。如诸菩萨摩诃萨善入无边诸事幻网，彼功德行，我等云何能知能说？"

时，童子、童女说自解脱已，以不思议诸善根力，令善财身柔软光泽，而告之言："善男子！于此南方，有国名海岸，有园名大庄严，其中有一广大楼阁，名毗卢遮那庄严藏，从菩萨善根果报生，从菩萨念力、愿力、自在力、神通力生，从菩萨善巧方便生，从菩萨福德智慧生。

"善男子！住不思议解脱菩萨，以大悲心，为诸众生，现如是境界，集如是庄严。弥勒菩萨摩诃萨安住其中，为欲摄受本所生处父母、眷属及诸人民，令成熟故；又欲令彼同受生、同修行众生，于大乘中得坚固故；又欲令彼一切众生，随住地、随善根皆成就故；又欲为汝显示菩萨解脱门故，显示菩萨遍一切处受生自在故，显示菩萨以种种身普现一切众生之前常教化故，显示菩萨以大悲力普摄一切世间资财而不厌故，显示菩萨具修诸行知一切行离诸相故，显示菩萨处处受生了一切生皆无相故。汝诣彼问：'菩萨云何行菩萨行？云何修菩萨道？云何学菩萨戒？云何净菩萨心？云何发菩萨愿？云何集菩萨助道具？云何入菩萨所住地？云何满菩萨波罗蜜？云何获菩萨无生忍？云何具菩萨功德法？云何事菩萨善知识？'

"何以故？善男子！彼菩萨摩诃萨通达一切菩萨行，了知一切众生心，常现其前教化调伏。彼菩萨已满一切波罗蜜，已住一切菩萨地，已证一切菩萨忍，已入一切菩萨位，已蒙授与具足记，已游一切菩萨境，已得一切佛神力，已蒙一切如来以一切智甘露法水而灌其顶。善男子！彼善知识能润泽汝诸善根，能增长汝菩提心，能坚汝志，能益汝善，能长汝菩萨根，能示汝无碍法，能令汝入普贤地，能为汝说菩萨愿，能为汝说普贤行，能为汝说一切菩萨行愿所成功德。

"善男子！汝不应修一善、照一法、行一行、发一愿、得一记、住一忍，生究竟想；不应以限量心，行于六度，住于十地，净佛国土，事善知识。何以故？善男子！菩萨摩诃萨应种无量诸善根，应集无量菩提具，应修无量菩提因，应学无量巧回向，应化无量众生界，应知无量众生心，应知无量众生根，应识无量众生解，应观无量众生行，应调伏无量众生，应断无量烦恼，应净无量业习，应灭无量邪见，应除无量杂染心，应发无量清净心，应拔无量苦毒箭，应涸无量爱欲海，应破无量无明暗，应摧无量我慢山，应断无量生死缚，应度无量诸有流，应竭无量受生海，应令无量众生出五欲淤泥，应使无量众生离三界牢狱，应置无量众生于圣道中，应消灭无量贪欲行，应净治无量嗔恚行，应摧破无量愚痴行，应超无量魔网，应离无量魔业，应净治菩萨无量欲乐，应增长菩萨无量方便，应出生菩萨无量增上根，应明洁菩萨无量决定解，应趣入菩萨无量平等，应清净菩萨无量功德，应修治菩萨无量诸行，应示现菩萨无量随顺世间行，应生无量净信力，应住无量精进力，应净无量正念力，应满无量三昧力，应起无量净慧力，应坚无量胜解力，应集无量福德力，应长无量智慧力，应发起无量菩萨力，应圆满无量如来力，应分别无量法门，应了知无量法门，应清净无量法门，应生无量法光明，应作无量法照耀，应照无量品类根，应知无量烦恼病，应集无量妙法药，应疗无量众生疾，应严办❶无量甘露供，应往诣无量佛国土，应供养无量诸如来，应入无量菩萨会，应受无量诸佛教，应忍无量众生罪，应灭无量恶道难，应令无量众生生善道，应以四摄摄无量众生，应修无量总持门，应生无量大愿门，应修无量大慈、大愿力，应勤求无量法常无休息，应起无量思惟力，应起无量神通事，应净无量智光明，应往无量众生趣，应受无量诸有生，应现无量差别身，应知无量言辞法，应入无量差别心，应知菩萨大境界，应住菩萨大宫殿，应观菩萨甚深妙法，应知菩萨难知境界，应行菩萨难行诸行，应具菩萨尊重威德，应践菩萨难入正位，应知菩萨种种诸行，应现菩萨普遍神力，应受菩萨平等法云，应广菩萨无边行网，应满菩萨无边诸度，应受菩萨无量记别，应入菩萨无量忍门，应治菩萨无量诸地，应净菩萨无量法门，应同诸菩萨，安住无边劫，供养无量佛，严净不可说佛国土，出生不可说菩萨愿。

"善男子！举要言之，应普修一切菩萨行，应普化一切众生界，应普入一切劫，应普生一切处，应普知一切世，应普行一切法，应普净一切刹，应普满一切愿，应普供一切佛，应普同一切菩萨愿，应普事一切善知识。

"善男子！汝求善知识，不应疲倦；见善知识，勿生厌足；请问善知识，勿惮劳苦；亲近善知识，勿怀退转；供养善知识，不应休息；受善知识教，不应倒错；学善知识行，不应疑惑；闻善知识演说出离门，不应犹豫；见善知识随顺烦恼行，勿生嫌怪；于善知识所生深信尊敬心，不应变改。何以故？善男子！菩萨因善知识，听闻一切菩萨诸行，成就一切菩萨功德，出生一切菩萨大愿，引发一切菩萨善根，积集一切菩萨助道，开发一切菩萨法光明，显示一切菩萨出离门，修学一切菩萨清净戒，安住一切菩萨功德法，清净一切菩萨广大志，增长一切菩萨坚固心，具足一切菩萨陀罗尼辩才门，得一切菩萨清净藏，生一切菩萨定光明，得一切菩萨殊胜愿，与一切菩萨同一愿，闻一切菩萨殊胜法，得一切菩萨秘密处，至一切菩萨法宝洲，增一切菩萨善根芽，长一切菩萨智慧身，护一切菩萨深密藏，持一切菩萨福德聚，净一切菩萨受生道，受一切菩萨正法云，入一切菩萨大愿路，趣一切如来菩提果，摄取一切菩萨妙行，开示一切菩萨功德，往一切方听受妙法，赞一切菩萨广大威德，生一切菩萨大慈悲力，摄一切菩萨胜自在力，生一切菩萨菩提分，作一切菩萨利益事。

"善男子！菩萨由善知识任持，不堕恶趣；由善知识摄受，不退大乘；由善知识护念，不毁犯菩萨戒；由善知识守护，不随逐恶知识；由善知识养育，不缺减菩萨法；由善知识摄取，超越凡夫地；由善知识教诲，超越二乘地；由善知识示导，得出离世间；由善知识长养，能不染世法；由承事善知识，修一切菩萨行；由供养善知识，具一切助道法；由亲近善知识，不为业惑之所摧伏；由恃怙善知识，势力坚固，不怖诸魔；由依止善知识，增长一切菩提分法。何以故？善男子！善知识者，能净诸障，能灭诸罪，能除诸难，能止诸恶，能破无明长夜黑暗，能坏诸见坚固牢狱，能出生死城，能舍世俗家，能截诸魔网，能拔众苦箭，能离无智险难处，能出邪见大旷野，能度诸有流，能离诸邪道，能示菩提路，能教菩萨法，能令安住菩萨行，能令趣向一切智，能净智慧眼，能长菩提心，能生大悲，能演妙行，能说波罗蜜，能摈恶知识，能令住诸地，能令获诸忍，能令修习一切善根，能令成办一切道具，能施与一切大功德，能令到一切种智位，能令欢喜集功德，能令踊跃修诸行，能令趣入甚深义，能令开示出离门，能令杜绝诸恶道，能令以法光照耀，能令以法雨润泽，能令消灭一切惑，能令舍离一切见，能令增长一切佛智慧，能令安住一切佛法门。

"善男子！善知识者，如慈母，出生佛种故；如慈父，广大利益故；如乳母，守护不令作恶故；如教师，示其菩萨所学故；如善导，能示波罗蜜道故；如良医，能治烦恼诸病故；如雪山，增长一切智药故；如勇将，殄除一切怖畏故；如济客，令出生死暴流故；如船师，令到智慧宝洲故。善男子！常当如是正念思惟诸善知识。

"复次，善男子！汝承事一切善知识，应发如大地心，荷负重任无疲倦故；应发如金刚心，志愿坚固不可坏故；应发如铁围山心，一切诸苦无能动故；应发如给侍心，所有教令皆随顺故；应发如弟子心，所有训诲无违逆故；应发如僮仆心，不厌一切诸作务故；应发如养母心，受诸勤苦不告劳故；应发如佣作心，随所受教无违逆故；应发如除粪人心，离骄慢故；应发如已熟稼心，能低下故；应发如良马心，离恶性故；应发如大车心，能运重故；应发如调顺象心，恒伏从故；应发如须弥山心，不倾动故；应发如良犬心，不害主故；应发如旃荼罗心，离骄慢故；应发如犗牛心，无威怒故；应发如舟船心，往来不倦故；应发如桥梁心，济渡忘疲故；应发如孝子心，承顺颜色故；应发如王子心，遵行教命故。

"复次，善男子！汝应于自身生病苦想，于善知识生医王想，于所说法生良药想，于所修行生除病想；又应于自身生远行想，于善知识生导师想，于所说法生正道想，于所修行生远达想；又应于自身生求度想，于善知识生船师想，于所说法生舟楫想，于所修行生到岸想；又应于自身生苗稼想，于善知识生龙王想，于所说法生时雨想，于所修行生成熟想；又应于自身生贫穷想，于善知识生毗沙门王想，于所说法生财宝想，于所修行生富饶想；又应于自身生弟子想，于善知识生良工想，于所说法生技艺想，于所修行生了知想；又应于自身生恐怖想，于善知识生勇健想，于所说法生器仗想，于所修行生破怨想；又应于自身生商人想，于善知识生导师想，于所说法生珍宝想，于所修行生捃拾想；又应于自身生儿子想，于善知识生父母想，于所说法生家业想，于所修行生绍继想；又应于自身生王子想，于善知识生大臣想，于所说法生王教想，于所修行生冠王冠想、服王服想、系王缯想、坐王殿想。

"善男子！汝应发如是心，作如是意近善知识。何以故？以如是心近善知识，令其志愿永得清净。

"复次，善男子！善知识者长诸善根，譬如雪山长诸药草；善知识者是佛法器，譬如大海吞纳众流；善知识者是功德处，譬如大海出生众宝；善知识者净菩提心，譬如猛火能炼真金；善知识者出过世法，如须弥山出于大海；善知识者不染世法，譬如莲华不著于水；善知识者不受诸恶，譬如大海不宿死尸；善知识者增长白法，譬如白月光色圆满；善知识者照明法界，譬如盛日照四天下；善知识者长菩萨身，譬如父母养育儿子。

"善男子！以要言之，菩萨摩诃萨若能随顺善知识教，得十不可说百千亿那由他功德，净十不可说百千亿那由他深心，长十不可说百千亿那由他菩萨根，净十不可说百千亿那由他菩萨力，断十不可说百千亿阿僧祇障，超十不可说百千亿阿僧祇魔境，入十不可说百千亿阿僧祇法门，满十不可说百千亿阿僧祇助道，修十不可说百千亿阿僧祇妙行，发十不可说百千亿阿僧祇大愿。

"善男子！我复略说一切菩萨行、一切菩萨波罗蜜、一切菩萨地、一切菩萨忍、一切菩萨总持门、一切菩萨三昧门、一切菩萨神通智、一切菩萨回向、一切菩萨愿。一切菩萨成就佛法，皆由善知识力，以善知识而为根本，依善知识生，依善知识出，依善知识长，依善知识住，善知识为因缘，善知识能发起。"

时，善财童子闻善知识如是功德，能开示无量菩萨妙行，能成就无量广大佛法，踊跃欢喜，顶礼德生及有德足，绕无量匝，殷勤瞻仰，辞退而去。

尔时，善财童子闻❷善知识教，润泽其心，正念思惟诸菩萨行，向海岸国。自忆往世不修礼敬，即时发意勤力而行；复忆往世身心不净，即时发意专自治洁；复忆往世作诸恶业，即时发意专自防断；复忆往世起诸妄想，即时发意恒正思惟；复忆往世所修诸行但为自身，即时发意令心广大普及含识；复忆往世追求欲境常自损耗无有滋味，即时发意修行佛法长养诸根以自安隐；复忆往世起邪思念颠倒相应，即时发意生正见心起菩萨愿；复忆往世日夜勤劳作诸恶事，即时发意起大精进成就佛法；复忆往世受五趣生于自他身皆无利益，即时发意愿以其身饶益众生成就佛法承事一切诸善知识。如是思惟，生大欢喜。复观此身是生、老、病、死众苦之宅，愿尽未来劫，修菩萨道教化众生，见诸如来成就佛法，游行一切佛刹，承事一切法师，住持一切佛教，寻求一切法侣，见一切善知识，集一切诸佛法，与一切菩萨愿智身而作因缘。

作是念时，长不思议无量善根，即于一切菩萨深信尊重，生希有想，生大师想；诸根清净，善法增益，起一切菩萨恭敬供养，作一切菩萨曲躬合掌，生一切菩萨普见世间眼，起一切菩萨普念众生想，现一切菩萨无量愿化身，出一切菩萨清净赞说音；想见过、现一切诸佛及诸菩萨，于一切处示现成道神通变化，乃至无有一毛端处而不周遍；又得清净智光明眼，见一切菩萨所行境界；其心普入十方刹网，其愿普遍虚空法界，三世平等，无有休息。如是一切，皆以信受善知识教之所致耳。

善财童子以如是尊重，如是供养，如是称赞，如是观察，如是愿力，如是想念，如是无量智慧境界，于毗卢遮那庄严藏大楼阁前，五体投地，暂时敛念，思惟观察。以深信解、大愿力故，入遍一切处智慧身平等门，普现其身在于一切如来前、一切菩萨前、一切善知识前、一切如来塔庙前、一切如来形像前、一切诸佛诸菩萨住处前、一切法宝前、一切声闻辟支佛及其塔庙前、一切圣众福田前、一切父母尊者前、一切十方众生前，皆如上说，尊重礼赞，尽未来际无有休息。等虚空，无边量故；等法界，无障碍故；等实际，遍一切故；等如来，无分别故。犹如影，随智现故；犹如梦，从思起故；犹如像，示一切故；犹如响，缘所发故；无有生，递兴谢故；无有性，随缘转故。

又决定知一切诸报皆从业起，一切诸果皆从因起，一切诸业皆从习起，一切佛兴皆从信起，一切化现诸供养事皆悉从于决定解起，一切化佛从敬心起，一切佛法从善根起，一切化身从方便起，一切佛事从大愿起，一切菩萨所修诸行从回向起，一切法界广大庄严从一切智境界而起。离于断见，知回向故；离于常见，知无生故；离无因见，知正因故；离颠倒见，知如实理故；离自在见，知不由他故；离自他见，知从缘起故；离边执见，知法界无边故；离往来见，知如影像故；离有无见，知不生灭故；离一切法见，知空无生故，知不自在故，知愿力出生故；离一切相，见入无相际故。知一切法如种生芽故，如印生文故。知质如像故，知声如响故，知境如梦故，知业如幻故。了世心现故，了果因起故，了报业集故，了知一切诸功德法皆从菩萨善巧方便所流出故。

善财童子入如是智，端心洁念；于楼观前，举体投地，殷勤顶礼；不思议善根流注身心，清凉悦怿❸。从地而起，一心瞻仰，目不暂舍，合掌围绕，经无量匝，作是念言："此大楼阁，是解空、无相、无愿者之所住处；是于一切法无分别者之所住处；是了法界无差别者之所住处；是知一切众生不可得者之所住处；是知一切法无生者之所住处；是不著一切世间者之所住处；是不著一切窟宅者之所住处；是不乐一切聚落者之所住处；是不依一切境界者之所住处；是离一切想者之所住处；是知一切法无自性者之所住处；是断一切分别业者之所住处；是离一切想心、意、识者之所住处；是不入不出一切道者之所住处；是入一切甚深般若波罗蜜者之所住处；是能以方便住普门法界者之所住处；是息灭一切烦恼火者之所住处；是以增上慧除断一切见、爱、慢者之所住处；是出生一切诸禅解脱三昧通明而游戏者之所住处；是观察一切菩萨三昧境界者之所住处；是安住一切如来所者之所住处；是以一劫入一切劫，以一切劫入一劫，而不坏其相者之所住处；是以一刹入一切刹，以一切刹入一刹，而不坏其相者之所住处；是以一法入一切法，以一切法入一法，而不坏其相者之所住处；是以一众生入一切众生，以一切众生入一众生，而不坏其相者之所住处；是以一佛入一切佛，以一切佛入一佛，而不坏其相者之所住处；是于一念中而知一切三世者之所住处；是于一念中往诣一切国土者之所住处；是于一切众生前悉现其身者之所住处；是心常利益一切世间者之所住处；是能遍至一切处者之所住处；是虽已出一切世间，为化众生故而恒于中现身者之所住处；是不著一切刹，为供养诸佛故而游一切刹者之所住处；是不动本处，能普诣一切佛刹而庄严者之所住处；是亲近一切佛而不起佛想者之所住处；是依止一切善知识而不起善知识想者之所住处；是住一切魔宫而不耽著欲境界者之所住处；是永离一切心想者之所住处；是虽于一切众生中而现其身，然于自他不生二想者之所住处；是能普入一切世界而于法界无差别想者之所住处；是愿住未来一切劫而于诸劫无长短想者之所住处；是不离一毛端处而普现身一切世界者之所住处；是能演说难遭遇法者之所住处；是能住难知法、甚深法、无二法、无相法、无对治法、无所得法、无戏论法者之所住处；

是住大慈大悲者之所住处；是已度一切二乘智、已超一切魔境界、已于世法无所染、已到菩萨所到岸、已住如来所住处者之所住处；是虽离一切诸相而亦不入声闻正位，虽了一切法无生而亦不住无生法性者之所住处；是虽观不净而不证离贪法亦不与贪欲俱，虽修于慈而不证离嗔法亦不与嗔垢俱，虽观缘起而不证离痴法亦不与痴惑俱者之所住处；是虽住四禅而不随禅生，虽行四无量为化众生故而不生色界，虽修四无色定以大悲故而不住无色界者之所住处；是虽勤修止观为化众生故而不证解❹脱，虽行于舍而不舍化众生事者之所住处；是虽观于空而不起空见，虽行无相而常化著相众生，虽行无愿而不舍菩提行愿者之所住处；是虽于一切业烦恼中而得自在为化众生故而现随顺诸业烦恼，虽无生死为化众生故示受生死，虽已离一切趣为化众生故示入诸趣者之所住处；是虽行于慈而于诸众生无所爱恋，虽行于悲而于诸众生无所取著，虽行于喜而观苦众生心常哀愍，虽行于舍而不废舍利益他事者之所住处；是虽行九次第定而不厌离欲界受生，虽知一切法无生无灭而不于实际作证，虽入三解脱门而不取声闻解脱，虽观四圣谛而不住小乘圣果，虽观甚深缘起而不住究竟寂灭，虽修八圣道而不求永出世间，虽超凡夫地而不堕声闻、辟支佛地，虽观五取蕴而不永灭诸蕴，虽超出四魔而不分别诸魔，虽不著六处而不永灭六处，虽安住真如而不堕实际，虽说一切乘而不舍大乘。此大楼阁，是住如是等一切诸功德者之所住处。"

尔时，善财童子而说颂言：

此是大悲清净智，利益世间慈氏尊，灌顶地中佛长子，入如来境之住处。

一切名闻诸佛子，已入大乘解脱门，游行法界心无著，此无等者之住处。

施戒忍进禅智慧，方便愿力及神通，如是大乘诸度法，悉具足者之住处。

智慧广大如虚空，普知三世一切法，无碍无依无所取，了诸有者之住处。

善能解了一切法，无性无生无所依，如鸟飞空得自在，此大智者之住处。

了知三毒真实性，分别因缘虚妄起，亦不厌彼而求出，此寂静人之住处。

三解脱门八圣道，诸蕴处界及缘起，悉能观察不趣寂，此善巧人之住处。

十方国土及众生，以无碍智咸观察，了性皆空不分别，此寂灭人之住处。

普行法界悉无碍，而求行性不可得，如风行空无所行，此无依者之住处。

普见恶道群生类，受诸楚毒无所归，放大慈光悉除灭，此哀愍者之住处。

见诸众生失正道，譬如生盲践畏途，引其令入解脱城，此大导师之住处。

见诸众生入魔网，生老病死常逼迫，令其解脱得慰安，此勇健人之住处。

见诸众生婴惑病，而兴广大悲愍心，以智慧药悉除灭，此大医王之住处。

见诸群生没有海，沉沦忧迫受众苦，悉以法船而救之，此善度者之住处。

见诸众生在惑海，能发菩提妙宝心，悉入其中而济拔，此善渔人之住处。

恒以大愿慈悲眼，普观一切诸众生，从诸有海而拔出，此金翅王之住处。

譬如日月在虚空，一切世间靡不烛，智慧光明亦如是，此照世者之住处。

菩萨为化一众生，普尽未来无量劫，如为一人一切尔，此救世者之住处。

于一国土化众生，尽未来劫无休息，一一国土咸如是，此坚固意之住处。

十方诸佛所说法，一座普受咸令尽，尽未来劫恒悉然，此智海人之住处。

遍游一切世界海，普入一切道场海，供养一切如来海，此修行者之住处。

修行一切妙行海，发起无边大愿海，如是经于众劫海，此功德者之住处。

一毛端处无量刹，佛众生劫不可说，如是明见靡不周，此无碍眼之住处。

一念普摄无边劫，国土诸佛及众生，智慧无碍悉正知，此具德人之住处。

十方国土碎为尘，一切大海以毛滴，菩萨发愿数如是，此无碍者之住处。

成就总持三昧门，大愿诸禅及解脱，一一皆住无边劫，此真佛子之住处。

无量无边诸佛子，种种说法度众生，亦说世间众技术，此修行者之住处。

成就神通方便智，修行如幻妙法门，十方五趣悉现生，此无碍者之住处。

菩萨始从初发心，具足修行一切行，化身无量遍法界，此神力者之住处。

一念成就菩提道，普作无边智慧业，世情思虑悉发狂，此难量者之住处。

成就神通无障碍，游行法界靡不周，其心未尝有所得，此净慧者之住处。

菩萨修行无碍慧，入诸国土无所著，以无二智普照明，此无我者之住处。

了知诸法无依止，本性寂灭同虚空，常行如是境界中，此离垢人之住处。

普见群生受诸苦，发大仁慈智慧心，愿常利益诸世间，此悲愍者之住处。

佛子住于此，普现众生前，犹如日月轮，遍除生死暗。

佛子住于此，普顺众生心，变现无量身，充满十方刹。

佛子住于此，遍游诸世界，一切如来所，无量无数劫。

佛子住于此，思量诸佛法，无量无数劫，其心无厌倦。

佛子住于此，念念入三昧，一一三昧门，阐明诸佛境。

佛子住于此，悉知一切刹，无量无数劫，众生佛名号。

佛子住于此，一念摄诸劫，但随众生心，而无分别想。

佛子住于此，修习诸三昧，一一心念中，了知三世法。

佛子住于此，结跏身不动，普现一切刹，一切诸趣中。

佛子住于此，饮诸佛法海，深入智慧海，具足功德海。

佛子住于此，悉知诸刹数，世数众生数，佛名数亦然。

佛子住于此，一念悉能了，一切三世中，国土之成坏。

佛子住于此，普知佛行愿，菩萨所修行，众生根性欲。

佛子住于此，见一微尘中，无量刹道场，众生及诸劫。

如一微尘内，一切尘亦然，种种咸具足，处处皆无碍。

佛子住于此，普观一切法，众生刹及世，无起无所有。

观察众生等，法等如来等，刹等诸愿等，三世悉平等。

佛子住于此，教化诸群生，供养诸如来，思惟诸法性。

无量千万劫，所修愿智行，广大不可量，称扬莫能尽。

彼诸大勇猛，所行无障碍，安住于此中，我合掌敬礼。

诸佛之长子，圣德慈氏尊，我今恭敬礼，愿垂顾念我！

尔时，善财童子以如是等一切菩萨无量称扬赞叹法，而赞毗卢遮那庄严藏大楼阁中诸菩萨已，曲躬合掌，恭敬顶礼，一心愿见弥勒菩萨亲近供养；乃见弥勒菩萨摩诃萨从别处来，无量天、龙、夜叉、乾闼婆、阿修罗、迦楼罗、紧那罗、摩睺罗伽王，释、梵、护世，及本生处无量眷属、婆罗门众，及余无数百千众生，前后围绕而共来向庄严藏大楼观所。善财见已，欢喜踊跃，五体投地。

时，弥勒菩萨观察善财，指示大众，叹其功德，而说颂曰：

汝等观善财，智慧心清净，为求菩提行，而来至我所。
善来圆满慈，善来清净悲，善来寂灭眼，修行无懈倦。
善来清净意，善来广大心，善来不退根，修行无懈倦。
善来不动行，常求善知识，了达一切法，调伏诸群生。
善来行妙道，善来住功德，善来趣佛果，未曾有疲倦。
善来德为体，善来法所滋，善来无边行，世间难可见。
善来离迷惑，世法不能染，利衰毁誉等，一切无分别。
善来施安乐，调柔堪受化；谄诳嗔慢心，一切悉除灭。
善来真佛子，普诣于十方，增长诸功德，调柔无懈倦。
善来三世智，遍知一切法，普生功德藏，修行不疲厌。
文殊德云等，一切诸佛子，令汝至我所，示汝无碍处。
具修菩萨行，普摄诸群生；如是广大人，今来至我所。
为求诸如来，清净之境界，问诸广大愿，而来至我所。
去来现在佛，所成诸行业，汝欲皆修学，而来至我所。
汝于善知识，欲求微妙法，欲受菩萨行，而来至我所。
汝念善知识，诸佛所称叹，令汝成菩提，而来至我所。
汝念善知识，生我如父母，养我如乳母，增我菩提分，
如医疗众疾，如天洒甘露，如日示正道，如月转净轮，
如山不动摇，如海无增减，如船师济渡，而来至我所。
汝观善知识，犹如大猛将，亦如大商主，又如大导师，
能建正法幢，能示佛功德，能灭诸恶道，能开善趣门，
能显诸佛身，能守诸佛藏，能持诸佛法，是故愿瞻奉。

欲满清净智，欲具端正身，欲生尊贵家，而来至我所。

汝等观此人，亲近善知识，随其所修学，一切应顺行。

以昔福因缘，文殊令发心，随顺无违逆，修行不懈倦。

父母与亲属，宫殿及财产，一切皆舍离，谦下求知识。

净治如是意，永离世间身，当生佛国土，受诸胜果报。

善财见众生，生老病死苦，为发大悲意，勤修无上道。

善财见众生，五趣常流转，为求金刚智，破彼诸苦轮。

善财见众生，心田甚荒秽，为除三毒刺，专求利智犁。

众生处痴暗，盲冥失正道；善财为导师，示其安隐处。

忍铠解脱乘，智慧为利剑，能于三有内，破诸烦恼贼。

善财法船师，普济诸含识，令过尔焰海，疾至净宝洲。

善财正觉日，智光大愿轮，周行法界空，普照群迷宅。

善财正觉月，白法悉圆满，慈定清凉光，等照众生心。

善财胜智海，依于直心住，菩提行渐深，出生众法宝。

善财大心龙，升于法界空，兴云霔甘泽，生成一切果。

善财然法灯，信炷慈悲油，念器功德光，灭除三毒暗。

觉心迦罗逻，悲胞慈为肉，菩提分肢节，长于如来藏。

增长福德藏，清净智慧藏，开显方便藏，出生大愿藏。

如是大庄严，救护诸众生；一切天人中，难闻难可见。

如是智慧树，根深不可动，众行渐增长，普荫诸群生。

欲生一切德，欲问一切法，欲断一切疑，专求善知识。

欲破诸惑魔，欲除诸见垢，欲解众生缚，专求善知识。

当灭诸恶道，当示人天路，令修功德行，疾入涅槃城。

当度诸见难，当截诸见网，当枯爱欲水，当示三有道。

当为世依怙，当作世光明，当成三界师，示其解脱处。

亦当令世间，普离诸想著，普觉烦恼睡，普出爱欲泥。

当了种种法，当净种种刹；一切咸究竟，其心大欢喜。

汝行极调柔，汝心甚清净，所欲修功德，一切当圆满。

不久见诸佛，了达一切法，严净众刹海，成就大菩提。

当满诸行海，当知诸法海，当度众生海，如是修诸行。

当到功德岸，当生诸善品，当与佛子等，如是心决定。

当断一切惑，当净一切业，当伏一切魔，满足如是愿。

当生妙智道，当开正法道，不久当舍离，惑业诸苦道。

一切众生轮，沉迷诸有轮；汝当转法轮，令其断苦轮。

汝当持佛种，汝当净法种，汝当❺集僧种，三世悉周遍。

当断众爱网，当裂众见网，当救众苦网，当成此愿网。

当度众生界，当净国土界，当集智慧界，当成此心界。

当令众生喜，当令菩萨喜，当令诸佛喜，当成此欢喜。

当见一切趣，当见一切刹，当见一切法，当成此佛见。

当放破暗光，当放息热光，当放灭恶光，涤除三有苦。

当开天趣门，当开佛道门，当示解脱门，普使众生入。

当示于正道，当绝于邪道；如是勤修行，成就菩提道。

当修功德海，当度三有海；普使群生海，出于众苦海。

当于众生海，消竭烦恼海，令修诸行海，疾入大智海。

汝当增智海，汝当修行海；诸佛大愿海，汝当咸满足。

汝当入刹海，汝当观众海；汝当以智力，普饮诸法海。

当观诸佛云，当起供养云，当听妙法云，当兴此愿云。

普游三有室，普坏众惑室，普入如来室，当行如是道。

普入三昧门，普游解脱门，普住神通门，周行于法界。

普现众生前，普对诸佛前，譬如日月光，当成如是力。

所行无动乱，所行无染著，如鸟行虚空，当成此妙用。

譬如因陀网，刹网如是住；汝当悉往诣，如风无所碍。

汝当入法界，遍往诸世界，普见三世佛，心生大欢喜。

汝于诸法门，已得及当得，应生大喜跃，无贪亦无厌。

汝是功德器，能随诸佛教，能修菩萨行，得见此奇特。

如是诸佛子，亿劫难可遇；况见其功德，所修诸妙道！

汝生于人中，大获诸善利，得见文殊等，无量诸功德。

已离诸恶道，已出诸难处，已超众苦患，善哉勿懈怠。

已离凡夫地，已住菩萨地，当满智慧地，速入如来地。

菩萨行如海，佛智同虚空，汝愿亦复然，应生大欣庆。

诸根不懈倦，志愿恒决定，亲近善知识，不久悉成满。

菩萨种种行，皆为调众生，普行诸法门，慎勿生疑惑。

汝具难思福，及以真实信；是故于今日，得见诸佛子。

汝见诸佛子，悉获广大利，一一诸大愿，一切咸信受。

汝于三有中，能修菩萨行；是故诸佛子，示汝解脱门。

非是法器人，与佛子同住，设经无量劫，莫知其境界。

汝见诸菩萨，得闻如是法，世间甚难有，应生大喜庆。

诸佛护念汝，菩萨摄受汝，能顺其教行，善哉住寿命。

已生菩萨家，已具菩萨德，已长如来种，当升灌顶位。

不久汝当得，与诸佛子等，见苦恼众生，悉置安隐处。

如下如是种，必获如是果，我今庆慰汝，汝应大欣悦。

无量诸菩萨，无量劫行道，未能成此行，令汝皆获得。

信乐坚进力，善财成此行；若有敬慕心，亦当如是学。

一切功德行，皆从愿欲生；善财已了知，常乐勤修习。

如龙布密云，必当霪大雨；菩萨起愿智，决定修诸行。

若有善知识，示汝普贤行；汝当好承事，慎勿生疑惑。

汝于无量劫，为欲妄舍身；今为求菩提，此舍方为善。

汝于无量劫，具受生死苦，不曾事诸佛，未闻如是行。

汝今得人身，值佛善知识，听受菩提行，云何不欢喜！

虽遇佛兴世，亦值善知识；其心不清净，不闻如是法。

若于善知识，信乐心尊重，离疑不疲厌，乃闻如是法。

若有闻此法，而兴誓愿心；当知如是人，已获广大利。

如是心清净，常得近诸佛，亦近诸菩萨，决定成菩提。

若入此法门，则具诸功德，永离众恶趣，不受一切苦。

不久舍此身，往生佛国土，常见十方佛，及以诸菩萨。

往因今净解，及事善友力，增长诸功德，如水生莲华。

乐事善知识，勤供一切佛，专心听闻法，常行勿懈倦。

汝是真法器，当具一切法，当修一切道，当满一切愿。

汝以信解心，而来礼敬我，不久当普入，一切诸佛会。

善哉真佛子，恭敬一切佛，不久具诸行，到佛功德岸。

汝当往大智，文殊师利所；彼当令汝得，普贤深妙行。

尔时，弥勒菩萨摩诃萨在众会前，称赞善财大功德藏。善财闻已，欢喜踊跃，身毛皆竖，悲泣哽噎；起立合掌，恭敬瞻仰，绕无量匝。以文殊师利心念力故，众华、璎珞、种种妙宝不觉忽然自盈其手。善财欢喜，即以奉散弥勒菩萨摩诃萨上。

时，弥勒菩萨摩善财顶，为说颂言：

善哉善哉真佛子！普策诸根无懈倦，不久当具诸功德，犹如文殊及与我。

时，善财童子以颂答曰：

我念善知识，亿劫难值遇；今得咸亲近，而来诣尊所。

我以文殊故，见诸难见者；彼大功德尊，愿速还瞻觐。

注释

❶ "办"，大正本原作"辨"，今依三本及宫本改之。

❷ "闻"，大正本原无，今依明本增之。

❸ "怿"，大正本原作"泽"，今依明本注改之。

❹ "解"，大正本原作"明"，今依宫本改之。

❺ "当"，大正本原作"能"，今依前后文意改之。

【白话语译】

这时，善财童子慢慢向南走。他来到妙意华门城，看见德生童子、有德童女时，就顶礼他们的双足，右绕行数圈完毕，然后合掌向他们说："圣者啊！我在以前就已经发起无上正等正觉心，但是还不知道菩萨要怎样修学菩萨道？如何修习菩萨行？希望圣者慈悲哀悯能为我宣说。"

这时，德生童子和有德童女告诉善财童子说："善男子啊！我们已经证得菩萨幻住的三昧解脱法门，所以看见一切的世界全都是如幻安住的，了知众生都是因缘所生，都是幻住，皆是由起惑、造业的烦恼所生起的缘故；一切世间的万事万物全都是如幻安住，因为是无明、有、爱❶三种因缘辗转缘生的缘故；一切法也都是如幻安住的，因为有我和我见❷等种种幻缘所生的缘故；一切三世都是如幻安住的，因为是我见等颠倒智慧所生的缘故；一切众生的生灭、生老病死、忧悲、苦恼全都是如幻安住的，因为由虚妄分别所生的缘故；一切国土都是如幻安住的，因为由妄想颠倒、心颠倒、见颠倒，种种无明所变现的缘故；一切声闻、辟支佛也都是如幻安住的，因为他们能智断分别所成就的果位；一切菩萨都是如幻安住的，因为他们能自调伏教化众生各种行愿法之所成就的缘故；一切菩萨的众会变化、调伏、各种施为都是如幻安住的，因为愿、智皆是如幻所成就的缘故。善男子啊！幻境本来没有自性，所以是不可思议的啊！善男子啊！我们两人只知道这个幻住解脱的法门。如果像诸位菩萨摩诃萨善入无边诸事幻网的境界等功德行愿，就不是我们能够了知、宣说的了。"

这时，德生童子和有德童女说了自己的解脱法门之后，用不可思议诸善根力，让善财童子的身体变得更加柔软有光泽，而且告诉他说："善男子啊！在妙意华门城南方有一个海岸国，其中有一个大庄严华园，该园中又有一座广大的毗卢遮那庄严藏楼阁。这楼阁乃是从菩萨的善根果报而出生的，也是从菩萨的念力、愿力、自在力、神通力而出生的，也是从菩萨的善巧方便而出生的，也是从菩萨的福德、智慧而出生的。善男子啊！安住在不可思议解脱的菩萨，能用大悲心，为众生示现像这类的境界，集聚这种庄严。

"弥勒菩萨摩诃萨之所以安住在毗卢遮那庄严藏楼阁之中，就是为了摄受本所生处的父母和眷属，以及一切人民，以便成熟他们；又，为了令共同受生、共同修行的众生，在大乘菩萨道中得坚固不退菩提心；又，为了要让众生能随他们本来安住的境地、随着原有的善根而得成就；又，为善财你显示菩萨的解脱法门；又，为善财你显示菩萨遍一切处自在受生；又，为善财你显示菩萨用种种身相，普现众生之前，恒常教化众生；又，为善财你显示菩萨用大悲力，普摄世间所有资养生息的财物，毫不厌倦；又，为善财你显示菩萨具足修习诸行，了知所有的行持都远离各种相貌；又，为善财你显示菩萨能处处受生，让众生了知各种受生其实都没有真实的相貌。为了这些缘故，所以弥勒菩萨摩诃萨安住在毗卢遮那庄严藏楼阁之中。你到海岸国大庄严园中大宝楼阁内，去参拜弥勒菩萨，并请示他：'菩萨该如何修行菩萨行、修习菩萨道？如何修学菩萨戒？如何清净菩萨心？如何发起菩萨大愿？如何集聚菩萨助道之具？如何证入菩萨所住地？如何圆满菩萨波罗蜜法？如何获得菩萨无生法忍？如何具足菩萨功德法？如何承事菩萨善知识？'

"为什么呢？善男子啊！弥勒菩萨通达所有的菩萨行，了知所有众生的心念，常常示现在他们面前，教化调伏众生。弥勒菩萨已经圆满所有的波罗蜜法，已经安住在一切菩萨地，已经证得菩萨的安忍波罗蜜，已经证入所有菩萨的果位，已经蒙诸佛授记，已经能游戏于任何菩萨的境地，已经获得诸佛的神通力，已经受诸佛用一切智慧的甘露法水灌顶，得法王子之位。善男子啊！弥勒菩萨这位善知识能润泽你的各种善根，能增长你的菩提心，能坚定你的志愿，能利益你的善业，能长养你的菩萨根，能示现你的无碍法，能让你证入普贤境地，能为你宣说普贤菩萨的广大誓愿，能为你宣说普贤行，能为你宣说一切菩萨行愿所成就的功德。

"善男子啊！你不应该只修习一种善业，观照一个法门，修行一种行门，发起一桩誓愿，蒙一佛授记，安住一个无生法忍，就生起已得究竟的想法。你不应该用有限量的心而修习六度波罗蜜，安住十地的果位，清净诸佛国土，承事一个善知识。为什么呢？

"善男子啊！菩萨应该种植无量的善根，应该聚集无量菩提之具，应该修无量的菩提因，应该学习无量的善巧回向，应该化度无量的众生界，应该知晓无量的众生心，应该了知无量的众生根，应该辨别无量众生的信解，应该观察无量的众生行，应该调伏无量的众生，应该断除无量的烦恼，应该清净无量的业障习性，应该灭除无量的邪见，应该清除无量的杂染心，应该发起无量的清净心，应该拔除无量的痛苦毒箭，应该干竭无量的爱欲大海，应该破除无量的无明黑暗；应该摧毁无量的我慢高山，应该断却无量的生死缠缚，应该度过无量的三有流，应该竭尽无量的受生大海，应该让无量的众生出离五欲的淤泥，应该使无量的众生出离三界的牢狱，应该安置无量的众生在圣道之中，应该消灭无量的贪欲行为，应该清净调治无量的嗔恚，应该摧毁破坏无量的愚痴，应该超越无量恶魔的障网，应该远离无量的魔业，应该净治菩萨无量的欲乐，应该增长菩萨无量的方便之道，应该出生菩萨无量的增上善根，应该明洁菩萨无量的决定信解，应该趣入菩萨无量的平等，应该清净菩萨无量的功德，应该修治菩萨无量的诸行，应该示现菩萨无量随顺世间的行门，应该生起无量的净信力，应该安住在无量的精进力中，应该清净无量的正念力，应该圆满无量的三昧力，应该生出无量的清净慧力，应该坚定无量的胜解力，应该集聚无量的福德力，应该增长无量的智慧力，应该发起无量的菩萨力，应该圆满无量的如来力，应该分别无量的法门，应该了知无量的法门，应该清净无量的法门，应该生起无量的法光明，应该化作无量法来照耀，应该观照无量的品类根器，应该了知无量的烦恼热病，应该集聚无量的妙善法药，应该疗治无量众生的疾苦，应该庄严成办无量的甘露供养，应该参访无量的佛国刹土，应该供养无量的诸佛如来，应该普入无数的菩萨聚会，应该接受无量诸佛如来的教化，应该安忍无量众生的罪业，应该灭度无数的恶道苦难，应该令无量众生生于善道，应该以四摄法摄受无量众生，应该修习无量的总持法门，应该生起无量的大悲愿门，应该修习无边的大慈、大愿力，应该勤奋求取无尽的法门，应该生起无尽的思惟力量，应该生起无量的神通变化，应该清净无量的智慧光明，应该前往无量众生的六趣中，应该受生无量诸有中，应该示现无量的差别身，应该了知无量的言辞法门，应该证入无量的差别心，应该了知菩萨的广大境界，应该安住在菩萨的广大宫殿；应该观察菩萨甚深微妙的法门，应该了知菩萨难以了知的境界，应该修行菩萨难以行持的行门，应该具足菩萨尊贵稳重的威德，应该实践菩萨难能证入的正果位，应该了知菩萨的种种诸行，应该示现菩萨普遍的神通力，应该受持菩萨的平等法云，应该广大菩萨的无边行网，应该圆满菩萨无边的种种六度万行，应该摄受菩萨的无量记别，应该证入菩萨无量的安忍法门，应该净治菩萨无量的诸境地，应该清净菩萨的无量法门，应该和诸菩萨一同安住无边的时劫，恒常供养无量诸佛，庄严清净不可说数诸佛国土，出生不可说的菩萨大愿力。

"善男子啊！举出最重要的来说，菩萨应该普遍修持所有的菩萨行，普遍化度所有的众生界，普遍趣入于所有的时劫，普遍在任何地方示现受生，普遍了知一切过去、现在、未来三世，普遍行持各种法门，普遍清净所有的刹土，普遍圆满所有的愿行，普遍供养一切诸佛，普遍等同一切菩萨大愿，普遍承事所有的善知识。

"善男子啊！你访求善知识时，不应该生起疲倦之心；看见善知识时，不应该生起厌足之心；请问善知识法要时，不可害怕劳苦；亲近善知识时，不可心生退转；应该恒常不休息地供养善知识；受教于善知识时，不应该颠倒错学；向善知识修学时，不应该心存疑惑；听闻善知识演说出离三界法门时，不应该心生犹豫；见善知识随烦恼行时，不可嫌怪善知识；应该深信、尊敬善知识，且丝毫不改变善知识的教化。为什么呢？善男子啊！菩萨因为善知识的缘故，所以能听闻各种菩萨行，成就一切菩萨的功德，出生一切菩萨的大愿，引发所有菩萨的善根，积集各种菩萨的助道法门，开发所有菩萨的法光明，显示一切菩萨的出离法门，修学一切菩萨的清净戒，安住各种菩萨功德法，清净一切菩萨的广大志愿，增长一切菩萨的坚固心，具足一切菩萨的陀罗尼辩才法门，证得一切菩萨的清净法藏，生起一切菩萨的定光明，证得一切菩萨的殊胜愿力，和所有的菩萨同一誓愿，并且听闻各种菩萨的殊胜法要，证得一切菩萨秘密处，到达一切菩萨的法宝洲，增长所有菩萨的善根芽，长养所有菩萨的智慧身。护守所有菩萨的深密法藏，修持所有菩萨的福德聚，清净所有菩萨的受生之道，摄受菩萨的正法之云，趣入所有菩萨的大愿路，趣入诸位如来的菩提果，摄取一切菩萨的妙行，开示各种菩萨的功德，往趣一切地方听受妙法，赞扬所有菩萨的广大威德，生出菩萨大慈悲力，摄取菩萨的殊胜自在力，生出一切菩萨的菩提分，广作一切菩萨的利益事。

"善男子啊！菩萨由于善知识的任持，才不致随入恶趣；由于善知识的摄受，才能不退转大乘法门；由于善知识的护念，才不致毁犯菩萨净戒；由于善知识的守护，才不会随逐恶知识而不自知：由于善知识的养育，才不致缺减菩萨法；由于善知识的摄取，才能超越凡夫的地位：由于善知识的教诲，才能超越二乘的境地；由于善知识的示导，才能出离世间的尘网；由于善知识的长养，才不受世间法染污；由于承事善知识，才能修习所有的菩萨行；由于供养善知识，才能具足各种助道之法；由于亲近善知识，才能不为恶业迷惑摧伏；由于依止善知识，才能势力坚固，不畏怖诸魔，增长所有的菩提分法。为什么呢？善男子啊！善知识能清净各种障碍，泯灭各种罪业，除尽各种灾难，止息各种恶业，破除如长夜黑暗的无明；破坏如坚固牢狱般的邪见；出离生死城；舍弃世俗的家庭；截断诸魔罗网；拔除各种痛苦的利箭，离开没有智慧的险难处。又，能走出邪见的大旷野，度脱各种存有的瀑流，出离各种邪恶的道法，示现菩提的大路，教诲菩萨的善法，让众生安住菩萨行、趣向一切智道，能清净智慧之眼，增长菩提之心，生出大悲之愿，能演说各种微妙善行，宣说各种波罗蜜法门，摈除一切恶知识，安住各种境地。

"善知识能让众生获得各种安忍之法；让众生修习所有的善根；让众生都能成办一切的道具，施与各种大功德；让众生都能证得一切种智的果位；让众生都能欢喜积集一切功德；让众生都能踊跃修习各种菩萨行；让众生都能趣入甚深的微妙法义；让众生都能开示出离三界的法门；让众生都能杜绝一切恶道，而让菩萨以法光明照耀世界，以法雨润泽众生。又，让众生都能消灭一切迷惑；舍离一切邪见；增长一切佛智慧；安住诸佛法门。善男子啊！善知识就像能出生佛种的慈母；就像能广大利益的慈父；就像能守护我们，不让我们作恶业的乳母；就像能指示菩萨所学的好老师。又，像好向导，能指示波罗蜜之道路；就像良医，能治烦恼诸病；就像雪山，能增长一切智药；就像勇将，能除灭一切怖畏；就像摆渡人，能让众生出离生死瀑流；就像船师，能使众生到达智慧宝洲。善男子啊！所以你应当时常如此正念思惟一切善知识。

"善男子啊！你承事各位善知识时，应该发起如大地般的心，能荷负重任，没有疲倦；应该发起如金刚般的心，志愿坚固，不可毁坏；应该发起如铁围山般的心，任何诸苦都不能动摇；应该发起完全侍从的心，能随顺所有善知识的教令；应该发起如弟子般的心，毫不违逆任何善知识的训诲；应该发起如僮仆般的心，能任劳任怨操持任何事务；应该发起如养母般的心，受持各种勤苦而不嫌劳累；应该发起如佣工般的心，能随顺教化而没有丝毫违逆；应该发起如除粪人般的心，远离骄慢；应该发起如已成熟的稻禾心，顺谦低下。应该发起如良马般的心，离弃恶劣的野性；应该发起如大车般的心，以荷运重担；应该发起如已驯服大象般的心，伏身服从；应该发起如须弥山般的心，不倾不动；应该发起如良犬般的心，不伤害主人；应该发起如旃荼罗的心，谦卑而不骄慢；应该发起如犍牛的心，没有任何威怒；应该发起如舟船般的心，往来无数也不知倦怠；应该发起如桥梁的心，济渡不断也不知疲倦；应该发起如孝子的心，承顺善知识的颜色行事；应该发起如王子的心，遵行一切教命。

"善男子啊！你应该自比为身体已经生病，把善知识视为医王，把善知识所说的法当作良药，把修行当作除病之法。又，应该把自身自比为即将远行的游子，而把善知识视为导师，把他所说的法当作正道，把修行当作依路线而抵达的目的地。又，应该自比为想渡河解脱的人，把善知识视为船师，把他所说的法当作舟桨，把自己的修行目标当作到达彼岸。又，应该把自身自比为苗稼，把善知识视为龙王，把他所说的法当作及时雨，把自己的修行目标当作成熟苗稼。又，应该把自身自比为穷人，把善知识视为毗沙门天王❸，把他所说的法当作财宝，把自己的修行目标当作自己即将拥有的富饶。又，你应该自比为学徒，把善知识视为难得的工匠，把他所说的法当作技艺，把自己的修行目标当作对工艺的了知。又，应该自比为害怕恐惧的人，把善知识视为勇士，把他所说的法当作锐利的器仗，把自己的修行目标当作摧破怨敌。又，应该自比为商人，把善知识视为导师，把他所说的法当作珍宝，把自己的修行目标当作拾起珍宝。又，你应该自比为儿子，把善知识视为父母，把他所说的法当作家业，把自己的修行目标当作继承家业。又，应该把自己比为王子，把善知识视为大臣，把他所说的法当成是对王子的教法，把自己的修行目标当作戴上王冠、穿上王服、系上王缯、坐上王位。善男子啊！你应该发起如此的心意，这样想念、亲近善知识。为什么呢？因为如果你能用这样的心念亲近善知识。你就能永远清净你的志愿。善男子啊！善知识能增长你各种善根，因为他能像雪山长养各种药草；善知识也是容纳佛法的法器，因为他能像大海般吞纳一切河流；善知识也是功德的处所，因为他能像大海生出各种宝物；善知识还能像猛火淬炼真金般，清净菩提心；又，善知识能像须弥山耸出大海般，超出胜过一切世法；善知识又不染世法，像不染着于水的莲华；善知识不受种种恶，就像大海不会让死尸沉其中；善知识能像白净月轮的圆满光色般，增长洁白清净之法；善知识能像炽盛的日轮照耀四天下般照明法界；善知识能像父母养育儿子般，长养菩萨身。

"善男子啊！简单地说，菩萨摩诃萨如果能随顺善知识的教化，便能证得十种不可说百千亿那由他数的功德，清净十种不可说百千亿那由他数的深心，增长十种不可说百千亿那由他数的菩萨善根，清净十种不可说百千亿那由他数的菩萨力，断除十种不可说百千亿阿僧祇数的业障，超越十种不可说百千亿种阿僧祇数的魔境，证入十种不可说百千亿阿僧祇数的法门，圆满十种不可说百千亿阿僧祇数的助道之法，修习十种不可说百千亿阿僧祇数的妙行，发起十种不可说百千亿阿僧祇数的大愿。善男子啊！我再简要说明所有菩萨所修的行门、菩萨的波罗蜜法、菩萨的境地。菩萨所证的无生法忍、菩萨的总持法门、菩萨的三昧法门、菩萨的神通智慧、菩萨的回向、菩萨的大愿、菩萨所成就的佛果等，这都是由于善知识的力量。一切善根，以善知识为根本，一切善根，依善知识生起，一切善根，依善知识而出生，一切善根，依善知识增长，一切善根，依善知识安住，一切善根，以善知识为成就因缘，一切善根，因善知识而能发起。"

这时，善财童子听闻善知识如此这般的功德，又，了知善知识能开示无量的菩萨妙行，能成就无量的广大佛法，非常欢喜踊跃，就顶礼德生童子及有德童女的双足，右绕无数圈之后，更殷勤地瞻仰他们的容颜，辞退离去。

这时，由于善知识的教化，润泽了善财童子的心，他一边正念思惟菩萨行，一边向海岸国走去。善财童子一路上忆念自己往世没有修习礼敬善知识，就立即发起勤奋努力行；又，忆起自己往昔不曾清净身心，随即发意专心调治洁净身心；又，忆起自己往世造作各种恶业，随即发意不再造恶业、永远断除恶业；又，忆起自己往世常生起各种妄想，随即发意要恒常端正思惟；又，忆起自己过去所修的种种行持，都只是为了自身，随即发心，使自心广大，普及一切有情众生；又，忆起自己过去不断追求欲境，以致自我耗损，没有滋味，随即发意修行佛法，长养各种善根，以安稳自身；又，忆起自己过去常生起各种邪思妄念，颠倒相应，随即发意生起正见，发起菩萨大愿；又，忆起自己过去日夜劬劳，造作各种恶事，随即发意奋起大精进心，成就佛法；又，忆起自己过去不断受生五趣，对自己、他人毫无利益，随即发意愿以自身饶益众生，成就佛法，承事所有的善知识。他这样思惟之后，心中欢喜不已。

他又观察自己的五蕴色身是生、老、病、死、众苦的宅舍，而发愿穷尽未来的时劫，勤修菩萨道，教化众生，面见所有的如来，成就佛法，游访各个佛国刹土，承事诸位法师，住持佛教，寻求法伴侣，拜见善知识，集聚种种法要，和一切菩萨大愿、智慧法身结作因缘。

他一这样想的时候，就增长了不可思议的无量善根，随即对所有的菩萨生起甚深的信心与尊重，认为他们都是非常稀有难得的大师。又，他更清净诸根、增益善法，生起所有菩萨恭敬供养心，作一切菩萨合掌曲躬顶礼，生出一切菩萨普见世间天眼，生起所有菩萨普念众生的念头，示现菩萨无量愿力的化身，发出菩萨清净赞说的声音，想亲见过去、现在诸佛及诸位菩萨，在一切处示现成道的神通变化，乃至没有一根汗毛顶端处不周遍、不示现的。

他又证得清净智光明眼，看见所有菩萨所行的境界，他的心念能普遍化入十方佛国刹土网，他的愿力更遍满虚空法界，三世平等，没有休息，这一切都是因为他能信受善知识的教化。

善财童子以这样的尊重、这样的供养、这样的称赞、这样的观察、这样的愿力、这样的想念、这样无量的智慧境界，在毗卢遮那庄严藏大楼阁前面，五体投地礼拜，停止对任何外境的攀缘，而一心思惟观察。因为他的信解甚深、愿力坚固，所以能立即证入遍一切处，智慧身平等的三昧法门，普遍示现他化身在诸佛面前、所有菩萨面前、所有善知识面前、所有如来的塔庙面前、所有如来的形象面前、所有诸佛菩萨住处面前、所有法宝面前、所有声闻辟支佛及他们的塔庙面前、所有圣者大众福田的面前、所有父母尊者的面前、十方众生面前，正如前面所说的，善财童子都一一尊重、顶礼、赞叹他们，即使穷尽未来的时际，也从不休息。

善财童子何以能如此呢？因为他的心量等同虚空，没有边际；等同法界，没有障碍；等同实际，遍一切处；等同如来，没有分别；就像影子，能随智慧展现；就像从思念生起的梦；就像能示现一切的众像；就像随缘发出的声响。一切都是没有生，乃是因为递传一切万物的兴谢现象，体性也都是空寂而无有自性，乃是因为随缘流转。

他又能决定了知一切业能生起各种业报，一切因能生起各种果，习性能生起所有的业，一信念能生起诸佛出兴世间，决定信解能生起种种供养，恭敬心能生起所有的化佛，善根能生起所有的佛法，方便能生起所有的化身，大愿能生起各种佛事，回向能生起菩萨所修的诸行，一切智的境界能生起一切法界的广大庄严。

因为他已了知回向，所以能远离断见❹；因为他已了知无生，所以能远离常见❺；因为他已了知一切的正因，所以能远离无因见❻；因为他已了知一切如实的义理，所以能远离颠倒见；因为他已了知一切不由他❼，所以能远离自在见❽；因为他已了知一切从缘而起，所以能远离自他见；因为他已了知法界没有边际，所以能远离边执见❾；因为他已了知一切如影像，所以能远离往来见；因为他已了知一切不生不灭，所以能远离有无见；因为他已了知一切其实空而无生，因为他了知一切皆不自在，所以能远离一切法见；因为他已了知愿力的出生，他能离一切相，因为他能见入无相际；他已了知一切法就如同种子萌芽，就如同印章盖上而有文字，因为他了知本质体性就如同外像，声音如同声响，又了知所有的境界都如梦境，了知业力如幻，了知世界都是随心运作而展现的，了知果都是随因而生起的，了知果报都是随业力而集聚的，了知所有的功德法，都是从菩萨的善巧方便而流衍出生，所以远离一切法执诸见，而证入无相的境界。

　　善财童子证入如此的智慧，端正心思，洁净意念，在毗卢遮那庄严藏大楼观前，五体投地，殷勤地顶礼不已，不可思议的善根顿时流入他的身心，清凉悦泽。然后，善财童子从地上起来，一心瞻仰楼阁，目光不曾舍离，合掌围绕无数圈，心里这样想："这个大宝楼阁是解证空、无相、无愿❿的这位大菩萨所住的地方；是对一切法没有分别的这位大菩萨所住的地方；是了知法界没有差别的这位大菩萨所住的地方；是了知一切众生不可得的这位大菩萨所住的地方；是了知一切法无生的这位大菩萨所住的地方；是不执着一切世间的这位大菩萨所住的地方；是不贪着一切屋宅的这位大菩萨所住的地方；是不耽乐一切聚落的这位大菩萨所住的地方。

　　"这个大宝楼阁是不依着于一切境界的这位大菩萨所住的地方；是远离各种妄想的这位大菩萨所住的地方；是断除一切分别业的这位大菩萨所住的地方；是舍离一切心想意识的这位大菩萨所住的地方；是不入也不出一切道的这位大菩萨所住的地方；是证入一切甚深般若波罗蜜的这位大菩萨所住的地方；是能够用方便安住普门法界的这位大菩萨所住的地方；是息灭一切烦恼火的这位大菩萨所住的地方；是用增上智慧断除一切见、贪爱、骄慢的这位大菩萨所住的地方；是出生一切禅定解脱三昧通明而游戏自在的这位大菩萨所住的地方；是观察一切菩萨三昧境界的这位大菩萨所住的地方；是安住一切如来境的这位大菩萨所住的地方。这个大宝楼阁是能以一时劫趣入一切的时劫，以一切的时劫摄入一个时劫中，而仍不坏其相的这位大菩萨所住的地方；是能以一刹进入于一切的刹土，以一切的刹土摄入一个刹土，而仍不坏这些刹土相，这位大菩萨所住的地方；是能以一个法门进入所有的法门，或以所有的法门摄入一个法门，而仍不坏这些法门相，这位大菩萨所住的地方；是能以一众生进入一切众生，或以一切众生入一个众生，而仍不坏这些众生身相，这位大菩萨所住的地方；是能以一位佛陀趣入所有的佛陀、或以所有的佛陀趣入于一位佛陀，而仍不坏这些佛陀相，这位大菩萨所住的地方；是能以一念就了知一切过去、现在、未来三世的，这位大菩萨所住的地方；是在一念之间就能到达一切国土的，这位大菩萨所住的地方。

"这个大宝楼阁是在一切众生前能一一示现他的身形，这位大菩萨所住的地方；是心中常想利益世间，这位大菩萨所住的地方；是能够遍至一切处，这位大菩萨所住的地方；是虽已出脱世间，但是为了度化众生而仍恒常在世间中示现身形，这位大菩萨所住的地方；是已不执着一切佛国刹土，但是为了供养诸佛而仍任游于十方刹土，这位大菩萨所住的地方；是于本处不动，而仍能普遍参访一切佛国刹土并庄严这些刹土，这位大菩萨所住的地方；是能亲近诸佛而能不特意分别他们是佛或不是佛，这位大菩萨所住的地方；是能依止所有的善知识而不会特意分别这是善知识或不是善知识，这位大菩萨所住的地方。

"这个大宝楼阁是能住在一切魔宫中而仍不耽溺贪着欲乐境界，这位大菩萨所住的地方；是已永远离开一切心想，这位大菩萨所住的地方；是即使身处众生之中仍示现身形，但却不分别自己、他人，这位大菩萨所住的地方；是能普遍趣入一切世界而对诸法界不生任何分别心，这位大菩萨所住的地方；是发愿住于未来的一切时劫，而不会分别时劫长、短与否，这位大菩萨所住的地方；是不离开一根汗毛的顶端，就能在一切世界普遍化现身形，这位大菩萨所住的地方；是能演说种种难得遭遇的微妙法，这位大菩萨所住的地方；是能安住在难知的法、甚深的法、无二的法、无相的法、无对治的法、无所得的法、无戏论的法，这位大菩萨所住的地方。这个大宝楼阁是已安住在大慈大悲，这位大菩萨所住的地方；是已经度脱所有的二乘智、已经超脱一切魔境界、已经不染着任何世间法、已经到达菩萨所到的彼岸、已经安住如来所安住处，这位大菩萨所住的地方。

"这个大宝楼阁是虽然离于一切相而也不证入声闻正位、虽然了知一切法无生而也不安住无生法性，这位大菩萨所住的地方；是虽然谛观不净而仍不证离贪法，也不与贪欲一起；是虽然修习大慈，而仍不证离嗔法，也不染着嗔垢；是虽然观察缘起，而仍不证离痴法，也不染着痴惑，这位大菩萨所住的地方；是虽然安住四禅天，而仍不随禅定而生诸禅天；虽然行慈、悲、喜、舍四无量心，但是为了度化众生而仍不受生色界，这位大菩萨安住的地方。

"这个大宝楼阁是虽然修习四无色定，但是因为大悲心而仍不安住在无色界，这位大菩萨所住的地方；是虽然勤修止观，但为了教化众生仍而不证入三明解脱的境界；虽然修行施舍而仍不舍弃教化众生，这位大菩萨所住的地方；是虽然观空而仍不生起空见；虽然行无相的法门而仍常为众生化见诸相；虽然修无愿的法门而仍不舍弃菩提行愿，这位大菩萨所住的地方；是虽处于一切业障烦恼中而仍能自在，但为了教化众生而仍示现随顺各种业烦恼；虽然没有生死轮回，但为了教化众生仍示现受生死，这位大菩萨所住的地方。

"这个大宝楼阁是虽然已经永离一切生趣，但为了教化众生而仍示现进入各种生趣，这位大菩萨所住的地方；是虽然普行大慈，但却毫不爱恋众生；虽然普行大悲，而丝毫不贪取执着任何众生；虽然普行大喜，而仍能观察众生的苦恼，心常哀悯；虽然普行大舍，而仍不废舍利益他众的事业，这位大菩萨所住的地方；是虽行九次第❶定而不厌离受生欲界，这位大菩萨所住的地方；虽然了知一切法都是无生、无灭的而仍不解脱诸法实际的境界作证；虽然证入三解脱门而仍不取着声闻解脱；虽然观察四圣谛而仍不安住小乘圣果；虽然能谛观甚深的缘起而不安住究竟寂灭；虽然修习八圣道而仍不求永远出离世间；虽然超越凡夫境地而仍不堕入声闻辟支佛境地；虽然观五取蕴而不永远断灭诸蕴；虽然超出四魔⑫而仍不分别诸魔；虽然不执着眼、耳、鼻、舌、身、意六处，但仍不永远灭尽六处；虽然安住真如实相而不堕入实际；虽然宣说一切乘而不舍弃大乘，这位大菩萨安住的地方。这个大宝楼阁就是安住如是等一切诸功德的这位大菩萨所住的地方。"

这时，善财童子就称说如下的偈颂：

此是大悲清净智慧，利益世间慈氏至尊，
灌顶地中佛陀长子，入佛如来境之住处。
一切名闻诸佛真子，已入大乘解脱妙门，
游行法界心无执着，此无等者之所住处。
施、戒、忍、进、禅定、智慧，方便、愿、力以及神通，
如是大乘诸度妙法，悉具足者之所住处。
智慧广大宛如虚空，普知三世一切诸法，
无碍无依无所取着，了诸有者之所住处。
善能解了一切诸法，无性无生无所依止，
如鸟飞空逮得自在，此大智者之所住处。
了知三毒真实体性，分别因缘虚伪妄想，
亦不厌彼而求脱出，此寂静人之所住处。
三解脱门八正圣道，诸蕴处界以及缘起，
悉能观察不趣寂灭，此善巧人之所住处。
十方国土以及众生，以无碍智咸皆观察，
了性皆空心不分别，此寂灭人之所住处。
普行法界悉无障碍，而求行性皆不可得，
如风行空实无所行，此无依者之所住处。
普见恶道群生众类，受诸楚毒无所依归，
放大慈光悉皆除灭，此哀悯者之所住处。
见诸众生失于正道，譬如生盲践于畏途，

引其令入解脱大城，此大导师之所住处。

见诸众生入于魔网，生老病死恒常逼迫。

令其解脱而得慰安，此勇健人之所住处。

见诸众生婴行惑病，而兴广大悲悯之心，

以智慧药悉皆除灭，此大医王之所住处。

见诸群生沉没有海，沉沦忧迫受众苦恼，

悉以法船而救度之，此善度者之所住处。

见诸众生在惑海中，能发大菩提妙宝心，

悉入其中而拔济出，此善渔人之所住处。

恒以大愿慈悲眼目，普观一切诸众生等，

从诸有海而拔济出，此金翅王之所住处。

譬如日月在虚空中，一切世间靡不映烛，

智慧光明亦复如是，此照世者之所住处。

菩萨为教化一众生，普尽未来无量时劫，

如为一人一切亦尔，此救世者之所住处。

于一国土化导众生，尽未来劫无有休息，

一一国土咸皆如是，此坚固意之所住处。

十方诸佛所说妙法，一座普受咸令得尽，

尽未来劫恒皆悉然，此智海人之所住处。

遍游一切世界大海，普入一切道场海中，

供养一切佛如来海，此修行者之所住处。

修行一切妙行大海，发起无边广大愿海，

如是经于众时劫海，此功德者之所住处。

一毛端处无量刹土，佛众生劫不可宣说，

如是明见靡不周遍，此无碍眼之所住处。

一念普摄无边时劫，国土诸佛以及众生，

智慧无碍悉正了知，此具德人之所住处。

十方国土碎为微尘，一切大海悉以毛滴，

菩萨发愿其数如是，此无碍者之所住处。

成就总持三昧法门，大愿诸禅以及解脱，
一一皆住无边时劫，此真佛子之所住处。

无量无边诸佛真子，种种说法广度众生，
亦说世间众技术等，此修行者之所住处。

成就神通方便智慧，修行如幻微妙法门，
十方五趣悉皆现生，此无碍者之所住处。

菩萨始从初发心时，具足修行一切妙行，
化身无量周遍法界，此神力者之所住处。

一念成就菩提大道，普作无边智慧净业，
世情思虑悉皆发狂，此难量者之所住处。

成就神通无有障碍，游行法界靡不周遍，
其心未尝觉有所得，此净慧者之所住处。

菩萨修行无碍智慧，入诸国土无所执着，
以无二智普皆照明，此无我者之所住处。

了知诸法无所依止，本性寂灭等同虚空，
常行如是境界之中，此离垢人之所住处。

普见群生受诸苦恼，发大仁慈智慧妙心，
愿常利益一切世间，此悲悯者之所住处。

佛子安住于此，普现众生之前，
犹如日月光轮，遍除生死黑暗。

佛子安住于此，普顺众生之心，
变现无量妙身，充满十方刹土。

佛子安住于此，遍游一切世界，
一切如来所在，无量无数时劫。

佛子安住于此，思量诸佛妙法，
无量无数时劫，其心无有厌倦。

佛子安住于此，念念入于三昧，

一一三昧法门，阐明诸佛境界。
佛子安住于此，悉知一切刹土，
无量无数时劫，众生佛陀名号。
佛子安住于此，一念摄诸时劫，
但随众生之心，而无分别心想。
佛子安住于此，修习诸三昧门，
一一心念之中，了知三世诸法。
佛子安住于此，结跏身端不动，
普现一切刹土，一切诸趣之中。
佛子安住于此，畅饮诸佛法海，
深入大智慧海，具足大功德海。
佛子安住于此，悉知诸刹土数，
世数及众生数，佛名数亦复然。
佛子安住于此，一念悉能了知，
一切三世之中，国土成住坏空。
佛子安住于此，普知诸佛行愿，
菩萨所修众行，众生根器性欲。
佛子安住于此，见一微尘之中，
无量刹土道场，众生以及诸劫。
如一微尘之内，一切尘中亦然，
种种咸皆具足，处处皆无障碍。
佛子安住于此，普观一切诸法，
众生及世界法，无起亦无所有。
观察众生平等，法等及如来等，
刹等诸愿皆等，三世悉皆平等。
佛子安住于此，教化一切群生，
供养诸佛如来，思惟诸法体性。
无量千万时劫，所修大愿智行，

広大不可計量，称扬莫能穷尽。
彼诸大勇猛力，所行无有障碍，
安住于此之中，我今合掌顶礼。
为诸佛之长子，圣德慈氏至尊，
我今恭敬顶礼，愿垂顾念于我。

　　这时，善财童子以如是等无量称扬赞叹一切菩萨的法门，赞叹毗卢遮那庄严藏大楼阁中的诸位菩萨之后，曲躬合掌，恭敬地顶礼，一心祈愿能见到并亲近、供养弥勒菩萨。这时，他马上就看见弥勒菩萨摩诃萨从他方世界前来，无量的天王、龙王、夜叉王、乾闼婆王、阿修罗王、迦楼罗王、紧那罗王、摩睺罗伽王、帝释天王、大梵天王、护世四天王，以及本生处的无量眷属、婆罗门众，和无数百千的众生，都前后围绕着弥勒菩萨，来到庄严藏大楼阁。善财童子看见之后，欢喜踊跃不已，恭敬地五体投地。

　　这时，弥勒菩萨观察善财功德已圆满，乃指示大众赞叹他的功德，而宣说以下偈颂：

汝等谛观善财，具智慧心清净，
为求大菩提行，而来至于我所。
善来圆满大慈，善来清净大悲，
善来寂灭智眼，修行无有懈倦。
善来清净意念，善来广大妙心，
善来不退深根，修行无有懈倦。
善来不动大行，常求诸善知识，
了达一切众法，调伏一切群生。
善来行妙道者，善来住功德者，
善来趣佛果者，未曾稍有疲倦。
善来功德为体，善来法所滋养，
善来无边行者，世间难可眼见。

善来远离迷惑，世法不能染着，
利衰毁誉等事，一切无所分别。

善来普施安乐，调柔堪受教化，
谄诳嗔慢众心，一切悉已除灭。

善来真正佛子，普诣于十方界，
增长诸般功德，调柔无有懈倦。

善来三世智慧，遍知一切诸法，
普生功德宝藏，修行绝不疲厌。

文殊德云等众，一切诸佛真子，
令汝来至我所，示汝无碍之处。

具修菩萨妙行，普摄一切群生，
如是广大之人，今已来至我所。

为求诸佛如来，清净微妙境界，
问诸广大愿力，而今来至我所。

去来现在诸佛，所成一切行业，
汝欲悉皆修学，而今来至我所。

汝于善知识处，欲求微妙佛法，
欲受菩萨大行，而今来至我所。

汝忆念善知识，诸佛之所称叹，
令汝圆成菩提，而今来至我所。

汝念诸善知识，生我犹如父母，
养我亦如乳母，增长我菩提分。

如医疗众疾病，如天雨洒甘露，
如日示于正道，如月转净妙轮。

如山能不动摇，如海无增无减，
如船师济渡津，而今来至我所。

汝观诸善知识，犹如大猛将军，
亦犹如大商主，又如伟大导师。

能建立正法幢，能示诸佛功德，
能灭一切恶道，能开诸善趣门，
能显诸佛妙身，能守诸佛法藏，
能持诸佛妙法，故愿瞻仰奉侍。
欲满清净智慧，欲具端正妙身，
欲生尊贵之家，而今来至我所。
汝等谛观此人，亲近诸善知识，
随其之所修学，一切相应顺行。
以昔福德因缘，文殊令汝发心，
随顺无有违逆，修行而不懈倦。
父母与众亲属，宫殿以及财产，
一切悉皆舍离，谦下求善知识。
净治如是意念，永离世间报身，
当生诸佛国土，受诸殊胜果报。
善财见彼众生，生老病死苦恼，
为发大悲心意，勤修无上大道。
善财见彼众生，五趣恒常流转，
为求金刚智慧，破彼一切苦轮。
善财见彼众生，心田甚为荒秽，
为除三毒之刺，专求利智之犁。
众生处痴暗中，盲冥失于正道，
善财为彼导师，示其安稳之处。
忍铠甲解脱乘，以智慧为利剑，
能于三有之内，破灭诸烦恼贼。
善财为法船师，普济一切含识，
令过尔焰之海，疾至清净宝洲。
善财正觉大日，智光大愿之轮，
周行法界空中，普照群迷宅第。

善财正觉妙月，白法悉皆圆满，
慈定清凉光明，平等照众生心。
善财殊胜智海，依于直心安住，
菩提行渐甚深，出生众法珍宝。
善财为大心龙，升于法界虚空，
兴云霆下甘泽，生成一切妙果。
善财燃法灯明，信炷慈悲为油，
念器功德宝光，灭除三毒黑暗。
觉心为迦罗逻，悲为胞慈为肉，
菩提分成肢节，滋长于如来藏。
增长福德宝藏，清净智慧法藏，
开显诸方便藏，出生大愿力藏。
如是广大庄严，救护一切群生，
一切天人之中，难闻难可得见。
如是大智慧树，根深不可动摇，
众行逐渐增长，普荫一切群生。
欲生一切功德，欲问一切妙法，
欲断一切众疑，专求诸善知识。
欲破诸惑心魔，欲除诸见垢秽，
欲解众生缚缠，专求诸善知识。
当灭一切恶道，当示人天大路，
令修功德胜行，疾入涅槃城中。
当度诸见厄难，当截诸见缠网，
当枯爱欲之水，当示三有之道。
当为世间依怙，当作世间光明，
当成三界导师，示其解脱之处。
亦当令彼世间，普离诸想执着，
普觉烦恼睡眠，普出爱欲染泥。

当了种种要法，当净种种刹土，
一切咸皆究竟，其心生大欢喜。
汝行极为调柔，汝心甚为清净，
所欲修习功德，一切当得圆满。
不久亲见诸佛，了达一切诸法，
严净一切刹海，成就广大菩提。
当满一切行海，当知一切法海，
当度众生大海，如是勤修诸行。
当到功德彼岸，当生一切善品，
当与诸佛子等，如是心得决定。
当断一切迷惑，当净一切众业，
当降伏一切魔，满足如是愿心。
当生净妙智道，当开正法之道，
不久当得舍离，惑业诸苦之道。
一切众生轮回，沉迷诸有轮中，
汝当转大法轮，令其断苦恼轮。
汝当总持佛种，汝当清净法种，
汝能积集僧种，三世悉皆周遍。
当断众爱欲网，当裂众见疑网，
当救脱众苦网，当成此大愿网。
当度脱众生界，当清净国土界，
当积集智慧界，当成就此心界。
当令众生欢喜，当令菩萨欢喜，
当令诸佛欢喜，当成此大欢喜。
当见一切众趣，当见一切佛刹，
当见一切妙法，当成此佛知见。
当放破暗光明，当放息热光明，
当放灭恶光明，涤除三有苦恼。

当开天趣之门，当开佛道普门，
当示解脱妙门，普使众生趣入。

当开示于正道，当禁绝于邪道，
如是精勤修行，成就大菩提道。

当修大功德海，当度三有之海，
普使众群生海，出于众苦之海。

当于众生大海，消竭诸烦恼海。

令修诸胜行海，疾入大智慧海。

汝当增益智海，汝当勤修行海，
诸佛大愿力海，汝当咸皆满足。

汝当入佛刹海，汝当观察众海，
汝当以智慧力，普饮诸佛法海。

当觐见诸佛云，当起大供养云，
当谛听妙法云，当兴此大愿云。

普游三有室中，普坏迷惑之室，
普入佛如来室，当行如是之道。

普入三昧之门，普游解脱妙门，
普住大神通门，周行于法界中。

普现众生面前，普对诸佛面前，
譬如日月光明，当成如是大力。

所行无有动乱，所行无所染着，
如鸟行于虚空，当成就此妙用。

譬如因陀罗网，刹网亦如是住，
汝当悉皆往诣，如风无所障碍。

汝当入于法界，遍往诸世界中，
普见三世诸佛，心生广大欢喜。

汝于一切法门，已得以及当得，
应生广大喜跃，无贪亦无厌倦。

汝是功德法器，能随诸佛教诲，
能修菩萨妙行，得见此奇特事。
如是诸佛真子，亿劫难可值遇，
况见其众功德，所修一切妙道。
汝今生于人中，大获一切善利，
得见文殊等尊，无量诸般功德。
已远离诸恶道，已出离诸难处，
已超脱众苦患，善哉慎勿懈怠。
已离凡夫之地，已住菩萨地中，
当满大智慧地，速入佛如来地。
菩萨行如大海，佛智如同虚空，
汝愿亦复皆然，应心生大欣庆。
诸根绝不懈倦，志愿恒已决定，
亲近诸善知识，不久悉皆成满。
菩萨种种妙行，皆为调伏众生，
普行一切法门，慎勿出生疑惑。
汝具难思福德，及以真实净信，
是故能于今日，得见诸佛真子。
汝见诸佛真子，悉获广大利益，
一一诸大愿力，一切咸皆信受。
汝于三有之中，能修菩萨胜行，
是故诸佛真子，示汝解脱妙门。
非是法器之人，若与佛子同住，
设经无量时劫，莫知佛子境界。
汝见诸菩萨众，得闻如是妙法，
世间甚为难有，应心生大喜庆。
诸佛护念于汝，菩萨摄受于汝，
能顺其教而行，善哉长住寿命。

已生菩萨之家，已具菩萨妙德，
已长佛如来种，当升灌顶位中。
不久汝当证得，能与诸佛子等，
见于苦恼众生，悉置安稳之处。
如下如是种子，必获如是果报，
我今欣庆慰汝，汝应生大欣悦。
无量诸菩萨众，无量时劫行道，
未能成此妙行，今汝皆已获得。
信乐精进力足，善财成此大行，
若有敬慕心者，亦当如是修学。
一切功德胜行，皆从愿欲出生，
善财今已了知，常乐精勤修习。
如龙巧布密云，必当霆下大雨，
菩萨起大愿智，决定勤修诸行。
若有大善知识，示汝普贤胜行，
汝当一心承事，慎勿出生疑惑。
汝于无量时劫，为欲妄而舍身，
今为求大菩提，此舍方为善业。
汝于无量时劫，具受生死苦恼，
不曾敬事诸佛，未闻如是大行。
汝今已得人身，值佛大善知识，
听受大菩提行，云何不生欢喜？
虽遇佛兴于世，亦值大善知识，
其心若不清净，不闻如是大法。
若于大善知识，信乐心生尊重，
离疑不生疲厌，乃闻如是大法。
若有听闻此法，而兴大誓愿心，
当知如是之人，已获广大利益。

如是心得清净，常得亲近诸佛，

亦近诸大菩萨，决定圆成菩提。

若证入此法门，则具诸大功德，

永出离三恶趣，不受一切苦恼。

不久当舍此身，往生佛国刹土，

常见十方诸佛，以及诸大菩萨。

往因今清净解，及事善友之力，

增长诸大功德，如水出生莲华。

乐事诸善知识，勤供一切佛陀，

专心听闻妙法，常行勿有懈倦。

汝是真实法器，当具一切佛法，

当修一切妙道，当满一切大愿。

汝以大信解心，而来礼敬于我，

不久即当普入，一切诸佛海会。

善哉真实佛子，恭敬一切佛陀，

不久具足诸行，到佛功德彼岸。

汝当现往大智，文殊师利所在，

彼当令汝证得，普贤甚深妙行。

这时，弥勒菩萨摩诃萨在众会前，称赞善财童子的大功德藏。善财童子听闻之后，欢喜踊跃，遍身的毛发都竖起，悲泣哽噎不已，即时起立合掌，恭敬瞻仰弥勒菩萨，右绕他无数圈。又，因为文殊师利菩萨的心念力量，各种宝华、璎珞，种种的妙宝不知不觉地突然溢满善财的手中，善财童子欢喜不已。随即敬奉给弥勒菩萨摩诃萨。

这时，弥勒菩萨摩触善财童子的头顶，为他宣说如下之偈颂：

善哉！善哉！真实佛子！普策诸根无有懈倦，

不久当具诸大功德，犹如文殊及与我等。

这时，善财童子也用偈颂回答说：

我忆念善知识，亿劫难可值遇，

今得咸皆亲近，而来参诣尊所。

我以文殊之故，而见诸难见者，

彼大功德至尊，愿速瞻仰觐见。

【注释】

❶ 十二缘起：世间的一切都是诸法众缘和合而生，所以称为缘起。十二缘起是有情生死流转的过程，分别为无明、行、识、名色、六入、触、受、爱、取、有、生、老死。

❷ 我见：又叫"我执"。一切万法，包括"我"都是因缘和合而生，但是众生却都执着有一个真实恒常的"我"，所以说是我见。

❸ 毗沙门天王：四大天王中的多闻天王。

❹ 断见：坚持人死后身心断灭，永不存在。

❺ 常见：坚持身心常住，永恒不灭。

❻ 无因见：认为一切现象的产生都是独立的偶然，是没有原因的。

❼ 不由他：指由自身的业力而生，不是由自在天王所生。

❽ 离自在见：不认为自在天（全能的神）能创造万物。

❾ 边执见：就是边见，偏于一边的邪见，如断见、常见。

❿ 空、无相、无愿：这三者都是在说明空的道理，又称为三空门。

⓫ 九次第定：禅定境界的次第，包括初禅、二禅、三禅、四禅、空无边处定、识无边处定、无所有处定、非想非非想处定、灭受想定。

⓬ 四魔：指烦恼魔、五阴魔、死魔、天魔。烦恼魔是指贪、嗔、痴等习气，恼害身心。五阴魔指色、受、想、行、识等五蕴能生一切苦。死魔指死亡能断人生命。天魔指能阻碍众生修行的恶魔。

卷第七十八
入法界品第三十九之十九

【原典】

　　尔时，善财童子合掌恭敬，重白弥勒菩萨摩诃萨言："大圣！我已先发阿耨多罗三藐三菩提心，而我未知菩萨云何学菩萨行？云何修菩萨道？

　　"大圣！一切如来授尊者记，一生当得阿耨多罗三藐三菩提。若一生当得无上菩提，则已超越一切菩萨所住处，则已出过一切菩萨离生位，则已圆满一切波罗蜜，则已深入一切诸忍门，则已具足一切菩萨地，则已游戏一切解脱门，则已成就一切三昧法，则已通达一切菩萨行，则已证得一切陀罗尼辩才，则已于一切菩萨自在中而得自在，则已积集一切菩萨助道法，则已游戏智慧方便，则已出生大神通智，则已成就一切学处，则已圆满一切妙行，则已满足一切大愿，则已领受一切佛所记，则已了知一切诸乘门，则已堪受一切如来所护念，则已能摄一切佛菩提，则已能持一切佛法藏，则已能持一切诸佛菩萨秘密藏，则已能于一切菩萨众中为上首，则已能为破烦恼魔军大勇将，则已能作出生死旷野大导师，则已能作治诸惑重病大医王，则已能于一切众生中为最胜，则已能于一切世主中得自在，则已能于一切圣人中最第一，则已能于一切声闻、独觉中最增上，则已能于生死海中为船师，则已能布调伏一切众生网，则已能观一切众生根，则已能摄一切众生界，则已能守护一切菩萨众，则已能谈议一切菩萨事，则已能往诣一切如来所，则已能住止一切如来会，则已能现身一切众生前，则已能于一切世法无所染，则已能超越一切魔境界，则已能安住一切佛境界，则已能到一切菩萨无碍境，则已能精勤供养一切佛，则已与一切诸佛法同体性，已系妙法缯，已受佛灌顶，已住一切智，已能普生一切佛法，已能速践一切智位。

"大圣！菩萨云何学菩萨行？云何修菩萨道？随所修学，疾得具足一切佛法，悉能度脱所念众生，普能成满所发大愿，普能究竟所起诸行，普能安慰一切天人，不负自身，不断三宝，不虚一切佛菩萨种，能持一切诸佛法眼。如是等事，愿皆为说！"

尔时，弥勒菩萨摩诃萨观察一切道场众会，指示善财而作是言："诸仁者！汝等见此长者子，今于我所问菩萨行诸功德不？诸仁者！此长者子，勇猛精进，志愿无杂，深心坚固，恒不退转；具胜希望，如救头然，无有厌足；乐善知识，亲近供养，处处寻求，承事请法。诸仁者！此长者子，曩于福城受文殊教，展转南行求善知识，经由一百一十善知识已，然后而来至于我所，未曾暂起一念疲懈。

"诸仁者！此长者子甚为难有，趣向大乘，乘于大慧，发大勇猛，擐大悲甲，以大慈心救护众生，起大精进波罗蜜行，作大商主护诸众生，为大法船度诸有海，住于大道，集大法宝，修诸广大助道之法；如是之人，难可得闻，难可得见，难得亲近、同居、共行。何以故？此长者子发心救护一切众生，令一切众生，解脱诸苦，超诸恶趣，离诸险难，破无明暗，出生死野，息诸趣轮，度魔境界，不著世法，出欲淤泥，断贪鞅，解见缚，坏想宅，绝迷道，摧慢幢，拔惑箭，撤睡盖，裂爱网，灭无明，度有流，离谄幻，净心垢，断痴惑，出生死。

"诸仁者！此长者子，为被四流漂泊者，造大法船；为被见泥没溺者，立大法桥；为被痴暗昏迷者，然大智灯；为行生死旷野者，开示圣道；为婴烦恼重病者，调和法药；为遭生、老、死苦者，饮以甘露，令其安隐；为入贪、恚、痴火者，沃以定水，使得清凉；多忧恼者，慰谕使安；系有狱者，晓诲令出；入见网者，开以智剑；住界城者，示诸脱门；在险难者，导安隐处；惧结贼者，与无畏法；堕恶趣者，授慈悲手；拘害蕴者，示涅槃城；

界蛇所缠，解以圣道；著于六处空聚落者，以智慧光引之令出；住邪济者，令入正济；近恶友者，示其善友；乐凡法者，诲以圣法；著生死者，令其趣入一切智城。

"诸仁者！此长者子，恒以此行救护众生，发菩提心未尝休息，求大乘道曾无懈倦，饮诸法水不生厌足，恒勤积集助道之行，常乐清净一切法门，修菩萨行不舍精进，成满诸愿善行方便，见善知识情无厌足，事善知识身不疲懈，闻善知识所有教诲常乐顺行未曾违逆。

"诸仁者！若有众生能发阿耨多罗三藐三菩提心，是为希有；若发心已，又能如是精进方便集诸佛法，倍为希有；又能如是求菩萨道，又能如是净菩萨行，又能如是事善知识，又能如是如救头然，又能如是顺知识教，又能如是坚固修行，又能如是集菩提分，又能如是不求一切名闻利养，又能如是不舍菩萨纯一之心，又能如是不乐家宅、不著欲乐、不恋父母亲戚知识，但乐追求菩萨伴侣，又能如是不顾身命，唯愿勤修一切智道，应知展转倍更难得。

"诸仁者！余诸菩萨经于无量百千万亿那由他劫，乃能满足菩萨愿行，乃能亲近诸佛菩提；此长者子，于一生内，则能净佛刹，则能化众生，则能以智慧深入法界，则能成就诸波罗蜜，则能增广一切诸行，则能圆满一切大愿，则能超出一切魔业，则能承事一切善友，则能清净诸菩萨道，则能具足普贤诸行。"

尔时，弥勒菩萨摩诃萨如是称叹善财童子种种功德，令无量百千众生发菩提心已，告善财言："善哉！善哉！善男子！汝为饶益一切世间，汝为救护一切众生，汝为勤求一切佛法故，发阿耨多罗三藐三菩提心。

"善男子！汝获善利，汝善得人身，汝善住寿命，汝善值如来出现，汝善见文殊师利大善知识。汝身是善器，为诸善根之所润泽。汝为白法之所资持，所有解欲悉已清净，已为诸佛共所护念，已为善友共所摄受。何以故？

"善男子！菩提心者，犹如种子，能生一切诸佛法故；菩提心者，犹如良田，能长众生白净法故；菩提心者，犹如大地，能持一切诸世间故；菩提心者，犹如净水，能洗一切烦恼垢故；菩提心者，犹如大风，普于世间无所碍故；菩提心者，犹如盛火，能烧一切诸见薪故；菩提心者，犹如净日，普照一切诸世间故；菩提心者，犹如盛月，诸白净法悉圆满故；菩提心者，犹如明灯，能放种种法光明故；菩提心者，犹如净目，普见一切安危处故；菩提心者，犹如大道，普令得入大智城故；菩提心者，犹如正济，令其得离诸邪法故；菩提心者，犹如大车，普能运载诸菩萨故；菩提心者，犹如门户，开示一切菩萨行故；菩提心者，犹如宫殿，安住修习三昧法故；菩提心者，犹如园苑，于中游戏受法乐故；菩提心者，犹如舍宅，安隐一切诸众生故；菩提心者，则为所归，利益一切诸世间故；菩提心者，则为所依，诸菩萨行所依处故；菩提心者，犹如慈父，训导一切诸菩萨故；菩提心者，犹如慈母，生长一切诸菩萨故；菩提心者，犹如乳母，养育一切诸菩萨故；菩提心者，犹如善友，成益一切诸菩萨故；菩提心者，犹如君主，胜出一切二乘人故；菩提心者，犹如帝王，一切愿中得自在故；菩提心者，犹如大海，一切功德悉入中故；菩提心者，如须弥山，于诸众生心平等故；菩提心者，如铁围山，摄持一切诸世间故；菩提心者，犹如雪山，长养一切智慧药故；菩提心者，犹如香山，出生一切功德香故；菩提心者，犹如虚空，诸妙功德广无边故；菩提心者，犹如莲华，不染一切世间法故；菩提心者，如调慧象，其心善顺不犷戾故；菩提心者，如良善马，远离一切诸恶性故；菩提心者，如调御师，守护大乘一切法故；菩提心者，犹如良药，能治一切烦恼病故；菩提心者，犹如坑阱，陷没一切诸恶法故；菩提心者，犹如金刚，悉能穿彻一切法故；菩提心者，犹如香箧，能贮一切功德香故；菩提心者，犹如妙华，一切世间所乐见故；菩提心者，如白栴檀，除众欲热使清凉故；菩提心者，如黑沉香，能熏法界悉周遍故；菩提心者，如善见药王，能破一切烦恼病故；菩提心者，如毗笈摩药，能拔一切诸惑箭故；菩提心者，犹如帝释，一切主中最为尊故；菩提心者，如毗沙门，能断一切贫穷苦故；菩提心者，如功德天，一切功德所庄严故；菩提心者，如庄严具，庄严一切诸菩萨故；菩提心者，如劫烧火，能烧一切诸有为故；菩提心者，如无生根药，长养一切诸佛法故；菩提心者，犹如龙珠，能消一切烦恼毒故；菩提心者，如水清珠，能清一切烦恼浊故；菩提心者，如如意珠，周给一切诸贫乏故；菩提心者，如功德瓶，满足一切众生心故；菩提心者，如如意树，能雨一切庄严具故；菩提心者，如鹅羽衣，不受一切生死垢故；菩提心者，如白氎线，从本已来性清净故；菩提心者，如快利犁，能治一切众生田故；菩提心者，如那罗延，能摧一切我见敌故；菩提心者，犹如快箭，能破一切诸苦的故；菩提心者，犹如利矛，能穿一切烦恼甲故；菩提心者，犹如坚甲，能护一切如理心故；菩提心者，犹如利刀，能斩一切烦恼首故；菩提心者，犹如利剑，能断一切骄慢铠故；菩提心者，如勇将幢，能伏一切诸魔军故；菩提心者，犹如利锯，能截一切无明树故；菩提心者，犹如利斧，能伐一切诸苦树故；菩提心者，犹如兵仗，能防一切诸苦难故；菩提心者，犹如善手，防护一切诸度身故；菩提心者，犹如好足，安立一切诸功德故；菩提心者，犹如眼药，灭除一切无明翳故；菩提心者，犹如钳镊，能拔一切身见刺故；菩提心者，犹如卧具，息除生死诸劳苦故；菩提心者，如善知识，能解一切生死缚故；菩提心者，如好珍财，能除一切贫穷事故；菩提心者，如大导师，善知菩萨出要道故；菩提心者，犹如伏藏，出功德财无匮乏故；菩提心者，犹如涌泉，生智慧水无穷尽故；菩提心者，犹如明镜，普现一切法门像故；菩提心者，犹如莲华，不染一切诸罪垢故；菩提心者，犹如大河，流引一切度摄法故；菩提心者，如大龙王，能雨一切妙法雨故；菩提心者，犹如命根，任持菩萨大悲身故；菩提心者，犹如甘露，能令安住不死界故；菩提心者，犹如大网，普摄一切诸众生故；菩提心者，犹如罥索，摄取一切所应化故；菩提心者，犹如钩饵，出有渊中所居者故；菩提心者，如阿伽陀药，能令无病永安隐故；菩提心者，如除毒药，悉能消歇贪爱毒故；菩提心者，如善持咒，能除一切颠倒毒故；菩提心者，犹如疾风，能卷一切诸障雾故；菩提心者，如大宝洲，出生一切觉分宝故；菩提心者，如好种性，出生一切白净法故；菩提心者，犹如住宅，诸功德法所依处故；菩提心者，犹如市肆，菩萨商人贸易处故；菩提心者，如炼金药，能治一切烦恼垢故；菩提心者，犹如好蜜，圆满一切功德味故；菩提心者，犹如正道，令诸菩萨入智城故；菩提心者，犹如好器，能持一切白净法故；菩提心者，犹如时雨，能灭一切烦恼尘故；菩提心者，则为住处，一切菩萨所住处故；菩提心者，则为寿行，不取声闻解脱果故；菩提心者，如净琉璃，自性明洁无诸垢故；菩提心者，如帝青宝，出过世间二乘智故；菩提心者，如更漏鼓，觉诸众生烦恼睡故；菩提心者，如清净水，性本澄洁无垢浊故；菩提心者，如阎浮金，映夺一切有为善故；菩提心者，如大山王，超出一切诸世间故；菩提心者，则为所归，不拒一切诸来者故；菩提心者，则为义利，能除一切衰恼事故；菩提心者，则为妙宝，能令一切心欢喜故；菩提心者，如大施会，充满一切众生心故；菩提心者，则为尊胜，诸众生心无与等故；菩提心者，犹如伏藏，能摄一切诸佛法故；菩提心者，如因陀罗网，能伏烦恼阿修罗故；菩提心者，如婆楼那风，能动一切所应化故；菩提心者，如因陀罗火，能烧一切诸惑习故；菩提心者，如佛支提，一切世间应供养故。

"善男子！菩提心者，成就如是无量功德。举要言之，应知悉与一切佛法诸功德等。何以故？因菩提心出生一切诸菩萨行，三世如来从菩提心而出生故。是故，善男子！若有发阿耨多罗三藐三菩提心者，则已出生无量功德，普能摄取一切智道。

"善男子！譬如有人，得无畏药，离五恐怖。何等为五？所谓火不能烧，毒不能中，刀不能伤，水不能漂，烟不能熏。菩萨摩诃萨亦复如是，得一切智菩提心药，贪火不烧，嗔毒不中，惑刀不伤，有流不漂，诸觉观烟不能熏害。

"善男子！譬如有人，得解脱药，终无横难。菩萨摩诃萨亦复如是，得菩提心解脱智药，永离一切生死横难。

"善男子！譬如有人，持摩诃应伽药，毒蛇闻气，即皆远去。菩萨摩诃萨亦复如是，持菩提心大应伽药，一切烦恼诸恶毒蛇，闻其气者，悉皆散灭。

"善男子！譬如有人，持无胜药，一切怨敌无能胜者。菩萨摩诃萨亦复如是，持菩提心无能胜药，悉能降伏一切魔军。

"善男子！譬如有人，持毗笈摩药，能令毒箭自然堕落。菩萨摩诃萨亦复如是，持菩提心毗笈摩药，令贪、恚、痴、诸邪见箭自然堕落。

"善男子！譬如有人，持善见药，能除一切所有诸病。菩萨摩诃萨亦复如是，持菩提心善见药王，悉除一切诸烦恼病。

"善男子！如有药树，名珊陀那，有取其皮以涂疮者，疮即除愈，然其树皮，随取随生，终不可尽。菩萨摩诃萨从菩提心生一切智树亦复如是，若有得见而生信者，烦恼业疮悉得消灭，一切智树初无所损。

"善男子！如有药树，名无生根，以其力故，增长一切阎浮提树。菩萨摩诃萨菩提心树亦复如是，以其力故，增长一切学与无学及诸菩萨所有善法。

"善男子！譬如有药，名阿蓝婆，若用涂身，身之与心咸有堪能。菩萨摩诃萨得菩提心阿蓝婆药亦复如是，令其身心增长善法。

"善男子！譬如有人，得念力药，凡所闻事忆持不忘。菩萨摩诃萨得菩提心念力妙药，悉能闻持一切佛法皆无忘失。

"善男子！譬如有药，名大莲华，其有服者住寿一劫。菩萨摩诃萨服菩提心大莲华药亦复如是，于无数劫，寿命自在。

"善男子！譬如有人，执翳形药，人与非人悉不能见。菩萨摩诃萨执菩提心翳形妙药，一切诸魔不能得见。

"善男子！如海有珠，名普集众宝，此珠若在，假使劫火焚烧世间，能令此海减于一滴，无有是处。菩萨摩诃萨菩提心珠亦复如是，住于菩萨大愿海中，若常忆持不令退失，能坏菩萨一善根者，终无是处；若退其心，一切善法即皆散灭。

"善男子！如有摩尼，名大光明，有以此珠璎珞身者，映蔽一切宝庄严具，所有光明悉皆不现。菩萨摩诃萨菩提心宝亦复如是，璎珞其身，映蔽一切二乘心宝，诸庄严具悉无光彩。

"善男子！如水清珠，能清浊水。菩萨摩诃萨菩提心珠亦复如是，能清一切烦恼垢浊。

"善男子！譬如有人，得住水宝，系其身上，入大海中，不为水害。菩萨摩诃萨亦复如是，得菩提心住水妙宝，入于一切生死海中，终不沉没。

"善男子！譬如有人，得龙宝珠，持入龙宫，一切龙蛇不能为害。菩萨摩诃萨亦复如是，得菩提心大龙宝珠，入欲界中，烦恼龙蛇不能为害。

"善男子！譬如帝释，著摩尼冠，映蔽一切诸余天众。菩萨摩诃萨亦复如是，著菩提心大愿宝冠，超过一切三界众生。

"善男子！譬如有人，得如意珠，除灭一切贫穷之苦。菩萨摩诃萨亦复如是，得菩提心如意宝珠，远离一切邪命怖畏。

"善男子！譬如有人，得日精珠，持向日光而生于火。菩萨摩诃萨亦复如是，得菩提心智日宝珠，持向智光而生智火。

"善男子！譬如有人，得月精珠，持向月光而生于水。菩萨摩诃萨亦复如是，得菩提心月精宝珠，持此心珠，鉴回向光，而生一切善根愿水。

"善男子！譬如龙王，首戴如意摩尼宝冠，远离一切怨敌怖畏。菩萨摩诃萨亦复如是，著菩提心大悲宝冠，远离一切恶道诸难。

"善男子！如有宝珠，名一切世间庄严藏，若有得者，令其所欲悉得充满，而此宝珠无所损减。菩提心宝亦复如是，若有得者，令其所愿悉得满足，而菩提心无有损减。

"善男子！如转轮王，有摩尼宝，置于宫中，放大光明，破一切暗。菩萨摩诃萨亦复如是，以菩提心大摩尼宝，住于欲界，放大智光，悉破诸趣无明黑暗。

"善男子！譬如帝青大摩尼宝，若有为此光明所触，即同其色。菩萨摩诃萨菩提心宝亦复如是，观察诸法回向善根，靡不即同菩提心色。

"善男子！如琉璃宝，于百千岁处不净中，不为臭秽之所染著，性本净故。菩萨摩诃萨菩提心宝亦复如是，于百千劫住欲界中，不为欲界过患所染，犹如法界性清净故。

"善男子！譬如有宝，名净光明，悉能映蔽一切宝色。菩萨摩诃萨菩提心宝亦复如是，悉能映蔽一切凡夫二乘功德。

"善男子！譬如有宝，名为火焰，悉能除灭一切暗冥。菩萨摩诃萨菩提心宝亦复如是，能灭一切无知暗冥。

"善男子！譬如海中有无价宝，商人采得，船载入城，诸余摩尼百千万种，光色、价直无与等者。菩提心宝亦复如是，住于生死大海之中，菩萨摩诃萨乘大愿船，深心相续，载之来入解脱城中，二乘功德无能及者。

"善男子！如有宝珠，名自在王，处阎浮洲，去日月轮四万由旬，日月宫中所有庄严，其珠影现悉皆具足。菩萨摩诃萨发菩提心净功德宝亦复如是，住生死中，照法界空，佛智日月一切功德悉于中现。

"善男子！如有宝珠，名自在王，日月光明所照之处，一切财宝、衣服等物，所有价直悉不能及。菩萨摩诃萨发菩提心自在王宝亦复如是，一切智光所照之处，三世所有天人、二乘漏无漏善一切功德皆不能及。

"善男子！海中有宝，名曰海藏，普现海中诸庄严事。菩萨摩诃萨菩提心宝亦复如是，普能显示一切智海诸庄严事。

"善男子！譬如天上阎浮檀金，唯除心王大摩尼宝，余无及者。菩萨摩诃萨发菩提心阎浮檀金亦复如是，除一切智心王大宝，余无及者。

"善男子！譬如有人，善调龙法，于诸龙中而得自在。菩萨摩诃萨亦复如是，得菩提心善调龙法，于诸一切烦恼龙中而得自在。

"善男子！譬如勇士，被执铠仗，一切怨敌无能降伏。菩萨摩诃萨亦复如是，被执菩提大心铠仗，一切业惑诸恶怨敌无能屈伏。

"善男子！譬如天上黑栴檀香，若烧一铢，其香普熏小千世界，三千世界满中珍宝所有价直皆不能及。菩萨摩诃萨菩提心香亦复如是，一念功德普熏法界，声闻、缘觉一切功德皆所不及。

"善男子！如白栴檀，若以涂身，悉能除灭一切热恼，令其身心普得清凉。菩萨摩诃萨菩提心香亦复如是，能除一切虚妄、分别、贪、恚、痴等诸惑热恼，令其具足智慧清凉。

"善男子！如须弥山，若有近者，即同其色。菩萨摩诃萨菩提心山亦复如是，若有近者，悉得同其一切智色。

"善男子！譬如波利质多罗树，其皮香气，阎浮提中若婆师迦、若薝卜迦、若苏摩那，如是等华所有香气皆不能及。菩萨摩诃萨菩提心树亦复如是，所发大愿功德之香，一切二乘无漏戒定、智慧解脱、解脱知见诸功德香悉不能及。

"善男子！譬如波利质多罗树，虽未开华，应知即是无量诸华出生之处。菩萨摩诃萨菩提心树亦复如是，虽未开发一切智华，应知即是无数天人众菩提华所生之处。

"善男子！譬如波利质多罗华，一日熏衣，蓍卜迦华、婆利师华、苏摩那华虽千岁熏亦不能及。菩萨摩诃萨菩提心华亦复如是，一生所熏诸功德香，普彻十方一切佛所，一切二乘无漏功德百千劫熏所不能及。

"善男子！如海岛中生椰子树，根、茎、枝、叶及以华、果，一切众生恒取受用无时暂歇。菩萨摩诃萨菩提心树亦复如是，始从发起悲愿之心，乃至成佛，正法住世，常时利益一切世间无有间歇。

"善男子！如有药汁，名诃宅迦，人或得之，以其一两变千两铜，悉成真金，非千两铜能变此药。菩萨摩诃萨亦复如是，以菩提心回向智药，普变一切业惑等法，悉使成于一切智相，非业惑等能变其心。

"善男子！譬如小火，随所焚烧，其焰转炽。菩萨摩诃萨菩提心火亦复如是，随所攀缘，智焰增长。

"善男子！譬如一灯，然百千灯，其本一灯无减无尽。菩萨摩诃萨菩提心灯亦复如是，普然三世诸佛智灯，而其心灯无减无尽。

"善男子！譬如一灯，入于暗室，百千年暗悉能破尽。菩萨摩诃萨菩提心灯亦复如是，入于众生心室之内，百千万亿不可说劫诸业烦恼、种种暗障悉能除尽。

"善男子！譬如灯炷，随其大小而发光明；若益膏油，明终不绝。菩萨摩诃萨菩提心灯亦复如是，大愿为炷，光照法界；益大悲油，教化众生，庄严国土，施作佛事，无有休息。

"善男子！譬如他化自在天王，冠阎浮檀真金天冠，欲界天子诸庄严具皆不能及。菩萨摩诃萨亦复如是，冠菩提心大愿天冠，一切凡夫、二乘功德皆不能及。

"善男子！如师子王哮吼之时，师子儿闻皆增勇健，余兽闻之即皆窜伏。佛师子王菩提心吼应知亦尔，诸菩萨闻增长功德，有所得者闻皆退散。

"善男子！譬如有人，以师子筋而为乐弦，其音既奏，余弦悉绝。菩萨摩诃萨亦复如是，以如来师子波罗蜜身菩提心筋为法乐弦；其音既奏，一切五欲及以二乘诸功德弦悉皆断灭。

"善男子！譬如有人，以牛羊等种种诸乳，假使积集盈于大海，以师子乳一滴投中，悉令变坏，直过无碍。菩萨摩诃萨亦复如是，以如来师子菩提心乳，著无量劫业烦恼乳大海之中，悉令坏灭，直过无碍，终不住于二乘解脱。

"善男子！譬如迦陵频伽鸟，在卵𪃟中有大势力，一切诸鸟所不能及。菩萨摩诃萨亦复如是，于生死𪃟发菩提心，所有大悲功德势力，声闻、缘觉无能及者。

"善男子！如金翅鸟王子，初始生时，目则明利，飞则劲捷，一切诸鸟虽久成长无能及者。菩萨摩诃萨亦复如是，发菩提心，为佛王子，智慧清净，大悲勇猛，一切二乘虽百千劫久修道行所不能及。

"善男子！如有壮夫，手执利矛，刺坚密甲，直过无碍。菩萨摩诃萨亦复如是，执菩提心铦利快矛，刺诸邪见随眠密甲，悉能穿彻无有障碍。

"善男子！譬如摩诃那伽大力勇士，若奋威怒，于其额上必生疮疱；疮若未合，阎浮提中一切人民无能制伏。菩萨摩诃萨亦复如是，若起大悲，必定发于菩提之心；心未舍来，一切世间魔及魔民不能为害。

"善男子！譬如射师有诸弟子，虽未惯习其师技艺，然其智慧、方便、善巧，余一切人所不能及。菩萨摩诃萨初始发心亦复如是，虽未惯习一切智行，然其所有愿、智、解、欲，一切世间凡夫、二乘悉不能及。

"善男子！如人学射，先安其足，后习其法。菩萨摩诃萨亦复如是，欲学如来一切智道，先当安住菩提之心，然后修行一切佛法。

"善男子！譬如幻师，将作幻事，先当起意忆持幻法，然后所作悉得成就。菩萨摩诃萨亦复如是，将起一切诸佛菩萨神通幻事，先当起意发菩提心，然后一切悉得成就。

"善男子！譬如幻术，无色现色。菩萨摩诃萨菩提心相亦复如是，虽无有色，不可睹见，然能普于十方法界示现种种功德庄严。

"善男子！譬如猫狸，才见于鼠，鼠即入穴不敢复出。菩萨摩诃萨发菩提心亦复如是，暂以慧眼观诸惑业，皆即窜匿不复出生。

"善男子！譬如有人，著阎浮金庄严之具，映蔽一切皆如聚墨。菩萨摩诃萨亦复如是，著菩提心庄严之具，映蔽一切凡夫二乘功德庄严悉无光色。

"善男子！如好磁石，少分之力，即能吸坏诸铁钩锁。菩萨摩诃萨发菩提心亦复如是，若起一念，悉能坏灭一切见欲无明钩锁。

"善男子！如有磁石，铁若见之，即皆散去，无留住者。菩萨摩诃萨发菩提心亦复如是，诸业烦恼、二乘解脱，若暂见之，即皆散灭，亦无住者。

"善男子！譬如有人，善入大海，一切水族无能为害，假使入于摩竭鱼口，亦不为彼之所吞噬。菩萨摩诃萨亦复如是，发菩提心入生死海，诸业烦恼不能为害；假使入于声闻、缘觉实际法中，亦不为其之所留难。

"善男子！譬如有人，饮甘露浆，一切诸物不能为害。菩萨摩诃萨亦复如是，饮菩提心甘露法浆，不堕声闻、辟支佛地，以具广大悲愿力故。

"善男子！譬如有人，得安缮那药以涂其目，虽行人间，人所不见。菩萨摩诃萨亦复如是，得菩提心安缮那药，能以方便入魔境界，一切众魔所不能见。

"善男子！譬如有人，依附于王，不畏余人。菩萨摩诃萨亦复如是，依菩提心大势力王，不畏障、盖、恶道之难。

"善男子！譬如有人，住于水中，不畏火焚。菩萨摩诃萨亦复如是，住菩提心善根水中，不畏二乘解脱智火。

"善男子！譬如有人，依倚猛将，即不怖畏一切怨敌。菩萨摩诃萨亦复如是，依菩提心勇猛大将，不畏一切恶行怨敌。

"善男子！如释天王，执金刚杵，摧伏一切阿修罗众。菩萨摩诃萨亦复如是，持菩提心金刚之杵，摧伏一切诸魔外道。

"善男子！譬如有人，服延龄药，长得充健，不老不瘦。菩萨摩诃萨亦复如是，服菩提心延龄之药，于无数劫修菩萨行，心无疲厌亦无染著。

"善男子！譬如有人，调和药汁，必当先取好清净水。菩萨摩诃萨亦复如是，欲修菩萨一切行愿，先当发起菩提之心。

"善男子！如人护身，先护命根。菩萨摩诃萨亦复如是，护持佛法，亦当先护菩提之心。

"善男子！譬如有人，命根若断，不能利益父母、宗亲。菩萨摩诃萨亦复如是，舍菩提心，不能利益一切众生，不能成就诸佛功德。

"善男子！譬如大海，无能坏者。菩提心海亦复如是，诸业烦恼、二乘之心所不能坏。

"善男子！譬如日光，星宿光明不能映蔽。菩提心日亦复如是，一切二乘无漏智光所不能蔽。

"善男子！如王子初生，即为大臣之所尊重，以种性自在故。菩萨摩诃萨亦复如是，于佛法中发菩提心，即为耆宿久修梵行声闻、缘觉所共尊重，以大悲自在故。

"善男子！譬如王子，年虽幼稚，一切大臣皆悉敬礼。菩萨摩诃萨亦复如是，虽初发心修菩萨行，二乘耆旧皆应敬礼。

"善男子！譬如王子，虽于一切臣佐之中未得自在，已具王相，不与一切诸臣佐等，以生处尊胜故。菩萨摩诃萨亦复如是，虽于一切业烦恼中未得自在，然已具足菩提之相，不与一切二乘齐等，以种性第一故。

"善男子！譬如清净摩尼妙宝，眼有翳故见为不净。菩萨摩诃萨菩提心宝亦复如是，无智不信谓为不净。

"善男子！譬如有药，为咒所持，若有众生见、闻、同住，一切诸病皆得消灭。菩萨摩诃萨菩提心药亦复如是，一切善根、智慧、方便、菩萨愿智共所摄持，若有众生见、闻、同住、忆念之者，诸烦恼病悉得除灭。

"善男子！譬如有人，常持甘露，其身毕竟不变不坏。菩萨摩诃萨亦复如是，若常忆持菩提心露，令愿智身毕竟不坏。

"善男子！如机关木人，若无有楔，身即离散，不能运动。菩萨摩诃萨亦复如是，无菩提心，行即分散，不能成就一切佛法。

"善男子！如转轮王，有沉香宝，名曰象藏；若烧此香，王四种兵悉腾虚空。菩萨摩诃萨菩提心香亦复如是，若发此意，即令菩萨一切善根永出三界，行如来智无为空中。

"善男子！譬如金刚，唯从金刚处及金处生，非余宝处生。菩萨摩诃萨菩提心金刚亦复如是，唯从大悲救护众生金刚处、一切智智殊胜境界金处而生，非余众生善根处生。

　　"善男子！譬如有树，名曰无根，不从根生，而枝、叶、华、果悉皆繁茂。菩萨摩诃萨菩提心树亦复如是，无根可得，而能长养一切智智神通大愿；枝、叶、华、果，扶疏荫映，普覆世间。

　　"善男子！譬如金刚，非劣恶器及以破器所能容持，唯除全具上妙之器。菩提心金刚亦复如是，非下劣众生悭、嫉、破戒、懈怠、妄念、无智器中所能容持，亦非退失殊胜志愿、散乱、恶觉众生器中所能容持，唯除菩萨深心宝器。

　　"善男子！譬如金刚，能穿众宝。菩提心金刚亦复如是，悉能穿彻一切法宝。

　　"善男子！譬如金刚，能坏众山。菩提心金刚亦复如是，悉能摧坏诸邪见山。

　　"善男子！譬如金刚，虽破不全，一切众宝犹不能及。菩提心金刚亦复如是，虽复志劣，少有亏损，犹胜一切二乘功德。

　　"善男子！譬如金刚，虽有损缺，犹能除灭一切贫穷。菩提心金刚亦复如是，虽有损缺，不进诸行，犹能舍离一切生死。

　　"善男子！如小金刚，悉能破坏一切诸物。菩提心金刚亦复如是，入少境界，即破一切无知诸惑。

　　"善男子！譬如金刚，非凡人所得。菩提心金刚亦复如是，非劣意众生之所能得。

　　"善男子！譬如金刚，不识宝人不知其能，不得其用。菩提心金刚亦复如是，不知法人不了其能、不得其用。

　　"善男子！譬如金刚，无能销灭。菩提心金刚亦复如是，一切诸法无能销灭。

　　"善男子！如金刚杵，诸大力人皆不能持，唯除有大那罗延力。菩提之心亦复如是，一切二乘皆不能持，唯除菩萨广大因缘坚固善力。

"善男子！譬如金刚，一切诸物无能坏者，而能普坏一切诸物，然其体性无所损减。菩提之心亦复如是，普于三世无数劫中，教化众生，修行苦行，声闻、缘觉所不能者咸能作之，然其毕竟无有疲厌亦无损坏。

　　"善男子！譬如金刚，余不能持，唯金刚地之所能持。菩提之心亦复如是，声闻、缘觉皆不能持，唯除趣向萨婆若者。

　　"善男子！如金刚器，无有瑕缺用盛于水，永不渗漏而入于地。菩提心金刚器亦复如是，盛善根水，永不渗漏，令入诸趣。

　　"善男子！如金刚际，能持大地，不令坠没。菩提之心亦复如是，能持菩萨一切行愿，不令坠没入于三界。

　　"善男子！譬如金刚，久处水中，不烂不湿。菩提之心亦复如是，于一切劫处，在生死业惑水中，无坏无变。

　　"善男子！譬如金刚，一切诸火不能烧然、不能令热。菩提之心亦复如是，一切生死诸烦恼火不能烧然，不能令热。

　　"善男子！譬如三千世界之中金刚座上，能持诸佛坐于道场、降伏诸魔、成等正觉，非是余座之所能持。菩提心座亦复如是，能持菩萨一切愿行、诸波罗蜜、诸忍、诸地、回向、受记、修集菩提助道之法、供养诸佛、闻法受行，一切余心所不能持。

　　"善男子！菩提心者，成就如是无量无边乃至不可说不可说殊胜功德。若有众生发阿耨多罗三藐三菩提心，则获如是胜功德法。是故，善男子！汝获善利！汝发阿耨多罗三藐三菩提心，求菩萨行，已得如是大功德故。

　　"善男子！如汝所问：'菩萨云何学菩萨行、修菩萨道？'善男子！汝可入此毗卢遮那庄严藏大楼阁中周遍观察，则能了知学菩萨行，学已成就无量功德。"

【白话语译】

这时，善财童子双手合掌，又恭敬地对弥勒菩萨说："圣者啊！我先前就已经发起无上正等正觉心，但是我还不知道菩萨要如何修学菩萨行、修行菩萨道？

"圣者啊！所有的如来都已为您授记，在一生中应当证得无上菩提的果位。您一旦得到无上菩提时，则能超越了所有菩萨安住的境地；则能超出所有菩萨离生死的果位；则能圆满一切的波罗蜜法；则能深入种种无生法忍门；则能具足所有菩萨的境地；则能自在出入所有的解脱门；则能成就所有的三昧法门；则能通达所有菩萨的行门；则能证得所有陀罗尼的辩才；则能在一切菩萨的自在中得到任运自在；则能积聚修集所有菩萨的助道法门；则能游戏在智慧方便法门之中；则能出生大神通的智慧；则能成就一切修学之果位；则能圆满所有的妙行；则能满足所有广大的誓愿；则能领受诸佛的授记；则能了知所有的乘门；则能受诸佛的护念；则能摄受诸佛菩提；则能持受诸佛的法藏；则能受持诸佛菩萨的秘密藏；则能在一切菩萨之中作为上首；则能成为破除烦恼魔军的大勇将；则能作为救护众生超出生死旷野的大导师；则能成为救治种种迷惑重病的大医王；则能成为所有众生的最上胜者；则能在一切世主中得到自在；则能在一切圣人中成为第一者；则能在一切声闻独觉众中成为最增上者；则能在生死海中作为船师；则能安置调伏一切众生的网；则能观察众生的根器；则能摄持一切众生界；则能守护所有的菩萨众；则能谈议所有菩萨事；则能前往拜诣诸佛的道场；则能住止一切如来海会；则能随念现身一切众生面前；则能不贪染任何世间法；则能超越诸魔的境界；则能安住诸佛的境界；则能证入所有菩萨的无碍境界；则能勇猛精进供养一切诸佛；则能和诸佛法同一体性，并系上妙法缯，受诸佛灌顶，能安住在一切智中；则能普遍生起所有的佛法；则能快速证入所有的智位。

"圣者啊！菩萨要如何修学菩萨行、修习菩萨道？才能随着所修学的，立刻具足所有的佛法？能度脱心中系念的所有众生，成就圆满所发的大愿，普遍能究竟所起的种种诸行，安慰一切天人，不辜负自己，不使三宝断绝，不令诸佛菩萨的种性灭失，并且能受持诸佛法眼？希望圣者能一一说明这种种的事。”

这时，弥勒菩萨观察道场的与会大众而指向善财童子说：“诸位仁者啊！你们有没有看到这个长者的儿子，刚刚在此问我有关菩萨行的种种功德呢？诸位仁者啊！这个长者的儿子（善财童子）勇猛精进，志趣誓愿清净没有杂染，对法深心坚固不可动摇，恒不退转，具足殊胜希望。求法急切如救头燃，毫不厌倦自满，乐好善知识，能亲近供养，到处寻求、承事、请法善知识。诸位仁者啊！这个长者的儿子以前在福城曾经接受文殊菩萨的教化，辗转由北向南走，求访善知识。经过一百一十位善知识的教诲，然后才来到我这大宝楼阁，他不曾片刻心生一念的疲厌懈怠。诸位仁者啊！这个长者的儿子实在是很难得，能趣向大乘佛法，安住在大智慧海，发起大勇猛心，披着大悲的铠甲，用大慈心来救护众生，奋起大精进的波罗蜜行门，他可谓是护佑众生的大商主；又能作大法船，济渡一切存有大海，安住菩提大道，积集所有大法宝，修习所有广大的助道法门。像他这样的人，确实是非常难得听到，非常难得见到，也非常难得亲近、共同安住、共同修行的。为什么呢？因为这个长者的儿子发心救护所有的众生，使所有的众生都能解脱种种苦恼、超脱各种恶道。使众生都能远离危险厄难、破除无明迷暗、出离生死旷野。止息六道轮回，化度诸魔的境界，不染着世间法，出离欲望的淤泥。斩断贪嫉，解除有见的束缚，毁坏有想的宅舍，绝断迷妄的道途，摧折我慢的高幢，拔除迷惑的毒箭，撤除昏睡的幢盖，裂碎欲爱的罗网。消灭无明之火，度脱三有的瀑流，远离谄媚虚幻，清净心中的染垢，断绝愚痴迷惑，超出生死苦海。

“诸位仁者啊！这个长者的儿子为了受欲流、有流、见流、无明流等四流❶所淹没的众生，建造大法船；为被见❷污所没溺的众生，竖立大法桥；为被痴暗所昏迷的众生，点燃大智灯；为走在生死旷野中的众生，开示圣道；为罹患烦恼重病的众生，调和法药；对遭受生老死苦的众生，喂食甘露，让他们得到安稳；用定力水来浇灌落入贪、恚、痴火中的众生，使他们得到清凉；安慰开导忧愁烦恼的众生，使他们都能安宁；教化有狱❸受系缚的众生，使他们都能出脱三有牢狱；用智慧剑开解陷入邪见网的众生；为困住在有界城❹里的众生指示种种解脱门；导引身处险难的众生到安稳的地方；为畏惧烦恼的众生施与无畏法；伸出慈悲手来救助堕入恶道的众生；为拘禁在五蕴中的众生解脱的示现涅槃城；用圣道解脱被界蛇❺缠困的众生；用智慧之光引导执着六处虚幻不实聚落的众生，使他们都出离三界；为住邪知邪见中的众生，引导入于正智之道；对亲近恶友的众生，示现善友；用圣法教诲乐好世间法的众生；使执着生死的众生都能趣入一切智城。诸位仁者啊！这个长者的儿子，常用以上种种大行救护众生，发大菩提心，未曾休息；又，志求大乘之道，从不松懈倦怠；又，喝饮一切法水，不曾疲厌自满；又，恒常精勤积集助道之行，时常乐好清净一切法门，修学菩萨行，不舍离精进；又，已成就圆满一切誓愿，能善巧地施行种种方便；又，能诣见所有的善知识，从不感到厌烦满足；又，承事善知识，从不觉得疲劳懈怠；又，听闻善知识的所有教诲，并且乐于依循他们所说的教化，不曾违逆。

"诸位仁者啊！凡是能发起无上正等正觉心的人，都是很稀有的。如果有人不仅能发心，还能如此精进方便地修集佛法，这可说是更加稀有啊！除此之外，如果此人还能勤求菩萨道，清净菩萨行，承事善知识，渴切求佛法如救头燃，随顺善知识的教诲，深心坚固地修行，修集菩提分，不求一切的名闻利养、不背舍菩萨纯一的心，不乐好家宅，不贪着欲乐，不痴恋父母、亲戚、知识，只是一心乐好追求共行菩萨道的法伴侣，又不顾惜色身性命，只愿精勤修行菩萨智慧之道。你应当知道，以上所说的后者，都远比前者倍加稀有难得！

"诸位仁者啊！其他的菩萨要经过无量百千万亿那由他的时劫，才能圆满具足菩萨行，才能亲近诸佛菩提。可是这个长者的儿子在一生之内，就能清净佛国刹土，就能教化众生，就能以智慧深入法界，就能成就所有的波罗蜜法，就能增益广大种种行持，就能圆满所有的大誓愿，就能超出一切魔业，就能承事所有的善知识，就能清净一切菩萨道，就能具足普贤所有大行。"

这时，弥勒菩萨如此称赞善财童子的种种功德，无量百千众生听闻之后，都发起菩提心。弥勒菩萨告诉善财童子说："太好了！太好了！善男子啊！你为了饶益一切世间，你为了救护一切众生，你为了勤求一切佛法，而发起无上正等正觉心。

"善男子啊！你不仅获得善妙利益，又能得人身，又刚好出生在这个时候，又正好得以遇到如来出兴世间。你能遇见文殊师利菩萨这位大善知识，真是太好了。你的色身是修习正法的好容器，且能被种种善根所润泽，你被白净的正法资助护持，所有的意念欲求都已经完全清净。诸佛都共同护念你，善知识也都摄受你。

"为什么呢？善男子啊！因为你已发菩提心的缘故！菩提心就好像能出生一切佛法的种子；菩提心就好像能长养众生白净正法的良田；菩提心就好像能持摄世间的大地；菩提心就好像能洗净一切烦恼污垢的洁净水；菩提心就好像普遍在世间来去没有障碍的大风；菩提心就好像炽盛得能烧毁一切诸见薪柴的火；菩提心就好像能普遍照耀一切世间的清净太阳；菩提心就好像能圆满白净正法的圆满月轮；菩提心就好像能放出种种法光明的明灯；菩提心就好像能普遍彻见一切安全、危险地方的明净眼睛；菩提心就好像能普遍使众生进入大智慧城的平坦宽大道路；菩提心就好像能使众生远离一切邪法的正知正见的正法；菩提心就好像一辆能普遍运载从初地到十地的所有菩萨的大车；菩提心就好像能开显示现所有菩萨行的门户；菩提心就好像能使众生安住其中修习三昧法的宫殿；菩提心就好像能使众生在里面享受一切法乐的园苑；菩提心就好像能使众生获得安稳的宅舍；菩提心就好像能利益所有的世间，所以可说是众生归命的地方；菩提心就好像是所有菩萨大行所依靠的地方，所以也是众生的依怙；菩提心就好像能训诲、引导每位菩萨的慈父；菩提心就好像能生长每位菩萨的慈母；菩提心就好像能养育所有菩萨的乳母；菩提心就好像能成就利益所有菩萨的益友；菩提心就好像殊胜超出一切二乘人的君主；菩提心就好像能在一行愿中都得自在的帝王；菩提心就好像能聚集所有功德的大海；菩提心就好像平等对待众生、心无分别的须弥山；菩提心就好像能摄持世间的铁围山；菩提心就好像能长养一切智慧药的雪山；菩提心就好像能出生一切功德香的香山；菩提心就好像种种胜妙功德广大无边的虚空；菩提心就好像不染着任何世间法的莲华；菩提心就好像心意善软柔顺、已受驯伏聪慧的大象；菩提心就好像已远离种种恶劣根性的良驹；菩提心就好像能守护大乘一切法的调御师；菩提心就好像能治愈一切烦恼病的良药；菩提心就好像是能陷没种种恶法的坑阱；菩提心就好像能一一穿彻所有法的金刚；菩提心就好像能贮藏一切功德香的香盒；菩提心就好像世人都乐于看见的妙华；菩提心就好像能除却众生欲望、热恼，使众生获得清凉的自栴檀香；菩提心就好像能周遍熏沐整个法界的黑沉香；菩提心就好像能破除一切烦恼病的善见药王；菩提心就好像能拔除种种惑箭的毗笈摩（去毒）药；菩提心就好像一切主中最尊贵的帝释天；菩提心就好像能断离一切贫穷苦的毗沙门天王；菩提心就好像为一切功德所庄严的功德天；菩提心就好像能庄严一切菩萨的庄严具；菩提心就好像世界崩坏时熊熊烧起的劫火，因为它能烧尽种种有为法；菩提心就好像无生根所制的药，因为它能长养诸佛法；菩提心就好像能消止一切烦恼五毒的龙珠；菩提心就好像能清澄一切烦恼污浊的水清珠；菩提心就好像能救济丰足所有贫穷困乏的如意宝珠；菩提心就好像能满足一切众生的功德瓶；菩提心就好像能雨下一切庄严资具的如意树；菩提心就好像不会受到任何生死垢染的鹅羽衣饰；菩提心就好像自性清净的白色细毛布线；菩提心就好像能整治众生心田的锋利犁刀；菩提心就好像能摧毁一切我见敌军的那罗延；菩提心就好像能穿破种种苦的快箭；菩提心就好像能洞穿一切烦恼甲胄的利矛；菩提心就好像能护一切如理心的坚固盔甲；菩提心就好像能斩断一切烦恼根的利刃；菩提心就好像能断穿一切骄慢铠甲的利剑；菩提心就好像能降伏所有魔军的勇将幢；菩提心就好像能截断无明树的利锯；菩提心就好像能砍伐种种苦树的快斧；菩提心就好像能防护种种苦难的兵器；菩提心就好像能防护一切的诸度波罗蜜所成就身；菩提心就好像能安住种种功德的好足；菩提心就好像能灭除所有无明翳的眼药；菩提心就好像能拔除一切身见刺的钳子、镊子；菩提心就好像能止息生死轮回及种种劳苦的卧具；菩提心就好像能解开一切生死束缚的善知识；菩提心就好像能灭除一切贫穷的妙好珍宝；菩提心就好像清楚了知菩萨所出离三界要道的大导师；菩提心就好像能出生无量功德财宝、不虞匮乏的地下宝藏；菩提心就好像无穷尽地涌出智慧水的涌泉；菩提心就好像能普遍影现出一切法门幻象的明澈镜子；菩提心就好像不沾染任何罪业污垢的莲华；菩提心就好像能流出并导引一切度摄法门的大河；菩提心就好像能降下妙法雨的大龙王；菩提心就好像能任运撑持菩萨大悲身的命根；菩提心就好像能使众生安住无生死境界的甘露；菩提心就好像能普遍摄受所有众生的大网；菩提心就好像能摄取所应度化众生的罥索；菩提心就好像能诱使在三有深渊中居住众生出离的钓饵；菩提心就好像能使众生不生病、永远安稳的阿伽陀药；菩提心就好像能消解止息有贪爱毒苦的解毒药物；菩提心就好像能去除所有颠倒毒害的持念咒语；菩提心就好像能卷扫种种罪障迷雾的迅疾强风；菩提心就好像能出生一切菩提觉分珍宝的大宝洲；菩提心就好像能出生一切清净法的最尊贵血统；菩提心就好像是所有功德法所依止的住宅；菩提心就好像菩萨商人贸易的市集；菩提心就好像能治除一切烦恼污垢的炼金药；菩提心就好像能圆满一切功德味的好蜜；菩提心就好像能使所有菩萨进入智慧城的正道；菩提心就好像能受持一切清净法的好器；菩提心就好像能息灭一切烦恼尘埃的及时雨；菩提心就是菩萨所安止居住的地方；菩提心就是寿行一般，发起菩提心的菩萨，不会证取声闻的解脱果；菩提心就好像清净的琉璃，自性光明洁净，没有任何污垢；菩提心就好像帝释的青色摩尼宝珠，智慧超出胜过一切世间缘觉声闻二乘；菩提心就好像夜晚报时的更鼓，能觉醒睡在烦恼中的众生；菩提心就好像清澈洁净的水，体性本来就澄明清净，没有任何垢染污浊；菩提心就好像阎浮金光明照耀，能使一切有为善法黯然失色；菩提心就好像能超越胜出所有世间法的大山王；菩提心可说是一切的归依，凡是前来依止的众生，它都从不拒绝；菩提心就是随顺法义的利益，能除却所有的衰败苦恼；菩提心就好像能使众生见了都心生欢喜的上妙珍宝；菩提心就好像能充裕满足众生所需求的布施大会；菩提心可说是最尊贵超胜的法，没有任何众生等同它；菩提心就好像地下的宝藏，能摄持所有的佛法；菩提心就好像能降伏像阿修罗一样猛厉烦恼的因陀罗网；菩提心就好像能熏化感动所有应受度化众生的婆楼那风；菩提心就好像能烧毁一切疑惑与习气的因陀罗火；菩提心就好像广受世间供养的佛塔庙支提。

"善男子啊！现在你已了知菩提心能成就这样的无量功德，所以，你们应当知道菩提心等同一切佛法的种种功德。为什么呢？因为菩提心能生出一切种种菩萨行，又，三世如来都是从菩提心出生的。所以，善男子啊！凡是能发起无上正等正觉心的人，就已经能出生无量的功德，并且能普遍摄取一切智慧之道。

"善男子啊！就好比有人吃了一种不会害怕的无畏药，而能远离五种恐怖。是远离哪五种恐怖呢？就是烈火不能烧伤他，毒药不能让他中毒，刀剑都不能伤害他，大水也不能漂走他，烟不能熏烧他。菩萨也是这样，因为菩萨已得到一切智慧菩提心药，所以贪欲的火不能烧毁他，嗔恚的毒不能中害他，疑惑的刀剑也不能斩伤他，欲界、色界、无色界三有之流也不能漂溺他，种种觉观的烟也不能熏染他。

"善男子啊！就好比有人吃了解脱的药，而永远不会遭到横难，菩萨也是这样，一得到菩提心解脱智慧的药，就能恒常远离任何的生死横难。

"善男子啊！就好比有人手持摩诃应伽药❻，毒蛇一闻到这药味，就都远避离去，菩萨也是这样，持着菩提心的大应伽药，一切烦恼种种恶毒的蛇，闻到这气味，就全都消散泯灭。

"善男子啊！就好比有人手持能打败一切怨敌的无胜药，菩萨也是这样，执持菩提心这种无能胜药，所以能降伏一切魔军。

"善男子啊！就好比有人手持能使毒箭自然落下的毗笈摩药，菩萨也是这样，执持着菩提心这种毗笈摩药时，贪欲、嗔恚、愚痴及种种邪见的箭，都会自然堕落。

"善男子啊！就好比有人手持能除去所有种种病的善见药，菩萨也是这样，执持菩提心这种善见药王时，能根除种种的烦恼热病。

"善男子啊！就好像一种珊陀那药树，如果有人能取它的树皮涂在疮口，这疮口马上就会痊愈。可是这药树的树皮，随取随生，永远都不会被取尽用竭。菩萨从菩提心生出一切智慧树，也是像这样，看见并生出信心的众生，就能消灭所有的烦恼业恶疮，而一切智慧树也完好如初，没有任何损失。

"善男子啊！就好比有能盛茂一切阎浮提树木的无生根药树，菩萨的菩提心也是这样，因为它能增益长养一切有学与无学，以及菩萨所有的善法。

"善男子啊！好比阿蓝婆药❼，凡是用这药涂在身上的众生，就能助益身心，菩萨得到菩提心阿蓝婆药，也是这样，能使其身心增长善法。

"善男子啊！好比有人得到一种念力药，凡是听闻过的事就都能忆持不忘，菩萨得到菩提心上妙的念力药，也能听闻受持一切佛法，从不忘失。

"善男子啊！好比有种大莲华药，凡是服用这药的众生，可以住世一劫，菩萨得到菩提心大莲华药，也是这样，能在无数的时劫中，寿命自在。

"善男子啊！好比有人持有隐形药，不论人与非人都不能看见他，菩萨执持菩提心隐形妙药时，所有的魔也都看不见他。

"善男子啊！譬如海中有一种普集众宝珠，即便是世间崩坏、劫火焚烧世间，海中只要有这颗宝珠在，就是连一滴海水也不会减少。菩萨的菩提心宝珠也是这样，安住在菩萨广大的愿海中，凡是能忆念执持这颗菩提心珠的人，都不会退失，即使坏失菩萨一丝善根，都是不可能的。但如果退失了菩提心，一切善法就跟着散失坏灭了。

"善男子啊！就像有一种大光明摩尼宝珠，凡是用这宝珠串成璎珞戴在身上的众生，照映的光明，必会遮蔽一切宝庄严具，其他宝物的光明也都显现不出来。菩萨的菩提心珠也是这样，当菩萨用这宝珠串成璎珞庄严自身，照映的光明，将遮蔽一切声闻、缘觉二乘的心宝，令种种庄严宝具都失去了光彩。

"善男子啊！就像水清珠能澄清污浊的水，菩萨的菩提心珠也是这样，能清净一切烦恼的污垢染浊。

"善男子啊！就好比一种能住水的宝珠，凡是把这宝珠系在身上，进入大海中的人，都不会被水溺害，菩萨也是这样，获得菩提心的住水妙宝，能普入一切生死大海，终究都不会沉没其中。

"善男子啊！就好比凡是执持大龙宝珠进入龙宫的人，一切龙蛇都不能伤害他，菩萨也是这样，拿着菩提心大龙宝珠进入欲界时，一切烦恼的龙蛇都不能加害他。

"善男子啊！就好比帝释天头戴的摩尼宝冠，光芒映照遮蔽一切所有的天众，菩萨也是这样，身上始终戴着超过三界众生的菩提心大愿宝冠。

"善男子啊！就好比有一种能除灭一切贫穷痛苦的如意宝珠，菩萨也是这样，获得菩提心的如意宝珠时，能远离一切邪命恐怖畏惧。

"善男子啊！就好比有一种能生出火的日精宝珠，持日精宝珠迎向太阳光能发出火焰，菩萨也是这样，获得菩提心的智慧日光宝珠，迎向智慧的光明而生出了智慧的火焰。

"善男子啊！就好比有一种能出水的月精宝珠，当他将这宝珠迎向月光时，就能生出水，菩萨也是这样，获得菩提心的月精宝珠，持执这颗心珠，鉴照着回向的光明，而生出一切善根的大愿之水。

"善男子啊！就好比龙王，头戴着如意摩尼宝冠时，能远离一切怨敌、恐怖及畏惧，菩萨也是这样，头戴着菩提心大悲宝冠时，能远离三恶道种种厄难。

"善男子啊！譬如有名为一切世间庄严藏的宝珠，凡是拥有这宝珠的人都能得到他所想要的事物，无不充分满足，而这宝珠自身却没有损失耗减。菩萨也是这样，凡是得到菩提心宝珠的人，都能满足所有的愿求。而菩提心身却没有丝毫减损。

"善男子啊！就好比转轮圣王的摩尼宝珠，能放出大光明，破除一切阴暗，菩萨也是这样，能用菩提心大摩尼宝珠，安住欲界，放出大智慧光明，破除六道的无明黑暗。

"善男子啊！就好比帝释的青色大摩尼宝珠，凡是受这宝珠放出的光明照触的，就会和它同一颜色，菩萨的菩提心宝珠也是这样，当他观察诸法、回向善根时，所照触的事物没有不即刻变成与菩提心同一颜色的。

"善男子啊！就像琉璃妙宝，即使百千年都在不干净的环境中，却丝毫不被垢秽所玷染，因为它的本性清净。菩萨的菩提心妙宝也是这样，即使百千的时劫都住在欲界，也不会污染欲界的任何过患，因为法界的本性本来清净无染。

"善男子啊！譬如有名为净光明的珍宝，能照映遮蔽其他众宝的色泽，菩萨的菩提心珍宝也是这样，能映夺遮蔽其他一切凡夫和声闻、缘觉二乘的所有功德。

"善男子啊！就好比有一种名叫火焰的妙宝，能除灭一切幽暗，菩萨的菩提心妙宝也是这样，能除灭一切无知的冥暗。

"善男子啊！就好比大海中有一种无价的宝珠，商人采得这宝珠，载运进城，其他百千万种摩尼宝珠的光泽、价值全远不及这颗宝珠。菩萨的菩提心宝也是这样，安住生死大海，乘着大誓愿的船，深心相续不断，载运菩提心进入解脱城，声闻、缘觉二乘的功德，无可比拟。

"善男子啊！就好比有一种名为自在王的宝珠，位于阎浮提洲，虽距离日轮有四万由旬远，但日月宫中所有的庄严，都能一一影现在这宝珠中。菩萨发菩提心的清净功德宝也是这样。住于生死之中，仍能普照法界空，佛智日月、一切功德无不影现其中。

"善男子啊！就好比有一种名为自在王的宝珠，日月光明所照耀地方，一切的财宝、衣服等所有的价值物皆无法相提并论，菩萨发菩提心自在王宝珠也是这样，一切智慧之光所照耀到的地方，三世所有天人，声闻、缘觉二乘人，以及有漏、无漏善法等一切功德都不能比。

"善男子啊！譬如大海中有一种名叫海藏的妙宝，能普遍显现海中种种的庄严事，菩萨的菩提心妙宝也是这样，能普遍显现一切智慧海的种种庄严事。

"善男子啊！就好比天上阎浮檀金，除了心王大摩尼妙宝以外，没有其他的珍宝比得上，菩萨发菩提心的阎浮檀金，也是这样，除了一切智慧心王大宝，没有其他的妙宝能比得上的。

"善男子啊！就好比有人长于调伏龙，在所有龙众中能得自在，菩萨也是这样，他得到的菩提心，能调伏龙众，在种种像龙一样猛厉的烦恼中，依然任运自在。

"善男子啊！就好比披着铠甲、拿着兵器的勇士，没有任何怨敌能降伏他，菩萨也是这样，披着菩提大心的铠甲，拿着菩提大心的兵器，一切业障迷惑、种种毒恶怨敌，都不能屈伏他。

"善男子啊！就好比天上黑色栴檀香，如果仅烧一铢的量，香味就能普遍熏满一个小千世界，三千世界中的所有珍宝都比不上这香的名贵。菩萨的菩提心香也是这样，一念的功德即能普遍熏满法界，声闻、缘觉二乘的所有功德，都比不上他这一念的功德。

"善男子啊！如果有人能用白色栴檀涂在身上，就能息灭所有的热恼，使身心都得到清凉，菩萨的菩提心香也是这样，能除灭所有的虚妄、分别、贪欲、嗔恚、愚痴诸惑热恼，具足清凉智慧。

"善男子啊！就像须弥山一般，凡是靠近须弥山的万物，都会变成和它同一颜色，菩萨的菩提心山也是这样，凡是亲近他的众生，都会获得等同它、一切智慧的妙色。

"善男子啊！就好比波利质多罗树，树皮的香气，即使是阎浮提中的婆师迦、簷卜迦、苏摩那等种种花的所有香气也比不上，菩萨的菩提心树也是这样，他发起的大愿功德香，即使以一切声闻、缘觉等二乘的无漏戒定慧解脱、解脱知见❽，等五分法身的功德香来比，也是比不上的。

"善男子啊！譬如虽未开花的波利质多罗树，大家都知道这就是无量无数种种花所出生的地方，菩萨的菩提心也是这样，虽然还没开发出一切智慧的华，但是大家都知道，这就是出生无数天人众菩提华之处。

"善男子啊！就好像有人用波利质多罗华熏衣一天，却比拿簷卜迦华、婆利师华及苏摩那华熏上千年的香气还要香上数倍，菩萨的菩提心华也是这样，能用一生所熏的种种功德香，普遍彻至十方佛所，一切二乘无漏的功德，即使熏上百千劫也是比不上的。

"善男子啊！譬如海岛中生长的椰子树，众生常取用它的根茎、枝叶和花果，没有间断，菩萨的菩提心也是这样，从开始发起大悲誓愿，直到成佛，正法住世，时时刻刻恒常利益世间，不曾间断歇息。

"善男子啊！譬如一种金色的诃宅迦药汁，只要用一两的药水，就能使一千两的铜变成真正的金子，而不是这一千两的铜会变成这一两药水。菩萨也是这样，他能用菩提心回向给智慧之药，能普化一切业惑等世间法为一切智相，但业惑等世间法却丝毫没法改变菩萨的菩提心。

"善男子啊！就好比小火只要一开始焚烧，火焰就会越烧越炽盛，菩萨的菩提心火也是这样，随着它所攀缘的，无论何处，智慧火焰也随之增长。

"善男子啊！就好比能点燃百千盏灯的一盏灯，而原来的这盏灯没有任何减损，也不会灭尽，菩萨的菩提心灯也是这样，能普遍点燃三世诸佛的智慧之灯：但菩提心灯却丝毫没有任何减损，也不会穷尽。

"善男子啊！就好比提灯进入黑暗的房间里，立即照破这房间百千年来的黑暗，菩萨的菩提心灯也是这样，只要掌灯进入众生心室内，当下令众生心灵百千万亿不可说的时劫以来，所有的恶业烦恼及种种黑暗障碍消灭穷尽。

"善男子啊！就好比大小不同的灯芯，会发出不同等级的光明，随时添加膏油，光明就不会灭绝，菩萨的菩提心灯也是这样，弘大的誓愿作为灯的心蕊，光明普照法界，注入大悲做灯油，教化众生，庄严国土，施作佛事，恒无休息。

"善男子啊！譬如他化自在天王戴着阎浮檀真金的天冠，是欲界诸天子所有的庄严器具都比不上的，菩萨的菩提心大愿天冠也是这样，是一切凡夫、二乘的功德，都比不上的。

"善男子啊！就像狮子王哮吼的时候，小狮子听了之后都会勇气倍增，但是其他百兽一听到了则都窜逃隐伏，佛师子王作菩提心吼时也是这样，诸菩萨听闻之后，都更增长功德，世间所有的凡夫，听到了之后却心惊胆跳退却溃散。

"善男子啊！就好比有人以师子的筋作乐器的弦而演奏音乐，其他普通的弦无不立刻断绝，菩萨也是这样，用如来师子波罗蜜身菩提心筋作演奏法乐的弦演奏法音时，由一切五欲及二乘种种功德做成的弦，无不立刻断绝。

"善男子啊！就好比有人用牛羊的乳汁充盈整个大海，再有人以一滴狮子的乳汁滴入这个大海，整个大乳汁海就会立刻变坏，而且直接无碍穿过这些牛羊乳汁。菩萨也是这样，用如来师子的菩提心乳，滴入无量时劫恶业烦恼的乳汁大海时，原来的大海立刻坏灭，直过无所无碍，始终不住取于二乘解脱中。

"善男子啊！就好比能唱美妙音声的迦陵频伽鸟，在卵壳中时就威力无穷，其他所有的鸟类根本都比不上，菩萨也是这样，他在生死壳中发起菩提心的大悲功德力，是声闻、缘觉都比不上的。

"善男子啊！就像金翅鸟王子一生下来时，眼睛明亮锐利，飞起来更是强劲快捷，其他种类的鸟儿即使成长多时，也比不上。菩萨也是这样，他发起菩提心，做诸佛的王子时，清净的智慧、勇猛的大悲，一切二乘即使经历百千时劫不断地修持，终究也比不上的。

"善男子啊！就像手中拿着利矛的强壮勇夫，能直接无碍地刺破坚密的甲胄，菩萨也是这样，执持着锋利的菩提心矛，无所障碍地刺透种种邪见、随眠烦恼的绵密铠甲。

"善男子啊！就好比摩诃那伽大力勇士奋起大威怒时，额头上就一定会生起疮疱，他的疮疱如果没愈合，阎浮提中的所有人民将无人能制伏他。菩萨也是这样，只要他一发起大悲，就一定能增长菩提之心，只要他没有舍弃菩提心，一切世间魔王及其子民，就无法扰害他。

"善男子啊！就好比射箭师有各种弟子，虽然这些弟子还未能熟练此射箭师的技艺，可是他们的智慧、方便、善巧，是其他一般人所比不上的。菩萨初发菩提心时也是这样，虽然还不习惯各种智行，可是其所具有的愿力、智慧、解悟与志欲，是一切世间凡夫和二乘人都比不上的。

"善男子啊！就像学射箭的人一定要先站稳脚跟，才能继续学习射箭的方法，菩萨也是这样，凡是想学如来智道的人，一定要先安住在菩提心中，然后才能修行佛法。

"善男子啊！就好比幻术师要施作幻术前，一定要先起意来忆持幻法，然后才能成就所作的法术，菩萨也是这样，当他要生起诸佛菩萨的神通幻化之事前，一定会先发起菩提心，然后才能成就一切。

"善男子啊！就好比幻术，把本来没有的色相化现出色相，菩萨的菩提心相也是这样，虽然没有色相，不可能看见，可是却能普遍在十方法界中示现种种功德庄严。

"善男子啊！就好比老鼠一看见猫狸，就吓得立刻逃入洞中不敢再出来，菩萨发起菩提心时也是这样，以慧眼观种种惑业，种种惑业就立刻逃窜藏匿，不再生出。

"善男子啊！就好比有人穿戴着种种阎浮真金做成的庄严宝具，这宝具照映的光明，使所有的世界事物都黯然无光。菩萨也是这样，穿戴着菩提心庄严宝具时，光明照映使得所有凡夫、二乘的庄严功德都失去了光彩。

"善男子啊！就好像一点点精妙的磁石，就能吸坏所有的铁制钩锁，菩萨发起的菩提心也是这样，即使他只生起一念，所有见欲、无明的钩锁无不立刻坏灭。

"善男子啊！就好像铁块一碰到磁石就立刻被吸收去，菩萨一发起菩提心时也是这样，种种恶业烦恼、二乘解脱，无不立刻散灭而不存在。

"善男子啊！就好比有人擅长在大海中游泳，所有水中的族类都没法加害他，即使他落入大鱼的口中，也不会被大鱼所吞吃。菩萨也是这样，当他发起菩提心后，即使进入生死大海中，各种恶业烦恼都不能毁害他，假使入声闻、缘觉的涅槃实际法中，也不会四谛法、十二因缘法留难而证入二乘的涅槃境界。

"善男子啊！就好比有人只要喝了甘露浆液，就能不受任何事物的伤害，菩萨也是这样，当他喝了菩提心的甘露法水后，就不会堕入声闻辟支佛的果地，因为他已具足广大的悲愿。

"善男子啊！就好比有人用安缮那眼药水涂在眼睛时，虽行于人间，世人却看不到他，菩萨也是这样，当他涂上菩提心这种安缮那药，就能安逸方便地出入魔境，众魔都看不到他。

"善男子啊！就好比依附王者的人都不怕其他强者，菩萨也是这样，当他依止菩提心这个大势力王，就不怕一切障碍及恶道的厄难。

"善男子啊！就好比住在水中的人，根本不怕火会焚烧到他，菩萨也是这样，因为一直安住在菩提心的善根水中，所以毫不畏惧二乘的解脱智火。

"善男子啊！就好比凡是依靠勇猛大将的人，就不会畏惧任何怨敌，菩萨也是这样，当他依止菩提心这勇猛大将时，根本不会畏惧任何恶行怨敌。

"善男子啊！就好比帝释天王执持金刚杵，则能摧折降伏所有阿修罗众，菩萨也是这样，他执持着菩提心金刚之杵时，就能摧折降伏所有的天魔外道。

"善男子啊！就好比服用延长寿命药的人，都长得饱满勇健，既不会衰老，也不会消瘦，菩萨也是这样，他服用菩提心延寿药时，就能在无数的时劫中，修习菩萨行，毫不疲劳厌足，也不会染着世间法。

"善男子啊！就好比要调和药汁的人，必得先准备好清净的水，菩萨也是这样，若他想要修学所有菩萨的行愿，就得先发起菩提心。

"善男子啊！就好比人要保护身体就要先保护生命之根，菩萨也是这样，要护持佛法，就得先护持菩提之心。

"善男子啊！就好比断了生命之根的人，就不能再利益父母和宗亲，菩萨也是这样，如果背舍菩提心，就不能利益一切众生、成就诸佛的功德。

"善男子啊！就好比没有人能坏灭大海，菩提心海也是这样，一切业障烦恼和二乘人之心不能毁坏。

"善男子啊！就好比星宿的光明不能遮蔽日光，菩提心日光也是这样，是一切二乘的无漏智慧星光所无法掩映的。

"善男子啊！就好比王子一诞生就受到所有大臣的尊重，因为王子的种性尊贵自在，菩萨也是这样，虽然初发菩提心，就受到年高而久修梵行的声闻、缘觉众的敬重，这都是因为菩萨能以大悲任运自在。

"善男子啊！就好比王子年纪虽幼稚，但所有的王公大臣却都得恭敬地行礼，菩萨也是这样，虽然是初发菩提心修学菩萨行，但二乘耆宿却都得恭敬顶礼而不敢轻视。

"善男子啊！就好比王子虽然在一切辅佐的臣子中还不能自在（未做国王），但已具足王者之相，不和所有的臣子左右同等，这乃是因为王子生在尊胜王室，菩萨也是这样，虽然在一切业力烦恼中还不能得到自在，可是已具菩提之相，不与二乘齐等，这乃是因为种性第一之故。

"善男子啊！就好比众生因为眼睛长翳，所以就以为摩尼妙宝不洁净，菩萨菩提心的妙宝也是这样，无智慧、不净信的人，就误认为菩提心是不清净。

"善男子啊！就好比有人因见闻受咒语加持过的药，或将此药随身携带着，于是所有的病悉皆痊愈。菩萨的菩提心药也是这样，由一切善根力、智慧力、方便力及菩萨的大誓愿力所共同摄受加持，凡是能看见、听闻、亲近同住及忆念的众生，一切烦恼病苦无不立刻除灭。

"善男子啊！就好比有人恒常执持甘露不死药，身体就能永远不衰老，菩萨也是这样，如果有人恒常忆念护持菩提心甘露，他的大愿智慧身就能不变不坏。

"善男子啊！好比装有机关的木头人，如果没有木楔的连接，身子就会分离散落而不能运转，菩萨也是这样，如果没有菩提心作为木楔，愿行就将离散失而不能成就佛法。

"善男子啊！就好比转轮圣王有一种名为象藏香的沉香珍宝，如果焚烧这种宝香，四种兵宝就会借此而全都腾跃虚空，菩萨的菩提心香也是这样，一发起菩提心，就能令菩萨的所有善根永远出离三界，行在如来的智慧无为的虚空中。

"善男子啊！就好比金刚妙宝唯独从金刚及金处出生，而不会从其他的珍宝中出生的，菩萨的菩提心金刚也是这样，唯独从大悲救护众生的金刚宝处，及一切智智殊胜境界金处而生，而不会从其余众生的善根处出生。

"善男子啊！就好比有一种无根树，本身没有吸收养分的根，但它的枝叶、华果却繁茂异常。菩萨的菩提心树也是这样，无根可得，却能长养所有的智神通及大誓愿的枝叶、华果，扶疏繁茂，树荫都能遍覆世间。

"善男子啊！就好比金刚妙宝，不是劣恶及破损的器具能容纳盛受的，只有完整上妙的器具才能装容，菩提心金刚妙宝也是这样，不是下劣众生的悭吝、嫉妒、破戒、懈怠、妄念、无智慧的根器能容受的，也不是退失殊胜志愿、散乱的恶觉众生根器能够容受盛持的，只有菩萨的深心宝器才能容持。

"善男子！就好比金刚妙宝，能穿透各种宝物，菩提心金刚妙宝也是这样，能穿彻各种法宝。

"善男子啊！就好比金刚妙宝，能摧坏所有高山，菩提心的金刚妙宝也是这样，能摧伏灭坏所有的邪见之山。

"善男子啊！就好比金刚妙宝即使有任何破损不全，其他珍宝也还是比不上它，菩提心金刚妙宝也是这样，即使是志向愿行较低劣，稍微有点亏损，但还是胜过所有二乘的功德。

"善男子啊！就好比金刚妙宝即使有任何破损残缺，还是能除灭各种贫穷，菩提心的金刚妙宝也是这样，虽然有些损缺，尚不能够圆满精进于一切菩萨行，但仍能舍离生死。

"善男子啊！就像一点点金刚妙宝就能破坏所有的宝物，菩提心的金刚妙宝也是这样，菩萨只要证入少许境界，就能摧破所有无知的种种惑业。

"善男子啊！就好比一般凡夫根本无法得到金刚妙宝，菩提心金刚妙宝也是这样，不是缺乏大志愿大悲心、意念卑劣的众生所能取得的。

"善男子啊！就好比不认识金刚妙宝的人，既不知道它的能力，更不知道它的作用，菩提心的金刚妙宝也是这样，不了知法的人，不明了它的功能，更不能得知它的用途。

"善男子啊！就好比没有任何东西消融毁灭金刚妙宝，菩提心的金刚妙宝也是这样，种种法都没办法销毁灭失它。

"善男子啊！就像所有的大力士都拿不动金刚杵，只有大那罗延力士才拿得动；菩提心也是这样，一切声闻、缘觉二乘都不能受持，只有菩萨的广大因缘力及坚固的善力，才能拿得动。

"善男子啊！就好比任何事物都不能灭坏金刚妙宝，但金刚妙宝却能摧坏各种事物，而不减损任何体性。菩萨的菩提心也是这样，能普遍安住在三世无数量的时劫，教化众生，修行苦行，凡是声闻、缘觉做不到的事，他都能做到，可是他却丝毫没有任何疲劳厌倦，也没有损坏。

"善男子啊！就好比任何普通的地方都不能承持金刚宝藏，除了金刚之地以外，菩提心也是这样，声闻、缘觉都不能受持，只有趣向萨婆若佛智者才能受持。

"善男子啊！就像金刚宝器，没有瑕疵缺损，用来盛水，永远不会渗漏出来，菩提心的金刚宝器也是这样，装盛着善根水，永远不会使菩萨落入各个生趣。

"善男子啊！就像承受大地的金刚际，能执持大地，大地才不致坠落沉没，菩提之心也是这样，能执持菩萨一切的行愿，不使菩萨堕入三界中。

"善男子啊！就好比金刚妙宝，长久浸在水中，也不会腐烂，不会沾湿，菩提心也是这样，处在一切时劫的生死业惑水中，也不会损坏变化。

"善男子啊！就好比种种大火都不能烧燃加热金刚妙宝，菩提心也是这样，是一切生死种种烦恼烈火所不能烧燃、热恼的。

"善男子啊！就好比三千大千世界中的金刚宝座能承持诸佛，使诸佛安坐道场，能降伏魔众，能成就无上正等正觉，这不是其他座处所能持受的。菩提心金刚宝座也是这样，能承持菩萨的所有愿行、种种波罗蜜法、各种法忍境界、一切的菩萨诸地、一切回向授记法，修集菩提的辅助道法，供养诸佛，而且闻法之后能受持奉行，这是其他的心所不能受持的。

"善男子啊！菩提心能成就像这样无量无边，乃至于不可说不可说的殊胜功德。凡是能发起无上正等正觉心的众生，都能获得如此殊胜功德法。所以，善男子啊！你已获得大善好的利益！你已发起了无上正等正觉之心，求取菩萨行，获得像这样的大功德。善男子啊！如同你所问的：'菩萨如何学菩萨行？如何修菩萨道？'善男子啊！你可以进入这毗卢遮那庄严藏大楼阁中，周遍观察，就能了知如何修学菩萨行，而成就无量的功德。"

【注释】

❶ 四流：指欲流、有流、见流、无明流。流为"漂流"之意，指强势的烦恼。

❷ 见：指身见、邪见等恶见。

❸ 有：即三有，指生死流转之生存。

❹ 界城：指三界之城所闭者。

❺ 界蛇：此以蛇喻十八界，所以叫界蛇。

❻ 摩诃应伽：译作"大支分"，即"大身"。

❼ 阿蓝婆：梵语 aratilambha，完整音译为"阿罗底蓝婆"，意译作"喜得乐"，就是用它涂身除患得喜之意。

❽ 解脱知见：了知自身如实解脱及解脱的过程、境界的正确知见。

卷第七十九

入法界品第三十九之二十

【原典】

尔时，善财童子恭敬右绕弥勒菩萨摩诃萨已，而白之言："唯愿大圣开楼阁门，令我得入！"

时，弥勒菩萨前诣楼阁，弹指出声，其门即开，命善财入。善财心喜，入已还闭。

见其楼阁广博无量同于虚空，阿僧祇宝以为其地；阿僧祇宫殿、阿僧祇门闼、阿僧祇窗牖、阿僧祇阶陛、阿僧祇栏楯、阿僧祇道路，皆七宝成；阿僧祇幡、阿僧祇幢、阿僧祇盖，周回间列；阿僧祇众宝璎珞、阿僧祇真珠璎珞、阿僧祇赤真珠璎珞、阿僧祇师子珠璎珞，处处垂下；阿僧祇半月、阿僧祇缯带、阿僧祇宝网，以为严饰；阿僧祇宝铎风动成音，散阿僧祇天诸杂华，悬阿僧祇天宝鬘带，严阿僧祇众宝香炉，雨阿僧祇细末金屑，悬阿僧祇宝镜，然阿僧祇宝灯，布阿僧祇宝衣，列阿僧祇宝帐，设阿僧祇宝坐，阿僧祇宝缯以敷座上；阿僧祇阎浮檀金童女像、阿僧祇杂宝诸形像、阿僧祇妙宝菩萨像，处处充遍；阿僧祇众鸟出和雅音；阿僧祇宝优钵罗华、阿僧祇宝波头摩华、阿僧祇宝拘物头华、阿僧祇宝芬陀利华，以为庄严；阿僧祇宝树次第行列，阿僧祇摩尼宝放大光明。如是等无量阿僧祇诸庄严具，以为庄严。

又见其中，有无量百千诸妙楼阁，一一严饰悉如上说；广博严丽皆同虚空，不相障碍亦无杂乱。善财童子于一处中见一切处，一切诸处悉如是见。

尔时，善财童子见毗卢遮那庄严藏楼阁如是种种不可思议自在境界，生大欢喜，踊跃无量，身心柔软，离一切想，除一切障，灭一切惑，所见不忘，所闻能忆，所思不乱，入于无碍解脱之门。普运其心，普见一切，普申敬礼，才始稽首，以弥勒菩萨威神之力，自见其身遍在一切诸楼阁中，具见种种不可思议自在境界。

所谓或见弥勒菩萨初发无上菩提心时如是名字、如是种族，如是善友之所开悟，令其种植如是善根、住如是寿、在如是劫、值如是佛、处于如是庄严刹土、修如是行、发如是愿；彼诸如来如是众会、如是寿命，经尔许时亲近供养。一悉皆明见。

或见弥勒最初证得慈心三昧，从是已来，号为慈氏；或见弥勒修诸妙行，成满一切诸波罗蜜；或见得忍，或见住地，或见成就清净国土，或见护持如来正教，为大法师，得无生忍，某时、某处、某如来所受于无上菩提之记。

或见弥勒为转轮王，劝诸众生住十善道；或为护世，饶益众生；或为释天，呵责五欲；或为焰摩天王，赞不放逸；或为兜率天王，称叹一生菩萨功德；或为化乐天王，为诸天众现诸菩萨变化庄严；或为他化自在天王，为诸天众演说一切诸佛之法；或作魔王，说一切法皆悉无常；或为梵王，说诸禅定无量喜乐；或为阿修罗王，入大智海，了法如幻，为其众会常演说法，断除一切骄慢醉傲。

或复见其处阎罗界，放大光明，救地狱苦；或见在于饿鬼之处，施诸饮食，济彼饥渴；或见在于畜生之道，种种方便，调伏众生。

或复见为护世天王众会说法，或复见为忉利天王众会说法，或复见为焰摩天王众会说法，或复见为兜率天王众会说法，或复见为化乐天王众会说法，或复见为他化自在天王众会说法，或复见为大梵王众会说法，或复见为龙王众会说法，或复见为夜叉、罗刹王众会说法，或复见为乾闼婆、紧那罗王众会说法，或复见为阿修罗、陀那婆王众会说法，或复见为迦楼罗、摩睺罗伽王众会说法，或复见为其余一切人、非人等众会说法，或复见为声闻众会说法，或复见为缘觉众会说法，或复见为初发心乃至一生所系已灌顶者诸菩萨众而演说法。

或见赞说初地乃至十地所有功德，或见赞说满足一切诸波罗蜜，或见赞说入诸忍门，或见赞说诸大三昧门，或见赞说甚深解脱门，或见赞说诸禅三昧神通境界，或见赞说诸菩萨行，或见赞说诸大誓愿，或见与诸同行菩萨赞说世间资生工巧种种方便利众生事，或见与诸一生菩萨赞说一切佛灌顶门。

或见弥勒于百千年，经行、读诵、书写经卷，劝求观察，为众说法，或入诸禅四无量心，或入遍处及诸解脱，或入三昧以方便力现诸神变。

或见诸菩萨入变化三昧，各于其身一一毛孔，出于一切变化身云；或见出天众身云，或见出龙众身云，或见出夜叉、乾闼婆、紧那罗、阿修罗、迦楼罗、摩睺罗伽、释、梵、护世、转轮圣王、小王、王子、大臣、官属、长者、居士身云，或见出声闻、缘觉及诸菩萨、如来身云，或见出一切众生身云。

或见出妙音，赞诸菩萨种种法门。所谓赞说菩提心功德门；赞说檀波罗蜜乃至智波罗蜜功德门；赞说诸摄、诸禅、诸无量心，及诸三昧、三摩钵底、诸通、诸明、总持、辩才、诸谛、诸智、止观、解脱、诸缘、诸依、诸说法门；赞说念、处、正勤、神足、根、力、七菩提分、八圣道分、诸声闻乘、诸独觉乘、诸菩萨乘、诸地、诸忍、诸行、诸愿，如是等一切诸功德门。

或复于中，见诸如来，大众围绕；亦见其佛生处、种姓、身形、寿命、刹劫、名号、说法利益、教住久近，乃至所有道场众会种种不同，悉皆明见。

又复于彼庄严藏内诸楼阁中，见一楼阁，高广严饰，最上无比；于中悉见三千世界百亿四天下、百亿兜率陀天，一一皆有弥勒菩萨降神诞生、释梵天王捧持顶戴、游行七步、观察十方、大师子吼、现为童子、居处宫殿、游戏园苑、为一切智出家苦行、示受乳糜、往诣道场、降伏诸魔、成等正觉、观菩提树、梵王劝请转正法轮、升天宫殿而演说法、劫数寿量、众会庄严、所净国土、所修行愿、教化成熟众生方便、分布舍利、住持教法，皆悉不同。

尔时，善财自见其身，在彼一切诸如来所；亦见于彼一切众会、一切佛事，忆持不忘，通达无碍。复闻一切诸楼阁内，宝网铃铎及诸乐器，皆悉演畅不可思议微妙法音，说种种法。所谓或说菩萨发菩提心，或说修行波罗蜜行，或说诸愿，或说诸地，或说恭敬供养如来，或说庄严诸佛国土，或说诸佛说法差别。如上所说一切佛法，悉闻其音，敷畅辩了。

又闻某处，有某菩萨，闻某法门，某善知识之所劝导发菩提心，于某劫、某刹、某如来所、某大众中，闻于某佛如是功德，发如是心，起如是愿，种于如是广大善根；经若干劫修菩萨行，于尔许时当成正觉，如是名号，如是寿量，如是国土，具足庄严，满如是愿，化如是众，如是声闻、菩萨众会；般涅槃后，正法住世，经尔许劫，利益如是无量众生。

或闻某处，有某菩萨，布施、持戒、忍辱、精进、禅定、智慧，修习如是诸波罗蜜。或闻某处有某菩萨，为求法故，弃舍王位及诸珍宝、妻子、眷属、手、足、头、目，一切身分皆无所吝。或闻某处，有某菩萨，守护如来所说正法，为大法师，广行法施，建法幢，吹法螺，击法鼓，雨法雨，造佛塔庙，作佛形像，施诸众生一切乐具。或闻某处，有某如来，于某劫中，成等正觉，如是国土，如是众会，如是寿命，说如是法，满如是愿，教化如是无量众生。

善财童子闻如是等不可思议微妙法音，身心欢喜，柔软悦怿❶，即得无量诸总持门、诸辩才门、诸禅、诸忍、诸愿、诸度、诸通、诸明，及诸解脱、诸三昧门。

又见一切诸宝镜中种种形像。所谓或见诸佛众会道场，或见菩萨众会道场，或见声闻众会道场，或见缘觉众会道场，或见净世界，或见不净世界，或见净不净世界，或见不净净世界，或见有佛世界，或见无佛世界，或见小世界，或见中世界，或见大世界，或见因陀罗网世界，或见覆世界，或见仰世界，或见平坦世界，或见地狱、畜生、饿鬼所住世界，或见天人充满世界。于如是等诸世界中，见有无数大菩萨众，或行或坐作诸事业，或起大悲怜愍众生，或造诸论利益世间，或受或持，或书或诵，或问或答，三时忏悔，回向发愿。

又见一切诸宝柱中，放摩尼王大光明网，或青，或黄，或赤，或白，或玻璃色，或水精色，或帝青色，或虹霓色，或阎浮檀金色，或作一切诸光明色。

又见彼阎浮檀金童女及众宝像，或以其手而执华云，或执衣云，或执幢幡，或执鬘盖，或持种种涂香、末香，或持上妙摩尼宝网，或垂金锁，或挂璎珞，或举其臂捧庄严具，或低其首垂摩尼冠，曲躬瞻仰，目不暂舍。

又见彼真珠璎珞，常出香水，具八功德；琉璃、璎珞，百千光明，同时照耀；幢、幡、网、盖，如是等物，一切皆以众宝庄严。

又复见彼优钵罗华、波头摩华、拘物头华、芬陀利华，各各生于无量诸华，或大一手，或长一肘，或复纵广犹如车轮，一一华中皆悉示现种种色像以为严饰。所谓男色像、女色像、童男色像、童女色像、释、梵、护世、天、龙、夜叉、乾闼婆、阿修罗、迦楼罗、紧那罗、摩睺罗伽、声闻、缘觉及诸菩萨。如是一切众生色像，皆悉合掌，曲躬礼敬。

亦见如来结跏趺坐，三十二相庄严其身。

又复见彼净琉璃地，一一步间，现不思议种种色像，所谓世界色像、菩萨色像、如来色像，及诸楼阁庄严色像。

又于宝树枝、叶、华、果一一事中，悉见种种半身色像。所谓佛半身色像、菩萨半身色像，天、龙、夜叉，乃至护世、转轮圣王、小王、王子、大臣、官长，以及四众半身色像。其诸色像，或执华鬘，或执璎珞，或持一切诸庄严具；或有曲躬合掌礼敬，一心瞻仰，目不暂舍；或有赞叹，或入三昧。其身悉以相好庄严，普放种种诸色光明，所谓金色光明、银色光明、珊瑚色光明、兜沙罗色光明、帝青色光明、毗卢遮那宝色光明、一切众宝色光明、瞻波迦华色光明。

又见诸楼阁半月像中，出阿僧祇日月星宿种种光明普照十方。

又见诸楼阁周回四壁，一一步内，一切众宝以为庄严。一一宝中，皆现弥勒曩劫修行菩萨道时，或施头目，或施手足、唇舌、牙齿、耳鼻、血肉、皮肤、骨髓乃至爪发，如是一切，悉皆能舍；妻妾、男女、城邑、聚落、国土、王位，随其所须，尽皆施与。处牢狱者，令得出离；被系缚者，使其解脱；有疾病者，为其救疗；入邪径者，示其正道。或为船师，令度大海；或为马王，救护恶难；或为大仙，善说诸论；或为轮王，劝修十善；或为医王，善疗众病；或孝顺父母，或亲近善友，或作声闻，或作缘觉，或作菩萨，或作如来，教化调伏一切众生；或为法师，奉行佛教，受持读诵，如理思惟，立佛支提，作佛形像，若自供养，若劝于他，涂香散华，恭敬礼拜。如是等事，相续不绝。或见坐于师子之座，广演说法，劝诸众生安住十善，一心归向佛、法、僧宝，受持五戒及八斋戒，出家听法，受持读诵，如理修行。

乃至见于弥勒菩萨，百千亿那由他阿僧祇劫，修行诸度一切色像；又见弥勒曾所承事诸善知识，悉以一切功德庄严；亦见弥勒在彼一一善知识所，亲近供养，受行其教，乃至住于灌顶之地。

时，诸知识告善财言："善来童子！汝观此菩萨不思议事，莫生疲厌。"

尔时，善财童子得不忘失忆念力故，得见十方清净眼故，得善观察无碍智故，得诸菩萨自在智故，得诸菩萨已入智地广大解故，于一切楼阁一一物中，悉见如是及余无量不可思议自在境界诸庄严事。

譬如有人，于睡梦中见种种物，所谓城邑、聚落、宫殿、园苑、山林、河池、衣服、饮食乃至一切资生之具；或见自身父母兄弟、内外亲属；或见大海须弥山王，乃至一切诸天宫殿、阎浮提等四天下事；或见其身形量广大百千由旬，房舍、衣服悉皆相称，谓于昼日经无量时不眠不寝受诸安乐。从睡觉已，乃知是梦，而能明记所见之事。善财童子亦复如是，以弥勒菩萨力所持故，知三界法皆如梦故，灭诸众生狭劣想故，得无障碍广大解故，住诸菩萨胜境界故，入不思议方便智故，能见如是自在境界。

譬如有人，将欲命终，见随其业所受报相：行恶业者，见于地狱、畜生、饿鬼所有一切众苦境界，或见狱卒手持兵仗或嗔或骂囚执将去，亦闻号叫、悲叹之声，或见灰河，或见镬汤，或见刀山，或见剑树，种种逼迫，受诸苦恼；作善业者，即见一切诸天宫殿无量天众、天诸采女，种种衣服具足庄严，宫殿、园林尽皆妙好。身虽未死，而由业力见如是事。善财童子亦复如是，以菩萨业不思议力，得见一切庄严境界。

譬如有人，为鬼所持，见种种事，随其所问，悉皆能答。善财童子亦复如是，菩萨智慧之所持故，见彼一切诸庄严事，若有问者，靡不能答。

譬如有人，为龙所持，自谓是龙，入于龙宫，于少时间，自谓已经日月年载。善财童子亦复如是，以住菩萨智慧想故，弥勒菩萨所加持故，于少时间谓无量劫。

譬如梵宫，名庄严藏，于中悉见三千世界一切诸物不相杂乱。善财童子亦复如是，于楼观中，普见一切庄严境界种种差别不相杂乱。

譬如比丘，入遍处定，若行、若住、若坐、若卧，随所入定，境界现前。善财童子亦复如是，入于楼观，一切境界悉皆明了。

譬如有人，于虚空中见乾闼婆城具足庄严，悉分别知，无有障碍；譬如夜叉宫殿与人宫殿，同在一处而不相杂，各随其业，所见不同；譬如大海，于中悉见三千世界一切色像；譬如幻师，以幻力故，现诸幻事种种作业。善财童子亦复如是，以弥勒菩萨威神力故，及不思议幻智力故，能以幻智知诸法故，得诸菩萨自在力故，见楼阁中一切庄严自在境界。

尔时，弥勒菩萨摩诃萨即摄神力入楼阁中，弹指作声，告善财言："善男子起！法性如是，此是菩萨知诸法智因缘聚集所现之相。如是自性，如幻、如梦、如影、如像，悉不成就。"尔时，善财闻弹指声，从三昧起。

弥勒告言："善男子！汝住菩萨不可思议自在解脱，受诸菩萨三昧喜乐，能见菩萨神力所持、助道所流、愿智所现种种上妙庄严宫殿，见菩萨行，闻菩萨法，知菩萨德，了如来愿。"

善财白言："唯然！圣者！是善知识加被忆念威神之力。圣者！此解脱门，其名何等？"

弥勒告言："善男子！此解脱门，名入三世一切境界不忘念智庄严藏。善男子！此解脱门中，有不可说不可说解脱门，一生菩萨之所能得。"

善财问言："此庄严事，何处去耶？"

弥勒答言："于来处去。"

曰："从何处来？"

曰："从菩萨智慧神力中来，依菩萨智慧神力而住，无有去处，亦无住处，非集非常，远离一切。善男子！如龙王降雨，不从身出，不从心出，无有积集，而非不见；但以龙王心念力故，霈然洪霔，周遍天下，如是境界不可思议。善男子！彼庄严事亦复如是，不住于内，亦不住外，而非不见；但由菩萨威神之力、汝善根力，见如是事。善男子！譬如幻师作诸幻事，无所从来，无所至去；虽无来去，以幻力故，分明可见。彼庄严事亦复如是，无所从来，亦无所去；虽无来去，然以惯习不可思议幻智力故，及由往昔大愿力故，如是显现。"

善财童子言："大圣从何处来？"

弥勒言："善男子！诸菩萨无来无去，如是而来；无行无住，如是而来；无处无著，不没不生，不住不迁，不动不起，无恋无著，无业无报，无起无灭，不断不常，如是而来。善男子！菩萨从大悲处来，为欲调伏诸众生故；从大慈处来，为欲救护诸众生故；从净戒处来，随其所乐而受生故；从大愿处来，往昔愿力之所持故；从神通处来，于一切处随乐现故；从无动摇处来，恒不舍离一切佛故；从无取舍处来，不役身心使往来故；从智慧方便处来，随顺一切诸众生故；从示现变化处来，犹如影像而化现故。

"然，善男子！汝问于我从何处来者。善男子！我从生处摩罗提国而来于此。善男子！彼有聚落，名为房舍；有长者子，名瞿波罗。为化其人，令入佛法，而住于彼；又为生处一切人民随所应化而为说法，亦为父母及诸眷属、婆罗门等演说大乘，令其趣入故住于彼。而从彼来。"

善财童子言："圣者！何者是菩萨生处？"

答言："善男子！菩萨有十种生处。何者为十？善男子！菩提心是菩萨生处，生菩萨家故；深心是菩萨生处，生善知识家故；诸地是菩萨生处，生波罗蜜家故；大愿是菩萨生处，生妙行家故；大悲是菩萨生处，生四摄家故；如理观察是菩萨生处，生般若波罗蜜家故；大乘是菩萨生处，生方便善巧家故；教化众生是菩萨生处，生佛家故；智慧方便是菩萨生处，生无生法忍家故；修行一切法是菩萨生处，生过、现、未来一切如来家故。

"善男子！菩萨摩诃萨，以般若波罗蜜为母，方便善巧为父，檀波罗蜜为乳母，尸波罗蜜为养母，忍波罗蜜为庄严具，勤波罗蜜为养育者，禅波罗蜜为浣❷濯人，善知识为教授师，一切菩提分为伴侣，一切善法为眷属，一切菩萨为兄弟，菩提心为家，如理修行为家法，诸地为家处，诸忍为家族，大愿为家教，满足诸行为顺家法，劝发大乘为绍家业，法水灌顶一生所系菩萨为王太子，成就菩提为能净家族。

"善男子！菩萨如是超凡夫地，入菩萨位，生如来家，住佛种性，能修诸行，不断三宝，善能守护菩萨种族，净菩萨种，生处尊胜，无诸过恶，一切世间天、人、魔、梵、沙门、婆罗门恭敬赞叹。

"善男子！菩萨摩诃萨生于如是尊胜家已，知一切法如影像故，于诸世间无所恶贱；知一切法如变化故，于诸有趣无所染著；知一切法无有我故，教化众生心无疲厌；以大慈悲为体性故，摄受众生不觉劳苦；了达生死犹如梦故，经一切劫而无怖畏；了知诸蕴皆如幻故，示现受生而无疲❸厌；知诸界、处同法界故，于诸境界无所坏灭；知一切想如阳焰故，入于诸趣不生倒惑；达一切法皆如幻故，入魔境界不起染著；知法身故，一切烦恼不能欺诳；得自在故，于一切趣通达无碍。

"善男子！我身普生一切法界，等一切众生差别色相，等一切众生殊异言音，等一切众生种种名号，等一切众生所乐威仪，随顺世间教化调伏；等一切清净众生示现受生，等一切凡夫众生所作事业，等一切众生想，等一切菩萨愿，而现其身充满法界。

"善男子！我为化度与我往昔同修诸行、今时退失菩提心者，亦为教化父母、亲属；亦为教化诸婆罗门，令其离于种族骄慢，得生如来种性之中。一而生于此阎浮提界、摩罗提国、拘吒聚落、婆罗门家。善男子！我住于此大楼阁中，随诸众生心之所乐，种种方便教化调伏。善男子！我为随顺众生心故，我为成熟兜率天中同行天故，我为示现菩萨福智变化庄严；超过一切诸欲界故，令其舍离诸欲乐故，令知有为皆无常故，令知诸天盛必衰故，为欲示现将降生时大智法门；与一生菩萨共谈论故，为欲摄化诸同行故，为欲教化释迦如来所遣来者令如莲华悉开悟故，于此命终，生兜率天。善男子！我愿满足，成一切智，得菩提时，汝及文殊俱得见我。

"善男子！汝当往诣文殊师利善知识所而问之言：'菩萨云何学菩萨

行？云何而入普贤行门？云何成就？云何广大？云何随顺？云何清净？云何圆满？'善男子！彼当为汝分别演说。何以故？文殊师利所有大愿，非余无量百千亿那由他菩萨之所能有。

"善男子！文殊师利童子，其行广大，其愿无边，出生一切菩萨功德无有休息。善男子！文殊师利常为无量百千亿那由他诸佛母，常为无量百千亿那由他菩萨师，教化成熟一切众生，名称普闻十方世界；常于一切诸佛众中为说法师，一切如来之所赞叹；住甚深智，能如实见一切诸法，通达一切解脱境界，究竟普贤所行诸行。

"善男子！文殊师利童子是汝善知识，令汝得生如来家，长养一切诸善根，发起一切助道法，值遇真实善知识；令汝修一切功德，入一切愿网，住一切大愿；为汝说一切菩萨秘密法，现一切菩萨难思行；与汝往昔同生同行。

"是故，善男子！汝应往诣文殊之所莫生疲厌，文殊师利当为汝说一切功德。何以故？汝先所见诸善知识闻菩萨行，入解脱门，满足大愿，皆是文殊威神之力，文殊师利于一切处咸得究竟。"

时，善财童子顶礼其足，绕无量匝，殷勤瞻仰，辞退而去。

注释

❶ "怿"，大正本原作"泽"，今依明本改之。
❷ "浣"，大正本原作"澣"，今依三本、宫本及圣本改之。
❸ "疲"，大正本原作"忧"，今依元、明本改之。

【白话语译】

这时，善财童子恭敬地向弥勒菩萨右绕以后，向弥勒菩萨说："只愿圣者您打开这座毗卢遮那庄严藏大楼阁的门，让我可以登堂入室，了知佛法之奥妙。"

这时，弥勒菩萨前往楼阁，弹指出声，那门就打开了，他就示意善财童子进去。

善财童子欢喜地走进楼阁，那门就自动关上了。他看见楼阁的面积广博无量，等同虚空，地面是用阿僧祇数的宝物做成。有阿僧祇数的宫殿、阿僧祇数的门户、阿僧祇数的窗户、阿僧祇数的台阶、阿僧祇数的栏楯、阿僧祇数的道路，都用七宝做成。阿僧祇张幡旗、阿僧祇座宝幢、阿僧祇个宝盖，都回旋周围。阿僧祇众数的宝璎珞、阿僧祇数的真珠璎珞、阿僧祇数的赤真珠璎珞、阿僧祇数的师子珠璎珞，到处垂下。并用阿僧祇数的半月形珍宝、阿僧祇数的缯带、阿僧祇数的宝网严饰，风一吹动阿僧祇数的宝铎就有妙音奏出，并散下阿僧祇数的天华，悬挂阿僧祇数的天宝鬘带，庄严阿僧祇数的宝香炉，雨下阿僧祇数的细末金屑，悬挂着阿僧祇数的宝镜，点燃了阿僧祇数的宝灯，布下阿僧祇数的宝衣，陈列着阿僧祇数的宝帐，设立阿僧祇数的宝座。

还有阿僧祇数的宝缯铺在宝座上，到处充满着阿僧祇数的阎浮提檀金雕成的童女像。又有阿僧祇数的杂宝做成各种形象，阿僧祇数的妙宝塑成菩萨像。阿僧祇数的众鸟唱着优雅的音声，用阿僧祇数的宝优钵罗华、宝波头摩华、宝拘物头华、宝芬陀利华来庄饰，阿僧祇数的宝树依次行列，阿僧祇数的摩尼宝更放出大光明，如此各种无量阿僧祇数的庄严器具都把楼阁庄严得动人非凡。

善财又看见其中有无量百千座美妙的楼阁，每一座楼阁都非常庄严，景物就好像上面所说的一样，广博严丽，但是却像虚空一般，不会互相障碍，也毫不杂乱。善财童子在上一座楼阁见到的所有景物，在其他座楼阁也都是如此展现。

这时，善财童子看见毗卢遮那庄严藏大楼阁，有如此种种不可思议的微妙境界，心生欢喜，踊跃无量，身心变得更加柔软。远离各种妄想，除去各种的障碍，消灭所有的疑惑，凡是看见的一切都不忘失，凡是听闻的都能忆念，所思考的都清清楚楚不会杂乱。所以能深入无碍的解脱法门，普遍运用他的心，普遍能看见一切，并且还能普遍地礼敬。善财童子才刚刚顶礼时，就因为弥勒菩萨的威神力，使他看见自己的身体出现在所有的楼阁中，更看见种种不可思议的自在境界。就是所谓的或是看见弥勒菩萨初发无上菩提心，叫什么名字，属于哪个种族，为哪些善友所说法开悟，使他种下哪些的善根，寿命多长，在哪一个时劫，遇到哪些佛，刹土有多庄严，修习哪一些行门，发过什么誓愿，曾参加哪些诸如来的众会，多少寿命，经历多久，亲近供养诸佛，弥勒菩萨在往昔的境界，善财童子无不清楚明白地看见。

或是看见弥勒菩萨最初证得慈心三昧，从那时候以来，他就号为慈氏；或是看见弥勒菩萨修习各种妙行，成就圆满各种波罗蜜，或是见到得证法忍的境界，或是见到修行安住的境地，或看见他成就清净国土；或看见弥勒菩萨护持如来的正教，作为大法师，证得无生法忍，在某时、某地、某位如来的道场、接受无上菩提的印记。

或是看见弥勒菩萨为转轮圣王时，劝勉众生安住十善业道；或是生为护世四大天王，饶益众生；或是为帝释天王，呵责五欲；或做焰摩天王时，赞叹不放逸的法；或是当兜率天王时，称叹菩萨一生的功德；或是做化乐天王时，为所有的天众，示现菩萨的各种庄严变化；或是做他化自在天王时，为所有的天众，演说诸佛的正法；或做魔王时，宣说一切法都是无常；或做梵王时，宣说各种无量禅定的喜乐；或是作为阿修罗王时，深入大智海，了知诸法如幻，并为大众演说佛法，断除众生的骄慢狂傲。

善财童子又看见弥勒菩萨在阎罗界中，放出大光明拯救地狱众生；或在施予饿鬼饮食，救济他们的饥渴；或是看见弥勒菩萨在用种种方便法门调伏畜生道的众生；或是看见他为护世天王的大众说法；或是看见他为忉利天王的大众说法；或是又看见他为焰摩天王的大众说法；又看见他为兜率天王的大众说法；又看见他为化乐天王的大众说法；又看见弥勒菩萨为他化自在天王的大众说法；又看见他为大梵王的大众说法；又看见他为龙王的大众说法；又看见他为夜叉王、罗刹王的大众说法。

又看见他为乾闼婆、紧那罗王的大众说法；又看见他为阿修罗、陀那婆王、迦楼罗王、摩睺罗伽王的大众说法；又看见他为声闻大众说法；又看见他为缘觉大众说法；又看见他为初发菩提心，乃至一生补处菩萨，即将成佛，已经得到佛陀灌顶的诸位菩萨，而演说佛法。

善财又看见弥勒菩萨赞叹初地，乃至于十地的菩萨功德；或看见他满足各种波罗蜜；或看见他赞叹宣说深入一切忍门；或看见他赞叹宣说一切诸大三昧门；或看见他赞叹宣说甚深的解脱法门；或是看见他赞叹宣说各种禅定三昧的神通境界；或是看见他赞叹宣说各种菩萨行；或是看见他赞叹宣说各种弘大的誓愿；或是看见他与过去曾与他一同修行的菩萨，赞叹世间资生器具的手艺工巧，及种种方便利益众生的事；或是看见他和诸位一生补处菩萨，赞说诸佛的灌顶法门。

或是看见弥勒佛在百千年前，经行读诵，书写经卷，勤求观察，为众生说法；或深入各种禅定、四无量心；或证入遍一切处、各种解脱的禅定；或深入三昧境界，用种种方便力示现种种神通变化；或看见诸位菩萨深入变化三昧之中，在身上的每一毛孔，示现各种变化身云。或看见弥勒如来示现天众身云；或是看见他示现龙众身云；或看见他现出夜叉、乾闼婆、紧那罗、阿修罗、迦楼罗、摩睺罗伽、释梵、护世四天王、转轮圣王、小国王子、大臣、官属、长者、居士身云，或看见他现出声闻、缘觉和诸位菩萨、如来身云；或看见他现出一切众生身云。

善财或是看见弥勒菩萨示现妙音，赞叹诸位菩萨的种种法门。这些法门就是所谓的赞说菩提心的功德门，赞说布施波罗蜜乃至于智波罗蜜功德门，赞说各种摄受法、各种禅定、各种无量心的境界，以及各种三昧、三摩钵底、各种神通、各种的明达境界、总持不忘无碍的辩才、各种的真谛、各类的智慧、止观解脱的境界、各类的善缘、各种依止安住、各种言说等法门，赞说四念处、四正勤、四神足、五根、五力、七菩提分、八圣道分等三十七道品❶一切的声闻乘、独觉乘，以及菩萨乘，各种境地、各种法忍境界、各种行持、各种誓愿如此等等一切的功德法门。或是在其中看见大众围绕诸位如来，也看见佛陀过去出生的地方、那时的种姓、身形、寿命、刹劫、名号、如何说法利益众生、佛的教法住世多久，乃至于所有的道场众会，种种不同，善财无不明白看见。

善财童子又在毗卢遮那庄严藏内的各种楼阁中，看见有一座非常高耸、广大庄严的主楼阁，这座楼阁可说是所有楼阁中最胜第一、无与伦比的。善财在这楼阁中看见三千大千世界，百亿个四天下、百亿个兜率陀天，每一处都有弥勒菩萨下降神识诞生世间。释梵天王更恭敬地以手捧持顶戴。菩萨出生后，走了七步，观察十方，作大师子吼，示现为童子，住在宫殿中，在园苑游戏。少年时，为了求取一切智慧而出家苦行。示现接受牧羊女的供养，以及前往菩提道场，降伏诸魔，成就正等正觉，在菩提树下观察，所有的梵王都前来劝请他转正法轮、升入天宫演说佛法。菩萨住世的劫数寿命，大众聚会的庄严，所清净的国土，所修习的行愿，教化成熟众生的种种方便。涅槃后分布舍利子，住持每一个世界的教法等种种境界，都不尽相同。

这时，善财童子看见自身出现在彼一切诸佛的道场，也看见自己身处一切众会之中。他并且能通达无碍地忆念、受持各种佛事，从不忘失。他又听到所有楼阁的宝网之上，有种种铃铎、乐器都畅演着不可思议的微妙法音，宣说种种法要。这些宣说就是：或是宣说菩萨发菩提心，或是宣说如何修行波罗蜜行，或是宣说菩萨的弘大誓愿、各个境地，或是宣说如何恭敬供养如来，或是宣说如何庄严诸佛国土，或是宣说诸佛说法的种种差别。凡是像以上宣说的种种佛法，善财都可以清楚听见，那演说无碍的妙音。

善财童子又听到某个地方有某位菩萨，听闻某种法门，或者有某位善知识劝导众生，发起菩提心，在某个时劫、某个佛国刹土、某位如来的道场、某个大众法会中，听闻某位佛陀的广大功德，发起如此的心愿之后，又种下了哪些广大的善根，经历了多少时劫，修习菩萨行。又过了多久之后，将要成就正觉，又成就正觉的名号，住世多久，建立的佛国刹土，具足哪些庄严，圆满哪些誓愿，度化了多少众生，有什么声闻菩萨众会，在他般涅槃后，正法住世多久，经历了多少时劫，利益了多少众生。

善财童子或是听闻某个地方有某位菩萨，布施、持戒、忍辱、精进地修行禅定、智慧，又修习各种波罗蜜。或是听闻某个地方有某位菩萨，为了求法而弃舍了王位和各种珍宝、妻子、眷属、手足、头目、一切五脏六腑、四肢百骸皆能布施，但是心中都毫不吝惜。或是听闻某个地方有某位菩萨，一心守护如来所宣说的正法，为大法师，广行法施，建立法幢，吹大法螺，遍击法鼓，雨甘露法雨，建造佛塔寺庙，及塑造佛陀的形象，布施众生各种安乐的器具。或听闻某个地方有某位如来，在某个时劫，成就了正觉，在他的国土、众会中，宣说了哪些法门，圆满了哪些誓愿，教化多少的众生。

善财童子听闻了如此种种众多不可思议的微妙法音后，身心欢喜，柔软愉悦，当下证得了无量总持的法门、辩才法门，各种禅定、各种法忍、各种誓愿、各种到达彼岸的法门，以及各种神通、各种明达的境界，及各种解脱、各种三昧法门。

他又看见每面宝镜中的各种形象，这些形象就是或是看见诸佛大众的法会道场，或是看见菩萨众会的道场，或看见声闻众会的道场，或看见缘觉众会的道场，或看见清净世界，或看见不清净的世界，或看见清净中不清净的世界，或看见不清净中的清净世界，或看见有佛住世的世界，或看见无佛住世的世界，或看见小世界，或看见中世界，或看见大世界，或看见因陀罗网世界，或看见覆倒的世界，或看见上仰的世界，或看见平坦的世界，或看见地狱、畜生、饿鬼住世的世界，或看见充满天人的世界。在如此等等的世界中，他又看见有无数的菩萨大众，或是经行，或是打坐，造作各种事业，或是生起大悲心怜愍众生，或造作各种议论利益世间，或受苦行，或持戒律，或书写、读诵《大方广佛华严经》，或是问经典之疑处，或是答经典之法要，每日早晨、午时、夜时三时之间忏悔不断，并且回向于菩提，发大乘之愿。

　　善财童子又看见在各种宝柱中，放出摩尼宝王的大光明网，有青色、黄色、赤色、白色、玻璃色、水精色、帝青色、虹霓色、阎浮檀金色，或种种光明的颜色。

　　又，看见那阎浮檀金雕塑的童女像及众多宝像，有的手执着华云，有的手执着衣云，有的手拿着幢幡，有的手捧着鬘盖，有的手捧着各种涂香、末香，有的手捧着上妙摩尼宝网，有的垂着金锁，或挂着璎珞，有的举着手臂捧着庄严器具，有的低头垂下摩尼冠，或曲躬身子瞻仰，眼睛舍不得暂时移去。

　　又，他看见童女像所挂的真珠璎珞常发出香水味，具足了清澄、清冷、甘美、轻软、润泽、安和、除患、增益等八种功德。琉璃璎珞更放出百千光明，在同一时间一起照耀。像宝幢、宝幡、宝网、宝盖这类物品，也都用各种珍宝庄严。他又看见那优钵罗华、波头摩华、拘物头华、芬陀利华，各各生出无量华，有的像手一样大，有的像手肘一样长，或有的大小像车轮一样。每一朵华又都示现种种色相作为庄严。这些色像就是男人的色相、女人的色相、童男的色相、童女的色相、帝释、梵天、护世四天王、天、龙、夜叉、乾闼婆、阿修罗、迦楼罗、紧那罗、摩睺罗伽、声闻、缘觉、及诸位菩萨及所有众生的色相，都合掌曲躬礼敬。

　　善财童子又看见如来在其中结跏趺坐，用三十二相庄严自身；又看见人在清净琉璃地每走一步地面就会现出种种不可思议的色相。这些色相就是世界的色相、菩萨的色相、如来的色相，及各种楼阁庄严的色相。他又在宝树的枝、叶、花、果中，看见种种半身色相。这些半身色相就是佛的半身色相、菩萨的半身色相、天龙、夜叉、乃至于护世四天王、转轮圣王、小国国王、王子、大臣、官吏，以及比丘、比丘尼、优婆塞、优婆夷四众的半身色相。这些色相，有的手执着华鬘，有的手执着璎珞，有的手执着各种庄严器具，有的曲躬合掌礼敬，一心瞻仰，目光舍不得暂时离开，或有的赞叹，有的深入三昧，这些身像都现出庄严相好，并遍放出种种色彩光明。这些光明就是金色的光明、银色的光明、珊瑚色的光明、兜沙罗色的光明、帝青色的光明、毗卢遮那宝色的光明、一切众宝色的光明、瞻波迦华色的光明。又，看见在各楼阁的半月像中，现出阿僧祇数的日月星宿种种光明，普照十方。

善财又看见所有楼阁的周围四壁，每一步内，都有众宝庄严。在每一宝物当中都现出弥勒佛在往昔无量劫中修行菩萨道时，或是施舍头颅、眼目，或施舍手足、唇舌、牙齿、耳鼻、血肉、皮肤、骨髓，乃至于指甲、头发，如此一切，他都能布施；甚至连妻妾、男女、城邑、聚落、国土、王位，都能随着众生所需而施与。使得身处牢狱的众生，都能逃出远离；身受系缚的众生，都能得到解脱；罹患疾病的众生，都能使其获得救治疗养；又，为走入邪径的众生指示正道。

或者是作为船师，使他们都能安全地度过大海；或为救护众生远离恶难的马王；或是化为善说各种经论的大仙；或是化为劝请众生勤修十善的轮王；或是化为善于治疗众人疾病的医王；或作为孝子，孝顺父母；或者亲近善友，恭敬承事；或是化作教化调伏众生的声闻、缘觉、菩萨、如来；或化为法师，一心奉行佛教，受持读诵，如理地思惟，建立佛陀的塔庙支提，造作佛的形象，或是自己供养，或是劝他人供养，涂香散华，恭敬礼拜。如此地相续不断。

或是看见弥勒菩萨坐在师子宝座上，广演说妙法，劝众生安住十善，一心归向佛、法、僧三宝。受持不杀生、不偷盗、不邪淫、不妄语、不饮酒等五戒，以及八关斋戒，也就是五戒，再加上不睡高广大床、不着华鬘璎珞、过午不食三戒。出家之后，听闻佛法，受持戒律，读诵经藏，如理修行。又，见到弥勒菩萨在百千亿那由他的阿僧祇时劫，修行六度万行时所示现的一切色相法门。又，看见弥勒菩萨曾用各种功德来庄严、承事诸位善知识；也看见弥勒菩萨亲近供养每一位善知识，并受持奉行他们的教法，乃至安住在灌顶地位。

这时，诸位善知识告诉善财童子说："童子！你来得好啊！你观察此菩萨不可思议事迹时，可不要生疲厌之心。"

这时，因为善财童子证得了毫不忘失的忆念力，证得了看见十方清净眼，证得了能善观察的无碍智，证得了菩萨的自在智，证得了诸菩萨已入智地的广大信解，因此能在各个楼阁、每一件事物中，见到如此不可思议的自在境界及各种庄严事。

譬如有人在睡梦中看见的种种事物，这些事物就是所谓的城邑、聚落、宫殿、园苑、山林、河池、衣服、饮食，乃至于一切资助生存之器具，或看见自己的父母、兄弟、内外、亲属，或看见大海、须弥山王，乃至于诸天宫殿、阎浮提等四天下事，或看见到自己的身形量广大到百千由旬，房舍、衣服都能相称，大小恰到好处。在白天里即使经过无量时间的不睡眠、不就寝，时时刻刻安住各种安乐境界，从梦醒来以来，才知道是梦，而还能够明白记住所看见的事。善财童子也是如此，因为弥勒菩萨大威神力的加持，使他知道欲界、色界、无色界三界法都如梦境一般，使他能灭除众生狭劣的有想，证得无障碍的广大解，安住在诸位菩萨殊胜境界，深入不可思议的方便智，所以能见到如此自在的境界。

譬如生命将要终了的人，会看见随顺着自己业力的业报景象。例如，常行恶业的人，就看见地狱、畜生、饿鬼所有众多痛苦的境界，或者看见狱卒手持兵仗，或嗔怒、打骂押着犯人离去，也听到犯人的号叫声、悲叹声。或看见灰河地狱，或看见镬汤地狱，或看见刀山地狱，或看见剑树地狱，众生受到种种严刑逼迫，及各种苦痛。而常行善业的人，就会看见诸天的宫殿，有无量的天众和宫女，他们的衣服都华美庄严，宫殿园林都非常美妙。这人身体虽然还没死，而却因为业力而能见到如此的景象。善财童子也是如此，能用菩萨不可思议的业力，看见种种庄严境界。

譬如被鬼所把持的人能看见各种奇事，不管别人问什么，这人都能回答。善财童子也是如此，因为他受菩萨的智慧摄持，所以能看见各种庄严的事情。不管别人问他什么问题，他都能回答。

譬如被龙所把持而自称是龙的人，能进入龙宫，在很短的时间内，就说自己已经经过了日、月、年。善财童子也是如此，他因安住在菩萨的智慧想，受弥勒菩萨所加持，所以能在极短的时间内经历无量的时劫。

譬如有一名叫庄严藏宫的梵宫，在那宫中可以看见三千大千世界的所有事物，丝毫没有任何杂乱。善财童子也是如此，他能在楼观中看见所有庄严的境界，有种种差别，而不会互相杂乱。

譬如比丘能深遍处定，不管他是行走，还是安住，或坐、或卧，都能入定，而使定境现前。善财童子也是如此，他入楼观时就能明了所有的境界。

譬如有人，能在虚空中见到乾闼婆城的庄严，一切景象都能分别了知，没有障碍；譬如夜叉宫殿与人的宫殿，可以同在一地方而不互相障碍，各自随着各人的业力，而看见不同的景象；譬如有人能从大海看见三千世界的一切色相；譬如幻师能以幻力，示现各种幻事及种种作业。善财童子也是如此，因为弥勒菩萨威神力，和不可思议的幻智力，已能用幻智了知诸法，证得诸位菩萨的自在神力，所以能见到楼阁中所有庄严自在的境界。

这时，弥勒菩萨摩诃萨就以神力进入楼阁，弹指作声，告诉善财童子说："善男子啊！起定吧！法性如是，这是菩萨了知诸法智因缘聚集，所现的相。像这样的自性，其实都如幻、如梦、如影、如像，都不能有所成就。"

这时，善财童子听闻到弹指声，就从三昧起定。弥勒告诉他说："善男子啊！你安住在菩萨不可思议自在解脱的境界，受到诸位菩萨三昧的喜乐，因此得到禅悦为食、法喜充满的境界。你能看见菩萨神力所加持、辅助佛道所流注、大愿智慧所示现、种种上妙的庄严宫殿，见到菩萨所行，听闻菩萨的法门，了知菩萨的德性，了知如来的誓愿。"

善财童子说："是啊！圣者！这是善知识加持我、忆念我的威神力量。圣者啊！我要怎么称呼这种解脱法门呢？"

弥勒菩萨告诉他说："善男子啊！这种解脱法门叫入三世一切境界不忘念智庄严藏解脱门。善男子啊！这个解脱门中有不可说不可说的解脱门，只有一生补处菩萨能证得这种法门。"

善财童子问："这庄严境界到哪里去了呢？"

弥勒菩萨回答："它从何处来的，便往哪里去了。"

善财问："它是从什么地方来？"

弥勒答："从菩萨智慧神力中来，安住菩萨的智慧神力，无来亦无去，也没有住处，非集聚的，非恒常不变的，远离一切心思与言议。

"善男子啊！譬如龙王降雨，不是从龙王的身上降雨，也不是从龙王的心中降雨，没有积集雨，但是雨而有形有相，又不是不可看见，只因龙王心中的念力，就能霈然降下洪霆，周遍天下。如此的境界确实不可思议。善男子啊！那庄严事也是如此，既不安住在内，也不安住在外，但又不是不可得见，只有由菩萨的威神力，以及你的善根力，才能见到这样的事。善男子啊！譬如幻师作各种戏法，是如同幻化，这是无所从来，也无所去的。虽然没有来去，但是因为幻力，而能分明可见。那些庄严之事也是如此，无所从来，也无所去。虽然没有来、没有去，但是因为他不可思议的幻智，以及由于往昔所发的大愿力，就能如此显现这种种不可思议的境界。"

善财童子说："圣者啊！你是打哪儿来的呢？"

弥勒菩萨回答说："善男子啊！诸位菩萨既没有所谓的来、也没有所谓的去，而是等同实相而来的。他们无所行，也无所住，都是这样而来。无依止处，亦无执着。不消失，也没有所谓的生出、或止住、或迁变、或动摇、或发起。也没有任何贪恋、执着、业力、果报，所以可说是没有起，也没有灭的。不断绝，也不常住，是等同实相而来。

"善男子啊！菩萨为了调伏众生，而从大悲处来；菩萨为了救护众生，而从大慈处来；菩萨为了随着自身的悦乐而受生，就从清净的持戒处来；菩萨为了能以愿力加持，就从大愿处来；菩萨为了能在任何地方都能随顺着自身的喜乐而示现神通，就从神通处来；菩萨为了恒常不舍离诸佛就从无动摇处来；菩萨为了不役使身心，使他的身心有所往来迁变，而从无取舍处来；菩萨为了随顺众生，而从智慧方便处来；菩萨为了能如影像般化现，而从示现变化处来。

"然而，善男子啊！你问我从什么地方来。善男子啊！我从我出生的地方摩罗提❷国而来到毗卢遮那庄严藏楼阁。善男子啊！在那国内有一处名叫房舍的聚落，这聚落的某一位长者有一个名叫瞿波罗❸的儿子，我为了度化此人，而住在房舍聚落那里。又为我出生地的人民，随所应该度化的众生，而为众人说法；也为父母及诸位眷属、婆罗门等，演说大乘法门，使众生都能趣入大乘法，所以我是住在那儿，从那儿来。"

善财童子问："圣者啊！哪里是菩萨的出生地？"

弥勒回答："善男子啊！菩萨有十种出生地方。是哪十种出生地方呢？善男子啊！发菩提心是菩萨的出生地，因为能出生在菩萨家；有深信心是菩萨出生的地方，因为能出生在善知识家；菩萨诸地境界是菩萨出生的地方，因为能出生在波罗蜜家；大愿是菩萨出生的地方，因为能出生在妙行家；大悲是菩萨出生的地方，因为能出生在布施、爱语、利行、同事的四摄家；如理观察是菩萨出生的地方，因为能生在般若波罗蜜家；大乘是菩萨的出生地，因为能出生在方便善巧家；教化众生是菩萨出生的地方，因为能出生在诸佛家中；智慧方便是菩萨出生的地方，因为能出生在无生法忍❹之家；修行一切法是菩萨出生的地方，因为能出生在过去、现在、未来一切的如来家。

"善男子啊！菩萨摩诃萨以般若波罗蜜为母亲，方便善巧法门为父亲，布施波罗蜜为乳母，持戒波罗蜜为养母，用忍波罗蜜为庄严器具，以精进波罗蜜为养育者，以禅波罗蜜为洗濯人，以善知识为教授师，以七菩提分为伴侣，以各种善法为眷属，所有的菩萨为兄弟，以菩提心为家，以如理修行为家法，以菩萨的十个境地为住所，以各种法忍的境界为家族，用大愿作为家教，以满足一切菩萨诸行为家的清规，以劝发大乘心为绍隆三宝家业，以法水灌顶一生补处菩萨为法王太子，成就菩提为能净的家族。

"善男子啊！菩萨就是这样才能超出凡夫的境地，进入菩萨的果位，生在如来家，安住佛的种性，能修各种菩萨行，不断三宝，令常住世，并且能仔细守护菩萨种族，清净菩萨种性，出生于尊贵殊胜之家，没有各种过错罪恶，一切世间的天、人、魔、大梵天、沙门、婆罗门，都恭敬地赞叹。

"善男子啊！因为菩萨摩诃萨生在如此尊贵殊胜的家族，所以了知一切法如影像，毫不厌恶轻贱世间万事万物；因为他了知一切法如变化，所以毫不贪染执着三界二十五有的诸趣；因为他已了知一切法无有我，所以能毫无疲厌地教化众生；因为他以无缘大慈，同体大悲为体性，所以能摄受众生，而丝毫不觉得辛劳痛苦；因为他已了达生死都如梦幻，所以即使经历所有的时劫仍无所怖畏；因为他已了知五蕴色身都如幻境，皆是虚妄，所以能在生死轮回中，示现受生不觉疲倦；因为他已了知十二界、十八处都等同法界，所以能在各种境界中无所坏灭；因为他已了知一切的有想都好像太阳的烈焰，所以能深入各种生趣而不会心生颠倒困惑；因为他已了知诸法都如幻影，所以能深入魔界而丝毫不会贪染执着；因为他已了知法身，所以能不受任何烦恼欺诳；因为他已证得自在的境界，所以能在通达一切生趣，毫无障碍。

"善男子啊！我能以自身普遍生出一切法界。等同众生的差别色相，等同众生的特殊不同的语言音声，等同众生的种种名号，等同众生所乐的威仪，而随顺世间教化调伏众生。并以等同清净受生的众生，等同凡夫众生所作事业，等同一切众生所想，等同一切菩萨的心愿，而示现身形，充满法界。

"善男子啊！我能化度曾与我共同修习菩萨行、但是现在却退失菩提心的人；也为了教化父母亲属，教化所有的婆罗门，使他们都能远离种族的骄慢，生在如来的种性中，所以我才生于这个阎浮提界、摩罗提国、拘吒聚落、婆罗门家。

"善男子啊！我安住在毗卢遮那庄严藏大楼阁中时，能随顺众生心中的喜乐，而用种种方便法门教化调伏他们。善男子啊！我为了随顺众生的心性；我为了成熟兜率天中共同修行的诸天大众；为了示现菩萨的福德、智慧、变化、庄严、如何超过一切欲界；为了使他们都能舍离各种欲乐；为了使他们都能知道所有的有为都是无常的；为了使他们知道诸天有盛必有衰；为了示现将降生时的大智慧法门，与一生补处菩萨共同谈论菩萨行门；为了摄受度化曾与我一起修行的道友；为了教化释迦如来尚未教化完、所遣来的众生，使他们都能像莲华开放般开悟，得大智慧。我为了达成以上种种的誓愿，命终之后，就生于兜率天。善男子啊！当我的心愿满足了，成就一切智慧，证得菩提时，你和文殊菩萨就都可以看到我。

"善男子啊！你应当前往拜见文殊师利善知识的住所，并请问他：'菩萨如何修习菩萨行？如何证入普贤行的法门？如何成就菩萨道？如何广大行愿？如何随顺众生？如何清净身心？如何圆满功德？'善男子啊！文殊师利将会为你分别演说。为什么呢？因为文殊师利的所有大愿，不是其他无量百千亿那由他菩萨所能拥有的。

"善男子啊！文殊师利童子的心行广大，愿力无边，能生出所有菩萨的功德，没有休息。善男子啊！文殊师利常化作无量百千亿那由他数佛陀的母亲，常化作无量百千亿那由他菩萨的老师，教化成熟众生。他的名号普闻十方世界。常在诸佛众会中作为说法教授师，所有的如来都赞叹不已。因为他已住在甚深的智慧境界，所以能够如实看见所有的佛法，并通达一切解脱的境界，究竟普贤菩萨的各种修行。

"善男子啊！文殊师利童子，是你的真正善知识，他令你得以生在如来家，长养各种善根，发起一切帮助修道的法门，得遇真实的善知识，使你能修习一切的功德，深入各种愿力的法网，安住一切大愿，演说菩萨的秘密法门，示现菩萨的难思议行。文殊菩萨是你的老同参，与你一起出生、一起修行。

"因此，善男子啊！你应当前往诣见文殊的住所，而不要生疲劳厌倦之心。文殊师利将会为你演说所有的功德。为什么呢？因为你先前所看见的诸善知识、所证入的解脱法门和满足你大愿的菩萨行，都是文殊菩萨大威神力的加持。文殊师利已在任何地方证得究竟。"

这时，善财童子顶礼弥勒菩萨的双足，绕着他走了无数圈之后，更殷勤地瞻仰弥勒菩萨容貌，然后告退离开。

【注释】

❶ 三十七道品：又作"三十七菩提分"、"三十七觉支"，为追求智慧证得涅槃境界的三十七种修行法。其中又可分为：

一，四念处，又作四念住。（一）身念处，即观察色身皆是不净；（二）受念处，观苦乐等感受悉皆是苦；（三）心念处，观此识心念念生灭，并无常住；（四）法念处，观诸法由因缘所生，并无自性，即是诸法无我。

二，四正勤，又作四正断。（一）已生恶令永断；（二）未生恶令不生；（三）未生善令生；（四）已生善令增长。

三，四神足，又作四如意足。（一）欲神足，希慕所修之法能如愿满足；（二）精进神足，于所修之法，专注一心，无有间杂，而能如愿满足；（三）念神足，于所修之法，记忆不忘，如愿满足；（四）思惟神足，心思所修之法，不令忘失，如愿满足。

四，五根，根即"能生"之意，此五根能生一切善法。（一）信根，笃信正道及助道法，则能生出一切无漏禅定解脱；（二）精进根，修于正法，无间无杂；（三）念根，乃于正法记忆不忘；（四）定根，摄心不散，一心寂定，是为定根；（五）慧根，对于诸法观照明了，是为慧根。

五，五力，力即力用，能破恶成善。（一）信力，信根增长，能破诸疑惑；（二）精进力，精进根增长，能破身心懈怠；（三）念力，念根增长，能破诸邪念，成就出世正念功德；（四）定力，定根增长，能破诸乱想，发诸禅定；（五）慧力，慧根增长，能遮止三界的见思之惑。

六，七菩提分，又作"七觉分"、"七觉支"、"七觉意"。（一）择法觉分，能拣择诸法之真伪；（二）精进觉分，修诸道法，无有间杂；（三）喜觉分，契悟真法，心得欢喜；（四）除觉分，能断除诸见烦恼；（五）舍觉分，能舍离所见念着之境；（六）定觉分，能觉了所发之禅定；（七）念觉分，能思惟所修之道法。

七，八圣道分，又作"八圣道"、"八正道"、"八道谛"。（一）正见，能见真理；（二）正思惟，心无邪念；（三）正语，言无虚妄；（四）正业，住于清净善业；（五）正命，依法乞食活命；（六）正精进，修诸道行，能无间杂；（七）正念，能专心忆念善法；（八）正定，身心寂静，正住真空之理。

❷摩罗提：全名为"摩罗提数"，以出香木栴檀知名的摩罗耶山某国，位于南天竺。

❸瞿波罗：梵语 Gapāla，译作"护地"，夜叉名。

❹无生法忍：指忍可一切诸法自性空寂本来无生之理。又，无灭忍，谓忍可一切诸法本来不生亦不灭之理。又，因缘忍，谓忍可一切诸法皆由因缘所生，本来无自性之理。又，无住忍，谓忍可一切诸法本来无住之理，且心不住着而无异念相续。

卷第八十

入法界品第三十九之二十一

【原典】

尔时，善财童子依弥勒菩萨摩诃萨教，渐次而行，经由一百一十余城已，到普门国苏摩那城，住其门所，思惟文殊师利，随顺观察，周旋求觅，希欲奉觐。

是时，文殊师利遥伸右手，过一百一十由旬，按善财顶，作如是言："善哉善哉！善男子！若离信根，心劣忧悔，功行不具，退失精勤，于一善根心生住著，于少功德便以为足，不能善巧发起行愿，不为善知识之所摄护，不为如来之所忆念，不能了知如是法性、如是理趣、如是法门、如是所行、如是境界；若周遍知、若种种知、若尽源底，若解了、若趣入、若解说、若分别、若证知、若获得，皆悉不能。"

是时，文殊师利宣说此法，示教利喜，令善财童子成就阿僧祇法门，具足无量大智光明，令得菩萨无边际陀罗尼、无边际愿、无边际三昧、无边际神通、无边际智，令入普贤行道场，及置善财自所住处；文殊师利还摄不现。

于是，善财思惟观察，一心愿见文殊师利，及见三千大千世界微尘数诸善知识，悉皆亲近，恭敬承事，受行其教，无有违逆；增长趣求一切智慧，广大悲海，益大慈云，普观众生，生大欢喜，安住菩萨寂静法门；普缘一切广大境界，学一切佛广大功德，入一切佛决定知见，增一切智助道之法，善修一切菩萨深心，知三世佛出兴次第；入一切法海，转一切法轮，生一切世间，入于一切菩萨愿海，住一切劫修菩萨行，照明一切如来境界，长养一切菩萨诸根；获一切智清净光明，普照十方，除诸暗障，智周法界；于一切佛刹、一切诸有，普现其身，靡不周遍；摧一切障，入无碍法，住于法界平等之地；观察普贤解脱境界，即闻普贤菩萨摩诃萨名字、行愿、助道、正道、诸地地、方便地、入地、胜进地、住地、修习地、境界地、威力地，同住渴仰。

欲见普贤菩萨，即于此金刚藏菩提场，毗卢遮那如来师子座前，一切宝莲华藏座上，起等虚空界广大心、舍一切刹离一切著无碍心、普行一切无碍法无碍心、遍入一切十方海无碍心、普入一切智境界清净心、观道场庄严明了心、入一切佛法海广大心、化一切众生界周遍心、净一切国土无量心、住一切劫无尽心、趣如来十力究竟心。

善财童子起如是心时，由自善根力、一切如来所加被力、普贤菩萨同善根力故，见十种瑞相。何等为十？所谓见一切佛刹清净，一切如来成正等觉；见一切佛刹清净，无诸恶道；见一切佛刹清净，众妙莲华以为严饰；见一切佛刹清净，一切众生身心清净；见一切佛刹清净，种种众宝之所庄严；见一切佛刹清净，一切众生诸相严身；见一切佛刹清净，诸庄严云以覆其上；见一切佛刹清净，一切众生互起慈心，递相利益，不为恼害；见一切佛刹清净，道场庄严；见一切佛刹清净，一切众生心常念佛。是为十。

又见十种光明相。何等为十？所谓见一切世界所有微尘，一一尘中，出一切世界微尘数佛光明网云，周遍照耀；一一尘中，出一切世界微尘数佛光明轮云，种种色相周遍法界；一一尘中，出一切世界微尘数佛色像宝云，周遍法界；一一尘中，出一切世界微尘数佛光焰轮云，周遍法界；一一尘中，出一切世界微尘数众妙香云，周遍十方，称赞普贤一切行愿大功德海；一一尘中，出一切世界微尘数日月星宿云，皆放普贤菩萨光明，遍照法界；一一尘中，出一切世界微尘数一切众生身色像云，放佛光明，遍照法界；一一尘中，出一切世界微尘数一切佛色像摩尼云，周遍法界；一一尘中，出一切世界微尘数菩萨身色像云，充满法界，令一切众生皆得出离、所愿满足；一一尘中，出一切世界微尘数如来身色像云，说一切佛广大誓愿，周遍法界。是为十。

时，善财童子见此十种光明相已，即作是念："我今必见普贤菩萨，增益善根，见一切佛；于诸菩萨广大境界，生决定解，得一切智。"

于时，善财普摄诸根，一心求见普贤菩萨，起大精进，心无退转。即以普眼观察十方一切诸佛、诸菩萨众所见境界，皆作得见普贤之想；以智慧眼观普贤道，其心广大犹如虚空，大悲坚固犹如金刚，愿尽未来常得随逐普贤菩萨，念念随顺，修普贤行，成就智慧，入如来境，住普贤地。

时，善财童子即见普贤菩萨，在如来前众会之中，坐宝莲华师子之座，诸菩萨众所共围绕，最为殊特，世无与等；智慧境界无量无边，难测难思，等三世佛，一切菩萨无能观察。见普贤身一一毛孔，出一切世界微尘数光明云，遍法界、虚空界、一切世界，除灭一切众生苦患，令诸菩萨生大欢喜；见一一毛孔，出一切佛刹微尘数种种色香焰云，遍法界、虚空界一切诸佛众会道场，而以普熏；见一一毛孔，出一切佛刹微尘数杂华云，遍法界、虚空界一切诸佛众会道场，雨众妙华；见一一毛孔，出一切佛刹微尘数香树云，遍法界、虚空界一切诸佛众会道场，雨众妙香；见一一毛孔，出一切佛刹微尘数妙衣云，遍法界、虚空界一切诸佛众会道场，雨众妙衣；见一一毛孔，出一切佛刹微尘数宝树云，遍法界、虚空界一切诸佛众会道场，雨摩尼宝；见一一毛孔，出一切佛刹微尘数色界天身云，充满法界，叹菩提心；见一一毛孔，出一切佛刹微尘数梵天身云，劝诸如来转妙法轮；见一一毛孔，出一切佛刹微尘数欲界天主身云，护持一切如来法轮；见一一毛孔，念念中出一切佛刹微尘数三世佛刹云，遍法界、虚空界，为诸众生，无归趣者为作归趣，无覆护者为作覆护，无依止者为作依止；见一一毛孔，念念中出一切佛刹微尘数清净佛刹云，遍法界、虚空界，一切诸佛于中出世，菩萨众会悉皆充满；见一一毛孔，念念中出一切佛刹微尘数净不净佛刹云，遍法界、虚空界，令杂染众生皆得清净；见一一毛孔，念念中出一切佛刹微尘数不净净佛刹云，遍法界、虚空界，令杂染众生皆得清净；见一一毛孔，念念中出一切佛刹微尘数不净佛刹云，遍法界、虚空界，令纯染众生皆得清净；见一一毛孔，念念中出一切佛刹微尘数众生身云，遍法界、虚空界，随其所应，教化众生，皆令发阿耨多罗三藐三菩提心；见一一毛孔，念念中出一切佛刹微尘数菩萨身云，遍法界、虚空界，称扬种种诸佛名号，令诸众生增长善根。见一一毛孔，念念中出一切佛刹微尘数菩萨身云，遍法界、虚空界一切佛刹，宣扬一切诸佛菩萨从初发意所生善根；见一一毛孔，念念中出一切佛刹微尘数菩萨身云，遍法界、虚空界，于一切佛刹一一刹中，宣扬一切菩萨愿海及普贤菩萨清净妙行；见一一毛孔，念念中出普贤菩萨行云，令一切众生心得满足，具足修集一切智道；见一一毛孔，出一切佛刹微尘数正觉身云，于一切佛刹，现成正觉，令诸菩萨增长大法、成一切智。

尔时，善财童子见普贤菩萨如是自在神通境界，身心遍喜，踊跃无量；重观普贤一一身分、一一毛孔，悉有三千大千世界。风轮、水轮、地轮、火轮，大海、江河及诸宝山、须弥、铁围，村营、城邑、宫殿、园苑，一切地狱、饿鬼、畜生、阎罗王界，天龙八部、人与非人，欲界、色界、无色界处，日月星宿、风云雷电、昼夜月时及以年劫、诸佛出世、菩萨众会、道场庄严；如是等事，悉皆明见。如见此世界，十方所有一切世界悉如是见；如见现在十方世界，前际、后际一切世界亦如是见，各各差别，不相杂乱。如于此毗卢遮那如来所，示现如是神通之力；于东方莲华德世界贤首佛所，现神通力亦复如是。如贤首佛所，如是东方一切世界。如东方，南、西、北方，四维、上、下，一切世界诸如来所，现神通力当知悉尔。如十方一切世界，如是十方一切佛刹，一一尘中皆有法界诸佛众会，一一佛所普贤菩萨坐宝莲华师子座上现神通力悉亦如是。彼一一普贤身中，皆现三世一切境界、一切佛刹、一切众生、一切佛出现、一切菩萨众，及闻一切众生言音、一切佛言音、一切如来所转法轮、一切菩萨所成诸行、一切如来游戏神通。

善财童子见普贤菩萨如是无量不可思议大神通力，即得十种智波罗蜜。何等为十？所谓于念念中，悉能周遍一切佛刹智波罗蜜；于念念中，悉能往诣一切佛所智波罗蜜；于念念中，悉能供养一切如来智波罗蜜；于念念中，普于一切诸如来所闻法受持智波罗蜜；于念念中，思惟一切如来法轮智波罗蜜；于念念中，知一切佛不可思议大❶神通事智波罗蜜；于念念中，说一句法尽未来际辩才无尽智波罗蜜；于念念中，以深般若观一切法智波罗蜜；于念念中，入一切法界实相海智波罗蜜；于念念中，知一切众生心智波罗蜜；于念念中，普贤慧行皆现在前智波罗蜜。

善财童子既得是已，普贤菩萨即伸右手摩触其顶。既摩顶已，善财即得一切佛刹微尘数三昧门，各以一切佛刹微尘数三昧而为眷属；一一三昧，悉见昔所未见一切佛刹微尘数佛大海，集一切佛刹微尘数一切智助道具，生一切佛刹微尘数一切智上妙法，发一切佛刹微尘数一切智大誓愿，入一切佛刹微尘数大愿海，住一切佛刹微尘数一切智出要道，修一切佛刹微尘数诸菩萨所修行，起一切佛刹微尘数一切智大精进，得一切佛刹微尘数一切智净光明。如此娑婆世界毗卢遮那佛所，普贤菩萨摩善财顶；如是十方所有世界，及彼世界一一尘中一切世界一切佛所，普贤菩萨悉亦如是摩善财顶，所得法门亦皆同等。

尔时，普贤菩萨摩诃萨告善财言："善男子！汝见我此神通力不？"

"唯然！已见。大圣！此不思议大神通事，唯是如来之所能知。"

普贤告言："善男子！我于过去不可说不可说佛刹微尘数劫，行菩萨行，求一切智；一一劫中，为欲清净菩提心故，承事不可说不可说佛刹微尘数佛；一一劫中，为集一切智福德具故，设不可说不可说佛刹微尘数广大施会，一切世间咸使闻知，凡有所求悉令满足；一一劫中，为求一切智法故，以不可说不可说佛刹微尘数财物布施；一一劫中，为求佛智故，以不可说不可说佛刹微尘数城邑、聚落、国土、王位、妻子、眷属、眼、耳、鼻、舌、身、肉、手、足乃至身命而为布施；一一劫中，为求一切智首故，以不可说不可说佛刹微尘数头而为布施；一一劫中，为求一切智故，于不可说不可说佛刹微尘数诸如来所，恭敬尊重，承事供养，衣服、卧具、饮食、汤药，一切所须悉皆奉施，于其法中出家学道，修行佛法，护持正教。

"善男子！我于尔所劫海中，自忆未曾于一念间不顺佛教，于一念间生嗔害心、我我所心、自他差别心、远离菩提心、于生死中起疲厌心、懒惰心、障碍心、迷惑心，唯住无上不可沮坏集一切智助道之法大菩提心。

"善男子！我庄严佛土，以大悲心，救护众生，教化成就，供养诸佛，事善知识；为求正法，弘宣护持，一切内外悉皆能舍，乃至身命亦无所吝。一切劫海说其因缘，劫海可尽，此无有尽。

"善男子！我法海中，无有一文，无有一句，非是舍施转轮王位而求得者，非是舍施一切所有而求得者。善男子！我所求法，皆为救护一切众生，一心思惟：'愿诸众生得闻是法，愿以智光普照世间，愿为开示出世间智，愿令众生悉得安乐，愿普称赞一切诸佛所有功德。'我如是等往昔因缘，于不可说不可说佛刹微尘数劫海，说不可尽。

"是故，善男子！我以如是助道法力、诸善根力、大志乐力、修功德力、如实思惟一切法力、智慧眼力、佛威神力、大慈悲力、净神通力、善知识力故，得此究竟三世平等清净法身，复得清净无上色身，超诸世间，随诸众生心之所乐而为现形，入一切刹，遍一切处，于诸世界广现神通，令其见者靡不欣乐。善男子！汝且观我如是色身；我此色身，无边劫海之所成就，无量千亿那由他劫难见难闻。

"善男子！若有众生未种善根，及种少善根声闻、菩萨，犹尚不得闻我名字，况见我身！善男子！若有众生得闻我名，于阿耨多罗三藐三菩提不复退转；若见若触，若迎若送，若暂随逐，乃至梦中见闻我者，皆亦如是。或有众生，一日一夜忆念于我即得成熟；或七日七夜、半月一月、半年一年、百年千年、一劫百劫，乃至不可说不可说佛刹微尘数劫，忆念于我而成熟者；或一生、或百生，乃至不可说不可说佛刹微尘数生，忆念于我而成熟者；或见我放大光明，或见我震动佛刹，或生怖畏，或生欢喜，皆得成熟。善男子！我以如是等佛刹微尘数方便门，令诸众生于阿耨多罗三藐三菩提得不退转。

"善男子！若有众生见闻于我清净刹者，必得生此清净刹中；若有众生见闻于我清净身者，必得生我清净身中。善男子！汝应观我此清净身。"

尔时，善财童子观普贤菩萨身，相好肢节，一一毛孔中，皆有不可说不可说佛刹海；一一刹海，皆有诸佛出兴于世，大菩萨众所共围绕。又复见彼一切刹海，种种建立、种种形状、种种庄严、种种大山周匝围绕，种种色云弥覆虚空，种种佛兴演种种法；如是等事，各各不同。又见普贤于一一世界海中，出一切佛刹微尘数佛化身云，周遍十方一切世界，教化众生，令向阿耨多罗三藐三菩提。时，善财童子又见自身在普贤身内，十方一切诸世界中教化众生。

又，善财童子亲近佛刹微尘数诸善知识所得善根、智慧光明，比见普贤菩萨所得善根，百分不及一，千分不及一，百千分不及一，百千亿分乃至算数譬喻亦不能及是。善财童子从初发心，乃至得见普贤菩萨，于其中间所入一切诸佛刹海，今于普贤一毛孔中一念所入诸佛刹海，过前不可说不可说佛刹微尘数倍；如一毛孔，一切毛孔悉亦如是。

善财童子于普贤菩萨毛孔刹中，行一步，过不可说不可说佛刹微尘数世界；如是而行，尽未来劫，犹不能知一毛孔中刹海次第、刹海藏、刹海差别、刹海普入、刹海成、刹海坏、刹海庄严所有边际；亦不能知佛海次第、佛海藏、佛海差别、佛海普入、佛海生、佛海灭所有边际；亦不能知菩萨众海次第、菩萨众海藏、菩萨众海差别、菩萨众海普入、菩萨众海集、菩萨众海散所有边际；亦不能知入众生界、知众生根、教化调伏诸众生智、菩萨所住甚深自在、菩萨所入诸地诸道，如是等海所有边际。

善财童子于普贤菩萨毛孔刹中，或于一刹经于一劫如是而行，乃至或有经不可说不可说佛刹微尘数劫如是而行，亦不于此刹没、于彼刹现，念念周遍无边刹海，教化众生，令向阿耨多罗三藐三菩提。

当是之时，善财童子则次第得普贤菩萨诸行愿海，与普贤等，与诸佛等，一身充满一切世界，刹等、行等、正觉等、神通等、法轮等、辩才等、言辞等、音声等、力无畏等、佛所住等、大慈悲等、不可思议解脱自在悉皆同等。

尔时，普贤菩萨摩诃萨即说颂言：

汝等应除诸惑垢，一心不乱而谛听；我说如来具诸度，一切解脱真实道。

出世调柔胜丈夫，其心清净如虚空，恒放智日大光明，普使群生灭痴暗。

如来难可得见闻，无量亿劫今乃值，如优昙华时一现，是故应听佛功德。

随顺世间诸所作，譬如幻士现众业，但为悦可众生心，未曾分别起想念。

尔时，诸菩萨闻此说已，一心渴仰，唯愿得闻如来世尊真实功德，咸作是念：普贤菩萨具修诸行，体性清净，所有言说皆悉不虚，一切如来共所称叹。作是念已，深生渴仰。

尔时，普贤菩萨功德智慧具足庄严，犹如莲华不著三界一切尘垢，告诸菩萨言："汝等谛听，我今欲说佛功德海一滴之相。"即说颂言：

佛智广大同虚空，普遍一切众生心，悉了世间诸妄想，不起种种异分别。

一念悉知三世法，亦了一切众生根，譬如善巧大幻师，念念示现无边事。

随众生心种种行，往昔诸业誓愿力，令其所见各不同，而佛本来无动念。

或有处处见佛坐，充满十方诸世界，或有其心不清净，无量劫中不见佛。

或有信解离骄慢，发意即得见如来；或有谄诳不净心，亿劫寻求莫值遇。

或一切处闻佛音，其音美妙令心悦；或有百千万亿劫，心不净故不闻者。

或见清净大菩萨，充满三千大千界，皆已具足普贤行，如来于中俨然坐。

或见此界妙无比，佛无量劫所严净；毗卢遮那最胜尊，于中觉悟成菩提。

或见莲华胜妙刹，贤首如来住在中，无量菩萨众围绕，皆悉勤修普贤行。

或有见佛无量寿，观自在等所围绕，悉已住于灌顶地，充满十方诸世界。

或有见此三千界，种种庄严如妙喜，阿閦如来住在中，及如香象诸菩萨。

或见月觉大名称，与金刚幢菩萨等，住如圆镜妙庄严，普遍十方清净刹。

或见日藏世所尊，住善光明清净土，及与灌顶诸菩萨，充遍十方而说法。

或见金刚大焰佛，而与智幢菩萨俱，周行一切广大刹，说法除灭众生翳。

一一毛端不可说，诸佛具相三十二，菩萨眷属共围绕，种种说法度众生。

或有观见一毛孔，具足庄严广大刹，无量如来悉在中，清净佛子皆充满。

或有见一微尘内，具有恒沙佛国土，无量菩萨悉充满，不可说劫修诸行。

或有见一毛端处，无量尘沙诸刹海，种种业起各差别，毗卢遮那转法轮。

或见世界不清净，或见清净宝所成，如来住寿无量时，乃至涅槃诸所现。

普遍十方诸世界，种种示现不思议，随诸众生心智业，靡不化度令清净。

如是无上大导师，充满十方诸国土，示现种种神通力，我说少分汝当听。

或见释迦成佛道，已经不可思议劫；或见今始为菩萨，十方利益诸众生。

或有见此释师子，供养诸佛修行道；或见人中最胜尊，现种种力神通事。

或见布施或持戒，或忍或进或诸禅，般若方便愿力智，随众生心皆示现。

或见究竟波罗蜜，或见安住于诸地，总持三昧神通智，如是悉现无不尽。

或现修行无量劫，住于菩萨堪忍位；或现住于不退地，或现法水灌其顶。

或现梵释护世身，或现刹利婆罗门，种种色相所庄严，犹如幻师现众像。

或现兜率始降神，或见宫中受嫔御，或见弃舍诸荣乐，出家离俗行学道。

或见始生或见灭，或见出家学异行，或见坐于菩提树，降伏魔军成正觉。

或有见佛始涅槃，或见起塔遍世间，或见塔中立佛像，以知时故如是现。

或见如来无量寿，与诸菩萨授尊记，而成无上大导师，次补住于安乐刹。

或见无量亿千劫，作佛事已入涅槃；或见今始成菩提，或见正修诸妙行。

或见如来清净月，在于梵世及魔宫，自在天宫化乐宫，示现种种诸神变。

或见在于兜率宫，无量诸天共围绕，为彼说法令欢喜，悉共发心供养佛。

或见住在夜摩天，忉利护世龙神处，如是一切诸宫殿，莫不于中现其像。

于彼然灯世尊所，散华布发为供养，从是了知深妙法，恒以此道化群生。

或有见佛久涅槃，或见初始成菩提；或见❷住于无量劫，或见须史
即灭度。

身相光明与寿命，智慧菩提及涅槃，众会所化威仪声，如是一一
皆无数。

或现其身极广大，譬如须弥大宝山；或见跏趺不动摇，充满无边
诸世界。

或见圆光一寻量，或见千万亿由旬，或见照于无量土，或见充满
一切刹。

或见佛寿八十年，或寿百千万亿岁，或住不可思议劫，如是展转
倍过此。

佛智通达净无碍，一念普知三世法，皆从心识因缘起，生灭无常
无自性。

于一刹中成正觉，一切刹处悉亦成，一切入一一亦尔，随众生心
皆示现。

如来住于无上道，成就十力四无畏；具足智慧无所碍，转于十二
行法轮。

了知苦集及灭道，分别十二因缘法；法义乐说辞无碍，以是四辩
广开演。

诸法无我无有相，业性不起亦无失，一切远离如虚空，佛以方便
而分别。

如来如是转法轮，普震十方诸国土，宫殿山河悉摇动，不使众生
有惊怖。

如来普演广大音，随其根欲皆令解，悉使发心除惑垢，而佛未始
生心念。

或闻施戒忍精进，禅定般若方便智，或闻慈悲及喜舍，种种音辞
各差别。

或闻四念四正勤，神足根力及觉道，诸念神通止观等，无量方便

诸法门。

龙神八部人非人，梵释护世诸天众，佛以一音为说法，随其品类
皆令解。

若有贪欲嗔恚痴，忿覆悭嫉及骄诳，八万四千烦恼异，皆令闻说
彼治法。

若未具修白净法，令其闻说十戒行；已能布施调伏人，令闻寂灭
涅槃音。

若人志劣无慈愍，厌恶生死自求离；令其闻说三脱门，使得出苦
涅槃乐。

若有自性少诸欲，厌背三有求寂静；令其闻说诸缘起，依独觉乘
而出离。

若有清净广大心，具足施戒诸功德，亲近如来具慈愍，令其闻说
大乘音。

或有国土闻一乘，或二或三或四五，如是乃至无有量，悉是如来
方便力。

涅槃寂静未曾异，智行胜劣有差别；譬如虚空体性一，鸟飞远近
各不同。

佛体音声亦如是，普遍一切虚空界，随诸众生心智殊，所闻所见
各差别。

佛以过去修诸行，能随所乐演妙音，无心计念此与彼，我为谁说
谁不说。

如来面门放大光，具足八万四千数；所说法门亦如是，普照世界
除烦恼。

具足清净功德智，而常随顺三世间，譬如虚空无染著，为众生故
而出现。

示有生老病死苦，亦示住寿处于世；虽顺世间如是现，体性清净
同虚空。

一切国土无有边，众生根欲亦无量；如来智眼皆明见，随所应化

示佛道。

究竟虚空十方界，所有人天大众中，随其形相各不同，佛现其身亦如是。

若在沙门大众会，剃除须发服袈裟，执持衣钵护诸根，令其欢喜息烦恼。

若时亲近婆罗门，即为示现羸瘦身，执杖持瓶恒洁净，具足智慧巧谈说。

吐故纳新自充饱，吸风饮露无异食，若坐若立不动摇，现斯苦行摧异道。

或持彼戒为世师，善达医方等诸论，书数天文地众相，及身休咎无不了。

深入诸禅及解脱，三昧神通智慧行，言谈讽咏共嬉戏，方便皆令住佛道。

或现上服以严身，首戴华冠荫高盖，四兵前后共围绕，警❸众宣威伏小王。

或为听讼断狱官，善解世间诸法务，所有与夺皆明审，令其一切悉欣伏。

或作大臣事弼辅，善用诸王治政法，十方利益皆周遍，一切众生莫了知。

或为粟散诸小王，或作飞行转轮帝，令诸王子采女众，悉皆受❹化无能测。

或作护世四天王，统领诸龙夜叉等，为其众会而说法，一切皆令大欣庆。

或为忉利大天王，住善法堂欢喜园，首戴华冠说妙法，诸天瞻仰莫能测。

或住夜摩兜率天，化乐自在魔王所，居处摩尼宝宫殿，说真实行令调伏。

或至梵天众会中，说四无量诸禅道，普令欢喜便舍去，而莫知其往来相。

或至阿迦尼吒天，为说觉分诸宝华，及余无量圣功德，然后舍去无知者。

如来无碍智所见，其中一切诸众生，悉以无边方便门，种种教化令成熟。

譬如幻师善幻术，现作种种诸幻事；佛化众生亦如是，为其示现种种身。

譬如净月在虚空，令世众生见增减，一切河池现影像，所有星宿夺光色。

如来智月出世间，亦以方便示增减，菩萨心水现其影，声闻星宿无光色。

譬如大海宝充满，清净无浊无有量；四洲所有诸众生，一切于中现其像。

佛身功德海亦尔，无垢无浊无边际；乃至法界诸众生，靡不于中现其影。

譬如净日放千光，不动本处照十方；佛日光明亦如是，无去无来除世暗。

譬如龙王降大雨，不从身出及心出，而能沾洽悉周遍，涤除炎热使清凉。

如来法雨亦复然，不从于佛身心出，而能开悟一切众，普使灭除三毒火。

如来清净妙法身，一切三界无伦匹；以出世间言语道，其性非有非无故。

虽无所依无不住，虽无不至而不去；如空中画梦所见，当于佛体如是观。

三界有无一切法，不能与佛为譬喻；譬如山林鸟兽等，无有依空而住者。

大海摩尼无量色，佛身差别亦复然；如来非色非非色，随应而现无所住。

虚空真如及实际，涅槃法性寂灭等；唯有如是真实法，可以显示于如来。

刹尘心念可数知，大海中水可饮尽，虚空可量风可系，无能尽说佛功德。

若有闻斯功德海，而生欢喜信解心，如所称扬悉当获，慎勿于此怀疑念。

注释

❶ "大"，大正本原作"太"，今依明、宫本改之。

❷ "见"，大正本原作"有"，今依三本及宫本改之。

❸ "警"，大正本原作"誓"，今依明、宫本改之。

❹ "受"，大正本原作"授"，今依三本及宫本改之。

【白话语译】

这时，善财童子依照弥勒菩萨摩诃萨的教诲，慢慢地行经一百一十多座城之后，来到普门国苏摩那城❶。他站在城门前，心里想着文殊师利菩萨，随顺观察四周，想找到文殊师利菩萨，希望能够供奉觐见菩萨。这时，文殊师利菩萨从遥远的地方伸出右手，经过一百一十由旬，来到苏摩那城旁边，摩触着善财童子的头顶说："太好了！太好了！善男子啊！佛法假若离开了最基本信根，就会令人身心忧悔，不能具备任何的功德修行，而退失了勇猛的精进力。若人仅凭着所修的一点小善根，便自以为是，就不能继续发起更大的行愿，像这些人是很难受善知识摄持护佑的，如来也不会忆念他们，因为这些人不能了知如是的法性、如是的理趣、如是的法门、如是所行的诸行、如是的境界；更何况是进一步的周遍了知、种种了知、穷尽源底地了解、趣入、解说一切佛法，分别一切事相、证知一切果位、获得一切智慧，以上境界对这些人而言根本是不可能的。"

文殊师利宣说这样的教法时，示现法门让善财童子因此而成就阿僧祇数的法门，具足无量的大智慧光明，使他证得菩萨无边际的陀罗尼、无边际的誓愿、无边际的三昧、无边际的神通、无边际的智慧、进入普贤行愿的菩提道场，然后把善财童子安置在自己的住处。之后，文殊师利菩萨就隐没不见。于是善财童子就静静地思惟、观察，一心想着见文殊师利菩萨以及三千大千世界微尘数的善知识，希望能亲近并恭敬供养、承事他们，毫不违逆地接受善知识的教诲。

善财童子这样想的时候，不知不觉间就增长智慧，趣求一切智慧，增广大悲海，兴起大慈云，普遍观察众生；心生欢喜地安住在菩萨寂静法门。又，普遍缘取所有的广大境界，学习诸佛的广大功德，证入诸佛的决定知见，增长所有的智慧助道法门，善于修习所有菩萨的深心；了知三世诸佛出兴的次第，进入一切法海，转动一切法轮，受生在所有的世间，趣入菩萨愿海，安住在所有的时劫，修习菩萨行，照明各个如来境界，长养所有菩萨诸善根。又获得各种清净光明的智慧，普遍照耀十方，除去各种黑暗障碍，周遍法界。又，在所有的佛国刹土、一切二十五有之中，示现身形，周遍一切，摧毁所有的障碍，证入无碍法，安住法界的平等境地，观察普贤菩萨的解脱境界。他即刻听到普贤菩萨摩诃萨的名字、行愿、辅助之道、正道、诸地的境地、方便的境地、证入境地、胜进的境地、安住境地、修习的境地、境界地、威力的境地，此时，善财童子与这些境界同住，渴仰等同普贤境界。

善财童子为了参拜普贤菩萨，于是来到这个金刚藏菩提道场，毗卢遮那如来师子座前的宝莲华藏座上，生起十一种心，也就是所谓的等同虚空的广大的心；舍去所有的刹土、远离各种染着，无障碍的心；普遍行持一切无碍法的无碍心；普遍进入十方海的无碍心；普遍进入一切智境界的清净心；观察道场庄严，明了的心；进入一切佛法海，广大的心；度化一切众生界，周遍的心；清净一切国土，无量的心；安住一切时劫，无尽的心；趣入如来十力，究竟的心。

善财童子生起这十一种的心念时，由于自己的善根力、诸佛的加被力、普贤菩萨的同善根力，使他能看见十种瑞相。是哪十种瑞相呢？一，看见所有的佛国刹土都非常清净庄严，及诸佛成正等觉；二，看见一切佛国刹土清净，没有各种恶道；三，看见所有佛国刹土都非常清净，有众多微妙的莲华以为庄严；四，看见佛国刹土清净，众生身心皆非常清净；五，看见所有的佛国刹土都非常清净，有种种众宝庄严；六，看见佛国刹土都非常清净，众生的身相也非常庄严；七，看见所有的佛国刹土都非常清净，各种庄严云都覆盖空中；八，看见所有的佛国刹土都非常清净，众生生起慈心、利益彼此，不会互相恼害；九，看见所有的佛国刹土都非常清净，道场清净庄严；十，看见所有的佛国刹土都非常清净，众生心中都念佛不断。这就是十种瑞相。

善财童子又看见十种光明相。是哪十种光明相呢？一，看见一切世界的所有微尘，每一粒微尘都示现一切世界微尘数的佛光明网云，周遍照耀；二，每一粒微尘都出现世界微尘数的佛光明轮云，有种种色相，周遍法界；三，每一粒微尘中都出现一切世界微尘数的佛色相宝云，周遍法界；四，每一粒微尘中都出现一切世界微尘数的佛光焰轮云，周遍法界；五，每一粒微尘中都出现一切世界微尘数的众妙香云，周遍十方，演妙法音，称赞普贤菩萨所有行愿大功德海；六，每一粒微尘中都出现一切世界微尘数日月星宿云，都放出普贤菩萨大光明，遍照法界；七，每一粒微尘中，都出现一切世界微尘数的众生身色相云，放出佛光明，遍照法界；八，每一粒微尘中，都出现世界微尘数的一切佛色相摩尼云，周遍法界；九，每一粒微尘中，都出现一切世界微尘数的菩萨身色相云，充满法界，让众生都得以出离三界，圆满他们所有愿望；十，每一粒微尘中，都出现一切世界微尘数的如来身色相云，演说诸佛的广大誓愿，周遍法界。这就是十种光明相。

这时，善财童子看见这十种光明相之后，就这样想，"我今天一定可以见到普贤菩萨，增长善根，面见所有的佛陀；在诸位菩萨的广大境界中，生起决定解，得一切智。"

这时，善财童子摄持诸根，一心求见普贤菩萨，生起大精进心，永不退转。随即用普眼观察十方诸佛及诸位菩萨所看见的境界，把这些视为是普贤菩萨的化现，他更用智慧眼观察普贤之道，心量广大如虚空，大悲坚固好像金刚，愿尽未来的时劫，都能念念随顺修普贤行，追随普贤菩萨，成就智慧，进入如来的境界，安住普贤地。

这时，善财童子立刻看见普贤菩萨坐在如来众会中的宝莲华师子座上，有许多菩萨围绕着他，景象非常殊胜，无与伦比。他的智慧境界无量无边，难以测量、难以了知，等同三世诸佛，所有的菩萨都无能观察其究竟智慧。善财童子又看见普贤菩萨身上的每一根毛孔都现出所有世界微尘数的光明云，遍满法界、虚空界、一切世界，除灭了所有众生的痛苦，凡是看这景象的菩萨无不心生大欢喜。这时，又，看见普贤菩萨从身上的每一根毛孔中现出一切佛国刹土微尘数的种种色香焰云，遍满法界、虚空界及诸佛众会道场，并以这些香焰云来普熏道场。又，看见他的每一根毛孔中都示现一切佛国刹土微尘数的杂华云，遍满法界、虚空界、诸佛众会道场，雨下众多妙华。又，看见普贤菩萨的每一根毛孔中，都示现一切佛国刹土微尘数的香树云，遍满法界、虚空界及诸佛众会道场，雨下众多妙香。又，看见他的每一根毛孔，示现一切佛国刹土微尘数的妙衣云，遍满法界、虚空界及诸佛众会道场，雨下众多妙衣。又，看见他的每一根毛孔中，示现一切佛国刹土微尘数的宝树云，遍满法界、虚空界及诸佛众会道场，雨下摩尼宝珠。又，看见他的每一根毛孔中，示现一切佛国刹土微尘数的色界天身云，充满法界赞叹菩提心。又，看见他的每一根毛孔中，示现一切佛国刹土微尘数的梵天身云，劝请诸位如来转妙法轮。又，看见他的每一根毛孔中，现出一切佛国刹土微尘数的欲界天王身云，护持所有如来的法轮。又，看见他的每一根毛孔中，念念都示现一切佛国刹土微尘数的三世佛国刹土云，遍满法界、虚空界，让没有归向正法的众生都能趣向正法；让没有护持的人，都能得到护持；让没有依止的人，都能前来依止他。

又，看见菩萨的每一根毛孔中，念念都示现一切佛国刹土微尘数的清净佛国刹土云，遍满法界、虚空界及一切诸佛菩萨的众会。又，看见菩萨的每一根毛孔中，念念都示现一切佛国刹土微尘数的净不净佛国刹土云，遍满法界、虚空界，让杂染的众生都能得到清净。又，看见菩萨的每一根毛孔中，念念都示现出一切佛国刹土微尘数的不净净佛国刹土云，遍满法界、虚空界，让杂染的众生都能得到清净。又，看见菩萨的每一根毛孔中，念念都示现一切佛国刹土微尘数的不净佛国刹土云，让纯净的众生都能得到清净，又，看见菩萨的每一根毛孔中，念念都示现一切佛国刹土微尘数的众生身云，遍满法界、虚空界，凡是需要教化的众生，都能让他们完全发起无上正等正觉心。又，看见菩萨的每一根毛孔中，念念都示现一切佛国刹土微尘数的菩萨身云，遍满法界、虚空界，称扬诸佛的名号，增长众生的善根。又，看见菩萨的每一根毛孔中，念念都示现出一切佛国刹土微尘数的菩萨身云，遍满法界、虚空界、一切佛国刹土，宣扬诸佛菩萨从初发菩提心所生起的善根。又，看见菩萨的每一根毛孔中，念念都示现一切佛国刹土微尘数的菩萨身云，遍满法界、虚空界，在所有的佛国刹土、每一个时劫，宣扬所有菩萨的大愿海，以及普贤菩萨的清净妙行。又，看见菩萨的每一根毛孔中，念念都示现普贤菩萨的行云，让众生都能得到满足，具足修行一切智之道。又，看见菩萨的每一根毛孔中，示现一切佛国刹土微尘数的正觉身云，在一切佛国刹土，示现成正觉，让诸位菩萨都能增长佛法，成就一切智慧。

这时，善财童子看见普贤菩萨如是的自在神通境界，身心大喜，踊跃无量。又，观察普贤菩萨的每一部分的身体支分、每一个毛孔，都有三千大千世界的风轮、水轮、地轮、火轮、大海、江河，以及诸宝山、须弥、铁围、村营、城邑、宫殿、园苑、一切地狱、饿鬼、畜生、阎罗王界、天龙八部、人和非人、欲界、色界、无色界处，日月星宿、风云雷电、昼夜、月时，以及年劫，诸佛出世、菩萨众会、道场庄严，如此等等的事相无不明白可见。就像看见这世界这么明白，十方所有一切世界也都可以如是得见。就好像看见现在的十方世界，前际、后际的所有世界也如此，各各差别分明，却不相杂乱。

如同在毗卢遮那如来道场示现的神通力，在东方莲华德世界贤首佛道场，也是示现这样的神通力。如在贤首佛处，像东方所有的世界，像南、西、北方、上下四维的所有世界每位如来道场，也都是如此示现神通力。如同在十方一切世界，在十方一切佛国刹土，每一微尘中，也都有法界诸佛的众会。每一位佛陀的道场，也有普贤菩萨坐在宝莲华师子座上，如此示现神通力。在一一普贤菩萨身中，也都示现三世的所有境界、所有佛国刹土、所有的众生、诸佛出现、所有的菩萨、及听闻众生言语声音、诸佛言语声音、如来转动法轮，菩萨所成就的各种行持、一切如来的自在游戏神通。

善财童子看见普贤菩萨如是无量不可思议的大神通力，随即获证十种智慧波罗蜜法。是哪十种智慧波罗蜜法呢？一，念念都能周遍一切佛国刹土的智慧波罗蜜；二，念念都能参访诸佛道场的智慧波罗蜜；三，念念都能供养所有如来的智慧波罗蜜；四，念念都能听闻受持诸佛正法的智慧波罗蜜；五，念念都能思惟所有如来法轮的智慧波罗蜜；六，念念都能了知诸佛不可思议大神通事的智慧波罗蜜；七，念念都能以演说一句的佛法，就能穷尽未来的时际，成就辩才无尽的智慧波罗蜜；八，念念都能用甚深的般若智慧观察所有法门的智慧波罗蜜；九，念念都能证入一切法界实相海的智慧波罗蜜；十，念念都能了知所有众生心念的智慧波罗蜜；十一，念念都能使普贤智慧行示现在前的智慧波罗蜜。

善财童子获得这十种智慧波罗蜜法之后，普贤菩萨立刻伸出右手，摩触他的头。经过菩萨摩顶之后，善财童子随即证得一切佛国刹土微尘数的三昧门，这三昧门并有一切佛国刹土微尘数的三昧作为眷属。每一个三昧，都能看见过去未曾看见的一切佛国刹土微尘数的诸佛大海，具足修集诸佛国刹土微尘数的一切智慧助道，生起一切佛国刹土微尘数的一切智慧上妙法门，发起一切佛国刹土微尘数的一切智慧誓愿，证入一切佛国刹土微尘数的大愿海，安住一切佛国刹土微尘数的一切智慧出离要道，修习一切佛国刹土微尘数诸位菩萨修行的法门，生起一切佛国刹土微尘数的一切智慧大精进心，证得一切佛国刹土微尘数的一切智慧清净光明。如同在这娑婆世界毗卢遮那佛的道场，有普贤菩萨摩触善财童子的头的情形；在十方所有的世界，以及这些世界的每一微尘中，所有的世界、每一处的佛陀道场，普贤菩萨也是如此摩触善财童子的头顶，善财童子在那些地方也获得与此处相同的法门。

这时，普贤菩萨摩诃萨问善财童子说："善男子啊！你看见我的神通力了吗？"

善财童子回答说："是的，我已经看见了。圣者啊！这不可思议的大神通，只有如来才能够了知。"

普贤菩萨告诉善财童子说："善男子啊！我在过去不可说不可说佛国刹土微尘数的时劫中，修行菩萨行，求一切智慧；在每一个时劫中，为了清净菩提心，而承事供养不可说不可说佛国刹土微尘数的佛陀；每一个时劫中，为了积集所有的智慧福德，而设置了不可说不可说佛国刹土微尘数的布施大会，使世人都能听闻知道这个消息，不管他们要求什么，我都能满足他们；我在每一个时劫中，为了求取所有的智慧法，而用不可说不可说佛国刹土微尘数的财物布施；我在每一个时劫，为了求取佛陀的智慧，而用不可说不可说佛国刹土微尘数的城邑、聚落、国土、王位、妻子、眷属、眼耳鼻舌、身肉手足、乃至身命，我都能布施；在每一个时劫中，我为了求一切智慧上首，而用不可说不可说佛国刹土微尘数的头布施；在每一个时劫中，我为了求取一切智，在不可说不可说佛国刹土微尘数的诸位如来的道场，都恭敬尊重地承事供养，不管是衣服、卧具、饮食、汤药、凡是生活所需的事物，我都完全供奉施设；并且随他们出家修习正道，修行佛法，护持正教。

"善男子啊！我在这些时劫大海中，回忆自己未曾一念不顺应诸佛的教诲，未曾生一念起嗔害心、我慢及我所有心、自他差别心、远离菩提心、疲厌生死流转心、懒惰心、障碍心、迷惑心，我只是一心安住在无上不可沮坏、集一切智慧法的大菩提心。

"善男子啊！我已能庄严佛国刹土，用大悲心救护众生，教化成就，供养诸佛，承事善知识；我为了求取正法，弘扬宣说护持教法，所有身内、身外的事物都可以完全舍弃，乃至身命也毫不吝惜。即使我用尽所有的时劫大海，也说不完这些本事因缘。

"善男子啊！我在法海所得的一切，乃至一字一句，无不是施舍转轮圣王的王位而求得的，无不是以施舍一切而求得的。善男子啊！我之所以求法，都是为了救护众生，我始终一心思惟："愿所有的众生都能听闻这种法。愿我能以智慧光明普照世间。愿我能为众生开示出世间的智慧。愿我让众生都获得安乐。愿我能普遍称赞诸佛的所有功德。"我这些过去的因缘，即使以不可说不可说佛国刹土微尘数时劫的大海，也说不完啊！

"所以，善男子！我因为这种种的助道法力、诸善根力，大志乐力、修习功德力、如实思惟一切法力、智慧眼力、诸佛威神力，大慈悲力、净神通力、善知识力，才能获得这个究竟三世平等清净的法身、清净无上的色身，超过世间一切。才能随顺众生的心中喜乐而为他们示现身形，趣入所有的刹土，遍至任何地方，在各个世界示现神通，让看见的众生莫不欣喜快乐。善男子啊！你且观察我的色身。我的色身是无边劫海所成就的，是无量千亿那由他的时劫都不易看见、听闻的啊！

"善男子！凡是未曾种下善根，以及种很少善根的声闻菩萨，尚且无法听闻我的名字，更何况是看见我的身相。善男子啊！如果有众生能听闻我的名号，就能证得无上正等正觉、令生不退转的心；凡是看见、抚触、迎接、相送、或暂时跟随我，乃至梦中见闻我的人，都是如此。假使有人能一日一夜不断地忆念我，那么他就会立刻成熟不退转菩提心；假使有人能七日七夜，乃至半月一月、半年一年、百年千年、一个时劫或百个时劫，乃至不可说不可说佛国刹土微尘数的时劫，都不断忆念我的，一定会成熟不退转菩提心；如果有人能以一生、或百生，乃至不可说不可说佛国刹土微尘数生忆念我的话，也一定会圆满不退转菩提心。凡是看见我放大光明，或是看见我震动佛国刹土，或生起怖畏，或心生欢喜的众生，也都能够成熟无上正等正觉不退转的心。

"善男子啊！我能用如是佛国刹土微尘数的方便法门，让诸众生获得不退转的无上正等正觉。

"善男子啊！凡是能看见我的清净国土的众生，都一定能得生在这个清净国土之中；凡是看见我清净色身的众生，也一定能得生我的清净色身之中。所以，善男子啊！你应该仔细地观察我这清净身相。"

这时，善财童子观察普贤菩萨的身相，相好肢节，每一根毛孔都有不可说不可说的佛国刹土海；每一个刹海中都有诸佛出兴，被无量的菩萨共同围绕。他又看见这些刹海有种种的建立、种种的形状、种种的庄严、种种的大山围绕四周，种种的色云更弥盖虚空，有种种佛陀出兴、演说种种法门，如此等等的事，都各各不同。又，看见普贤菩萨在每一个世界海中，示现出佛国刹土微尘数的佛化身云，遍满十方一切世界，教化众生，使他们都能趣向无上正等正觉。这时，善财童子又看见自己在普贤菩萨身内的十方世界教化众生。

又，善财童子过去亲近佛国刹土微尘数善知识所获得的善根、智慧光明，比起看见普贤菩萨所获得的善根，不及百分之一，也不及千分之一，不及百千分之一，更不及百千亿分之一，乃至算数譬喻也无法计算，简直有天渊之别。善财童子从初发菩提心，乃至见到普贤菩萨，在这之间所证入的诸佛国刹土海，现在于普贤菩萨的一根毛孔中、一念之间所证入的诸佛国刹土海，皆超过先前不可说不可说佛国刹土微尘数的倍数，在一根毛孔、在一切的毛孔中，也都一样。

善财童子在普贤菩萨的毛孔刹中，每走一步就过了不可说不可说佛国刹土微尘数的世界；如此不断地走，穷尽未来的时劫，还不能了知一根毛孔中的刹海次第、刹海的宝藏、刹海的差别、普遍趣入的刹海、刹海的成就、刹海坏灭、刹海的庄严，种种即使穷所有的边际，也不能了知佛海的次第、佛海的宝藏、佛海的差别、及普遍趣入的佛海，乃至佛海的生起、佛海的灭失，种种所有边际；也不能了知菩萨众海的次第、菩萨众海的宝藏、菩萨众海的差别，及普遍趣入的菩萨众海、菩萨众海的聚集、菩萨众海的散失，种种所有边际；也不能了知入众生界、了知众生的根性、教化调伏众生的智慧、菩萨所安住的甚深自在、菩萨趣入的各种境地、修道，如此种种海的所有边际。

善财童子在普贤菩萨的毛孔刹中，或在一刹土，或是经过一个时劫，不断地前行，即使经过了不可说不可说佛国刹土微尘数的时劫，还是不断前行，也不会在这个刹土中隐没，而出现在下一个刹土。他在念念之中，周遍无边的刹海，教化众生，使他们都能趣向无上正等正觉。

这时，善财童子次第证得等同普贤菩萨和诸佛的各种行愿海。因此能以一身充满一切世界，完全等同所有的刹土、行愿、正觉、神通、法轮、辩才、言辞、音声、十力、四无畏、佛所安住、佛的大慈悲，以及不可思议的解脱自在，统统同诸佛相等。

这时，普贤菩萨摩诃萨就对法会大众称颂说：

> 汝等应除诸惑垢，一心不乱而谛听，
> 我说如来具诸度，一切解脱真实道。
> 出世调柔胜丈夫，其心清净如虚空，
> 恒放智日大光明，普使群生灭痴暗。
> 如来难可得见闻，无量亿劫今乃值，

如优昙华时一现，是故应听佛功德。

随顺世间诸所作，譬如幻士现众业，

但为悦可众生心，未曾分别起想念。

这时，诸位菩萨听闻之后，一心渴望瞻仰世尊，只愿立即听闻世尊的真实功德。他们都这样想："普贤菩萨具足修行一切行门，体性清净，所有言语都不虚妄，所有的如来无不齐声赞叹。"之后，深深渴仰之念，愿普贤菩萨即时宣说。

普贤菩萨以宛如莲华不染着三界尘垢的功德、智慧、庄严，告诉诸菩萨说："你们仔细聆听，我现在就要宣说诸佛功德海中的一滴之相。"

他随即称颂说：

佛智广大等同虚空，普遍一切众生之心，

悉了世间一切妄想，不起种种差异分别。

一念悉知三世诸法，亦了一切众生根器。

譬如善巧大幻化师，念念示现无边幻事，

随众生心现种种行，往昔诸业与誓愿力，

令其所见各有不同，而佛本来无有动念。

或有处处见佛端坐，充满十方诸世界中；

或有其心本不清净，无量劫中不能见佛。

或有信解远离骄慢，发意即得见佛如来；

或有谄诳不清净心，亿劫寻求莫能值遇。

或一切处听闻佛音，其音美妙令人心悦；

或有百千万亿劫中，心不净故不能闻者。

或见清净大菩萨众，充满三千大千世界，

皆已具足普贤妙行，如来于中俨然端坐。

或见此界胜妙无比，佛无量劫之所严净，

毗卢遮那最胜最尊，于中觉悟成就菩提。

或见莲华胜妙刹土，贤首如来安住其中，
无量菩萨大众围绕，皆悉勤修普贤胜行。
或有见佛名无量寿，观自在等所共围绕，
悉已安住于灌顶地，充满十方诸世界中。
或有见此三千世界，种种庄严如妙喜国，
阿閦如来端住其中，及如香象等诸菩萨。
或见月觉佛大名称，与金刚幢菩萨等俱，
住如大圆镜妙庄严，普遍十方清净刹土。
或见日藏佛世所尊，安住善光明清净土，
及与灌顶诸菩萨众，充遍十方而为说法。
或见金刚大焰佛陀，而与智幢菩萨共俱，
周行一切广大刹土，说法除灭众生暗翳。
一一毛端不可宣说，诸佛具足三十二相，
菩萨眷属共同围绕，种种说法广度众生。
或有观见一毛孔中，具足庄严广大刹土，
无量如来悉在其中，清净佛子悉皆充满。
或有见一微尘之内，具有恒沙诸佛国土，
无量菩萨悉皆充满，不可说劫勤修诸行。
或有见于一毛端处，无量尘沙诸佛刹海，
种种业起各有差别，毗卢遮那佛转法轮。
或见世界为不清净，或见清净妙宝所成，
如来住寿无量劫时，乃至涅槃诸所示现。
普遍十方诸世界中，种种示现不可思议，
随诸众生心智业缘，靡不化度令得清净。
如是无上伟大导师，充满十方诸国土中，
示现种种大神通力，我说少分汝当谛听。
或见释迦圆成佛道，已经不可思议时劫，
或有见今始为菩萨，十方利益一切众生。

或有见此释迦师子，供养诸佛修行佛道，
或见人中最胜最尊，现种种力大神通事。
或见布施或为持戒，或忍或进或诸禅定，
般若方便愿力智慧，随众生心悉皆示现。
或见究竟诸波罗蜜，或见安住在诸地中，
总持三昧神通智慧，如是悉现无不穷尽。
或现修行无量时劫，住于菩萨堪忍之位，
或现住于不退地中，或现法水灌其顶上。
或现梵释护世之身，或示现刹利婆罗门，
种种色相之所庄严，犹如幻师示现众像，
或现兜率始降其神，或见于宫中受嫔御，
或见弃舍诸荣耀乐，出家离俗修行学道。
或见始生或见入灭，或见出家广学异行，
或见端坐于菩提树，降伏魔军圆成正觉。
或有见佛始涅槃时，或见起塔遍诸世间，
或见塔中安立佛像，以知时故如是示现。
或见如来具无量寿，与诸菩萨授尊记别，
而成无上伟大导师，次补住于安乐刹土。
或见无量亿千时劫，作佛事已入于涅槃，
或见今始圆成菩提，或见正修一切妙行。
或见如来如清净月，在于梵世及魔宫中，
自在天宫化乐宫中，示现种种广大神变。
或见在于兜率宫中，无量诸天共同围绕，
为彼说法令得欢喜，悉共发心供养于佛。
或见住在夜摩天宫，忉利护世龙神之处，
如是一切诸宫殿中，莫不于中示现其像。
于彼然灯世尊所在，散华布发而为供养，
从是了知甚深妙法，恒以此道化导群生。

或有见佛久住涅槃，或见初始圆成菩提，
或有住于无量时劫，或见须臾即时灭度。
身相光明及与寿命，智慧菩提以及涅槃，
众会所化威仪音声，如是一一悉皆无数。
或现其身极为广大，譬如须弥大宝山王，
或见跏趺不为动摇，充满无边诸世界中。
或见圆光有一寻量，或见有千万亿由旬，
或见照于无量刹土，或见充满一切佛刹。
或见佛寿为八十年，或寿命百千万亿岁，
或住不可思议时劫，如是辗转倍过于此。
佛智通达清净无碍，一念普知三世之法，
皆从心识因缘所起，生灭无常无有自性。
于一刹中圆成正觉，一切刹处悉亦圆成，
一切入一一复亦尔，随众生心悉皆示现。
如来住于无上大道，成就十力、四无所畏，
具足智慧无所障碍，转动十二行大法轮。
了知苦集以及灭道，分别十二因缘法义，
法义乐说辞无障碍，以是四辩广为开演。
诸法无我无有实相，业性不起亦无有失，
一切远离宛如虚空，佛以方便而为分别。
如来如是转大法轮，普震十方诸佛国土，
宫殿山河悉皆摇动，不使众生有所惊怖。
如来普演广大音声，随其根欲皆令得解，
悉使发心除惑垢秽，而佛未始生出心念。
布施、持戒、忍辱、精进，禅定、般若、方便与智，
或闻慈、悲以及喜、舍，种种音辞各有差别。
或闻四念、四正勤等，神足、根、力及七觉道，
诸念、神通与止、观等，无量方便诸种法门。

龙神八部人非人等，梵释护世诸天大众，
佛以一音而为说法，随其品类皆令得解。
若有贪欲嗔恚愚痴，忿覆悭嫉以及骄诌，
八万四千烦恼相异，皆令闻说彼对治法。
若未具修白净之法，令其闻说十戒律行，
已能布施调伏之人，令闻寂灭涅槃妙音。
若人志劣心无慈愍，厌恶生死自求出离，
令其闻说三解脱门，使得出苦具涅槃乐。
若有自性少有诸欲，厌背三有心求寂静，
令其闻说诸缘起法，依独觉乘而得出离。
若有清净具广大心，具足施戒及诸功德，
亲近如来具足慈愍，令其闻说大乘妙音。
或有国土听闻一乘，或二或三或四、五乘，
如是乃至无有限量，悉是如来方便之力。
涅槃寂静未曾相异，智行胜劣有所差别，
譬如虚空体性不一，鸟飞远近各有不同。
佛体音声亦复如是，普遍一切虚空界中，
随诸众生心智殊异，所闻所见各有差别。
佛以过去勤修诸行，能随所乐恒演妙音，
无心计念此与彼等，我为谁说为谁不说。
如来面门放大光明，具足八万四千数量，
所说法门亦复如是，普照世界尽除烦恼。
具足清净功德智慧，而常能随顺三世间，
譬如虚空无所染着，为众生故而为出现。
示有生老病死众苦，亦示住寿处于世间，
虽顺世间如是示现，体性清净如同虚空。
一切国土无有边际，众生根欲亦复无量，
如来智眼悉皆明见，随所应化示现佛道。

究竟虚空十方世界，所有人天大众之中，
随其形相各有不同，佛现其身亦复如是。
若在沙门大众集会，剃除须发身服袈裟，
执持衣钵护持诸根，令其欢喜自灭烦恼，
若是亲近婆罗门时，即为其示现羸瘦身。
执杖持瓶恒皆清净，具足智慧善巧谈说。
吐故纳新自充饱足，吸风饮露无有异食，
若坐若立皆不动摇，现斯苦行摧毁异道。
或持彼戒为世导师，善达医方等诸论说，
书数天文地理众相，及身休咎无不了知。
深入诸禅以及解脱，三昧神通智慧妙行，
言谈讽咏共同嬉戏，方便皆令安住佛道。
或现上服以为严身，首戴华冠如荫高盖，
四兵前后共同围绕，誓众宣威降伏小王。
或为听讼断狱之官，善解世间诸般法务，
所有与夺皆能明审，令其一切悉为欣伏。
或作大臣专为辅弼，善用一切王治政法，
十方利益悉皆周遍，一切众生莫能了知。
或为粟散❷等诸小王，或作飞行❸转轮帝王，
令诸王子采女大众，悉皆受化无能测度。
或作护世四大天王，统领诸龙夜叉等众，
为其众会而为说法，一切皆令心大欣庆。
或为忉利帝释天王，住善法堂欢喜园中，
首戴华冠演说妙法，诸天瞻仰莫能测度。
或住夜摩兜率天中，化乐自在魔王所在，
居处摩尼宝宫殿中，说真实行令彼调伏。
或至梵天众集会中，说四无量心诸禅道，
普令欢喜便皆舍去，而莫了知其往来相。

或至阿迦尼吒天上，为说觉分诸法宝华，

及余无量圣妙功德，然后舍去无了知者。

如来无碍智慧所见，其中一切诸众生等，

悉以无边方便妙门，种种教化令其成就。

譬如幻师善于幻术，现作种种诸幻化事，

佛化众生亦复如是，为其示现种种妙身。

譬如净月处在虚空，令世众生见有增减，

一切河池现其影像，所有星宿映夺光色。

如来智月出现世间，亦以方便示有增减，

菩萨心水现其影像，声闻星宿无诸光色。

譬如大海异宝充满，清净无浊无有限量，

四洲所有诸众生等，一切于中影现其像。

佛身功德海亦复尔，无垢无浊无有边际，

乃至法界一切众生，靡不于中现其影像。

譬如净日放千光明，不动本处遍照十方，

佛日光明亦复如是，无去无来除世间暗。

譬如龙王降下大雨，不从身出及心而出，

而能沾洽悉皆周遍，涤除炎热皆使清凉。

如来法雨亦复皆然，不从于佛身心而出，

而能开悟一切众生，普使灭除三毒火焰。

如来清净微妙法身，一切三界无与伦匹。

以出世间言语之道，其性非有亦非无故。

虽无所依无不安住，虽无不至而亦不去，

知空中画梦中所见，当于佛体如是观察。

三界有无一切诸法，不能与佛作为譬喻，

譬如山林众鸟兽等，无有依空而止住者。

大海摩尼无量妙色，佛身差别亦复皆然，

如来非色亦非非色，随应而现无所安住。

虚空真如以及实际，涅槃法性和寂灭等，

唯有如是真实之法，可以显示于佛如来。

刹尘心念可以数知，大海中水可以饮尽，

虚空可量风可系住，无能尽说佛陀功德。

若有闻斯功德大海，而生大欢喜信解心，

如所称扬悉皆当获，慎勿于此生怀疑念。

【注释】

❶ 苏摩那：意译作"悦意"，花名，以之为地名。

❷ 粟散：变散粟般多的小王。

❸ 飞行：转轮圣王能飞行空中，所以名为飞行帝。

附录：汉传《华严经》相关文献与现代著作目录

汉译经典

（东晋）佛驮跋陀罗译《大方广佛华严经》六十卷　　《大正藏》第九卷

（唐）实叉难陀译《大方广佛华严经》八十卷　　《大正藏》第十卷

（唐）般若译《大方广佛华严经》四十卷　　《大正藏》第十卷

（东汉）支娄迦谶译《佛说兜沙经》一卷　　《大正藏》第十卷

（三国·吴）支谦译《佛说菩萨本业经》一卷　　《大正藏》第十卷

（西晋）聂道真译《诸菩萨求佛本业经》一卷　　《大正藏》第十卷

（西晋）竺法护译《菩萨十住行道品》一卷　　《大正藏》第十卷

（西晋）竺法护译《渐备一切智德经》五卷　　《大正藏》第十卷

（西晋）竺法护译《等目菩萨所问三昧经》三卷　　《大正藏》第十卷

（西晋）竺法护译《佛说如来兴显经》四卷　　《大正藏》第十卷

（西晋）竺法护译《度世品经》六卷　　《大正藏》第十卷

（西秦）圣坚译《佛说罗摩伽经》三卷　　《大正藏》第十卷

（东晋）佛陀跋陀罗译《文殊师利发愿经》一卷　　《大正藏》第十卷

（东晋）祇多蜜译《佛说菩萨十住经》一卷　　《大正藏》第十卷

（北魏）昙摩流支译《信力入印法门经》五卷　　《大正藏》第十卷

（北魏）吉迦夜译《佛说大方广菩萨十地经》　　《大正藏》第十卷

（后秦）竺佛念译《最胜问菩萨十住除垢断结经》十卷

《大正藏》第十卷

（后秦）鸠摩罗什译《佛说庄菩提心经》一卷　　　《大正藏》第十卷

（后秦）鸠摩罗什译《十住经》四卷　　　　　　《大正藏》第十卷

（隋）阇那崛多译《佛华严入如来德智不思议境界经》二卷

　　　　　　　　　　　　　　　　　　　　　　《大正藏》第十卷

（唐）提云般若等译《大方广佛华严经修慈分》一卷　《大正藏》第十卷

（唐）实叉难陀译《大方广入如来智德不思议经》一卷

　　　　　　　　　　　　　　　　　　　　　　《大正藏》第十卷

（唐）尸罗达摩译《佛说十地经》九卷　　　　　　《大正藏》第十卷

（唐）玄奘译《显无边佛土功德经》一卷　　　　　《大正藏》第十卷

（唐）地婆诃罗译《大方广佛华严经入法界品》一卷《大正藏》第十卷

（唐）不空译《普贤菩萨行愿赞》一卷　　　　　　《大正藏》第十卷

（唐）实叉难陀译《大方广普贤所说经》一卷　　　《大正藏》第十卷

（唐）提云般若译《大方广华严经不思议佛境界分》一卷

　　　　　　　　　　　　　　　　　　　　　　《大正藏》第十卷

（唐）实叉难陀译《大方广如来不思议境界经》一卷《大正藏》第十卷

（唐）失译《度诸佛境界智光严经》一卷　　　　　《大正藏》第十卷

（宋）法贤译《佛说较量一切佛刹功德经》一卷　　《大正藏》第十卷

（宋）法天译《大方广总持宝光明经》五卷　　　　《大正藏》第十卷

经论注疏

圣者龙树造，（后秦）鸠摩罗什译《十住毗婆沙论》十七卷

　　　　　　　　　　　　　　　　　　　　《大正藏》第廿六卷

天亲菩萨造，（北魏）菩提流支等译《十地经论》十二卷

　　　　　　　　　　　　　　　　　　　　《大正藏》第廿六卷

（北魏）灵辨造《华严经论》十卷　　　　　《新纂卍续藏》第三卷

（北魏）慧光撰《华严经义记卷第一》一卷　《大正藏》第八十五卷

（隋）吉藏撰《华严游意》一卷　　　　　　《大正藏》第卅五卷

（唐）不空译《大方广佛华严经入法界品四十二字观》一卷

（唐）不空译《大方广曼殊室利童真菩萨华严本教赞阎曼德迦忿怒王真言阿毗遮噜迦仪轨》一卷

（唐）不空译《大乘方广曼殊室利菩萨华严本教赞阎曼德迦忿怒真言大威德仪轨品》一卷

（唐）澄观疏、宗密钞《大方广佛华严经普贤行愿品别行疏钞》四卷

（唐）智俨述《大方广佛华严经搜玄分齐通智方轨》十卷

《大正藏》第卅五卷

（唐）法藏述《华严经探玄记》二十卷　　　《大正藏》第卅五卷

（唐）法藏撰《华严经文义纲目》一卷　　　《大正藏》第卅五卷

（唐）澄观撰《大方广佛华严经疏》六十卷　　《大正藏》第卅五卷

（唐）澄观述《大方广佛华严经随疏演义钞》九十卷

《大正藏》第卅六卷

（唐）澄观述《大华严经略策》一卷　　　　《大正藏》第卅六卷

（唐）澄观述《新译华严经七处九会颂释章》一卷《大正藏》第卅六卷

（唐）李通玄撰《新华严经论》四十卷　　　《大正藏》第卅六卷

（唐）李通玄造《大方广佛华严经中卷卷大意略述》一卷

《大正藏》第卅六卷

（唐）李通玄撰《略释新华严修行次第决疑论》四卷

《大正藏》第卅六卷

（唐）湛然撰《大方广佛华严经愿行观门骨目》二卷

《大正藏》第卅六卷

（唐）静居撰《皇帝降诞日于麟德殿讲大方广佛华严经玄义一部》一卷

《大正藏》第卅六卷

（唐）灵佑集记《华严经文义记》六卷　　　《新纂卍续藏》第三卷

（唐）法藏述《华严经策林》一卷　　　　《新纂卍续藏》第三卷

（唐）澄观述《华严经入法界品十八问答》一卷《新纂卍续藏》第三卷

（唐）慧苑述《续华严经略统刊定记》十五卷　《新纂卍续藏》第三卷

（唐）澄观述《华严经行愿品疏》十卷　　　　　《新纂卍续藏》第五卷

（唐）宗密撰集《华严经行愿品疏科》一卷　　　《新纂卍续藏》第五卷

（唐）宗密随疏钞《华严经行愿品疏钞》六卷　　《新纂卍续藏》第五卷

（唐）澄观排定《华严经疏科文》十卷　　　　　《新纂卍续藏》第五卷

（宋）复庵述《华严经纶贯》一卷　　　　　　　《新纂卍续藏》第三卷

（宋）戒环集《华严经要解》一卷　　　　　　　《新纂卍续藏》第八卷

（宋）遵式治定《华严经普贤行愿品疏科》一卷《新纂卍续藏》第五卷

（宋）道通述《华严经吞海集》三卷　　　　　　《新纂卍续藏》第八卷

（辽）鲜演述《华严经谈玄决择》六卷（欠初卷）《新纂卍续藏》第八卷

（元）普瑞集《华严悬谈会玄记》四十卷　　　　《新纂卍续藏》第八卷

（明）李贽简要《华严经合论简要》四卷　　　　《新纂卍续藏》第四卷

（明）方泽纂《华严经合论纂要》三卷　　　　　《新纂卍续藏》第五卷

（明）德清提挈《华严纲要》八十卷　　　　　《新纂卍续藏》第八、九卷

（清）永光录集《华严经纲目贯摄》一卷　　　　《新纂卍续藏》第九卷

（清）永光敬录《华严经三十九品大意》一卷　　《新纂卍续藏》第八卷

（新罗）表员集《华严经文义要决问答》四卷　　《新纂卍续藏》第八卷

（新罗）元晓撰《华严经疏卷第三》一卷　　　　《大正藏》第八十五卷

（新罗）元晓撰《华严经章》一卷　　　　　　　《大正藏》第八十五卷

（新罗）元晓撰《华严略疏卷第三》一卷　　　　《大正藏》第八十五卷

（新罗）元晓撰《华严经疏》一卷　　　　　　　《大正藏》第八十五卷

（日本）湛睿撰《华严演义钞纂释》三十八卷　　《大正藏》第五十七卷

（日本）喜海撰《新译华严经音义》一卷　　　　《大正藏》第五十七卷

华严宗典籍

（隋）杜顺说《华严五教止观》一卷　　　　　　《大正藏》第四十五卷

（隋）杜顺说、（唐）智俨撰《华严一乘十玄门》一卷

《大正藏》第四十五卷

（唐）法藏述《华严一乘教义分齐章》四卷　　《大正藏》第四十五卷

（唐）智俨集《华严五十要问答》二卷　　《大正藏》第四十五卷

（唐）智俨集《华严经内章门等离孔目章》四卷《大正藏》第四十五卷

（唐）法藏述《华严经旨归》一卷　　　　《大正藏》第四十五卷

（唐）法藏述《华严策林》一卷　　　　　《大正藏》第四十五卷

（唐）法藏述《华严经问答》二卷　　　　《大正藏》第四十五卷

（唐）法藏述《华严经明法品内立三宝章》二卷《大正藏》第四十五卷

（唐）法藏述《华严经义海百门》一卷　　《大正藏》第四十五卷

（唐）法藏述《修华严奥旨妄尽还源观》一卷　《大正藏》第四十五卷

（唐）法藏撰《华严游心法界记》一卷　　《大正藏》第四十五卷

（唐）法藏述《华严发菩提心章》一卷　　《大正藏》第四十五卷

（唐）法藏撰《华严经关脉义记》一卷　　《大正藏》第四十五卷

（唐）法藏撰、（宋）净源述《金师子章云间类解》一卷

《大正藏》第四十五卷

（唐）法藏撰、（宋）承迁注《大方广佛华严经金师子章》一卷

《大正藏》第四十五卷

（唐）澄观述《三圣圆融观门》一卷　　　《大正藏》第四十五卷

（唐）澄观述《华严法界玄镜》二卷　　　《大正藏》第四十五卷

（唐）宗密注《注华严法界观门》一卷　　《大正藏》第四十五卷

（唐）宗密述《原人论》一卷　　　　　　《大正藏》第四十五卷

（唐）李通玄撰《解迷显智成悲十明论》一卷　《大正藏》第四十五卷

（唐）法藏撰《华严经普贤观行法门》一卷《新纂卍续藏》第五十八卷

（唐）澄观撰、宗密注《华严心要法门注》《新纂卍续藏》第五十八卷

（唐）宗密述《注华严法界观科文》一卷　《新纂卍续藏》第五十八卷

（唐）宗豫述《注华严法界观科文》一卷　《新纂卍续藏》第五十八卷

（宋）本嵩述、琼湛注《注华严经题法界观门颂》二卷

《大正藏》第四十五卷

（宋）师会述《华严融会一乘义章明宗记》一卷

《新纂卍续藏》第五十八卷

（宋）净源刊正《华严还源观科》一卷　　《新纂卍续藏》第五十八卷

（宋）净源述《华严妄尽还源观疏钞补解》一卷

《新纂卍续藏》第五十八卷

（宋）杨杰撰《华严一乘教义分齐章义苑疏》十卷

《新纂卍续藏》第五十八卷

（宋）师会录《华严一乘教义分齐章焚薪》二卷

《新纂卍续藏》第五十八卷

（宋）师会述《华严一乘教义分齐章科》一卷

《新纂卍续藏》第五十八卷

（宋）师会述、善熹述《华严一乘教义分齐章复古记》六卷

《新纂卍续藏》第五十八卷

（宋）希迪述《五教章集成记》一卷　　《新纂卍续藏》第五十八卷

（宋）希迪录《评复古记》一卷　　　　《新纂卍续藏》第五十八卷

（宋）觉范撰《释华严十明论》一卷　　《新纂卍续藏》第五十八卷

（宋）道通述《华严法相槃节》一卷　　《新纂卍续藏》第五十八卷

（宋）道通述《法界观披云集》一卷　　《新纂卍续藏》第五十八卷

（宋）师会述、希迪注《注华严同教一乘策》一卷

《新纂卍续藏》第五十八卷

（宋）师会述、善熹注《注同教问答》一卷《新纂卍续藏》第五十八卷

（新罗）义湘撰《华严一乘法界图》一卷　　《大正藏》第四十五卷

（新罗）明晶述《海印三昧论》一卷　　　《大正藏》第四十五卷

（新罗）见登之集《华严一乘成佛妙义》一卷　《大正藏》第四十五卷

（高丽）义天集《圆宗文类》（卷十四与卷二十二）

《新纂卍续藏》第五十八卷

（日本）圆超录《华严宗章疏并因明录》一卷　《大正藏》第五十六卷

附录：汉传《华严经》相关文献与现代著作目录　　449

（日本）普机撰《华严宗一乘开心论》六卷　　　《大正藏》第七十二卷

（日本）增春撰《华严一乘义私记》一卷　　　《大正藏》第七十二卷

（日本）亲圆撰《华严宗种性义抄》一卷　　　《大正藏》第七十二卷

（日本）景雅撰《华严论章》一卷　　　　　　《大正藏》第七十二卷

（日本）高辨记《华严信种义》一卷　　　　　《大正藏》第七十二卷

（日本）高辨述《华严修禅观照入解脱门义》二卷

　　　　　　　　　　　　　　　　　　　　　《大正藏》第七十二卷

（日本）高辨集《华严佛光三昧观秘宝藏》二卷《大正藏》第七十二卷

（日本）宗性撰《华严宗香薰抄》七卷　　　　《大正藏》第七十二卷

（日本）实弘撰《华严宗大要钞》一卷　　　　《大正藏》第七十二卷

（日本）凝然述《华严宗要义》一卷　　　　　《大正藏》第七十二卷

（日本）《华严宗所立五教十宗大意略抄》一卷　《大正藏》第七十二卷

（日本）寿灵述《华严五教章指事》六卷　　　《大正藏》第七十二卷

（日本）《华严五教章名目》三卷　　　　　　《大正藏》第七十二卷

（日本）凝然述《五教章通路记》五十二卷　　《大正藏》第七十二卷

（日本）审乘撰《华严五教章问答抄》十五卷　《大正藏》第七十二卷

（日本）圣诠撰《华严五教章深意钞》十卷　　《大正藏》第七十三卷

（日本）灵波记《华严五教章见闻钞》八卷　　《大正藏》第七十三卷

（日本）实英撰《华严五教章不审》二十卷　　《大正藏》第七十三卷

（日本）凤潭撰《华严五教章匡真钞》十卷　　《大正藏》第七十三卷

（日本）普寂撰《华严五教章衍秘钞》五卷　　《大正藏》第七十三卷

（日本）景雅撰《金师子章勘文》一卷　　　　《大正藏》第七十三卷

史传典籍

（唐）法藏集《华严经传记》五卷　　　　　　《大正藏》第五十一卷

（唐）惠英撰胡幽贞纂《大方广佛华严经感应传》一卷

　　　　　　　　　　　　　　　　　　　　　《大正藏》第四十五卷

（明）袾宏辑录《华严经感应略记》一卷　　《新纂卍续藏》第七十七卷

（清）续法辑《法界宗五祖略记》一卷　　《新纂卍续藏》第七十七卷

（清）弘璧辑《华严感应缘起传》一卷　　《新纂卍续藏》第七十七卷

（清）周克复纂《华严经持验纪》一卷　　《新纂卍续藏》第七十七卷

（新罗）崔致远撰《法藏和尚传》　　　　《新纂卍续藏》第七十七卷

仪轨典籍

《华严经海印道场九会请佛仪》一卷　　《新纂卍续藏》第七十四卷

《华严经海印道场忏仪》四十二卷　　　《新纂卍续藏》第七十四卷

（宋）智肱述《华严清凉国师礼赞文》一卷《新纂卍续藏》第七十四卷

（宋）净源集《华严普贤行愿修证仪》一卷《新纂卍续藏》第七十四卷

现代专书

川田熊太郎《华严思想》，李世杰译，台北：法尔出版社，一九八九年

方立天《法藏》，台北：东大出版社，一九九一年

方东美《华严宗哲学》上下册，台北：黎明文化，一九八三年

木村清孝《中国华严思想史》，李惠英译，台北：东大图书，一九九六年

木村青孝《初期中国华严思想の研究》，东京：春秋社，一九七七年

木村清孝《佛教经典选5：华严经》，东京：大藏出版株式会社，一九八六年

木村清孝、键主良敬《人物·中国の佛教——法藏》，东京：大藏出版株式会社，一九九一年

石井教道《华严教学成立史》，京都：平乐寺书店，一九七九年

吉津宜英《华严禅の思想史的研究》，东京：大东出版社，一九八五年

吉津宜英《华严一乘思想の研究》，东京：大东出版社，一九九一年

伊藤瑞睿《华严菩萨道の基础研究》，京都：平乐寺书店，一九八八年

坂本幸男《华严教学の研究》，京都：平乐寺书店，一九五六年

李道业《华严经思想研究》，京都：永田文昌堂，二〇〇一年

高崎直道《讲座·大乘佛教3：华严思想》，东京：春秋社，一九八三年

汤次了荣《华严大系》，东京：国书刊行会，一九七五年复刻发行

李霖生《华严诗学》，台北：文史哲，二〇〇二年

林世杰《华严哲学要义》，台北：佛教出版社，一九七八年

胡顺萍《华严之"成佛"论》，台北：万卷楼，二〇〇六年

张曼涛主编《华严典籍研究》（现代佛教学术丛刊四十一），台北：大乘文化，一九七八年

高崎直道《华严思想的展开》（《华严学论集》第六十一册），王进瑞等译，台北：华宇出版社，一九八八年

陈英善《华严无尽法界缘起论》，台北：华严莲社，二〇〇二年二刷

张曼涛主编《华严宗之判教及其发展》（现代佛教学术丛刊三十四），台北：大乘文化出版社，一九七八年

高峰了州《华严思想史》，释慧岳译，台北：中华佛教文献编撰社，一九七九年

陈琪瑛《〈华严经·入法界品〉空间美感的当代诠释》，台北：法鼓文化，二〇〇七年

杨维中《新译华严经入法界品》，台北：三民书局，二〇〇四年

杨政河《华严哲学研究》，台北：慧炬出版社，二〇〇四年

邓克铭《华严思想之心与法界》，台北：文津出版社，一九九七年

魏道儒《中国华严宗通史》，台北：空庭书苑，二〇〇七年

蓝吉富主编《禅宗论集·华严学论集》（世界佛学名著译丛六十一），台北：华宇出版社，一九八八年

释梦参《浅说华严大意》，台北：方广文化，二〇一〇年

龟川教信《华严学》，印海译，高雄：佛光文化，二〇〇九年

杨政河《华严哲学研究》，台北：慧炬出版社，二〇〇四年再版

韩焕忠《华严判教论》，台北：空庭书苑有限公司，二〇〇八年

镰田茂雄《华严经讲话》，慈怡译，高雄：佛光出版社，一九九七年

镰田茂雄《华严五教章》，东京：大藏出版株式会社，一九七八年复刊

镰田茂雄《中国华严思想史の研究》，东京：东京大学出版会，一九七八年

川田熊太郎、中村元等《华严思想》，李世杰译，台北：法尔，二〇〇三年

释智谕《华严五教止观浅导》，台北：西莲净苑出版社，二〇〇〇年初版四刷

释智谕《华严经义海百门述义》，台北：西莲净苑出版社，二〇〇〇年初版三刷

释智谕《华严一乘十玄门修学记》，台北：西莲净苑出版社，二〇〇四年

释慧常《贤首五教释要》，台北：大乘精舍印经会，二〇〇〇年

大竹晋《唯识说を中心した初期华严教学の研究》，东京：大藏出版株式会社，二〇〇七年

释观慧《〈华严经·十地品〉研究》（《华严专宗学院佛学研究所论文集（一）》），台北：华严专宗学院，一九九四年

继梦法师《华严宗哲学概要》，台北：圆明出版社，一九九三年

继梦法师《华严学导论》，台北：空庭书苑有限公司，二〇〇九年

博士、硕士论文

王亚芳《"众生平等观"——以〈八十华严〉为主之研究》，华梵大学东方人文思想研究所硕士论文，二〇〇七年

王灿荣（释演广）《〈华严经·十地品〉的菩萨思想与实践观行之研究》，玄奘大学宗教学系硕士在职专班硕士论文，二〇〇七年

丘子纮《善财童子发菩提心研究——以"十玄门"主诠的华严发菩提

心》，玄奘大学宗教学系硕士在职专班硕士论文，二〇〇五年

吴砚熙《〈华严经·入法界品〉之神变研究》，高雄师范大学国文学系硕士论文，二〇一一年

李幸芸《华严境界美学的哲学基础与美学开展》，华梵大学东方人文思想研究所博士论文，二〇一〇年

李治华《智俨思想研究——以初期华严宗哲学的创立过程为主轴》，辅仁大学哲学研究所博士论文，二〇〇七年

李贵兰《唐·慧苑〈续华严经略疏刊定记〉研究》，法鼓佛教学院佛教学系硕士论文，二〇一〇年

卓雪莉（释有纪）《〈华严五教止观〉中"事理圆融门"的圆融思想》，佛光大学佛教学系硕士论文，二〇〇九年

周艳丽《华严十回向行之研究》，玄奘大学宗教学系硕士班硕士论文，二〇〇六年

林建勋《华严三祖法藏大师圆教思想研究》，"中央大学"中国文学研究所博士论文，二〇〇六年

林恒卉《心灵转化之探究——以华严"三界唯心""法界缘起"为主的考察》，南华大学宗教学研究所硕士论文，二〇〇八年

林鸿年《华严宗古十玄唯心回转善成门研究》，佛光大学生命与宗教学系硕士论文，二〇一〇年

邱湘凌《〈华严经〉的菩提心思想》，华梵大学东方人文思想研究所硕士论文，二〇〇五年

邱献志《华严宗事事无碍思想研究》，东海大学哲学研究所硕士论文，一九八九年

柯明进《华严经十定品之研究》，华梵大学东方人文思想研究所硕士论文，二〇一〇年

柯惠馨《华严经中普贤菩萨之研究》，东海大学中国文学系硕士论文，二〇〇五年

洪梅珍《李通玄及其华严学之研究》，高雄师范大学国文研究所博士

论文，二〇〇九年

唐秀英《杜顺和尚"华严法界观门"及其影响之研究》，玄奘大学宗教学系硕士班硕士论文，二〇〇五年

高淑慧《〈华严经〉明地菩萨之禅定修行——以华严宗之思想为主》，法鼓佛教学院佛教学系硕士论文，二〇一〇年

娄静华《大乘佛教智慧与愿行的表征——论华严经中文殊与普贤的形象》，玄奘大学宗教学系硕士班硕士论文，二〇〇六年

张文玲《菩萨勇猛特质之探讨——以《华严经》四十卷本为主》，法鼓佛教学院佛教学系硕士论文，二〇一〇年

曹郁美《〈华严经〉"如来放光"意涵之研究》，华梵大学东方人文思想研究所硕士论文，二〇〇六年。

曹郁美《〈华严经〉"毗卢遮那佛"之研究》，华梵大学东方人文思想研究所博士论文，二〇一〇年

许瑞菁《华严一真法界思想研究》，文化大学中国文学研究所硕士论文，二〇〇九年

陈英善《华严清净心之研究》，文化大学哲学研究所硕士论文，一九八二年

陈琪英《〈华严经·入法界品〉空间美感的当代诠释》，台湾师范大学国文学系博士论文，二〇〇四年

陈琪英《〈华严经〉美学之研究》，台湾师范大学国文研究所硕士论文，一九九四年

曾琼瑶《华严如来性起正法之研究——以法藏〈探玄记〉为主》，政治大学中国文学系硕士论文，二〇〇一年

游丰伟《圭峰宗密〈华严原人论〉的教育思想》，东海大学哲学系硕士论文，二〇〇五年

黄文忠《"无我"、"布施"及"整全观"与生态之关联：以〈华严经〉为范本》，淡江大学文学系博士论文，二〇一〇年

黄俊威《华严"法界缘起观"的思想探源——以杜顺、法藏的法界观

为中心》，台湾大学哲学研究所博士论文，一九九二年

杨政河《华严法界缘起观之研究》，台湾大学哲学研究所硕士论文，一九七〇年

温美惠《华严经入法界品之文学特质研究》，政治大学中国文学系硕士论文，二〇〇〇年

叶振兴《华严圆教与天台圆教思想之比较研究》，玄奘大学宗教学系硕士在职专班硕士论文，二〇〇五年

解文琪《从佛智论〈六十华严〉的义理与书写——以法藏的诠释为中心》，华梵大学东方人文思想研究所硕士论文，二〇〇五年

戴兰琪《〈华严经·入法界品〉思想内涵与现代诠释》，佛光人文社会学院宗教学研究所硕士论文，二〇〇四年

苏美蓉《华严十佛身义之研究》，辅仁大学宗教学系硕士论文，二〇〇七年

编辑说明

　　一、本书编辑体例，以卷为单位，包括每品的导读、原典、白话语译、注释等部分。若每卷白话语译中没有名相解释则无"注释"一栏。

　　二、本书原典部分是以日本《大正新修大藏经》中实叉难陀所译的八十卷《华严经》为底本，以宋本（宋代思溪藏）、元本（元代普宁藏）、明本（明代方册藏）、宫本（日本宫内省图书寮本）和圣本（日本正仓院圣语藏本）为校勘版本，加以新式标点、内容分段重新编辑。

　　三、本书原典部分为了力求精简，在编辑校勘时，若发现有错字、增字、别字或漏字者，直接在经文中改写并于每卷后作注说明。若同一校勘字，在同卷中出现多处者，仅在第一次出现时标注，其余则在该校勘字右加"*"符号，以表同前，而卷后标注说明时会在校勘字上加标"*"符号。

　　四、本书第六册末，附录"汉传《华严经》相关文献与现代著作目录"，方便阅读与了解研究《华严经》用。

译者简介

　　洪启嵩老师，地球禅者，国际知名禅师。十岁起寻访各派禅法，少年时读《六祖坛经》，豁然开朗，深有悟入。二十岁开始教授禅定，海内外从学者无数。

　　洪老师修持、讲学、著述不辍，足迹遍布全球。除应邀于台湾地区大学、企业等处讲学外，还应邀至北京大学、清华大学、中国人民大学、复旦大学、上海师范大学，及美国哈佛大学、麻省理工学院、俄亥俄大学等世界知名学府演讲，并于中国广东六祖南华寺、印度菩提伽耶、美国佛教会等地主持禅七。

　　其毕生致力于以禅推展人类普遍之"觉性运动"，开启"觉性地球"。二〇〇九年以"中华禅"贡献，获美国旧金山市政府颁发荣誉状表扬；二〇一〇年以"菩萨经济学"获不丹政府表扬。

　　历年来在大小乘禅法、显密教禅法、南传北传禅法、教下与宗门禅法、汉藏佛学禅法等方面均有深入与系统讲授。著述近二百部，包括《禅观秘要》、《大悲如幻三昧》等（"高阶禅观"系列），及《现观中脉实相成就》、《智慧成就拙火瑜伽》等（"密乘宝海"系列），及"如何修持佛经"系列等。